새로운 동북아 질서와
한반도의 미래

이 도서의 국립중앙도서관 출판예정도서목록(CIP)은 서지정보유통지원시스템 홈페이지(http://seoji.nl.go.kr)와
국가자료공동목록시스템(http://www.nl.go.kr/kolisnet)에서 이용하실 수 있습니다.
CIP제어번호: CIP2019007667(양장), CIP2019007669(학생판)

새로운 동북아 질서와
한국의 미래

박재규·김근식·김동엽·조재욱·문용일·정재흥·조진구·김성호·박원곤·이상만·
이웅현·고상두 지음

한울
아카데미

현재의 한반도는 분단 체제하에서 불안정한 평화가 유지되고 있다. 정전협정이 체결되고 65년이 지난 지금까지도 남북은 첨예한 군사적 대립과 전쟁의 공포에서 벗어나지 못하고, 국민들은 삶을 위협받고 있다. 한반도에 항구적인 평화를 정착시키기 위해서는 냉전 시대의 유물인 분단 체제를 극복해야만 한다. 남북 간 대립과 갈등의 원인을 근본적으로 해소시키고 신뢰와 협력을 증진시켜 되돌릴 수 없는 남북 관계를 만들어나가는 것이 북핵 문제를 해결하고 항구적인 한반도 평화 체제를 구축해나가는 길이다.

2018년 3차례의 남북 정상회담을 통해 이제 한반도에도 진정한 평화의 시대를 만들어갈 기회가 찾아왔다. 그러나 한반도가 나아갈 평화와 번영의 미래는 남북한만의 문제가 아니다. 동북아의 역사와 지정학적 특성을 고려할 때, 북핵 문제의 해결과 한반도 평화 체제 수립은 동북아 질서와도 긴밀히 연계되어 있다. 한반도에 좀 더 견고한 평화를 정착시키고 공동 번영의 길을 넘어 통일의 미래로 나아가기 위해서는 한반도 주변국들의 생각과 관계를 이해할 필요가 있다. 특히 미중 관계로 대표되는 새로운 국제 질서의 변화 속에서 남북 관계를 중심으로 동북아 지역의 이해 국가들과 협력을 확대해나가는 것이 중요해 보인다.

4

이러한 문제의식을 전제로 오늘의 한반도 문제와 동북아 질서를 함께 바라보는 균형 잡힌 관점과 시각을 함양하고자 이 책을 출간하게 되었다. 경남대학교는 2016년부터 영남권의 '통일교육선도대학'으로 선정되어 통일과 관련해 다양한 사업을 진행해오고 있다. '통일교육선도대학' 사업은 통일부의 후원을 받아 대학 차원에서 통일교육 모델을 개발하고, 학내의 통일교육 활성화를 목표로 하고 있다. 경남대학교 통일교육선도대학 사업의 일환으로 기획된 이 책은 '대학생 눈높이'에 적합한 열린 교재로 만들어졌다. 한반도 문제와 동북아 지역 질서에 관심은 있지만, 이를 어떻게 보아야 할지에 대한 시각과 구체적 방법에 익숙하지 않은 대학생들을 대상으로 한다.

경남대학교 통일교육선도대학 육성사업단 편집위원회에서는 '열린 교재'를 목표로 한쪽에 치우치지 않도록 다양한 논의를 담고자 했다. 이러한 우리의 원칙이 얼마나 충족되었는지는 독자의 몫으로 남긴다. 하지만 모든 집필자들이 편집위원회의 기조에 맞춰 최선을 다했다고 자부한다.

경남대학교 교수진 외에도 고상두(연세대학교), 김성호(류큐대학교), 박원곤(한동대학교), 이웅현(고려대학교), 정재홍(세종연구소) 등 외부 전문가들이 참여해 만든 이 책은 동북아 차원에서 본 한반도 문제와 관련해 다양한 내용을 총 12장에

담아냈다. 특히 다양한 시각이 존재하는 동북아 국가들의 이해관계 속에서 한반도 미래를 바라본 의미 있는 성과물을 만들어준 집필진 여러분께 감사드린다. 한반도의 오늘과 미래를 바르게 바라보려는 전문가들의 노력이 남북의 평화 공존과 공동 번영의 길을 열고 통일로 나아가는 환경을 만드는 데 기여할 것이라 믿어 의심치 않는다.

이 책이 미중 시대 동북아 국제 질서 변화에 대비해 한반도 평화 체제를 구축하고 통일 시대를 준비하는 데 유익하고 의미 있는 나침반이 되어 대학생들뿐만 아니라 일반 독자들에게도 성큼 다가가기를 바란다. 또한 한반도와 동북아의 평화 번영의 창이 열리고 있는 현실 속에서 한반도의 미래를 바로 볼 수 있는 충실한 안내서로 자리매김하기를 기대한다.

2019년 2월
집필자를 대표해 경남대학교 총장 박재규

6

1부

___

동북아 국제 관계와 한반도

동북아 국제 관계와
한반도 통일

박재규

경남대학교 총장

1. 동북아 국제 질서 변화와 한반도의 운명

한반도는 국제 질서와 동북아 지역의 안보 환경과 밀접한 관계를 맺어 온 공간이다. 아편전쟁 이전 한반도는 '중국 중심의 세계 질서Chinese world order'의 안정적 구성원이었다. 서구의 패권 안정 체제가 주권 규범을 인정한 상태에서 현실화되는 비공식적 위계질서라면, 중국 중심의 세계 질서는 유교 규범을 대외적으로 확장해 국가 간 위계성을 규정한 공식적 위계질서였다(이삼성, 2009: 163~168). 중국적 세계 질서 속에서 중국의 대한반도 전략은 한반도 국가에 자율권을 부여해 중국의 책임과 부담을 줄이면서 한반도 위기 시에는 중국으로 전이되지 않도록 하는 것이었다(박홍서, 2010: 7~27).

1840년 아편전쟁을 계기로 서구 열강이 동북아 질서를 흔들기 시작하고 1895년 청일전쟁의 결과 중국적 세계 질서가 붕괴되면서 한반도는 주변 강대국들 간 세력균형의 대상으로 전락하게 되었다. 이후 동북아시아는 역사적으로 강대국들의 힘이 집중되어온 곳이 되었다. 그중에서도 한반도는 19세기 말 이후 청일전쟁과 러일전쟁 등 열강들 간 패권 경쟁의 장이 되어왔다. 청일전쟁 직후 러시아가 '삼국 간섭'을 통해서 일본의 대한반도 영향력 확대를 무력화시키자, 일본은 영국과의 동맹을 통해 1904년 러일전쟁에서 러시아를 패퇴시켰다. 아울러 1905년 미국과 가쓰라 태프트 밀약을 맺고 한반도를 식민지화했다.

1945년 광복 시기 미소 양극 체제라는 국제 구조의 변동과 냉전의 시작은 한반도 내 이념 대립과 결합되어 분단과 한국전쟁이라는 민족상잔의 비극을 초래했다. 1945년 2월 수립된 얄타협약의 결과 전후 한반도는 미소의 주요한 관리 대상이 되었다. 1945년 12월 모스크바 3상회의에서 결정된 한반도 신탁통치 안은 미소 양극 체제의 전형적 사례이다. 한국전쟁을 통해 미국과 소련이 양 진영 내 결속을 강화한 사실도 미소 양극 체제의 일단을 보여주는 것이다.

1949년 중화인민공화국의 형성과 한국전쟁은 미국이 소련과 중국을 봉쇄하기 위해 일본의 역할을 재평가하고 대일 정책의 전환을 가져오게끔 했다. 미국은 한국전쟁 이후 남한, 일본, 타이완 등을 대소련 전진기지로 활용했고, 소련은 '아시아의 티토'가 될지 모른다고 의심하던 중국을 공산 진영으로 묶어두는 데 성공했다(Christensen, 1996: 103~113). 미국은 1951년 9월 동북아시아의 전후 처리를 위한 샌프란시스코 강화조약을 맺고 동시에 미일 군사동맹조약을 체결했다. 미일 동맹을 중심으로 한 샌프란시스코 체제는 미국의 소련과 중국에 대한 봉쇄 전략의 산물이자 냉전 시기 미국의 동북아시아 안보 전략의 근간이었다. 샌프란시스코 조약은 전후 처리를 위한 일본의 책임도 청산하지 못하고 오히려 영토 문제 등 갈등 요인들만 그대로 남겨두는 결과를 가져왔다.

제2차 세계대전과 한국전쟁 이후 동북아 지역은 유럽이나 다른 여타 지역과는 다른 길을 걸었다. 한국전쟁 이후 냉전기 동안 한반도 문제에 대한 주변 강대국의 공통 목표는 한반도를 안정화시켜 강대국 간 충돌 가능성을 제어하는 동시에 남북한에 대해 가졌던 정치적 기득권을 유지하는 것이었다. 1970년대 초 데탕트 시기 미중 관계 정상화와 1972년 중일 관계 정상화가 있었지만 닉슨 대통령 시기 데탕트가 유럽과 달리 동북아에 미친 영향은 달랐다. 오랜 기간 한미일 남방 삼각과 북중소 북방 삼각 체제의 대립 구도는 동북아시아 냉전 질서의 핵심이자 남북 관계의 성격과 한반도 상황을 결정지었다.

20세기 후반 탈냉전과 세계화, 정보화라는 전환기를 맞아 동북아 지역은 국제 질서의 중심으로 부상할 것처럼 보였다. 동북아 역내 국가들 대부분이 세계적 강국이고, 유럽, 북미와 더불어 세계경제의 3대 중심 중의 하나인 동북아 경제의 역동성은 세계경제의 견인차 역할을 담당하면서 세계화와 지식 정보화의 세계사적 변화의 물결을 주도할 것으로 예상되었다. 그러나 1991년 소련의 해체와 동구 사회주의 국가들의 연이은 체제 전환으로 냉전이 종식되었지만 동북아에서 냉전의 기운은 사라지지 않았다. 동북아 질서는 근대로의 불완전한 이행, 냉전 시기 국제 관계에 기초한 이론과 세력 균형 체제의 중시, 탈냉전적 국제 관계 속에 이념보다는 이익을 중시하면서도 상호 협력과 경쟁, 대립과 갈등 양상 등 중층적이고 복합적인 상호작용이 강하게 작용하면서 역내 자국의 이익과 영향력을 극대화하고자 하는 자국 우선주의와 배타적 민족주의 성향이 우선되었다.

70년 이상 지속되어온 한반도 분단 체제 속에서 여전히 한반도 미래의 불확실성이 줄어들지 않고 있는 것은 남북 관계뿐만 아니라 미중 관계라는 두 가지 복합적 갈등 구조 때문이다. 미국의 상대적 약화와 중국의 부상은 국제 구조의 변화를 대표하고 있고, 미일 동맹의 강화와 중국의 대응은 구조적 변화에 따른 동북아 국제정치의 변동을 잘 설명해주고 있다. 미중 두 초강대국이 경쟁하는 체제로의 이행이라는 국제 구조의 변화는 미국의 지역 전략을 변화시켜왔으며, 중국의 맞대응과 더불어 동북아시아 안보 질서의 변동을 초래하고 있다. 미국은 2011년 아시아 재균형 전략 추진 공표 이후 핵심 방편으로 미일 동맹 강화를 추진하면서 일본의 보통 국가화를 적극적으로 지지하는 동시에 한미일 삼각 안보 협력을 강조하고 있다. 북한뿐 아니라 중국까지 위협으로 규정하고 있는 일본은 재균형 전략을 통해 중국의 팽창을 견제하고자 하는 미국에게 동아시아 지역의 최우선적 파트너이다(박건영, 2013: 1~47). 2012년 아베 정권 출범 이후 일본은 과거 침략 전쟁에 대한 책임을 적극적으로 회피하고 영토 확장 야욕을 드러내면서, 자위 목적이 아닌 경우에도 전쟁을 할 수 있는 보통 국가화를 추진하고 있다. 미국은 연방 정부 재정 악화로 인해 일본의 역할 증대가 더욱 필요하게 되어 일본의 무력 증강 지지 및 집단적 자위권 부여를 포함하는 보통 국가화를 적극 지지했다.

현재 한반도를 둘러싼 동북아는 1945년 시기와 비견될 수 있는 지구적·지역적 차원의 구조적 변화에 직면하고 있다. 갈수록 미국과 중국 간 경쟁과 대립이 격화되면서 세계 안보 정세가 급변하고 있고 동북아시아 정세는 더욱 불안하다. 미국의 대중 포위 전략과 중국의 확장 전략이 가장 첨예하게 충돌하는 곳이 동북아 지역이고 그 시작점이 바로 한반도이다. 국제 구조의 변화에 따른 강대국 간 국제정치가 한국의 선택을 강요하고 있는 형국이다. 그러나 주변 강대국들의 이익이 교차하는 전략적 요충지인 동북아에서 한국이 중견 국가로 부상한 것은 중대한 시대적 함의가 있다. 1945년 이후 통합적 국가 건설의 '실패'와 전쟁의 비극을 되풀이하지 않고, 다시금 찾아온 기회에 한반도의 평화와 통일을 만들어나가기 위해서는 새로운 전략을 수립하고 추진해나가야 할 때이다. 나아가 동북아 지역에서 한반도의 평화와 통일은 역내 국가들 모두에게 불행했던 역사의 반복을 막는 동시에 평화와 번영의 동북아를 만들어가는 새로운 기회를 제공할 수 있기 때문이다.

2. 한반도와 동북아 미래의 제약 요인

현재 한반도와 동북아 질서에는 미래를 향한 역동적이고 긍정적인 번영 가능성이 하나의 축을 이루고 있고, 불확실성과 불안정성이 또 다른 한

축을 이루고 있다. 21세기 정보 통신과 교통의 발전은 세계화globalization 속에서도 지리적 인접성을 중요시하고 오히려 지역주의regionalism의 확산을 가져왔다. 동북아 지역 역시 한중일 3국 간 삼각무역 체제 형성과 중국의 급속한 성장을 바탕으로 세계 3대 지역 경제권(EU, NAFTA, 동북아)으로 부상했다. 이처럼 이 지역은 세계 어느 지역보다 빠르게 경제 발전이 성취되었던 지역이면서도, 여전히 냉전 질서가 남아 급격한 군비경쟁과 함께 북핵 문제 등 안보 위협 요인이 산재한 지역이다. 유럽 지역은 이미 안보 협력과 경제통합 차원을 넘어 하나의 거대한 국가로 단일화되어가고 있는 반면, 동북아는 여전히 안보 문제가 개별 국가 차원에서 다루어지고 있다. 동북아 미래를 위해 지역 내 다자주의의 필요성이 절실하지만 동북아 지역주의 발전을 저해하는 요인들로 인해 동북아 지역주의의 빈곤이 지속되고 있다. 무엇보다 한반도의 분단 상황에서 나타나는 위협 요인과 불안정성은 동북아 지역주의 발현을 저해하는 중요한 원인 중에 하나이다. 한반도와 동북아 미래는 다양한 제약 요인을 안고 있다.

한반도 분단 상황과 동북아 지역주의의 빈곤을 지속하게 하는 요인은 첫째 동북아와 한반도가 가지는 역사적 경험과 지정학적 한계이다. 동북아 역내 국가들 간에는 첨예한 갈등의 역사적 경험과 전통적 안보 이익 중시 속에 신뢰와 협력이 빈곤하다는 점이다(박경석, 2005). 과거 동북아는 한중일 간 전략적 방향의 충돌과 반목의 시기에는 혼란했지만 삼국 간 전략적 방향의 조화 및 제어 시기에는 안정을 유지할 수 있었다. 그러나 제2차 세계 대전 종전 이후부터 지금까지도 지속되어오고 있는 냉전적 기본 안보 구도 속에 동맹 중심의 쌍무적 관계 유지는 성숙된 지역주의로의 발전을 어렵게 만들고 있다. 역내 국가 간 경제적 상호 의존성이 증대하고 있지만 안보 분야의 협력은 뒤처져 있고, 정치, 군사, 영토, 과거사 등의 전통적인 안보 문제가 지속되는 가운데 민족주의 부활 및 헤게모니 대립으로 오히려 불안정이 점증되고 있다. 동북아 국가 관계의 과거사적·지정학적 측면에서 볼 때, 여전히 배타적 민족주의 및 역내 국가들 간 갈등과 경쟁으로 인한 양안 위기, 영토 분쟁, 해양 관할권 분쟁 등 지역 분쟁 발생 가능성이 상존하고 있다. 최근 미일 동맹을 축으로 냉전형 질서를 통해 자국 이익을 유지하면서 현 위기 상황을 타개하려는 일본의 국가 전략은 한반도와 동북아 미래에 치명상을 줄 수 있다.

또한 동북아에서 한반도가 가지는 지정학적 공간의 편견은 한반도를 중심이 아닌 주변부라는 지리적 숙명성에 매몰되게 했다. 지정학과의 잘못된 만남은 한반도를 중국 대륙의 위계적·부속적 위치로 인식하는 소국주의와 역사적 결정주의/패배주의에 빠지게 만들었다. 몽고의 일본 정벌, 임진왜란 때 정명가도의 전략적 배후나 병참적 활용처럼 대륙 세력과 해양 세력 간 충돌과 대립의 공간이자 통과의 공간으로 여겨져왔다.* 한반도는 지정학적 전략의 방향성을 상실하고 스스로 반도 국가의 삶을 선택해버렸다.** 지정학적 전략의 방향성이란 국가이익이 발현되는 방향으로 한 국가의 역량이 미치거나 나아가 외향적인 방향뿐만 아니라, 국가 발전 동력이 유입되는 내향적 방향을 포괄하고 있다. 한반도는 대륙 지향성과 해양 지향성의 혼돈 속에 발전 전략의 방향성을 찾지 못하고 있다.

둘째는 동북아 지역 문제의 한계와 한반도 문제의 종속변수화이다. 역사적으로도 동북아를 둘러싼 이해 국가들은 개별 국가 차원의 지정학적 전

---

* 청·일, 러·일, 중·일전쟁과 한국전쟁이 대표적이다(이삼성, 1995: 296~297).

** 코사카 마사타카(高坂正堯)는 일본이 섬나라가 아니라 해양 국가라며 섬으로 주저앉아 있을 것인가, 바다로 나아갈 것인가라는 질문을 던지고 해양 국가로서 일본의 현실주의적 국가 전략을 주장하고 있다(코사카 마사타카(高坂正堯) 저, 김영작 외 공역, 2005).

략을 고수하며 영합적zero-sum 상대적 이익relative gain을 추구해왔다. 앞으로
도 한반도 문제를 개별 국가 차원의 자기 충족적 합리화 전략의 기제로 인
식하고 주변 강대국 간 거래의 가능성이 상존한다(최문영, 2005: 37~38). 그중
가장 우려스러운 것은 미중 관계의 변화이다. 중국의 부상은 동북아 국가
관계의 구조적인 측면에서 볼 때, 미중 또는 중일 간 갈등 구도를 형성해
지역 불안정성이 심화될 가능성이 잠재되어 있다. 여기에 미국과 중국의
대한반도 정책은 상호 미국의 대중 정책, 중국의 대미 정책과 긴밀히 연관
되어 한반도 문제는 점차 미중 관계에 종속변수화가 심화되고 있다(윤대규,
2013).

동북아의 미래는 한반도의 운명과 직결된다. 과거 동북아의 갈등과 대
립의 역사 속에서 가장 큰 피해와 희생을 당했던 곳이 한반도이다. 그럼에
도 불구하고 한반도는 미중 경쟁 구도에서 지정학적 요충지의 성격을 여전
히 유지하고 있다. 미중 양국은 한반도의 분단 구도 및 향후 변화 과정을
자국의 지정학적 이익에 유리한 방향으로 주도하기 위해 다양한 전략적 계
산을 할 것이다. 한반도 통일 여부와 통일된 한국의 외교적 지향은 미중 양
국의 핵심적 고려 사항이라는 점에서 향후 미중 관계 변화는 한반도와 동
북아 미래를 결정할 가장 중요한 요인이다.

셋째는 북핵을 포함한 북한 문제 역시 중요한 제약 요인이다. 북핵 문
제는 시급하면서도 중요한 문제이다. 즉, 당면한 문제인 동시에 중장기적
으로 한반도 평화 정착뿐만 아니라 동북아의 평화와 안정, 나아가 역내 다
자 안보 협력 실현과 같은 문제와도 직결된다. 한반도에서 북핵 문제를 둘
러싼 남북한과 미국 그리고 중국이 형성하는 관계는 변화를 거듭했다. 기
본적으로 당사자 간 힘의 비대칭이 존재한다. 약소국인 북한은 미국이나
중국과 같은 위상에 있지 않다. 그러나 북한은 미중 관계의 변화를 활용해

강대국의 관심과 주의를 집중시킴으로써 북핵 문제의 진행 경로를 변화시켜왔다. 북한이 핵을 개발하는 근본적인 의도와 최종 목표가 정권의 생존과 더불어 국제사회에서 정상 국가가 되려는 점에는 대부분 이견이 없다. 그러나 북한은 한반도를 둘러싼 힘의 역학 관계 변화 속에서 핵을 이용해 누구에게 어떠한 방식으로 정권의 생존과 체제 안전을 보장받을 것인가에 따라 핵 개발의 의도가 좀 더 정교하게 발전되어왔다. 바로 북한이 주도적으로 북핵 게임의 룰을 바꾸어가며 '북핵 게임 체인지game change'를 하고 있는 것이다. 북핵 문제는 초기 북한의 생존을 위한 억지와 대미 협상용에 무게를 두고 미북 간의 수교와 평화 체제 수립을 요구했다. 그러나 이제 북핵은 단순히 미국으로부터 생존을 보장받기 위한 수단이 아니라 미국과 중국의 전략적 대결 구도 속에서 스스로 생존과 발전을 위한 목적에 무게가 실리고 있다. 그만큼 북핵 문제를 포함해 북한 문제를 한반도 주변 국가들이 어떻게 인식하고 있는지가 중요하다.

3. 동북아 주요국의 한반도 문제에 대한 이해관계와 인식

한반도 특히 북한 문제에 대한 동북아 주요 국가인 미국, 중국, 러시아 그리고 일본의 전략은 자국의 이익과 결부되어 복잡하게 얽혀 있다. 미국은 한반도 문제 특히 북한 문제를 단순히 안보적인 차원을 넘어 비전통 안보 문제로 확대해 접근하고 있다. 즉, 북한이라는 '실패 국가'의 도발적 행위가 안정적 국제 질서를 훼손하지 못하도록 관리하고 차단하려는 글로벌 거버넌스 차원과 동시에 한반도를 중심으로 동북아시아의 전통적 세력 균형의 논리에서 접근하는 양면적 행태를 보이고 있다. 미국은 북한의 핵 개발이 미국의 글로벌 헤게모니를 훼손시킬 수밖에 없다고 보고 북한 핵 문제를 명분으로 한미일 동맹을 강화 유지하면서 이를 토대로 중국의 세력 확대를 견제해오고 있다. 여기에 북한을 위시한 '불량 국가'의 위협을 '유통' 시키고 이에 따라 군수산업을 신장시켜 경제를 안정적으로 관리하려는 '군사 케인스주의Military Keynesianism'가 담겨 있다(Johnson, 2004: 119~136). 이처럼 미국의 대한반도 전략은 전통적 세력 균형과 국내 정치 경제적 맥락에서 유지해가고 있다.

중국은 북한의 반복된 핵실험과 미사일 발사 등의 도발 행동으로 인해 중국 일각에서 '북한 포기론'이 나오고 있을 만큼 중국에게 북한 문제는 딜레마이다. 최근 중국 내에서는 북한 문제에 대해 북한의 지정학적 가치를 강조하는 전통파와 북한 문제로 인한 중국 국가이익의 침해를 주장하는 전략파가 대립하고 있다. 대외적으로는 전략파들의 의견이 비중 있게 다뤄지고 있는 것이 사실이나, 중국의 북한에 대한 피로감과 중국이 실제 북한을 포기하는 것은 별개의 문제이다. 아직까지 중국이 북한을 포기할 수 없는 이유는 단순히 양국이 역사적으로 혈맹 관계라서가 아니라, 중국이 직면하고 있는 미중 대결이라는 구조적 문제 때문이다. 실제 중국 내에서 한반도 정책 결정에 핵심적 역할을 수행하는 주체는 공산당 지도부와 군부가 중심인 전통파들이다. 이들은 '순망치한'의 논리를 확고히 견지하며 한반도 문제를 미중 간 세력 경쟁의 맥락에서 파악하고 있다(Buszynski, 2013: 27~28). 현재 미국이 중국과의 직접 충돌을 피하면서도 중국의 부상을 견제하는 이중적 행태를 보이는 상황에서 중국이 쉽게 북한이라는 지정학적 완충제를 포기하기는 어려워 보인다. 중국의 대한반도 전략은 북한의 붕괴를 방지하면서도 북한 문제로 인해 동북아의 질서가 훼손되는 것을 방지하는 현상 유지 전략을 당분간 유지해나갈 것이다.

1990년대 이후 일본의 대북 정책은 미일 동맹이라는 프레임과 북일 양자 관계라는 2가지 맥락에서 진행되어왔다. 1990년 9월 자민당 가네마루 신이 이끄는 대표단의 방북으로 일본의 대북한 관계 교섭이 개시되었으나, 1992년 이후 북핵 문제의 악화라는 상황 속에서 북일 교섭은 더 이상 진전되지 못했다. 이는 북일 교섭에 대한 미국의 반대가 핵심적인 장애 요인이 되었다. 2002년 9월 고이즈미의 방북과 평양 선언으로 획기적 전환점을 맞는 듯했으나, 2차 북핵 위기와 일본인 납북자 문제가 이슈화되면서 실질적 성과를 얻는 데 실패했다. 최근 아베 정권의 한반도 전략 역시 양면적인 것으로 이해할 수 있다. 아베 집권 후 미일 동맹의 공고화 속에서 평화헌법을 개정하고, '집단적 자위권'을 확대해나가고 있다. 이와는 일견 모순적으로 2014년 5월 일본은 북한과의 '스톡홀름 합의'를 통해 납북자 문제 해결과 대북 제재 조치 해제를 연동시키면서 북일 관계 개선의 의지를 드러냈다. 이와 같은 아베 정권의 북일 관계 개선 의지는 대외적으로 경색된 한일, 중일 관계를 돌파하고, 국내 정치적으로는 일본인 납북자 문제를 해결함으로써 정권의 안정성을 확보해내려는 의도로 풀이된다. 미국의 입장에서 보면 아베 정권이 미일 동맹의 공고한 조력자 역할을 충실히 수행한다면 북일 관계 개선이 오히려 중국의 대북 영향력을 잠식할 수 있다는 측면에서 기회가 될 수 있다는 점에서 일본의 이중적인 대한반도 전략이 나쁘지만은 않다.

탈냉전기 러시아의 대한반도 영향력은 급속히 약화되었다. 소련 해체 직후 대내적 국가 건설이 시급한 상황에서 러시아는 한반도 문제를 주요한 현안으로 간주하지 않았다. 그러나 푸틴 체제 이후 원유 수출을 기반으로 한 경제 및 정치 안정화로 러시아는 전통적인 한반도의 지정학적 이해관계를 고려하기 시작했다. 특히, 러시아는 우크라이나 사태 등으로 인해 미국과의 관계가 경색되자, 중국과의 관계뿐만 아니라 북한과의 관계 개선을 통해 동북아시아에서 자국의 전략적 입지를 확대하려 하고 있다(Talmadge, 2014). 한반도 문제에 대한 러시아의 대응은 상황 변화에 따라 북한과의 관계를 조절하면서 미국 주도의 대북 압박 정책에 반대하고 중국의 대북한 영향력 증대 경계로 나타나고 있다. 주목할 만한 점은 러시아가 대한반도 정책을 주로 대미 관계와 연동시키고 있다면, 북한은 대러 관계를 대중국 관계와 연동시킨다는 것이다. 지난 3차 핵실험과 장성택 처형으로 약화된 북중 관계 속에서 북러 관계의 진전을 이룬 것이 하나의 예이다.

현 한반도 상황에 대한 동북아 주요국들의 복잡한 이해관계처럼 한반도 통일로 인한 동북아 주요국들의 우려가 존재한다. 미국은 통일된 한반도가 중국에 경도되어 한미 동맹이 약화 또는 와해된다면, 해양 세력(미국, 일본)이 한 축을 구성하고 대륙 세력(통일 한국, 중국, 러시아)이 또 다른 한 축을 구성하는 '적대적 세력 균형' 구도가 형성될 것을 가장 크게 우려하고 있다. 2000년 10월 15일 ≪뉴욕타임스≫에 실린 사설 "If Koreas Unite, Will Asia Divide?"를 보면 미국은 현재 분단된 한반도가 통일되면 아시아는 지금 남북 군사 분계선을 중심으로 한 작은 분단이 대한해협을 중심으로 큰 분단이 된다고 언급하며 통일된 한국이 경제뿐만 아니라 안보 영역에서도 친중 국가가 될 것이라고 보고 있다(≪The New York Times≫, 2000.10.15). 이는 결국 미국이 동북아 역내 주도권을 상실하는 결과를 초래하게 될 것이고 또 무엇보다 한반도 통일 과정에서 북한의 핵무기나 핵 기술이 외부로 유출되거나 통일된 한국이 북한의 핵을 계승 보유하게 되는 상황까지도 염두에 두고 있다.

반대로 중국은 통일된 한국이 미국과의 동맹을 그대로 유지할 경우 한국·미국·일본 대 중국·러시아의 적대적 세력 균형 구도가 형성될 것을 격정하고 있다. 한국이 주도하는 통일로 북한이라는 전략적 완충 지대가 사라지고 두만강, 압록강이 주한 미군과 대치하는 선이 되는 것을 용인할 수 없다는 것을 공공연히 밝히고 있다. 또 북한이 붕괴할 경우 대량의 난민이 중국 동북 지역에 유입되어 사회적 문제를 야기하거나 통일 한국의 민주주의, 인권 등의 가치가 중국에 확산되어 중국 내부의 불안정을 가중시킬 수 있다는 우려가 있다. 경제적으로도 북한에서 획득했던 경제적 이익이 줄어들고 중국 동북 3성 개발도 지연될 수 있다고 본다. 또 중국 역시 통일 한국이 북한의 핵무기 프로그램을 승계할 경우 일본 및 타이완도 보유를 시도해 지역 안보를 위협할 수 있다는 것이다.

일본의 경우에도 미국과 마찬가지로 통일된 한반도가 친중 국가가 되어 미국, 일본과 거리를 두거나 적대적 관계로 변모할 것을 우려하고 있다. 통일 한국이 한미 동맹의 비대칭성을 교정해나가면서 친중적 대외 정책을 취한다면 지역 내에서 중국과 주도권 경쟁을 벌이는 일본의 이익을 침해할 수 있기 때문이다. 이는 일본 내부적으로도 미일 동맹의 비대칭성을 바꾸려는 정서를 심화시킬 가능성도 있다. 또 한반도가 통일될 경우 배타적 민족주의 의식이 커져 과거사 문제나 독도 영유권 분쟁에 대해 대일 강경 노선으로 일본과의 대립이 격화될 가능성이 높아질 것으로 보고 있다. 또 미국이나 중국과 마찬가지로 통일 한국이 핵보유국이 되어 일본의 안보를 위협할 수 있다는 측면에서 일본의 군비 증가와 일본 내에서 자체 핵 개발 여론이 확산될 가능성도 배제할 수 없다.

러시아는 한반도 통일 과정에서 미국과 중국이 전략적 우위를 선점할 수 있어 동북아 지역에서 상대적으로 열세인 러시아의 영향력이 더욱 약화될 수 있다고 보고 있다. 이는 북한의 붕괴로 인한 북한 주민들의 대규모 이탈뿐만 아니라 북한 지역을 개발하는 데 러시아에게 불리하고 경제적 이익에 손상을 가져올 수 있다는 우려를 안고 있다.

그러나 동북아 주요 국가들의 우려와 달리 한반도 통일은 많은 편익을 제공한다. 우선 미국은 북한의 위협에 대응하기 위해 지출하던 막대한 비용을 절감할 수 있다. 단순히 군사 비용뿐만 아니라 북한 문제를 관리하기 위해 지불했던 경제적·외교적 관리 비용과 노력까지 아낄 수 있게 된다. 또한 통일을 통해 북핵 문제를 비롯해 대량 살상 무기의 문제까지 해결할 수 있어 국제적으로 비확산 및 반확산 체제를 유지하는 데도 긍정적인 영향을 미칠 것이다. 또 통일 한국과 미국의 동맹을 글로벌 차원으로 발전시킬 수 있는 기회를 마련해 미·중 관계를 정립하고 나아가 역내 질서를 확립해나가는 데에도 긍정적으로 작용할 수 있다.

중국 역시 한반도 통일은 북한 문제의 해결로 막대한 비용과 노력을 절감하면서 안보가 아닌 경제에 바탕을 두고 통일 한국과 협력의 기회가 확대될 것이다. 무엇보다 한반도가 한국 주도로 통일된다면, 중국은 지금까지처럼 북한의 비정상적이고 불법적인 행동에 대해 편향적 태도를 보일 필요가 없다는 점에서 국제사회에서 책임 있는 대국의 이미지를 쌓아가는 데에도 용이할 것이다. 또한 한반도 통일은 한미 동맹과 미일 동맹을 강화하고 연계시키려는 미국의 명분은 약화시키고 통일 한국과 안보 협력을 증진시킬 수 있는 기회를 넓힐 수 있다.

일본에게 한반도 통일은 동북아 질서가 안정되고, 미·중 및 중·일 관계가 균형감 있게 안정화되는 효과를 가져다줄 수 있다. 과거 북한 문제로 미국과 일본이 함께 중국과 대치하는 형국을 탈피해 미·중 사이에서 통일 한국과 일본이 중재자의 역할을 담당해나갈 수도 있을 것이다. 또 북한 지역의 안정과 개발을 위한 국제사회의 협력에 일본이 적극 참여함으로써 일본 경제의 활성화에도 긍정적인 기회를 부여할 수 있다.

러시아에게 한반도 통일은 동북아의 안정으로 이어져 러시아가 참여하는 지역 안보 체제로 확대 발전할 가능성을 높여줄 것이다. 특히 북한의 핵과 대량 살상 무기를 해체하는 과정에 적극적으로 동참하면서 동북아 지역 내 영향력을 확대해나갈 수 있는 기회를 얻을 수도 있다. 또한 통일된 한반도 경제 공동체에 에너지 분야 등 다양한 시장 개척 및 사업 참가로 경제적 이익도 확대될 가능성이 높다.

4. 한반도와 동북아 미래를 위한 새로운 접근

한반도 분단 상황을 지속하게 하고 동북아 지역주의를 저해하는 요인을 극복하고 한반도 평화통일과 동북아의 미래를 위해서는 무엇보다 우선 한반도 동북아 문제에 대한 탈지정학적 패러다임의 전환이 필요하다. 즉, 지리적 위치에 따른 운명에 임기응변적으로 대처하는 방식에서 벗어나 한반도와 동북아의 지정학Geopolitics적 인식을 탈피하고 지전략Geostrategy 공간 개념으로 가치를 확장해나가야 한다. 지전략은 지정학Geopolitics, 지경학Geoeconomics, 지안보학Geosecurity, 지문화학Geoculture 등 다양한 영역을 포함하고 융합한다. 즉, 지전략적 국가 전략은 지정학을 바탕으로 한 전통적 안보 중심의 국가주의를 넘어 다양한 영역에서의 지역 차원의 공존 전략을 의미한다(경남대학교 극동문제연구소, 2015: 160).

한반도와 동북아에서의 지전략적 패러다임 전환은 지리적 영토에서 전략적 영토로 개념을 확장해 개방된 국경 및 통합된 접경 지역으로 진화하고 한반도와 동북아를 하나로 결합시키는 것을 의미한다. 이는 곧 제한된 국가 안보의 한계성을 인간 안보의 영역으로 확장해 한반도와 동북아 국가의 융합을 통해 지역주의의 잠재성을 현실로 전환 가능하게 할 것이다. 한반도와 동북아 국가의 융합은 지전략적 상상력을 통해 동북아 지역을 한반도와 동북아 주요 국가들 간 하나의 유기체이자 동적dynamic 입체 공간으로 공존과 공멸의 운명을 지닌 지역 단일 생명체로 보게끔 한다.

제2차 세계대전 이후 지금까지 동북아 지역은 한반도와 동북아를 조이고 있는 고리와 외부에서 누르는 힘에 의해 제대로 된 모양을 갖지 못하고 있었다. 남북 분단의 고리와 해양의 고리(한일, 북일 관계), 그리고 대륙의 고리(한중, 북중 관계)로 인한 지역 내 동력 흐름의 차단과 쌍무적 관계 중심으로 인해 지역성이 제한되어왔다. 남방 3각과 북방 3각, 중일 관계는 해양과 대륙 간 고리의 이중적 고리로 지역성을 더욱 어렵게 하는 요인이 되었다. 미국과 구소련이 한국과 북한의 발전에 중요한 역할을 수행한 것은 사실이나 미국과 소련의 힘은 한반도 분단의 역사적 책임과 동북아 지역주의의 변형을 가져온 중요한 외압이라고 할 수 있다. 이러한 동북아 지역의 일그러짐과 짓눌림이 한반도의 분단 상황의 지속과 동북아 지역주의의 빈곤으로 나타난 것이다.

결국 동북아 지역주의가 정상적으로 움직이기 위해서는 동북아 역내 핵심 행위자로서 남북과 중국, 일본을 우선 받아들이고 상호 관계의 중요성을 새롭게 인식할 필요가 있다. 지리적 위치에도 불구하고 미국은 여전히 한반도와 동북아 문제의 주요한 행위자이자 핵심 당사국의 지위를 유지할 필요가 있다. 러시아 역시 과거와 달리 역내 영향력이 약화되었으나 지위와 역할을 재확대할 기회를 모색 중이라는 점에서 주요한 행위자로 고려해야 한다. 결국 한반도를 포함한 동북아의 평화와 번영은 지역 내부의 남북한, 중국, 일본과 외부의 미국, 러시아 간 올바른 관계 정립에 달려 있다.

현재 일그러지고 짓눌린 위기의 동북아를 제대로 된 모습으로 만들기 위해서는 우선 한반도와 동북아를 조이고 있는 남북 분단의 고리와 해양의 고리, 대륙의 고리를 제거하는 것이 중요하다. 그러나 세 개의 고리를 동시에 제거하는 것은 쉽지 않다. 어떠한 고리부터 제거할 것인가의 우선순위의 문제도 중요하지만, 제거의 선후보다 중첩된 제거 과정을 통한 긍정적인 영향과 승수효과가 필요하다. 상호 연계된 고리의 제거가 여타 고리를 느슨하게 연성화하고 차츰 확대해나가는 노력이 있어야 한다.

한반도 분단과 동북아 지역주의의 빈곤을 극복하기 위해서는 고리의 제거와 함께 지역주의를 누르고 있는 외부 힘의 변화를 이끌어내야 한다. 현 시점에서 외부 힘은 미국만을 의미하는 것은 아니다. 과거 구소련의 역사적 책임과 향후 러시아가 동북아 지역 내에서 영향력을 재확대해나갈 가능성도 염두에 두고 러시아의 역할 변화 및 관계도 재정립해나갈 필요가 있다. 중요한 것은 여기서 말하는 외부 힘의 변화가 동북아에서 미국이나 러시아의 배제를 의미하는 것은 아니라는 점이다. 과거 한반도 분단의 책임과 동북아 지역주의를 누르고 있는 부정적인 힘을 축소시키는 반면 한반도 분단을 극복하고 동북아 지역주의가 발전해나가는 데 긍정적인 영향을 줄 수 있는 미국과 러시아의 역할을 통해 상호 이해관계를 재정립해나가도록 해야 한다.

결국 고리의 제거와 외부 힘과의 관계 변화는 한반도를 중심으로 한 동북아 내에서 해양과 대륙의 발전 에너지가 뒤섞이는 공간 마련을 가능하게 할 수 있다. 고리의 제거로 해양과 대륙으로부터 유입된 에너지는 한반도와 동북아 국가들이 함께 공유하는 발전 동력으로 일체화된 에너지 순환 체계가 될 수 있다. 발전 에너지의 개별 유입과 제한된 순환에서 발전 에너지의 지역적 유입 및 총체적 순환이 이루어지는 것이다. 또 개별 국가의 내압(국력, national power)과 통합된 지역 내압(지역력, regional power)의 전방위 확산으로 이루어질 수 있고 해양과 대륙으로부터 발전 에너지의 균형적이며 안정된 유입 보장 및 지역 내 유입된 에너지의 응집과 효과적인 재분배로 동북아 미래를 보장하는 시너지 효과로 나타나게 되는 것이다.

한반도와 동북아의 미래는 상호 밀접한 관계를 맺고 있다. 한반도 분단 극복 없이는 평화와 번영의 동북아 지역주의를 기대하기는 어렵다. 남북 관계를 통한 동북아 안정, 남북 주도의 동북아 협력과 함께 남북 통일은 동북아가 세계의 중심으로 성장하기 위해 반드시 필요하다. 그러나 한반도 통일과 동북아 시대 구축의 우선순위는 무의미하며 순차적 달성이나 결과가 아닌 견인 주체와 과정상 상호 긍정적 영향의 문제이다. 한국은 대륙이자 해양이다. 한국이 가진 대륙과 해양의 양면의 정체성이 우리의 운명을 규정한다(배기찬, 2017). 결국 한반도 통일과 동북아 시대를 위한 전략은 함께 추진되어야 한다. 고리의 제거와 외부 힘과의 관계 변화의 프로세스를 통해 한반도를 분단과 통과의 길목에서 연결과 결합의 공간으로 승화하고, 동북아는 해양과 대륙 세력 간 충돌의 전장에서 대륙과 해양 에너지를 결합하는 거대한 용광로이자 발전소로 변화해나가야 한다.

5. 한반도 통일과 동북아 미래를 위한 구상과 전략

한반도와 동북아 미래를 제약하는 중요한 도전 요인은 미중 관계와 북핵 문제, 그리고 역내 국가들 간 갈등의 해결이다. 한반도와 동북아의 미래를 위한 구상을 현실화하기 위해서는 무엇보다 남북 당사자가 중심이 되어 한반도 문제를 주도하고 동북아 안정을 견인해나가는 것이 핵심이다. 미중간 경쟁과 갈등이 점차 심화된다면 한반도 문제에 대한 남북의 입지나 발언권은 현저히 약화될 우려가 있다. 냉전 종식 이후 우리에게 열렸던 자율적 북방 정책과 대북 정책 공간이 반대로 급격히 축소되고, 북한이 중국에 기대어 미국과 직접 상대하고 우리가 배제되어 지위와 역할이 불투명한 상황에서의 한반도 미래 전략 구상은 사상누각일 수밖에 없다. 한반도 문제는 남북 당자자 간 주도적인 해결을 위해 확고한 상호 의존적 신뢰를 바탕으로 남북 관계를 안정적으로 발전시키는 것이 최우선이다. 우선적으로 남북 관계 정상화를 통해 대북한 레버리지를 확대하고 한반도 문제와 동북아에서의 전략적 입지를 확보하는 것이 최우선 과제이다. 이를 위해서는 무엇보다 남북 관계의 개선을 통해 미국과 중국의 대한반도 전략에서 탈피하고, 남북 문제의 독자성 확대는 '한반도 중심형' 미래 전략을 가능하게 할 것이다. 또한 한반도와 동북아 평화 안정에 남북한 공동 리더십의 승수효과가 발휘되도록 북한과 발걸음을 맞추어나갈 필요가 있다.

미중 관계 변화와 동북아 국가의 갈등 속에서 남북이 문제를 주도적으로 이끌어나가기 위해서는 한반도와 동북아 내에서 신뢰와 균형의 개념을 좀 더 구체화해야 한다. 한반도 문제를 해결하기 위해서는 먼저 한반도와 동북아 국가들 간의 다차원 신뢰 수준 확대가 필요하며, 남북 및 역내 국가들 간 상호 믿음에 대한 확신을 넘어 미래를 함께 열어갈 수 있는 신뢰 수준을 형성하고 공동 이익의 영역을 확대해나가야 한다. 이를 위해서는 남북 간에는 안보와 경제 영역의 병진적 상호 신뢰가 필요하다. 과거 북한에게 한국 보수 정권의 안보에 국한된 문제 선결이나 북한에 경제적 혜택을 주고 안보를 얻으려는 불균형적인 거래는 북한에게 학습 효과만 높여주고 효과가 없었다. 북한은 과거 단순히 남북 경제협력만으로는 자신들의 체제에 잠재적 위협 요인이 될 수 있다고 판단하고 대북 포용 정책의 침투성을 차단하는 대신, 경제적 실리를 챙기는 순치馴致 작업을 해왔다. 이러한 문제점을 해소하기 위해서는 남북 간 경제 분야 교류·협력의 진전과 함께 상호 연관된 안보 분야의 병행 접근으로 좀 더 신뢰 구축의 확대 및 심화가 가능할 것이다. 동북아 역내 환경이 협력적 관계보다 여전히 안보 문제에서 국익을 중요시하고 있어 동북아 역내 국가들 간에도 역시 안보와 경제 영역을 포괄하는 상호 의존적 신뢰 형성이 필요할 것이다.

다음은 남북 관계와 동북아 협력의 다층적 균형을 추진해나가야 한다. 이를 위해서는 대북 및 외교 정책의 균형을 포함해 남북 관계와 역내 국가들 간 협력의 균형 및 정렬이 요구된다. 남북 관계에서는 기존의 안보와 경제의 이분법적 접근이나 경제·안보, 안보·안보의 단선적인 교환 방식만으로는 지속 가능한 남북 관계로 발전하는 데는 한계가 있어 경제와 안보 문제의 분리가 아닌 상호 연계 및 균형적인 병행 접근 전략이 필요하다. 남북 관계 개선과 동북아 협력의 균형은 견인의 주체와 우선순위의 동일함이 아니라 남북 관계 개선을 우선적으로 하되 동북아 국가들과의 협력과 조화 및 선순환적인 연결을 의미한다.

남북 관계와 동북아 국가들 간에 신뢰 형성과 균형의 조화를 추구하는 것은 결국 지전략적 접근을 한반도와 동북아 미래를 위한 전략으로 디자인하는 것이다. 남북 상호 간 관계는 과정이 필요한 것으로 어려움이 있어도 중단하지 않고 지속적으로 추진할 때 진정성과 신뢰가 형성된다. 무엇보다 새로운 변화를 뛰어넘을 수 있는 신뢰의 토대가 형성되고 장기적인 안목에서 지속적으로 추진하는 것이 중요하다. 신뢰와 균형을 바탕으로 통일 지향적인 남북 관계로 발전해나가기 위해서는 남한은 대북 정책과 북한에 대한 정체성에 일관성을 부여해야 한다. 또한 북한이 남한에 대한 정체성을 단순히 적이나 대화, 경쟁 상대가 아닌 신뢰할 수 있는 협력 동반자로 인식하게 만들 필요가 있다. 남북 관계에 있어 경직된 상호주의 원칙에서 과감히 탈피하고 북한에게 신뢰를 요구하기에 앞서 유연한 상호주의 원칙을 탄력적으로 적용해 선제적 신뢰를 통한 북한의 호응을 유도해나가야 한다.

이러한 구상을 바탕으로 한반도와 동북아 미래를 위한 3단계 추진 전략이 가능하다. 먼저 1단계는 남북 관계 정상화와 동북아 시대의 기반 조성 단계이다. 우선적으로 남북이 주도적으로 상호 의존적 변화를 통해 남북 관계를 불가역적으로 정상화해 남북 간 분단의 고리를 최대한 확대해나가는 것이 중요하다. 이를 위해서는 핵 문제와 분리해 추진해나가는 지혜가 필요하다. 북핵 문제에 남북 관계를 종속시켜 핵 문제 진전이 없으면 남북 간에 아무것도 할 수 없어서는 안 되며, 한국으로서는 북한의 핵 포기에 모든 정책을 올인해서는 안 될 것이다. 동북아 국가들 간에는 다양한 영역에서 양자에서 다자로 관계를 확대하면서 불신과 대립의 역사적 유산의 타개 및 문화적 동질성 회복을 통해 해양과 대륙의 고리를 느슨하게 만들어가야 한다. 동북아 지역 내 정보, 교통, 물류, 에너지, 환경 등 비전통 인간 안보 영역에서의 분야별 네트워크 구축을 강화하면서 남북이 해양과 대륙의 접속node 국가 역할을 수행해나갈 수 있도록 해야 할 것이다.

접속 국가는 가교bridge 국가와는 차별화된다. 가교는 단선적인 연결과 고정성, 통과의 공간으로서의 의미가 강하지만, 접속은 네트워크가 가지는 중층적 구조와 확장성을 강조하는 것이다. 따라서 역내의 중국과 일본, 그리고 미국과 러시아와의 관계를 고려해 남한의 일방적인 접속 국가 역할 수행보다는 조금은 부족하더라도 남북이 함께 접속 국가로서 역할 분담을 해나가는 것이 필요하다. 그런데 동북아 협력에서 미국의 지역 안정자stabilizer 역할 및 활동 영역(영향력 행사)의 긍정적 축소를 모색하는 것 역시 어려운 문제이다. 기본적으로 미국은 동북아 지역주의가 미국에게 닫힌 지역주의로 가는 것을 원치 않고 있다는 점에서 미국의 이해관계를 어떻게 반영할 것인가 역시 남북이 함께 쓸 수 있는 카드를 준비하는 데 염두에 두는 것이 좋을 것이다.

2단계는 한반도 공동체 형성과 동북아 협력의 심화 단계이다. 이 단계에서는 무엇보다 남북한 주도의 북한 핵 문제 해결과 한반도 평화 체제 조성을 통해 공동체를 형성해 남북 간 분단의 고리를 실질적으로 제거하고 동북아 평화와 안정 회복에 기여해야 한다. 동북아 지역 내 네트워크 통합 및 제도화를 통해 해양과 대륙의 고리를 확대하고, 남북 공동체는 거점hub 국가 역할을 수행해나가게 될 것이다. 특히 북핵 문제의 남북 간 주도적 해결을 기본 틀로 하는 확대된 동북아 다자 안보 협의체를 구성하고 상설 사무국을 한국에 설치해 북한을 비롯한 모든 국가의 역내 합리적 안보 위협을 제거하는 것이 중요하다. 이를 위해서 동북아 협력에서 미국의 역할의 점진적 변화와 러시아의 긍정적 참여를 유도해나가야 한다.

3단계는 최종 단계로 한반도 통일국가 건설 및 동북아 중심 시대 구축 단계이다. 완전한 남북 통일국가 건설을 통해 남북 간 분단의 고리를 법적으로 완전히 제거하고 중견 국가로서 역내 중일 간의 균형자로서의 역할이 가능할 것이다. 분단과 해양, 대륙의 고리의 완전 제거로 남북과 중국, 일본이 완전한 동북아 지역을 형성하고, 한미 동맹, 미일 동맹 등 양자 관계의 발전적 재정립 및 미국과 동북아 지역의 건전한 동반자적 관계를 통해 동북아 지역이 세계의 중심 지역으로 부상할 수 있을 것이다.

한반도의 분단과 동북아 지역주의의 빈곤이 사라질 때 비로소 멀리 세계를 향해 비상飛翔할 수 있다. 결국 하나의 공동 운명을 지닌 동북아는 국제 사회에서 가장 위대한 지역 공동체로 거듭나 세계 평화와 발전을 주도해나가게 될 것이며, 그 중심에는 남과 북, 통일로 하나가 된 한반도가 필요하다.

6. 한반도 통일과 동북아 미래 구상 실현을 위한 제언

한반도 통일과 동북아 시대의 신뢰와 균형을 바탕으로 한 미래 구상 실현을 위해서는 해결해야 할 문제와 달성해야 할 수많은 과제가 있다. 가장 중요한 것은 남북 중심의 한반도 평화 체제 구축과 북핵 문제 해결이다. 그러기 위해서는 남북이 주도적으로 북한 핵 문제의 완전한 해결과 한반도 평화 체제의 구축을 통해 동북아 질서 재편에 능동적으로 참여하고 견인하는 전략을 추진해나가야 한다. 현재의 한반도 정전 체제가 동북아 세력 균형의 산물이라는 점에서, 한반도 평화 체제의 구축 과정은 동북아 질서 재편 과정과 밀접히 직결되어 있다. 한반도 평화 체제의 구축이 미·중 주도의 동북아 신질서 재편 결과에 따라 좌우될 수도 있지만 반대로 한반도 평화 체제 구축을 통해 동북아 질서 재편 과정에 영향을 미칠 수도 있다.

이제 막연히 평화 체제가 구축되어야 한다는 주장은 비핵화를 더욱 어렵게 할 수도 있다. 과연 누가 주도적으로 평화 체제를 만들어나가고 어떻게 북한의 비핵화를 가능하게 할 것인가에 따라 비핵화의 가능성과 진행 경로가 달라질 수 있다. 북한 비핵화와 한반도 평화 체제를 구축하는 과정에 남과 북이 어떠한 위치에서 어떠한 관계로 어떠한 역할을 할 것인가가 매우 중요하다. 한반도 평화 체제와 비핵화 문제의 병행에서 우선순위를 조율하는 조율자의 역할을 남과 북이 함께해나가며 내용을 만들어나가야 한다. 비핵화와 한반도 평화 체제 구축이 상호 시너지 효과를 주기 위해서는 다방면에 걸쳐 남북 관계의 개선과 병행해서 추진해야 한다. 평화 체제의 실효성을 확보하기 위해서는 남북 간 정치·군사적 신뢰와 함께 경제협력과 사회 문화적 교류가 동시에 확대되어야 한다. 또한 한반도 평화 체제를 통해 남북한이 동북아 군비 통제를 주창하고 동북아 다자 안보 협력의 시발점으로 이용해나가도록 프로세스를 정교히 진행해나가야 한다. 북핵 문제 해결을 전제하고 남북 간 군사적 긴장 완화 및 신뢰 구축이 이루어진 이후 평화협정 체결이 가능하다는 결과 중심의 순차적 추진에서 벗어나 북핵 문제와 평화 체제 구축, 그리고 남북 관계에 대한 병행 추진을 통해 선순환 효과를 발휘할 수 있도록 추진해나가야 할 것이다.

북핵 문제와 함께 한반도 평화 체제 구축이 누구에 의해 어느 방향으로 이루어지느냐에 따라 한반도의 미래와 운명이 바뀔 수도 있다. 남북 관계 개선이 우선되지 않은 상태에서 강대국들만에 의한 종전 선언이나 관계 정상화는 한반도를 차가운 평화cold peace의 지대로 전락하게 할 가능성이 높다. 한반도 평화 체제의 구축과 북한의 비핵화를 남북이 주도하지 않을 경우 자칫 분단의 항구화로 귀결될 수도 있다. 한반도에서의 비핵화와 평화 체제 구축이 남북 간의 평화 공존을 보장해줄 수는 있겠지만, 공동 번영을 넘어 통일까지 보장해주는 것은 아니다. 도리어 한반도 비핵화와 평화 체제 구축이 우리 민족의 자주적 역량하에 이루어지느냐, 아니면 주변 강국의 주도하에 그들의 이익을 충족하며 달성되느냐에 따라 분단 체제가 지속될 위험성도 존재한다.

남북 중심의 한반도 평화 체제 구축과 북핵 문제 해결을 위해서 우선 해결해야 할 중요한 과제는 남북한 신뢰를 바탕으로 한 전방위 외교력을 증대해나가는 것이다. 또 세계 속에서 동북아 공동의 지역 전략과 지역 보편 이익을 추구하는 열린 중견국 외교를 펼쳐나가야 한다. 과거 한·미·일 3자 동맹 구도에 갇혀 있던 냉전 시대의 외교 안보의 틀에서 탈피해 한반도 평화 체제 구축과 북핵 문제 해결, 동북아 협력과 연결된 지역 설계architecture와 다자주의를 추구하는 것이 핵심이다. 한국 독자적인 미중과의 양자 관계도 중요하지만 남북 관계 수준에 따라 2(미중)+2(남북), 2(미중)+1$\frac{1}{2}$(남북 관계 개선),

2(미중)+1(남북 공동체)의 다양한 외교 방정식을 고안할 필요가 있다. 또한 4개의 2+1(남북+미, 남북+중, 남북+일, 남북+러)을 비롯한 다양한 양자 및 다자간 협력체를 만들어 국가 간의 다양한 이해관계를 조정해 강대국 위주의 동북아 질서가 갖는 경직성을 주도적으로 완화해나가는 노력이 필요하다. 미중 간 경쟁을 협력적으로 이끌 수 있는 지역 설계, 다자주의 협력을 추구하면서도 동맹과 지역주의, 협력과 경쟁, 정체성과 세계화 등 상충되는 요소들 간의 조화와 균형을 추구하면서 지역 내 위협 발생과 갈등, 분쟁 등을 사전에 방지하는 조화와 균형을 기조로 하는 외교 전략을 추구해나가야 할 것이다(경남대학교 극동문제연구소, 2015: 127~130).

한반도 통일을 통해 동북아 시대를 이끌어갈 한국의 미래상은 우선 한반도에서 북한의 변화를 끌어내고 껴안을 수 있어야 한다. 그리고 동북아 지역의 경제와 안보가 연계된 상호 의존적 전략을 추진하는 조정 국가의 역할과 함께 동북아의 공통적 문화 형성을 주도하고 세계적 경쟁력을 갖춘 고품질의 동북아 문화 가치를 창출해나가는 규범 국가의 역할이 요구된다. 한국 스스로가 한반도의 통일된 미래와 동북아의 평화 번영을 위해 노력하는 동시에 미래에 어떠한 모습을 가질 것인지에 대한 끊임없는 노력이 계속되어야 할 것이다.

참고문헌

경남대학교 극동문제연구소. 2015. 『한반도 미래구상』.

_____. 2015. 『동아시아 질서 변화와 한반도 미래』. 선인.

박건영. 2013. 「오바마의 주판과 긴 파장?: 재균형과 한반도에 대한 함의」. ≪한국과 국제
　　　정치≫, 29권 3호, 1~45쪽.

박경석. 2005. 『동북아시아의 협력과 갈등의 역사』. 동북아시대위원회.

박홍서. 2010. 「내재화된 위선? '중국적 세계질서'의 현실주의적 재해석」. ≪국제정치논총≫,
　　　50집 4호, 7~27쪽.

배기찬. 2017. 『코리아 생존전략』. 위즈덤하우스.

윤대규. 2013. 『북한에 대한 불편한 진실』. 한울.

이삼성. 1995. 『미래의 역사에서 미국은 희망인가?』. 당대.

_____. 2009. 『동아시아의 전쟁과 평화 1』. 한길사.

최문영. 2005. 『한국을 둘러싼 제국주의 열강의 각축』. 지식산업사.

코사카 마사타카(高坂正堯). 2005. 『해양국가 일본의 구상』. 김영작 외 옮김. 일조각.

Buszynski, Leszek. 2013. *Negotiating with North Korea: The Six Party Talks and the Nuclear Issue*. New
　　　York: Routledge.

Christensen, Thomas J. 1996. *Useful Adversaries: Grand Strategy, Domestic Mobilization, and Sino-American
　　　Conflict, 1947~1958*. Princeton: Princeton University Press.

Johnson, Charlmes. 2004. *Blowback: The Costs and Consequences of American Empire*. New York: Holt
　　　Paperbacks.

Talmadge, Eric. 2014. "Putin looks east to bolster ties with North Korea." *Associated Press*, June 4.

The New York Times. 2000.10.15. "The World: If Koreas Unite, Will Asia Divide?"

한반도 평화와 남북 관계
현실과 대안

김근식
경남대학교 정치외교학과 교수

1. 머리말

2017년까지 한반도는 최악의 위기 상황이었다. 트럼프 대통령과 김정은 위원장은 화염과 분노, 전면 파괴의 언사와 괌 포위 사격의 위협을 주고받으며 강대강의 전쟁 일촉즉발까지 도달했다. 다행히 2018년 한반도는 평화로 방향을 틀 수 있었다. 북한의 평창 올림픽 참가로 한반도에 대화의 물꼬가 트였고 남북 정상회담과 북미 정상회담 성사와 북핵 협상의 가동으로 전쟁 위기 대신 비핵 평화의 가능성을 열어놓게 되었다. 물론 2018년의 한반도 평화 역시 진행형이고 불확실성의 영역에 놓여 있다. 아직 되돌릴 수 없는 평화 프로세스로 진입하지 못했고 언제든 비핵화 협상은 결렬될 수 있는 아슬함을 내포하고 있기 때문이다.

전쟁 위기와 평화 협력 사이를 오가는 한반도 평화의 가능성은 그만큼 어렵고 복잡하다. 쉽게 단기간에 성취할 수도, 그렇다고 무조건 포기하고 전쟁의 길로 갈 수도 없는 노릇이다. 어렵지만 한 걸음씩 한 걸음씩 진전시켜야 할 기나긴 과정일 것이다.

군사 안보적 차원의 전통적인 평화 체제 논의와 북핵 해결의 조건으로서 평화 체제 논의보다 사실 한반도 평화의 현실적 진전은 남북 관계의 진전과 연결되어 있다고 할 수 있다. 그동안 역대 정부는 남북 관계 진전이 사실상 한반도 평화의 진전이라는 전제하에 기능주의적 접근에 기초해 대북 정책을 실시했고 지금 문재인 정부도 그 맥락하에서 한반도 평화와 남북 관계 진전을 시도하고 있지만 현실이 녹록하지만은 않다. 그럼에도 불구하고 한반도 평화와 남북 관계의 상관성을 검토하고 한반도 평화의 진전을 위한 현실적 고민을 시작할 때가 되었다. 이를 전제로 이 장에서는 실질적이고 현실적인 한반도 평화의 방도로서 남북 관계 진전과 연동된 한반도 평화를 논의하고자 한다.

2. 한반도 평화의 핵심
남북 관계의 진전

한반도 평화에 관한 논의는 주로 군사 안보적 측면의 신뢰 구축과 군비 통제 및 평화협정 체결 문제와 한미 동맹과 주한 미군 문제 등의 전통적 영역에 집중되었다.[*] 군사 안보 전문가들의 주도로 한반도 평화 체제 논의가 진행됨으로써 군사적 신뢰 구축 조치CBMs의 필요성과 내용, 운용적 군비 통제와 구조적 군비 통제의 필요성과 쟁점 및 정전협정의 평화협정으로의 전환 문제, 주한 미군과 유엔사 문제 등에 대해서만 평화 체제 논의가 한정되는 경향을 보인 것이다. 이처럼 군사적 차원의 안보 담론으로만 평화 체제를 접근할 경우 현실적이고 본질적인 한반도 평화의 내용들이 종합적 입체적으로 그려지지 못하는 한계가 있다.[**] 오히려 한반도 평화는 군사 안보적 영역을 뛰어넘어 좀 더 포괄적인 차원에서 접근되고 논의되어야 한다.

또한 한반도 평화는 북핵 문제와 연동되어 북핵 해결의 조건으로 논의되었다. 한반도 평화 체제가 북핵 해결을 위한 필수 조건이지만 동시에 북

---

[*] 대표적으로 송대성(1998), 곽태환 외(1997), 한용섭(2004) 등을 들 수 있다. 조성렬(2007)은 군사 안보 관점과 함께 동북아 차원과 남북 관계 차원의 평화 체제를 다양하게 접근하고 있다는 점에서 진일보한 것으로 평가된다.

[**] 군사 안보 중심의 평화 접근을 비판하고 평화적 방법에 의한 평화와 평화 국가를 주장하는 대표적 논의는 구갑우(2007: 10~32) 참조. 비슷한 맥락에서 시민사회의 눈으로 안보와 평화를 접근한 논의도 있다 (참여연대 평화군축센터 엮음, 2008).

핵 문제로 인해 한반도 평화가 위협받고 평화 체제 논의가 역진하는 현실도 존재한다. 즉, 북핵 문제는 평화 체제 논의를 필요하게 하면서 동시에 평화 체제를 진전시키지 못하는 핵심 장애물이기도 하다. 결국 지금 시기 한반도 평화는 공허한 군사 안보적 차원의 평화 체제 논의나 실질적 진전이 어려운 북핵 해결의 전제 조건으로 공론화하기 어려운 상황인 게 사실이다.

결국 현실적이고 돌이키기 힘든 한반도 평화의 진전은 남북 관계와 연동지어 고민하고 실천해내야 한다. 남북 관계가 언제라도 적대와 대결의 긴장 관계로 환원될 수 있는 구조라면 한반도 평화는 시작도 할 수 없다. 군사적 신뢰 구축을 진전시킨다 하더라도 대결의 남북 관계로 회귀할 가능성은 얼마든지 존재한다.* 화해와 협력의 남북 관계가 돌이킬 수 없는 지점을 지나서 평화와 공동 번영의 경제 공동체 진입으로까지 나아간다면 한반도 차원에서 남북 관계로 인한 갈등과 대결은 사실상 종지부를 찍게 된다고 할 수 있다. 남북 관계의 불가역적 진전이야말로 사실상 한반도 평화의 안정적 진전이라 할 수 있다.

한반도 평화를 이루는 데 가장 핵심적인 역할은 바로 남북 관계일 수밖에 없다. 원론적으로 한반도 평화는 현재의 남북 관계에 토대해야 하고 평화의 진전 역시 남북 관계의 진전과 연동될 수밖에 없기 때문이다(김근식, 2010: 27~28).

한반도 평화는 결국 남북 관계 개선에 따라 상호 화해 협력이 증대되어야 가능하다. 탈냉전 이후 한반도 평화의 진전은 민족 화해의 개선과 남북 관계의 진전에 따른 측면이 주요하게 작용했다는 것을 부인하기 힘들다.

---

* 2004년 남북 합의에 의해 군사분계선에서의 상호 선전 활동 중단과 서해상 통신 교신에 합의했지만 이번 천안함 사태를 통해 한순간에 군사적 신뢰 구축의 합의가 무력화되었다.

개성공단과 금강산 관광 등 남북의 경제협력이 가시화되고 상호 원원의 사업이 확대될수록 남북은 평화 시時 경제적 이익의 추구와 분쟁 시時 경제적 이익의 손실이라는 합리적 타산에 의해 군사적 충돌을 방지하고 갈등을 예방할 수 있다. 2007년 남북 정상 선언에 담긴 이른바 '서해 평화 협력 지대' 구상은 남북의 경제적 협력 증진으로 NLL이라는 군사적 갈등 상황을 뛰어넘으려는 발상으로서 한반도 평화 증진과 남북 관계를 상호 결합시킨 대표적 접근법이라 할 수 있다. 남북이 상호 경제협력과 교류를 활성화하면서 그 결과로 상호 분쟁을 방지하고 긴장을 완화하며 갈등을 줄일 수 있다는 기능주의적 접근도 한반도 평화를 가능케 하는 남북 관계의 필요성을 언급한 것이다.*

탈냉전 시기의 남북 관계가 이른바 대북 포용 정책으로 진전되면서** 화해 협력 증진과 남북 관계 개선으로 경제협력과 인적 교류 및 상시적 남북 대화가 이뤄짐으로써 남북은 군사적 긴장 완화를 증진시킬 수 있었다. 서해에서의 군사적 충돌에도 불구하고 동해에서 금강산 관광은 지속되었고 개성공단에서 남북의 경제협력은 지속되었던 것이다. 경제협력으로 군사분계선을 통해 남북의 인적 물적 교류가 활성화되면서 이를 보장하기 위한 남북의 군사적 조치와 합의가 진전되고 다시 군사적 신뢰 구축이 남북의 경제협력을 추동해내는 상호 선순환 과정이 바로 남북 관계 진전이 한반도 평화를 증진시키는 상징적 사례라 할 수 있다. 2007년 남북 정상회담에서 노무현 대통령이 걸어서 군사분계선을 넘는 장면 자체는 남북 관계의 진전이 한반도 평화의 중요한 요인이라는 것을 상징적으로 보여주는 것이기도 하다.

---

* 기능주의에 대해서는 미트라니(David Mitrany, 1966) 참조.
** 탈냉전 이후 대북 포용 정책의 진화에 대해서는 김근식(2008) 참조.

오랫동안 긴장 상태였던 휴전선 근처의 첨예한 군사적 대치도 2018년 판문점 남북 정상회담 이후 남북 관계 진전에 맞춰 결국 '남북 군사 분야 합의서' 체결을 통해 의미 있는 군사적 신뢰 구축을 시작할 수 있게 되었다.

역으로 남북 관계에서 적대와 대결이 지속되는 경우, 한반도 평화 체제 논의는 비현실적일 수밖에 없는 것도 마찬가지다. 상호 군축, 평화협정 당사자 문제, 평화협정의 조항, 주한 미군 주둔 여부, 유엔사 해체 여부, 한미 동맹의 변화 등이 적극적 평화를 위한 주요 쟁점이지만 이들 논의가 겉돌 수밖에 없고 매번 제시되는 과제들이 공허하게 들리는 이유는 아직 그것을 구체적으로 논의하고 고민할 만한 한반도 상황이 아니기 때문이고 그 핵심에는 남북 관계의 현 단계가 자리 잡고 있다.

적어도 남북이 경제 공동체를 형성하고 자본과 기술, 인력과 자원이 상호 결합하는 상호 관계라면 적극적 평화로서 평화협정 체결 등의 논의가 자연스러울 것이지만, 이와 별개로 남북 관계의 진전 여부와 상관없이 평화협정 당사자 등이 논의되는 것은 현실성이 결여될 수밖에 없다. 그동안 평화 체제 정착에 대한 수많은 논의가 있었지만 매번 평화협정 당사자 문제, 각국의 입장, 우리의 입장 등 반복적이고 공허한 주장만 계속된 것은 바로 적극적 평화의 토대로서 남북 관계가 아직 진전되지 못했기 때문이었다. 상호 경제적 이익이 맞물려 돌아가는 거대한 톱니바퀴처럼 남북이 '경제 공동체'를 형성한다면 공동의 이익을 위해, 그리고 공동의 손실을 회피하기 위해 최소한의 안보 공동체security community*를 이뤄야 한다. 즉, 경제 공동체 형성 단계는 이미 남북의 갈등이 평화적으로 해결되고 더 이상의

---

* 일반적으로 안보 공동체는 미국·캐나다처럼 평화적 방식을 통한 갈등 해결에 합의하는 다원형 (pluralistic) 안보 공동체와 통합의 수준이 높은 합병형(amalgamated) 안보 공동체로 분류할 수 있다 (Deutsch et al., 1957; 도이치 외, 1997).

분쟁과 군사적 갈등이 발생할 수 없는 구조화 단계이므로 자연스럽게 한반도 평화 역시 적극적 평화의 단계를 필요로 할 수밖에 없는 것이다. 한반도 평화를 적극적 평화로 진전시키기 위해서도 부득불 남북 관계의 진전이 필요충분조건이 되어야 하는 이유이다.

결국 남북 관계의 진전이 한반도 평화에 기여하고 증대된 평화는 다시 남북 관계 진전을 추동한다. 한반도 평화와 남북 관계는 서로가 서로를 보완하고 강화시켜주는 상호적 관계인 것이다. 경협이 군사적 보장을 통해 신뢰 구축에 기여하고 다시 군사적 신뢰 구축의 증대가 남북 경협을 더욱 활성화시키는 상호 선순환의 관계가 이를 입증한다. 한반도 평화의 단계적 발전은 핵심적으로 남북 관계의 진전과 맞물려 진행될 수밖에 없다. 한반도 평화를 만드는 과정에서 남북 관계가 핵심인 것은 두말할 나위가 없다.

3. 대북 포용 정책과 남북 관계 진전
기능주의의 성과와 한계

1) 기능주의 이론과 대북 포용 정책

기능주의Functionalism의 핵심은 비정치 분야, 즉 경제, 사회, 기술 분야에서의 협력이 공통의 이익을 가능케 하는 기능망과 협동망을 형성함으로써 전쟁 방지와 갈등 예방에 기여하고 종국에는 정치 통합이라는 주권의 이양에까지 이르게 된다는 논리이다. 즉, 경제협력의 확산 효과spill-over가 평화를 증진시키고 공동체 통합을 이뤄낸다는 낙관적 전망이 바로 기능주의 통합의 요체인 것이다.

기능주의에 따르면 기능으로 형성되는 협력과 협동망은 어느 수준에 이르면 상호 이득이 보장되며, 이러한 기능망이 참여국들의 객관적 여건과 주관적 여건에 변화를 가져옴으로써 폭력에 호소하는 극단적 갈등을 미연에 방지하게 된다(구영록, 2000: 148). 기능적 협력이 확대되어 전쟁을 막고 평화를 보장하게 된다는 것이다.* 기능주의적 방식에 의한 평화의 건설은 공통의 이익을 위해 함께 일하는 공동체의 건설을 의미한다(Mitrany, 1966: 92~93; 구영록, 1988: 325). 즉, '일하는 평화 체제a working peace system'인 것이다.

사실 한국의 대북 정책은 오래전부터 기능주의 접근에 입각한 것이었다. 냉전 시기 박정희 정부도 평화공존을 바탕으로 경제 및 사회 문화 분야의 교류 협력을 우선 추진하자는 입장이었고 그것은 6·23 선언 등에 그대로 드러나 있다. 1970년대 이후 기능주의 접근에 따라 평화공존과 교류 협력 정책이 시도되다가 1989년 노태우 정부는 이른바 '한민족 공동체 통일 방안'을 통해 남북 연합의 공존을 통한 공동체 형성을 제안했고, 실제로 7·7 선언과 남북기본합의서 채택에 의해 남북 관계는 기능주의적 협력을 시작했다. 김영삼 정부의 민족 공동체 통일 방안 역시도 큰 틀에서는 교류 협력을 통한 평화통일을 상정했고 이 또한 기능주의에 토대한 것이었다.**

대북 정책에서 기능주의는 김대중 정부의 햇볕 정책에 이르러 체계화되고 본격화되었다. 김대중 정부의 햇볕 정책이 대중적으로 확산된 후 한국의 대북 정책은 이른바 '포용engagement' 정책으로 공식화되었고(김대중 대통

---

* 기능적 상호 의존성이 폭력적 갈등의 대가를 비싸게 치르게 함으로써 분쟁 방지에 기여한다는 것이다. 확산된 공통의 정체성이나 공통의 사회의식이 정치 지도자로 하여금 폭력에 호소하는 것이 비합법적인 것으로 보이도록 하고 경제적 상호 의존성이 정치 지도자들의 심상에 변화를 일으켜 통합적 해결책을 가능하게 한다는 것이다(Nye, 1971: 109~110).
** 한국 정부의 통일 방안 전개 과정에 대해서는 심지연(2001) 참조.

령의 1999년 8·15 경축사, 2004: 80~81), 이는 철저히 기능주의적 접근을 전제로 한 것이었다. 포용 정책의 개념 자체가 '다양한 이슈 영역에서의 포괄적인 접촉 확대와 구축을 통해 대상 국가의 정치적 행동에 영향을 미치려는 정책'으로(≪Journal of International Affairs≫, 2001: 559) 정의될 수 있는바, 적극적인 교류와 접촉 확대 및 관계 개선으로 상대 국가를 변화시키고자 하는 것이다. 결국 포용 정책의 핵심은 '다방면적인 접촉 확대'와 이를 통한 '대상 국가의 태도 변화'로 요약될 수 있고 이는 기능주의의 전제와 가정을 배면에 깔고 있다는 것을 알 수 있다.

상호 기능망의 확대에 따른 한반도 평화 증진과 경제 공동체 형성을 통해 점진적으로 평화통일을 이룰 수 있다는 햇볕 정책이야말로 기능주의적 대북 정책의 본격화를 의미했다. 이전 정부가 기능주의적 접근을 의도하고 시도한 것에 비해 김대중 정부의 햇볕 정책은 기능주의 접근을 남북 관계에 실제로 적용하고 추진해 성과를 냈다. 노무현 정부 역시 이른바 평화 번영 정책을 통해 햇볕 정책을 계승 발전했고, 그 요체는 기능주의 접근을 통한 남북 관계 개선과 한반도 평화 정착 및 점진적 평화통일 추구였다. 이미 한국 정부의 대북 정책은 1970년대 이후 줄곧 기능주의에 입각했고, 체제 경쟁이 완료되고 사회주의권이 붕괴한 탈냉전 이후에는 김대중 정부 시기부터 대북 포용 정책으로서 일관되게 기능주의 대북 정책을 추진한 것이다.

그러나 원래 기능주의는 개방되고 다원화된 민주주의 정치체제 간에 응용되는 이론으로서 이질적 체제 사이에는 적실성이 없는 것으로 생각되어왔다(구영록, 2000: 4). 한국의 대북 포용 정책이 기능주의 이론의 가장 어려운 실험장이 되는 것도 그 때문이다(구영록, 2004: 238).

2) 기능주의의 성과와 한계

대북 포용 정책 이후 남북의 화해 협력과 교류 증대는 일정한 성과를 낼 수 있었다. 경의선 동해선이 연결되었고 개성공단과 금강산 관광이 시행되었으며 다양한 경제협력과 대규모 지원 사업이 추진되었고, 다방면에 걸쳐 교류와 접촉 그리고 전방위적인 협력이 이루어졌다. 짧은 기간에 남북 간 기능망이 나름대로 착수되고 발전되었던 것이다.

기능주의적 교류 협력의 지속과 함께 초보적 수준이지만 군사적 신뢰 구축도 일정하게 진행되었다. 실제로 기능적 협력이 확대되면서 자연스럽게 남북 간 군사적 신뢰 증진이 유도될 수 있었다. 즉, 개성공단을 오가는 사람과 물자의 원활한 교류를 위해서는 불가불 남북이 군사분계선 통과와 관련한 군사적 보장 방안을 논의해야 하고 이는 곧 군사적 신뢰 구축의 첫 단추가 되었다. 더불어 김대중 정부는 1999년 연평해전과 2002년 서해교전에도 불구하고 동해안에서 금강산 배가 출항하는 정경분리 원칙을 고수했다. 정치 군사적 상황과 상관없이 경제협력의 지속성이 유지되어야 한다는 정경분리가 결국은 한반도의 위기 고조를 막아내고 남북 간 신뢰의 끈 역할을 한 것은 분명했다.[*] 기능주의적 입장의 정경분리가 한반도 평화 유지의 토대가 된 셈이다. 국방장관 회담과 장성급 회담 및 군사 실무 회담 등이 군사적 쟁점 논의와 상호 신뢰 구축을 위한 협의 틀로 자리를 잡았고, 2004년 6월의 2차 장성급 회담에서는 서해상의 우발적 충돌 방지 조치와 군사분계선의 상호 선전 활동 중지 및 선전물 철거에 합의하기도 했다. 군

---

[*] 그러나 이명박 정부 들어 햇볕 정책이 포기되면서 핵 문제 악화, 군사적 충돌, 정치적 갈등 등 정세 변화와 남북 관계 경색으로 인해 경제협력은 위축되거나 제한될 수밖에 없게 되었다. 결국 정경분리 원칙도 엄밀한 의미에서 정치적 장애물을 넘을 수 없는 것인지도 모른다.

사적 충돌의 위험 지역이었던 서해상의 해상 경계선 논란을 해소하기 위해 공동 어로 수역 및 평화 수역 설정이 10·4 남북 정상 선언에 포함되기도 했다. 기능주의의 효과로서 군사적 신뢰 구축이 진전되었고 한반도 평화가 유지될 수 있었던 셈이다.

그러나 대북 포용 정책에 의해 기능망이 확장되고 한반도 평화가 증진되는 한편으로 여전히 한반도의 긴장은 지속되었고 남북의 군사적 대결 역시 온존되었다. 당장 김대중 정부 시기에도 두 차례의 서해상 군사적 충돌과 인명 피해가 발생했다. 이명박 정부 출범 이후 대북 강경 정책의 지속과 남북 대결의 심화는 결국 천안함 사태와 연평도 포격이라는 사상 초유의 군사적 긴장 고조를 결과하기도 했다. 기능적 협력이 상호 기능망 파괴의 부담으로 인해 전쟁을 방지하고 갈등을 예방한다는 기능주의의 전제가 근본부터 위협받는 엄연한 현실이 존재한다. 기능주의에 의한 평화 증진은 여전히 확고하게 입증되지 못하고 있다.

한반도 평화라는 차원의 기능적 성과가 한계를 보이는 데는 북한의 핵무기 보유를 막지 못하고 대량 살상 무기의 위협을 제거하지 못했다는 점이 좀 더 결정적이다. 김대중 노무현 정부 시기의 활발한 경제협력과 사회문화적 교류에도 불구하고 북한의 핵 보유 의지는 더욱 강화되었고 급기야 2006년 10월 1차 핵실험을 시작으로 북한은 대북 포용 정책 추진의 한복판에서 사실상 핵 보유의 길로 들어서고 말았다. 그리고 2017년 12월 북한은 국가 핵 무력의 완성을 선언했고 이로 인한 군사적 긴장과 정치적 대결은 완화되지 못하고 있다.

3) 기능주의의 한국적 특성

기능주의는 본래 유럽의 통합 과정을 배경으로 등장한 이론으로서 기본 전제가 평화 공존의 상호 선린 관계와 시장경제 및 자유민주주의라는 동질적 체제 사이의 협력과 통합에 관한 것이었다. 그러나 한반도는 전쟁이 일시 중단된 정전 체제의 불안정성을 노정하고 있고 분단 이후 상호 이질적 체제가 공고화되어 있다. 언제라도 군사적 충돌이 발발할 수 있는 정전 체제하에서 시장경제와 계획경제 및 자유민주주의와 수령 독재라는 화해할 수 없는 이질적 체제로 나뉘어 있는 남북 관계는 그래서 기능주의적 적용에 한계가 있을 수밖에 없었다. 상호 적대적이고 이질적인 체제하에서 기능주의 접근은 그만큼 더 어렵고 더딜 수밖에 없었던 것이다.* 기능주의의 모범이었던 유럽과는 전혀 다른 출발선에 서 있는 한반도였기 때문이다.

이처럼 기능망의 확장에도 불구하고 한반도 평화 증진이 미흡한 것은 정전 체제라는 구조적 제약이 대북 포용 정책의 정치 군사 분야로의 확대를 제약하기 때문이다. 경제협력과 사회 문화 교류의 활성화에도 불구하고 남북의 군사적 대치와 상호 적대 관계는 쉽사리 해소되지 못할 뿐 아니라 오히려 기능주의적 협력의 과정에서도 언제든지 군사적 충돌의 가능성을 내포하고 있다. 김대중 정부와 노무현 정부 동안 경제협력의 증대에도 불구하고 정치 군사적 신뢰 구축과 합의 도출이 어렵고 더딘 것은 바로 그 때문이었다. 즉, 정전 체제하 군사적 대결이 온존하고 있는 한반도의 현실은

---

* 전재성은 대북 포용 정책을 통해 경제협력이 시장 평화를 가져오고 시장 평화는 정치 군사적 협력으로 이어질 수 있다는 기능적 확산 가능성을 전제로 하지만, 자본주의와 비자본주의 국가 간의 비자본주의적 시장을 통한 경제협력이 자유주의적 복합 상호 의존의 모습을 가질 수 있는지는 불확실하다고 의문을 표시하고 있다(전재성, 2007: 109).

기능망 확대에 따른 평화 증진의 효과와 함께 언제라도 긴장 고조와 군사적 충돌이 발발할 수 있는 취약성을 동시에 내포하고 있다.

또한 대북 포용 정책에도 불구하고 군사적 갈등 요인으로서 북한의 핵보유를 제거하지 못하는 이유는 핵 문제의 본질이 남북 관계를 넘어 북미 관계라는 또 다른 차원의 대결 구조로 작동하고 있기 때문이다(김근식, 2007). 남북 간 기능적 협력이 아무리 확장되어도 북미 대결이라는 구조가 온존할 경우 핵 문제는 여전히 갈등 상황에 놓이게 된다. 미국의 대북 적대 정책에 대한 북한의 대항 논리이자 미국을 압박하기 위한 벼랑 끝 전술로서 핵 능력 강화와 핵무기 보유는 북미 양자 관계의 근본적 개선 없이는 남북 관계만으로 본질적 해결이 어렵다(김근식, 2007).

결국 한반도 평화의 실질적 핵심 요소로서 남북 관계 진전을 전제하고, 이를 위해 기능주의 통합 이론에 입각해 대북 포용 정책을 추진했지만 한반도의 현실에서는 여전히 기능주의 접근을 통한 남북 관계 진전만으로는 군사적 신뢰 구축을 넘어 한반도 평화를 불가역적으로 증진시키기 어려운 상황을 목도하고 있는 셈이다.

4. 남북 관계의 구조적 딜레마

1) 왜 남북 관계 진전이 어려운가?

2000년 남북 정상회담 이후 지금까지 남북 관계는 순탄치 않았다. 남북 관계가 진전될 경우에도 우여곡절을 겪어야 했고 남북 관계가 정체되거나 퇴행할 경우에도 지루한 신경전과 적대적 기싸움을 벌여야 했다. 어렵게 합의를 해놓고도 남북 관계는 가다 서다를 반복했고 화해 협력이 증진되는가 하면 어느새 불신과 대립이 커지기도 했다. 그야말로 남북 관계는 하루도 편안한 날 없이 진전과 퇴행, 정체와 교착, 화해와 불신의 롤러코스터를 되풀이했다고 해도 과언이 아니다. 대북 포용 정책 시기에도 경향적으로는 화해 협력이 증진되었지만 남북 관계 개선이 결코 순탄하지 않았다. 대북 강경 정책 시기는 남북 관계 파탄 속에 한반도 긴장은 고조되었고 적대와 대립이 증대되었다.

도대체 무엇이 문제이길래 남북 관계 진전이 어려운 것일까? 모두가 원하는 되돌릴 수 없는 화해 협력과 평화 정착의 남북 관계 개선은 왜 안 되는 것일까? 지난 시기 우여곡절의 남북 관계를 반성적으로 회고하면서 지나친 낙관과 성급한 비관을 넘어서 실현 가능한, 되돌릴 수 없는 남북 관계의 진전을 이루기 위해선 우선 남북 관계의 근본 속성에 대해 깊이 성찰해 봐야 한다. 남북 관계에 깊이 내재한 구조적 속성, 특히 어렵고 힘들 수밖에 없는 '구조적 딜레마'를 뼈아프게 인식하고 전제해야 한다. 관계 개선과 관계 경색을 수없이 반복하고 가다 서다를 반복할 수밖에 없는 남북 관계의 근본 속성에 대한 객관적 파악 없이는 향후 안정적인 남북 관계를 모색하기 어렵기 때문이다.

남북이 합의를 도출하고 관계가 진전되다가도 또다시 대립과 경색과 결렬을 반복하는 데는 남북 행위자의 주체적 요인도 문제가 있을 수 있지만 더 고질적인 것은 행위자가 아닌 남북 관계 자체가 안고 있는 구조적 딜레마적 속성이 존재하기 때문이다. 그리고 그 객관 구조적 딜레마를 정확히 파악하고 이에 대한 근본적 처방을 모색해야만 사실 안정적이고 현실적인 남북 관계 개선이 가능해진다. 가다 서다를 반복하고 합의와 불이행, 재협상의 패턴을 반복하고 화해 협력과 갈등 불신의 사이클을 반복하며 소모

적이고 지루한 힘겨루기를 지속하는 우리 남북 관계의 근본적 문제점이 무엇인지 이제 차분하게 성찰적으로 들여다볼 때가 되었다.

2) '힘'으로 정의되는 남북 관계

남북 관계를 어렵고 힘들게 하는 근본 딜레마는 바로 남북 관계가 '힘'으로 정의되는 근본 속성을 갖고 있다는 점이다. 남북 관계의 본질은 힘의 관계인 것이다. 남북 관계의 본질은 결코 선의의 관점, 즉 화해와 협력과 존중으로 정의되지 않는다. 결과적으로 남북 관계는 성선설보다는 성악설에 가까움을 인정해야 한다. 엄연한 현실이 힘의 관계인 데도 이를 경시하거나 도외시한다면 지나친 감상주의로 흐르게 되고, 반면에 힘의 관계에 매몰된 나머지 관계 개선이라는 가능성을 아예 포기하고 힘으로만 상대를 제압하려 한다면 이 역시 지나친 단선적 접근이 된다.

하나였다가 둘로 나뉘어진 분단의 쌍방은 기본적으로 힘의 관점에서 관계가 형성될 수밖에 없다. 때문에 남북 관계는 기본적으로 상대방을 힘으로 제압하고 힘으로 흡수하려는 속성을 가질 수밖에 없다.

냉전 시기 상호 적대와 대결의 남북 관계는 두말할 필요도 없이 힘으로 상대를 제압하고 힘으로 상대방에게 제압당하지 않으려는 힘의 관계였다. 탈냉전 시기의 화해 협력도 사실은 남북 관계의 근본 속성이 힘의 관점에서 작동되었다는 것을 부인할 수 없다. 여전히 힘의 우위에 있는 측이 힘의 열세에 놓인 측을 흡수하려는 것이었다. 냉전 시기 북한의 대남 적화통일이 당시 힘의 우위에 있던 북이 열세에 놓인 남을 공산화하려는 것이었다면 탈냉전 시기 한국의 대북 포용 정책도 근본은 화해 협력을 통해 한반도를 평화적으로 관리하면서 북한을 변화시켜 결국은 우리가 주도하는 통일을 이루기 위한 전략적 접근이었다. 햇볕 정책의 창시자인 김대중 대통령도 사석에서는 햇볕 정책을 '트로이의 목마'로 비유한 적이 있었다. 햇볕 정책을 정면으로 비난하며 추진했던 이명박 정부의 대북 강경 정책 역시 힘의 우위 입장에서 북한을 굴복시키려는 압박과 봉쇄의 접근 방법이었다. 접근 방법에서 차이가 있을 뿐 상대를 제압하고 흡수하려는 최종 목표에서는 다를 바가 없었다.

이처럼 남북 관계 진전이 어려운 가장 근본적 문제점은 힘의 우열 관계에 놓여 있는 현실에서 비롯된다. 원치 않는 분단으로 인해 남과 북은 상대방을 타도와 적대의 대상으로 자리매김하고 이를 자신의 내부 통치에 활용해왔다. 강요된 분단이었기에 남과 북은 언제나 상대방을 자기 체제로 인입하고 흡수하려는 강력한 의지를 일관되게 가질 수밖에 없었다.

따라서 체제 우위에 있는 쪽은 언제나 열세에 놓인 상대방을 통일하려하고 반대로 힘의 열세에 놓인 쪽은 어떻게든 우위에 있는 상대방의 영향으로부터 벗어나려 할 수밖에 없다. 1970년대까지 북한이 남한을 공세적으로 적화통일하려 했던 것은 그래서 오히려 자연스러운 일이었다. 마찬가지로 1990년대 이후 체제 경쟁에서 완전히 승리한 남한이 사상 최대의 체제 위기에 봉착한 북한을 흡수하려 했던 것 역시 누구도 말릴 수 없는 것이었다. 더불어 열세에 놓인 쪽이 어떻게든 상대방에게 흡수되지 않기 위해 안간힘을 쓰고 체제 유지에 나서는 것 역시 당연지사였다.

탈냉전 이후 남북 관계가 화해 협력의 계기를 마련했지만 지금까지 우여곡절의 남북 관계를 보일 수밖에 없는 가장 근본적인 문제점은 바로 여기에서 비롯된다. 즉, 분단의 속성상 힘의 우열 관계는 우위에 있는 체제가 상대방을 흡수하려 하고 열세에 있는 체제는 안간힘을 다해 체제를 유지하려는 근본 속성을 가질 수밖에 없기 때문에 남북 관계는 티격태격 우여곡절의 힘겨루기에서 벗어나기 힘든 것이다. 북한에게 남북기본합의서는 사회주의 붕괴 이후 체제 위기를 맞아 어떻게든 자신의 체제를 흡수통일로부터 지켜내려는 전략적 발로였고, 반대로 남한에게 남북기본합의서는 화해 협력을 내세워 북한을 변화시켜 남한과 동일한 체제로 흡수하기 위한 전략을 숨기고 있었던 것이 사실이다. 기본합의서라는 모범 답안을 만들어놓고도 결국 현실의 남북 관계에서는 휴지 조각이 된 것도 힘의 관계라는 본질적 속성 때문이었다.

김대중 정부의 대북 포용 정책도 힘의 우열 관계에서 북한을 개혁 개방으로 이끌고 옷을 벗겨서 한국 주도의 평화통일을 이루려는 것이었다는 것을 부인하기 힘들다. 힘에서 밀리는 북한은 '우리 민족끼리'와 '민족 공조'를 내세우지만 이 역시 전략적 의도는 한국으로부터 얻을 것은 얻되 북한 체제를 위험하게 하는 체제 영향력을 최대한 차단하면서 남측의 흡수통일 공세를 막아냄으로써 체제를 유지하려는 것이었다. 정상회담이 성사되고 남북 공동선언이 도출되어도 힘의 우위와 힘의 열세 사이에 기본적으로 존재할 수밖에 없는 구조적 길항 관계가 작동할 수밖에 없었고 한쪽은 끌고가려 하고 다른 한쪽은 결코 끌려가지 않으려는 속성 때문에 화해 협력의 시기에도 남북 관계는 항상 순탄할 수 없었다. 우여곡절의 남북 관계일 수밖에 없었던 셈이다.

결국 남북 관계는 흡수하려는 한쪽과 절대 흡수당하지 않으려는 한쪽의 힘의 작용이고 그렇기 때문에 남북 관계는 힘에 의해 한쪽이 완전히 무너지지 않는 한, 대화를 통해 관계 개선이 순탄하게 이뤄지기 힘든 구조적 딜레마를 갖고 있는 셈이다. 기실 햇볕 정책이라는 자유주의적 접근도 체제 우위에 선 남측이 자신감을 갖고 북에게 화해 협력과 평화 공존을 내세우는 것이고 경협과 교류를 통해 북의 대남 의존을 더욱 심화시킴으로써 북한의 체제 변화를 유도하고 결국은 자유민주주의로의 평화통일을 이루려는 전략적 접근이고 보면 그 바탕에는 힘의 관점에 의거한 '현실주의'가 토대하고 있는 것을 알 수 있다. 결국 남북 관계의 본질은 힘의 관점에서 정의되는 현실주의인 것이다. 그래서 본질적으로 갈등의 속성을 가질 수밖에 없다.

3) 분단 체제와 정전 체제

힘의 관점에서 정의되는 남북 관계, 즉 일방이 타방을 흡수하려 하고 반대로 상대는 결단코 체제를 유지하려고 하는 역관계가 바로 남북 관계의 본질이라는 것은 결국 갈등을 전제로 하는 것이다. 본디 남북 관계는 힘의 우위와 열세의 딜레마 속에서 상호 갈등을 내재적 속성으로 갖고 있는 셈이다. 그리고 이 같은 남북의 길항성rivalry을 구조화하고 재생산하는 토대는 바로 분단 체제와 정전 체제라는 시스템이다.

한반도가 갈등의 씨앗을 배태하고 있다는 것은 바로 정전 체제라는 군사적 대치 상황이 극적으로 입증한다. 남북은 전쟁을 공식 종료하지 않고 일시 중단하고 있는 상태이고 따라서 정전 체제하에서는 언제라도 군사적 충돌이 발생하고 국지전이 재개될 수 있다. 간헐적으로 반복되는 남북의 군사적 충돌과 북의 도발 역시 정전 체제의 불안정성에서 비롯된다. 서해 교전과 연평해전, 천안함 사태와 연평도 포격 등은 사실상 전투 행위였다.

남북이 항구적인 평화 체제를 정착시키지 못하고 전투를 일시 중지하고 있음으로써 한반도 정전 체제는 그 자체로 남북 관계의 갈등의 구조적 토대인 셈이다. 김대중 정부 시기부터 이른바 '정경분리' 원칙을 내세워 정치 군사적 갈등과 상관없이 경제협력을 지속적으로 일관되게 진행하려고 노력했지만 결국 군사적 긴장과 충돌은 남북 관계를 교착시키고 경제협력을 방해할 수밖에 없었다. 2016년 우리는 개성공단이 너무도 무력하게 폐쇄되는 것을 지켜볼 수밖에 없었다. 정전 체제하에서 정경분리는 사실상 불가능하다는 것을 깨닫게 된 셈이다. 결국 정전 체제의 군사적 대치라는 구조는 남북 관계의 진전을 가로막는 구조적 장애물이다.

남북은 서로 원치 않는 분단을 겪었고 따라서 상대방은 결코 태어나서는 안 될 정부였다. 상대방에 대한 정치적 부인에 기초해서 각각의 정부가 출범할 수 있었다. 대한민국은 유엔이 승인한 한반도의 유일한 합법 정부이고 조선민주주의인민공화국 역시 한반도의 유일 정통성을 자처하고 있다. 강요된 분단으로 탄생한 남과 북인 만큼 상대방을 정치적으로 부정하고 향후 통일은 반드시 자신의 정치적 정당성이 확대되는 방향으로 진행되어야만 했다. 적화통일과 흡수통일은 각각 상대방을 정치적으로 소거하는 통일 노선일 수밖에 없었다. 분단 체제하의 남북 관계는 결국 남과 북의 정치적 적대와 대립을 구조적 토대로 하고 있었다.

경협이 가속화되고 사회 문화 교류가 증대되어도 정치적으로 민감한 이슈는 여전히 남북 관계에서 풀기 힘든 장애물이다. 상대방을 정치적으로 용인할 수 없는 근본적 구조하에서 남북은 경제와 사회 문화 교류는 진전될 수 있을지언정 정치적으로 화해하고 협력하는 것은 사실상 불가능한 것이 되었다.

정전 체제의 군사적 대치와 분단 체제의 정치적 갈등은 결국 남북 관계의 불균등 발전이라는 절름발이 현상을 낳게 된다. 대북 포용 정책의 시기에 남북 관계의 현상적 문제점으로 매번 지적되었던 영역별 불균등 발전의 문제, 즉 정치 군사적 차원의 진전은 부진한 반면 경제와 사회 문화 분야의 관계 개선은 상대적으로 활발한 것도 바로 이러한 구조적 문제에서 기인한다. 상호 윈윈하는 경제협력과 상호 필요에 의한 일회성 교류는 그나마 진행될 수 있었지만 본격적인 관계 개선을 위한 정치적 화해 협력과 군사적 긴장 해소는 힘과 힘이 부딪치는 남북 관계의 속성상 여전히 넘기 어려운 벽이었다.

4) 북핵 문제의 악화와 상호 적대 의식 강화

정전 체제와 분단 체제라는 정치 군사적 대립 상황은 지금껏 분단을 지속해오면서 개선되기보다는 더욱 악화되고 말았다. 전쟁을 종료하지 못한 정전 체제가 남북 관계에 악조건으로 작용하고 있는 최대의 요인은 바로 북미 적대 관계의 산물인 북핵 문제의 악화이다.

한국전쟁 당시 교전 당사자였던 북한과 미국은 정전 체제에 머물러 있는 조건에서 상호 적대 관계를 지속하고 있고, 북미 적대 관계의 최악의 발현이 바로 북핵 문제로 드러난 것이다. 북한은 적대 관계의 해소를 요구하며 미국의 대북 적대시 정책에 대한 자위적 억제력으로서 핵무기 보유를 정당화하고 있고, 반대로 미국은 북한의 핵실험과 핵 보유 때문에 북한과의 관계 정상화가 불가능하다는 줄다리기가 바로 북핵 문제의 본질이다.

결국 한반도 최대의 안보 이슈이자 대한민국의 최대 안보 위협인 북핵 문제의 악화도 기실 정전 체제라는 북미 적대 관계의 부산물이다. 그 북핵 문제가 이제는 사실상 북한의 핵무기 실전 배치와 미사일 능력의 고도화로 치닫고 있고, 이에 대해 한국과 미국은 킬체인과 한국형 미사일 방어와 사드까지 도입해놓고 있다. 정전 체제가 북핵 문제를 낳고 그 북핵 문제로 인해 한반도는 끊임없는 긴장 고조와 군비경쟁에 노출되어 있다. 상대의 군비 증강과 자신의 군비 증강이 상호 악순환되는 이른바 '안보 딜레마'의 덫에 빠져들고 있는 셈이다. 남북 관계가 잘 풀릴 수 없는 것은 당연하다.

정전 체제가 북핵 문제로 곪아 터지듯이 분단 체제 역시 '역적 패당'과 '종북 몰이'라는 각기 최고조의 정치적 증오와 대결로 심화되고 구조화되고 있다. 북한을 원수로 간주하고 타도와 적대의 대상으로 인식하는 정치적 적대성은 이제 북한도 모자라서 한국 내부의 특정 세력마저도 종북과 친북으로 끈질기게 연결시키고 있다. 상대를 부정해야만 하는 분단 체제의 정치적 대결이 북에 대한 증오를 넘어 이젠 우리 사회 안에서 종북 몰이와 마녀사냥으로 일상화되고 있다.

북한 역시 남북 관계 악화를 거치면서 남쪽에 대한 적개심과 분노가 갈수록 증대되고 있다. 남한 대통령을 도저히 입에 담지 못할 욕설로 비하하고 폄하하는 것은 이제 그리 놀랍지도 않다. 식량 지원과 인도적 지원이 중단된 이후로 북한 주민들까지도 남쪽에 대해서는 원망을 넘어 적개심이 충만하다. 눈곱만큼 쥐어주면서 온갖 멸시와 모욕감을 주었다는 게 최근 북한 주민의 심정이다.

이른바 종북 몰이와 역적 패당이 각기 남북에 공존하면서 지금 남북 관계는 정치적 대결이 상호 증오의 수준으로 확산되고 있다. 정치 군사적 적대성을 근본적으로 완화시키지 못하는 한 남북 관계는 구조적 딜레마에 갇혀 있을 수밖에 없다. 남북 관계 개선이 결코 쉬운 일이 아닌 이유다.

5. 남북 관계의 현실적 접근
'중년 부부론'

남북 관계를 구조적으로 제약하는 조건들을 감안할 때 원론적으로 남북 관계의 비가역적 진전을 위해서는 정전 체제의 군사적 대치 상황을 해소하고 분단 체제의 정치적 대결 관계를 개선하는 근본적 접근이 병행되어야 한다. 정전 체제의 평화 체제로의 전환 그리고 그와 연동된 북핵 문제의 평화적 해결이 남북의 군사적 대결을 완화하게 되고, 평화 체제와 선순환되는 남북 관계의 개선과 상호 적대 의식의 약화 및 내부 남남 갈등의 해소를 통해 남북 간의 정치적 대결이 완화하게 될 경우에야 비로소 남북 관계는 안정적으로 제도화되고 비가역적인 진전을 이룰 수 있을 것이다. 정치군사적 대결 상황과 여기에서 파생된 북핵 문제와 상호 적대 의식의 해소를 통해 남북 관계는 이른바 '한반도 평화'를 진전시키고 완성시킬 수 있을 것이다.

그러나 한반도 평화의 필요성에도 불구하고 남북 관계의 구조적 현실 때문에 관계 진전과 평화 증진이 어려울 수밖에 없다는 것을 감안한다면 이제 현실에서 작동 가능하고 실현 가능한 남북 관계의 진전 방안을 고민해봐야 할 때가 되었다. 구조적 현실을 직시하고 변화된 환경에 걸맞은 좀 더 효율적이고 생산적인 새로운 남북 관계 방식이 요구되고 있다는 것을 인식해야 한다.

이제 과거와는 다른 새로운 남북 관계 방식을 고민해야 한다. 너무 좋아하지도, 너무 미워하지도 않는 냉정한 실리 추구의 남북 관계가 이제는 적절하고 필요할지 모른다. 감정에 치우쳐 한때는 북을 지나치게 설렘으로 접근했고 또 어떤 때는 북을 불구대천의 원수로 적대시했다면 이제는 감정과 정서가 아닌 이성과 실리에 따라 대화도 하고 압박도 하고 견제도 하고 합의도 하는 실속형 관계가 필요할지 모른다. 김대중 노무현 시기가 서로 죽고 못 사는 신혼과 연애의 남북 관계였고 이명박 박근혜 정부 시기가 서로를 원수처럼 여기는 증오와 권태의 남북 관계였다면, 앞으로 남북 관계는 일희일비하지 않고 끈기와 인내로 서로에게 익숙해가는 덤덤한 중년의 부부 사이가 오히려 나을지 모른다.

남북 관계의 현실적 모습은 서로 갑론을박하면서도 관계 자체를 파탄내지 않고 무덤덤하게 실속을 차리는 중년의 부부 관계와 유사하다 할 것이다. 무던하게 서로 대화하고 논쟁하며 가능한 합의 지점을 찾기 위해 만나고 또 만나는 데 익숙해야 한다. 과도한 애정과 지나친 분노는 이제 수면 아래로 내려놓아야 한다. 이제 남북은 끈질기게 마주앉아 결국은 합의를 도출해내는 고진감래의 남북 관계에 익숙해야 한다.

신혼과 권태의 시기를 지난 뒤 이제 우리는 담담한 중년의 남북 관계를 준비해야 한다. 지나치게 흥분하지도 지나치게 미워하지도 말아야 한다. 그저 만나고 또 만나서 대화하고 또 대화하면서 결국 수용 가능한 합의 지점을 만들어내고 조금씩 차분하게 천천히 합의 사항을 실천하고 이행하면 된다. 중년의 남북 관계는 과도한 애정 행각을 벌이지 않는다. 또한 중년의 남북 관계는 가정을 깨거나 이혼 불사의 부부 싸움을 하지도 않는다. 그저 정 때문에 서로를 인정하고 서로를 존중하며 가정의 평화를 지켜내고 할 일을 할 뿐이다.

실리 추구의 실속형 남북 관계, 중년의 남북 관계를 위해서는 그래서 몇 가지 지켜야 할 사항이 있다. 첫째 한반도의 평화를 위협하는 군사적 도발과 긴장 고조는 가능한 한 억제되어야 한다. 가정이 깨져서는 안 되고 집안의 평화가 지켜져야 하듯이 중년의 실속 있는 남북 관계는 무엇보다 천안함, 연평도와 같은 군사적 충돌과 전쟁 위기만큼은 반드시 피해야 한다는 것을 전제로 한다. 둘째 서로를 존중하고 인정해야 한다. 신혼이나 이혼이 아닌 중년의 부부는 집안이 조용하고 평화롭지만 그렇다고 애정 표현으로 요란스럽지도 않다. 평화로운 중년 부부의 가정이 유지되기 위해서는 무엇보다 상대방에 대한 존중과 인정이 전제되어야 한다. 부인은 남편의 생각과 생활과 주장에 대해 마찬가지로 남편은 아내의 생각과 생활과 주장을 이해하고 인정하고 존중해야 가정은 평화로울 수 있고 관계가 지속될 수 있다. 남쪽과 북쪽 역시 상대방을 무릎 꿇려야 할 굴복의 대상으로 여기는 대신 대화와 협상의 한 주체로서 존중하고 인정해야 한다. 셋째 중년의 남북 관계는 어떤 일이 있어도 이혼이나 가정을 깨는 일은 피하고 부부로서의 관계는 지속적으로 유지해야 한다. 아무리 생각이 다르고 상대방의 요구를 수용하기 힘들어도 그래도 가정은 유지되어야 하고 이혼을 해서는 안 된다. 입장의 평행선 때문에 합의가 없고 성과가 없어도 회담은 지속되어야 하고 대화 자체가 깨지거나 완전 파탄의 남북 관계가 되는 것은 피해야 한다.

크게 흥분하지도 크게 분노하지도 않고 끝까지 관계를 유지하면서 상대방을 존중하고 인정함으로써 가정의 평화를 지켜내고 부부로서의 할 일을 해내는 것이야말로 현명하고 안정적인 중년의 부부 관계이다. 이제 우리 남북 관계도 그럴 때가 되었다.

6. 맺음말을 대신해
민주 평화론을 넘어 평화 민주론으로

평화와 민주주의의 관계를 설명하는 대표적인 국제 관계 이론으로 '민주 평화론'을 들 수 있다. 기본적으로 무정부 상태인 국제정치에서 민주주의 국가들 간에는 전쟁을 피하고 평화를 선택한다는 주장이다. 즉, 민주주의 체제는 국가들 간의 평화를 보장한다는 것이다(Doyle, 1993: 35~40; 이호철, 2004).

민주주의가 평화를 보장하는 주요한 제도적 규범적 장치라는 민주 평화론의 설명에 동의하면서도 지금 한반도에는 역관계의 논리가 설득력이 있다는 것을 알 수 있다. 즉, 민주주의 체제가 전쟁을 피하고 평화를 보장하듯이 한반도 평화가 역으로 한반도의 민주주의를 진전시키고 공고화시킬 수 있는 것이다. 한반도 평화가 증진될수록 민주주의가 증진되고 역으로 한반도 평화가 후퇴할 경우 민주주의도 위협받게 된다. 한반도 평화와 민주주의는 비례관계에 놓여 있는 셈이고 결국 평화가 민주주의인 것이다.* 남북의 민주화가 진행되고 민주주의 체제가 완성되면 궁극적으로 한반도에 전쟁 대신 평화가 정착되는 것이 이른바 '민주 평화론'이라면 이제 우리는 한반도 평화가 진전되면 그 결과로 남과 북에 민주주의가 증진되거나 공고화될 수 있다는 이른바 '평화 민주론'을 제안할 수 있다. 한반도는 민주주의의 완성을 통해 평화를 보장하는 것보다 오히려 작금의 불안정한 평화와 남북 관계의 유동성 그리고 적대와 대결의 잔존을 고려할 때, 확장된 평화 즉 남북 관계와 한반도 평화가 진전되고 발전함으로써 민주주의가 증대될 수 있는 역의 구조를 갖고 있기 때문이다.

북한이 민주화되고 남한의 민주주의가 공고화됨으로써 전쟁이 사라지고 평화가 보장되기 위해서라도 지금 필요한 것은 남북의 민주주의를 제고시킬 수 있는 필요조건으로서 한반도 평화 체제를 정착시키고 완성하는 것이 우선일 것이다. 남북은 민주주의 국가들 사이의 관계가 아니기 때문에 평화를 보장하기 어렵고 따라서 비민주 국가를 민주화시키는 것이 민주 평화론을 적용하는 것이라면 이를 위해서는 한반도 평화의 진전이 필수적이다.** 민주 평화론을 내세워 비민주 국가를 민주화시키기 위해 평화를 위협

---

* 민주주의를 진전시키기 위한 주요한 조건으로서 평화의 중요성을 강조한 것이지 평화를 극단적으로 강조한 나머지 국가의 권력 행사까지도 부정하는 무정부주의의 평화론과는 구별된다. 극단적 평화론의 대표적 논의는 키요시(2003) 참조.

하고 긴장을 고조시킨다면 오히려 그것은 반평화적이다.* 평화의 진전으로, 평화적 방법으로 민주주의를 제고시키고 이를 통해 민주주의 체제가 완성됨으로써 국가 간 평화를 보장하는 것이야말로 가장 평화적이고 민주적인 경로가 될 것이다. 평화 민주론에 기초한 민주 평화론의 결합이어야 한다.

그리고 한반도 평화의 시작이자 핵심은 남북 관계 진전이다. 다만 현실적으로 어려움을 겪고 구조적 딜레마를 안고 있는 작금의 남북 관계에서는 과거와는 다른 새로운 접근, 즉 더디지만 꾸준히 가는 그리하여 과도한 기대나 성급한 좌절을 넘어서는 중년 부부의 남북 관계론이 신중하게 고민될 필요가 있다.

<hr/>

** 평화의 조건으로서 남북의 민주주의를 정착시키는 것이 필요하지만 그럼에도 불구하고 북한 민주화를 위해 외부의 직접 개입은 신중해야 한다는 주장 역시 일맥상통한다고 볼 수 있다(김수민, 2004: 208).
* 부시 행정부가 강조했던 이른바 "폭정 종식론"과 "민주주의 확산론"이 대표적이다.

참고문헌

곽태환 외. 1997. 『한반도 평화체제의 모색』. 경남대학교 극동문제연구소.

구갑우. 2007. 『비판적 평화연구와 한반도』. 후마니타스.

구영록. 1988. 『인간과 전쟁』. 법문사.

_____. 2000. 『한국과 햇볕정책』. 법문사.

김근식. 2007. 「북한의 핵실험과 대북포용정책: 상관관계와 지속 필요성」. ≪평화연구≫, 15권 1호.

_____. 2007 「북핵문제와 6자회담 그리고 제도화」. ≪한국동북아논총≫, 12권 1호.

_____. 2008. 「대북포용정책의 개념, 평가, 과제: 포용의 진화 관점에서」. ≪한국과 국제정치≫, 24권 1호.

_____. 2010. 「평화체제와 남북관계: 상호연관성과 향후 과제」. 『한반도 평화와 남북관계』. 통일맞이 토론회 발표문, 27~28쪽.

김수민. 2004. 「한반도 평화의 조건: 평화문화의 창출」. 안청시 엮음. 『비살생정치학과 지구평화운동』. 집문당.

도이치, 칼 외. 1997. 「정치적 공동체와 북대서양 지역」. 김우상 외 옮김. 『국제관계론 강의 1』. 한울.

송대성. 1998. 『한반도 평화체제: 역사적 고찰, 가능성, 방안』. 세종연구소.

심지연. 2001. 『남북한 통일방안의 전개와 수렴』. 돌베개.

이호철. 2004. 「민주평화론」. 우철구·박건영 엮음. 『현대 국제관계이론과 한국』. 사회평론.

전재성. 2007. 「한반도 평화체제와 한반도 민주평화」. 서울대 통일연구소 심포지움 발표 논문, 109쪽.

조성렬. 2007. 『한반도 평화체제』. 푸른나무.

참여연대 평화군축센터 엮음. 2008. 『2008 평화백서: 시민, 안보를 말하다』. 아르케.

토다 키요시. 2003. 『환경학과 평화학』. 김원식 옮김. 녹색평론사.

한용섭. 2004. 『한반도 평화와 군비통제』. 박영사.

김대중 대통령의 1999년 8·15 경축사. 2004. 「희망과 번영의 새천년을 열어나갑시다」. 『21

세기와 한민족: 김대중 전 대통령 주요 연설 대담』. 돌베개.

Deutsch, Karl et al. 1957. *Political Community and the North Atlantic Area*. Princeton: Princeton Univ. Press.

Doyle, Michael. 1986. "Liberalism and World Politics." *American Political Science Review*, Vol.80, No.4. pp.1151~1169.

Mitrany, David. 1966. *A Working Peace System*. Chicago: Quadrangle Books.

Nye, Joseph. 1971. *Peace in Parts*. Boston: Little, Brown and Company.

Resnick, Evan. 2001. "Defining Engagement." *Journal of International Affairs*, Vol.54, No.2, pp.551~566

Russet, Bruce. 1993. *Grasping Democratic Peace*. Princeton: Princeton University Press.

미중 관계와 한반도 미래

김동엽
경남대학교 극동문제연구소 교수

1. 국제 구조의 변화와 미중 관계

강대국 간 힘의 분포 변화로 대표되는 국제 구조의 변동은 지구적 및 지역적 안보 질서 변화를 추동하는 핵심적 요인이다(Waltz, 1979; Organski and Kugler, 1980). 제2차 세계대전 이후, 국제 구조는 미국과 소련의 양극 체제로 전환되면서, 양 진영 간 냉전 시대가 시작되었다. 중국 내전에서 공산당이 승리함으로써 동북아시아에서 냉전의 전선이 명확하게 구분되자 미국의 대소·대중 봉쇄 정책이 강화되었다. 결국 미소 양극으로 평가되는 국제 구조의 변화는 한반도 내에서의 이념적 대립과 더불어 한반도의 분단과 한국 전쟁을 초래하는 결과를 가져왔다.

20세기 말 냉전의 종식과 더불어 급격한 변화 속에 오늘날 국제 질서는 미중 관계라는 새로운 국제 질서가 형성되고 있는 전환기적 과정에 있다. 미소 양극 시대에 이어 다시금 미국과 중국 두 강대국이 경쟁하는 체제로의 이행이라는 국제 구조의 변화는 미국의 대외 전략 변화 속에 중국의 맞대응과 더불어 동북아 국제 질서의 변동을 초래하고 있다. 탈냉전기 국제 질서에서 여전히 미국의 막강한 영향력은 변함이 없고, 이를 패권으로 인정하는 데는 인색함이 없다. 미국은 상대적 쇠퇴에도 불구하고 여전히 군사력에서는 압도적이다. 미국의 군비 지출 규모는 아시아 모든 국가 군비의 총합을 훨씬 능가하고 있다. 또 미국은 세계 68개 국가와 동맹을 맺고 있고, 45개 국가에 미군이 주둔하고 있다(임혁백, 2014). 다만 2008년 세계 경제 위기의 근원지가 미국이었고, 미국의 상대적 약화는 경제 측면에서 두드러진다. 실업률을 포함한 몇몇 경기 지표들은 현재 미국의 경제가 회복기에 있다는 것을 보여주고는 있지만 그럼에도 불구하고 미국 경제의 미래는 여전히 불확실하다.

현재 힘의 분포 변화는 미국의 상대적 쇠퇴와 중국의 급속한 부상이라는 두 가지 요인에 의해 동시에 일어나고 있다. 크리스토퍼 레인Christopher Layne은 구조적인 요인 때문에 미국의 영원한 단극 시도는 실패할 것이라며 미국 패권의 쇠퇴론을 주장했다(Layne, 2012: 203~213). 그러나 이러한 변화가 지금의 방향을 그대로 유지해 머지않은 미래에 중국이 미국의 지위를 대신하게 될 것이라고 누구도 단정할 수는 없다. 향후 미중 관계에 대해서는 이견이 분분하다. 일반적으로 미중 간 경제 규모 면에서의 역전은 시간문제이지만, 군사력과 사회 문화적인 영향력 측면에서 미국의 우위가 장기간 지속될 것이라는 의견이 지배적이다. 반면 미중 간 패권 경쟁은 결국 전쟁까지 포함한 심각한 대립과 갈등을 초래할 가능성도 있다. 종합적으로 보면 당분간은 미국의 우위가 지속될 것이라는 시각과 함께 미중 간 패권 경쟁은 불가피하며 이는 평화적일 가능성보다 전쟁을 포함해 평화적이지 않은 상황으로 이어질 가능성도 배제할 수 없다는 것이다.

하버드대학의 조지프 나이Joseph Nye 교수는 미국 패권 쇠퇴론은 제2차 세계대전 이후 소련이나 1980년대 일본 등 새로운 강대국이 출현할 때마다 등장했지만 미국 패권은 쇠퇴하지 않았다고 주장한다. 미래에 경제 규모에서 미국이 중국에 추월을 당해도 군사력과 소프트 파워에서 미국의 우위는 지속될 것이라고 보았다. 중국의 도전은 일본, 호주, 인도 등 주변 국가들의 반反중국 연대 형성을 촉진시키는 반작용을 불러올 수 있다고 보았다 (Nye, 2012: 215~217). 중국 출신 학자인 민신페이Minxin Pei는 중국이 부정부패, 관료주의 등의 내부적인 문제로 인해 성장에 한계가 있어 결국 2류 국가로 전락할 수밖에 없다고 주장한다. 반면에 중국의 옌쉐퉁閻學通 교수는 중국이 GDP에서 미국을 추월하더라도 군사력이나 사회 문화적 영향력 측면에서는 여전히 미국을 따라잡기는 쉽지 않을 것이지만 결국에는 미국과 중국의 양극 구도가 형성될 것으로 보았다.

현재의 국제 구조는 미국과 중국의 양강 체제로 이행되는 과정에 있다고 볼 수 있다. 미국과 중국의 패권 경쟁이 이제는 구체적인 모습으로 나타나고 있다. 미국의 트럼프 행정부는 미국을 다시 위대하게 만들기(make America great again) 위해 미국 우선주의America First를 실천해나가고 있다. 군사력과 경제력 재건이 핵심이다. 중국의 시진핑 정부는 위대한 중화 민족의 부흥을 외치며 중국의 꿈(中國夢)을 실현하고자 한다. 신형국제관계 구축과 인류운명공동체를 강조하면서 미국을 대신해 국제 질서의 수호자가 되겠다는 의지를 감추지 않고 있다. 이로 인해 중국의 일대일로 전략과 미국의 아시아·태평양 전략이 서로 맞부딪칠 조짐마저 보인다. 사실 미국과 중국의 통상 분쟁은 이미 무역 분쟁의 수준을 넘어섰다. 이로 인해 주변국들은 국가 안보와 국익을 중심으로 합종연횡을 꾀하고 있다.

한반도의 평화로운 미래를 위해서는 미중 관계가 협력을 중심으로 나아가야 하겠지만 현실은 희망적이지 않다. 미중 간 갈등과 관계 악화는 한반도 미래의 불확실성으로 이어질 수 있으며 한반도의 평화와 번영을 저해하는 중요한 요인이 될 수 있다. 실제 미국과 중국 간 무력 충돌과 전쟁의 가능성이 높지는 않다고 할지라도 미중 간 갈등이 군사적 충돌로 치닫게 된다면 한국은 동맹의 연루로 인해 전쟁에 휘말리게 될 수도 있다.

미중 간 패권 경쟁이 가속화되는 가운데 2018년도 한반도에는 평화를 향한 대전환이 일어나기 시작했다. 남북 관계를 선두로 북한 비핵화와 북미 관계 개선, 한반도 평화 체제 구축을 향한 작은 움직임들이 여기저기서 동시 다발적으로 일어나고 있다. 남북 정상회담, 북중 정상회담, 그리고 미북 정상회담이 앞서거니 뒤서거니 하면서 개최되었다. 아직 결과를 예단하기는 시기상조이지만 분명한 것은 현재의 한반도와 동북아 상황은 과거와는 상당히 다르게 진행되고 있다. 현재의 변화를 긍정적으로 이어나가기 위해서는 무엇보다 미중 관계에 대한 이해가 우선되어야 한다.

2. 패권과 투키디데스의 함정

미중 관계를 이해하기 위해서는 우선 패권의 개념을 이해하는 것이 중요하다. 패권에 대한 정의는 학자의 수만큼이나 다양하다. 일반적으로 패권에 관한 견해는 크게 패권 자원과 패권 행사에 따라 나누어볼 수 있다. 당초 패권이란 국내 정치의 설명 방식으로서 지배 계층에 반대하는 세력들에 대해서 모든 가능한 기회를 강력하게 봉쇄하고 지배 세력들 간의 파벌역시 억압하는 힘을 의미하는 것이었다(오기평 편저, 2000: 14). 이로부터 원용된 국제정치에서의 초기 패권 개념은 고위 정치high politics와 같은 정치·군사적 요인을 근저로 압도적인 힘의 우위를 통해 주변국의 도전이나 동맹국의 분열을 억제하는 것으로 이해되었다. 군사력과 경제력 같은 패권 자원에 의존해 패권을 정의하는 학자들은 패권을 특정 국가가 다른 국가에게일방적인 방향으로 행사할 수 있는 힘의 집중, 혹은 자원의 총체로 간주한다(오기평 편저, 2000: 31~57).

반면 조지프 나이는 정치, 군사, 경제력 이외에 문화적인 측면에 초점을 맞추어 '소프트 파워soft power'로 개념화하며, 패권을 다른 국가의 태도를 변화시킬 수 있는 힘으로 보았다(Nye, 1990: 153~171). 로버트 콕스Robert W. Cox는좀 더 포괄적으로 패권을 지도적 국가와 지배적인 사회 계급의 우위를 보장하는 원칙들에 대해 폭넓은 합의를 획득할 수 있는 능력과 피지배자가만족할 만한 미래상을 제시할 수 있는 능력으로 정의했다(Cox, 1983: 172). 패권을 국제 문제를 해결하는 데 있어 국제사회의 동의를 구하는 과정으로 정의하는 견해는 안토니오 그람시Antonio Gramsci의 패권Hegemony 개념을 원용하고 있다. 그람시적 패권 개념이란 사회적 측면에서 지배자의 참여와 접촉 등의 행동을 통해, 강제력에 의한 일방적 지배가 아닌 피지배 집단의 동의에 의한 순응을 포함하는 것이다. 이러한 패권에 대한 시각의 변화는 패권에 대한 결정 요인으로 패권 자원에서 차츰 패권 행사의 중요성이 강조되는 추세로 볼 수 있다(강문구 역, 1992: 24).

　패권에 관한 학자들의 견해를 종합해보면 세계 질서를 안정적으로 유지해나갈 수 있는 정치·군사·경제적인 공공재를 창출할 수 있어야 하며, 이를 제공할 실행 의지를 함께 가져야 한다. 이것은 단순히 자국에 한정된 안전 보장뿐만 아니라 국제분쟁을 예방하고 해결할 수 있는 능력과 국제기구의 주도를 포함한 정치·군사력을 통한 국제 질서 형성에 주도적 역할을 담당하는 것을 의미한다. 또한 월등한 경제력을 바탕으로 국제 경제 질서 체제를 확립하고 국제통화 제도 확립, 최혜국 원칙 준수 등과 같은 경제적 공공재를 공급할 수 있어야 한다. 무엇보다 패권국은 능력을 행사하는 지도력의 측면에서 국제적 제 가치를 분배하는 데 올바른 조정자의 역할 수행이 요구된다. 이는 보편적 가치와 함께 형평성과 신뢰성에 바탕을 둔 세계 질서의 안정과 평화를 정착시키기 위한 노력의 일환으로 제국주의적 요소의 배제를 의미한다. 즉, 국제사회에서 패권국가가 어떤 국제적 역할을 수행하기 위해서는 국제사회의 지지와 동의를 통해 그 정당성을 갖추어야 한다.

　패권국은 국제사회에서 정치, 군사, 경제 등 여타 부문에서의 우월한 경쟁력을 토대로 국제 공공재를 창출하고 보편적 가치를 확산하며, 국제 문제의 해결 과정에서 다수의 피패권국의 동의에 의존한다. 패권국이 제시하는 제도적·규범적 가치가 국제사회에서 일반적으로 수용될 수 있거나 공유할 만한 가치를 가질 때, 국제적 지도력을 발휘할 수 있고 보편적인 세계 질서를 수립하는 데 원용된다는 것을 의미한다. 이러한 개념은 찰스 킨들버거Charles P. Kindleberger, 로버트 길핀Robert Gilpin, 스티브 크래스너Stephen Krasner 등 구조주의적 신현실주의자들이 주장하는 패권 국가가 공공재public goods를 제공함으로써 국제 질서가 유지되고 모든 국가에 이익이 된다고 주장하는 패권 안정론Hegemonic Stability Theory을 이론적으로 뒷받침하고 있다. 이들에게 국제 질서에서의 패권적 질서란 한 국가가 압도적인 힘의 우위를 점한 상태에서 국제 공공재를 자신의 부담으로 제공하는 것을 의미한다. 즉, 패권국이란 월등한 물리적 강제력으로 여타 국가들을 강압적으로 지배하고 착취하는 국가가 아니라, 자신의 부담으로 공공재를 공급함으로써 여타 국가들이 자발적으로 질서에 동의하고 순응하도록 유도할 수 있는 국가를 말한다. 이러한 점에서 패권국은 제국과 구별된다(Kindleberger, 1986: 1~13; Gilpin, 1981: 201~203; Krasner, 1983: 153~156).

국제 현상에서 특히 국제적 갈등의 원인은 개인, 사회, 국가, 국제 체계 등 다양한 수준에서 찾아볼 수 있다. 그러나 미중 관계와 같이 패권을 둘러싼 국제적 갈등은 무엇보다 국제 체계 수준에서 나타나는 힘과 밀접한 관계를 가지고 있다. 이러한 국제 체계 수준의 힘을 중심으로 국제 현상을 설명하는 패권 이론은 학자에 따라 다양하다. 그러나 국제 현상을 분석하는 하나의 인식 틀로서 패권 이론은 분석 대상에 따라 크게 두 가지로 구분할 수 있다. 즉, 힘의 집중이 세계 질서에 어떠한 영향을 미치는가 하는 패권 안정론의 시각과 힘의 집중이 패권 전쟁의 발발 가능성과 가지는 연관성에 대한 패권 전이轉移론의 시각으로 나누어볼 수 있다.

패권 안정론은 국제적 협력, 질서, 제도, 레짐이 패권 국가에 의해 창출되고 유지되며, 패권 국가의 쇠퇴나 소멸과 더불어 운명을 같이한다고 본다. 패권 안정론을 주장하는 학자들에 따르면 안정적인 세계 질서를 유지하기 위해서는 질서를 유지할 규범적인 제도 장치와 결정 요인으로 패권이 요청된다.[*] 단일 국가가 패권을 장악한 국제적 레짐이 정치 군사적 측면에서 안정적이며 경제 교역 측면에서도 번영을 가져다준다는 인식을 요체로 한다. 패권 국가가 존재함으로써 안정된 국제사회의 발전을 도모할 수 있고, 국제사회의 규범들이 상대적으로 유지될 수 있다고 본다. 그러나 역사적으로도 패권국의 존재만으로 세계 질서가 안정적으로 유지되지만은 않는다는 것을 보여주는 사례가 많다. 패권국이 존재하지 않은 시기에도 국제 질서가 안정된 시기는 많았고, 반대로 패권적인 힘의 존재는 반대 세력을 불러일으켜 불안정을 가속화하기도 했지만 패권 안정론은 이를 설명하는 데에는 한계가 있다. 구조적으로도 패권 국가가 절대적 우위를 장기적으로 유지하기는 매우 어렵다.[**]

패권국의 존재로 세계 질서가 안정적으로 유지될 수 있다는 것이 패권 안정론의 요지라면, 패권 전이론에 따르면, 패권국은 영원한 것이 아니라 국제 체제에서 패권의 형성, 쇠퇴 그리고 새로운 패권의 출현 등이 일정하게 반복되고, 새로운 패권국이 등장하는 과정에서 패권 전쟁이 발발한다는 것이다. 패권 전이론 학자들은 패권국이 존재했던 시기는 패권국이 부재한 시기보다 상대적으로 갈등이 적고, 특정 패권이 쇠퇴하면서 이에 도전하는 국가들이 등장해 갈등이 고조되면서 전쟁에 이른다고 주장한다. 로버트 길

---

[*] 패권 안정론에 속하는 대표적인 학자로는 로버트 길핀(Robert Gilpin), 찰스 킨들버거(Charles P. Kindleberger), 스티븐 크래스너(Stephen Krasner), 스티브 길(Stephen Gill) 등이 있다.
[**] 폴 케네디(Paul Kennedy)는 합스부르크 왕가, 영국 등 유럽 강대국들이 쇠퇴한 원인이 제국의 과잉 확대에 있다는 것을 실증적으로 분석, 패권 국가인 미국의 미래를 비관적으로 전망한 바 있다(Kennedy, 1987; 케네디, 1989: 415~423).

핀에 따르면 패권국은 탄생, 성장, 그리고 쇠퇴라는 고유의 주기를 밟고, 순환되는 패권국의 역량 변화에 따라 국제 질서도 함께 변화한다고 강조하고 있다. 특히 패권의 쇠퇴는 주요 지역 패권국들의 도전으로 갈등과 전쟁을 야기시킬 수 있다고 주장하며 패권의 평화적 계승에 대해서는 비관적인 입장을 취했다. 미국의 정치학자 존 미어샤이머John J. Mearsheimer 역시 중국의 국력이 지속적으로 증가해 미국 국력을 따라잡는 상황에 이르면 그 시점에 미국과 중국은 결국 충돌할 수밖에 없다고 단언한다(Mearsheimer, 2010).

투키디데스의 함정Thucydides's Trap은 패권 국가와 새롭게 부상하는 국가 간의 갈등과 전쟁은 숙명적이라는 예측을 담고 있다. 고대 그리스의 역사학자 투키디데스는 스파르타와 아테네가 주도한 펠로폰네소스전쟁(기원전 431년~404년)을 살펴보면서 패권 국가와 도전 국가 간 전쟁이 필연적이라고 설파했다(투키디데스, 2011). 미국의 그레이엄 앨리슨Graham Allison은 강대국 패권 경쟁은 대부분 전쟁으로 이어졌으며, 현 미중 관계에서도 '투키디데스의 함정'은 여전히 유효하다고 경고했다. 미국과 중국 간의 갈등과 경쟁도 과거 전쟁으로 끝난 스파르타와 아테네의 강대국 패권 전쟁의 경로처럼 '투키디데스의 함정'을 벗어나지 못할 것이라는 우려가 제기되고 있다.*

그러나 '투키디데스의 함정'은 단순히 전쟁은 피할 수 없다는 자포자기가 아니다. 패권 국가와 도전 국가가 전쟁의 구렁텅이에 빠지지 않고 상호 타협으로 이어진 영국과 미국의 경험을 따르기 위해 어떠한 노력이 필요한지에 대한 반면교사의 교훈을 전하고 있다는 점이 더 중요하다. 패권 전이론에 대한 비판 역시 평화적인 패권 이전의 가능성에 대해 상대적으로 비

---

* 미중 격돌은 남중국해 우발 충돌, 타이완 문제 악화, 제3국에 의한 전쟁이 원인, 북한 붕괴, 상호 무역 보복 격화 등의 5가지 시나리오를 예상하고 있다(앨리슨, 2018).

관적이라는 것이다. 이러한 결정론적 비관주의는 의도하지 않는 결과를 산출할 수도 있다. 실제 국제 질서의 유지가 가능하지만 패권 주기에 따른 패권 전쟁을 지나치게 의식하게 만들어 문제의 해결에 있어 평화적인 대안을 인식하지 못하고 전쟁에 대비하도록 유도하는 안보 딜레마적인 모순에 빠지게 된다. 패권 전이론이 가진 평화적 패권 이전을 부정하는 결정론적 특징은 결과론적으로 세계 질서가 아닌 무질서와 갈등을 조장하는 셈이다 (Levy, 1992: 69~70).

현재의 미중 관계를 패권 전이론의 결정주의적 비관주의의 시각에서 본다면 미중 간 전쟁은 불가피하다. 그러나 패권의 전이 과정을 전쟁을 수반한 불안정적이고 과격한 흐름만으로 단정하기는 어렵다. 이는 패권이 가지는 변수를 충분히 고려하지 않고 국제 관계의 현실을 지나치게 단순화시키기 때문이다. 패권 전이론의 주장처럼 미국의 패권이 영원할 수 없다고 하더라도 미국과 중국의 전쟁이 필연적이라고 단정하기는 어렵다. 미국과 중국은 경제적으로 밀접하게 연결되어 있어 양국 간 협력은 공동 번영을 가져오지만 전쟁은 공멸만을 초래할 수 있다. 미국과 중국은 자국의 핵심 이익이 침해되지 않는 한 전쟁을 바라지 않을 것이며 전쟁은 미국과 중국 모두 패자가 될 수 있다는 점에서 가능한 한 회피하려 할 수도 있다(Art, 2010). 그러나 이 역시 단정할 수 없다. 패권 전이 과정은 국제정치의 냉혹한 현실만큼이나 복잡하고 예측 불가능하다.

3. 미국의 패권 약화와 중국의 도전

미국은 제1차 세계대전 이후 추진한 고립주의적 대외 정책이 제2차 세계대전의 발발을 막지 못했다는 반성하에 제2차 세계대전 후에는 국제주의적 대외 정책을 전개했다. 대외 전략의 기조로 선택적 관여와 적극적 개입을 채택해 국제 문제에 적극적으로 개입하는 방향으로 선회했다. 미국은 소련과의 냉전 승리 후 유일 초강대국으로 떠올랐다. 국제 질서와 국제사회의 주요 현안들이 미국이 주도하는 국제 질서 아래 놓이게 되면서 미국의 관여와 개입이 가지는 일방주의와 과다 팽창의 오류가 나타나기 시작했다. 미국의 패권적 지위에 대한 도전이 얼마 가지 않아 시작되었다. 이미 탈냉전 이전 독일과 일본의 도전을 시작으로 중국, 러시아 등의 부상은 경제력뿐만 아니라 군사력 등 하드 파워hard power 전반에서 미국의 힘을 상대적으로 약화시켰다. 최근 중국의 부상은 미국에게 가장 큰 도전인 것이 틀림없다. 중국은 막대한 경제력과 함께 군사력 또한 동아시아 전역에 집중하고 있어 미국의 패권 유지에 최대의 위협인 것이 틀림없다.

1949년 중국 공산당 정부 수립 이후 미중 관계는 두 번의 부침을 겪었다. 미국의 대중 정책을 시기별로 구분해보면, 1950~1960년대에는 봉쇄 정책, 1970~1980년대에는 소련을 견제하기 위한 전략적 포용 정책, 소련 해체 이후에는 포용과 봉쇄를 혼용한 정책을 취해왔다. 냉전기 미중 관계는 1969년 핑퐁 외교와 1978년 국교 수립으로 관계가 개선되었다. 반대로 탈냉전의 기운이 시작된 1989년 천안문 사태 발생과 미국 중심의 대중국 제재로 관계가 냉각되었다. 그러나 1990년대 중후반 클린턴 행정부가 대중국 포용engagement 정책을 공식화한 이후 미국의 대중 정책은 기본적으로 중국과의 접촉 및 협력을 강조했다. 중국으로서도 최고 국가 목표인 경제 발전을 위해서는 안정적인 대미 관계가 필수적이었다. 2001년에는 9·11 사태 발생과 중국의 세계무역기구WTO 가입으로 미중 관계는 더욱 호전되었다. 그러나 2010년대 들어 미중 간 갈등은 다시 고조되는 양상을 보여왔다. 최근 미국의 패권 약화와 대외 전략의 변화는 중국의 부상과 맞물려 아직까지는 세계적 차원이라고 하기는 어렵지만 적어도 동북아 지역에서는 미중 간 세력 전이의 양상으로 나타나고 있다. 그 결과 중국은 대미 관계를 1998년 '전략적 동반자 관계', 2003년 '화평굴기和平崛起', 2005년 '이익상관자利益相關者', 2012년 '신형대국관계'에 이어 2016년에는 신형국제관계로 규정해오고 있다.

중국은 냉전 시기 양극 체제하에서 소련의 영향력에 맞서 미국과 전략적 관계를 유지해왔다. 소련 해체 이후 미국 중심의 세계 질서하에서는 덩샤오핑의 도광양회韜光養晦에 따라 잠재적 힘을 키우는 데 주력했다. 금융위기 이후 미국의 쇠퇴로 다극 체제로 들어와서는 미국의 패권에 도전 의사가 없다는 메시지를 지속적으로 던지면서도 꾸준히 대외 영향력을 확대해나갔다. 2000년대 들어 동북아 국제 질서 변화의 최대 요인 역시 중국의 부상에 따른 미중 관계의 변화이다. 중국은 1978년 개혁·개방 정책을 시작한 이후 연 10%가 넘는 고도 성장을 지속하면서 막대한 경제력을 기반으로 국력이 급상승했다. 중국은 GDP 규모 면에서도 2010년 일본을 추월했고 미국에 이어 현재 세계 2위일 뿐만 아니라 구매력 기준 실질 GDP는 2014년에 미국을 앞질렀다. 중국의 1인당 GDP는 2000년 856달러에서 2017년에는 8827달러로 10배 이상 증가했고, 향후 수년 안에 1만 달러를 돌파할 것으로 예상된다. 중국의 경제성장이 빈부 격차 및 민족 갈등 문제 등의 국내 문제로 발목이 잡힐 것이라는 주장이 존재한다. 그러나 아직 그러한 문제가 중국의 발전을 저해하고 있다는 실증적 징표는 보이지 않고 있다. 2014년 중국 경제성장률이 7%대로 하락한 것만으로 중국 경제발전의 정체를 설명하기는 어렵다. 중국의 경제성장은 군사력의 증강으로 이어져, 군사비 역시 미국에 이어 세계 2위이다. 중국은 경제력과 군사력은 물론 사회 문화적 영향력 확산에도 힘을 기울이고 있다는 점에서 중국의 국력 강화는 국제사회로의 확대로 향하고 있다.

　중국은 강성해진 국력을 바탕으로 1842년 난징조약의 체결로 시작된 치욕의 세기a century of humiliation를 떨치고, 과거의 영광을 재현하는 '중국의 꿈'을 실현해 21세기를 중국의 세기Chinese century로 만들겠다고 선언했다. 덩샤오핑의 도광양회를 시작으로, 장쩌민의 유소작위有所作爲, 후진타오의 화평굴기和平屈起와 화평발전和平發展을 거쳐, 시진핑의 중국의 꿈(中國夢)과 신형대국관계新型大國關係를 넘어서 이제는 신형국제관계新型國際關係로까지 폭을 넓혀가고 있다. 중국은 3대 핵심 이익을 '국가 체제 유지', '주권과 영토 보호', '국가 통일 추구'라고 밝혔으며, 핵심 이익 수호를 위해서는 전쟁도 불사하겠다고 밝힌 바 있다. 국가 체제 유지는 공산당 일당 지배와 중국 사회주의 체제의 보전을 말하는 것으로서, 중국 공산당의 안위 확보와 중국 사회 전체에 대한 공산당의 지배권 유지가 최고의 목표이자 훼손할 수 없는 원칙이다. 주권과 영토 보호는 중국 정부의 정책과 관련해 타국으로부터 간섭받지 않을 권리와 함께 중국이 자국의 영토와 영해라고 주장하는 육지와 바다에 대한 영구적 소유와 지배가 외부로부터 침해받지 않을 권리를 의미한다. 국가 통일 추구는 타이완 문제가 핵심으로 타이완의 독립 저지 및 흡수 통일은 중국의 핵심 이익이며, 이를 방해하는 세력은 누구든 간에 중국과의 전쟁을 각오해야 한다고 주장한다(김동성, 2018: 6~9).

　2000년대 이후 오랜 기간 미국은 중동에 올인하면서 군사적 과팽창과 극심한 재정 적자, 그리고 2008년의 경제 위기를 경험했다. 그러는 동안 경제적 발전을 바탕으로 한 동아시아 지역에서의 중국의 영향력 급증과 부상에 직면하게 되었다. 2011년 미국은 대외 정책의 주 무대를 유럽·대서양에서 아시아·태평양으로 옮기는 아시아 회귀 또는 재균형rebalancing 정책을 공표했다. 재균형 전략의 주된 목적은 중국 견제 및 아시아·태평양 지역에서의 미국 패권의 재구축이라 평가할 수 있다(박건영, 2013: 1~47). 미국은 공식적으로는 재균형의 목적이 중국을 봉쇄하는 데 있지 않다고 주장하고 있지만, 미국의 재균형 전략은 미일 동맹을 핵심적 위치로 한미일 삼각 안보 협력 강화 추진으로도 나타나고 있다.

중국은 미국에 신형대국관계를 제안하는 등 강대국으로서의 책임성 있는 지위를 인정받고 미국과의 협력을 모색하기도 하지만, 다른 한편으로는 미국의 재균형 전략을 대중 견제 전략으로 간주하면서 적극적으로 대응하고 있다. 특히 중국은 주변국과 갈등 중인 해양 지역(동중국해, 남중국해)으로 자신의 핵심 이익 영역을 확장하면서 미국의 재균형 전략에 대해 공세적인 정책을 펼치고 있어 해양 지역이 미국과 중국의 이해가 첨예하게 대립되는 지역으로 부상하고 있다. 중국은 유사시 미군 또는 미국 동맹군의 행동을 억지하기 위해 반접근 지역 차단A2AD(anti-access/area-denial) 전략을 강화하고 있다. 중국의 부상에 대한 미국의 견제 그리고 그에 따른 중국의 맞대응으로 동북아 지역의 불안정성이 증대하고 있어 미중 간 힘의 분포 변화라는 국제 구조의 변동이 양국 간 갈등을 증폭시키고 한반도와 동북아의 안정과 평화에 부정적인 영향을 미치고 있다.

미국의 압도적인 군사력을 고려할 때, 경제 부문에서 미중 간 격차가 크게 좁혀졌다고 할지라도 아직 양극 체제로 단정하기는 시기상조이다. 반면 경제 측면에서 이미 G2 체제가 형성되었다고 평가되는 것이 사실이라는 점에서 더 이상 국제 구조를 미국 주도의 단극 체제로 지칭하기도 어렵다. 현재 미국의 경제가 회복기에 있다고 하더라도 중국 경제와의 격차를 유지하거나 다시 벌릴 만큼 고속 성장을 하기는 어렵다. 미국 연방 정부 재정의 한계와 중국 국방 예산의 지속적인 증가로 미중 간 군사력의 격차도 점점 줄어들 것이다. 향후 미국 패권 체제가 중국 패권 체제로 대체될 가능성은 장기적으로는 존재할 수 있지만 10년 이내 단·중기적으로 미국과 중국의 완전한 위치 교환이 이루어질 가능성은 높지 않다. 중국의 군사력이 미국의 군사력을 따라잡는 데는 상당한 시간이 필요할 것이기 때문이다. 군사적 측면에서 중국은 아직 미국에 비할 바가 못 된다. 그러나 중국은 1989년 이후 2013년까지 국방 예산을 동 기간 경제성장률을 뛰어넘는 연 10% 이상 증가시키면서 군 현대화에 집중적으로 예산을 투여하고 있다는 점은 주목할 필요가 있다(박창희, 2013: 237~270; 황재호, 2014: 5~33).

한반도는 대륙과 해양을 연결하는 동북아의 요충지이자 미중 간의 충돌이 시작되는 곳이라는 점에서 중국과 미국은 한반도에 대한 영향력을 확보하기 위한 노력을 지속해오고 있다. 미국 입장에서 보면 한미 동맹은 동북아에서 미국의 패권 유지와 세력 균형 그리고 중국의 부상을 견제하기 위한 전략적 수단이자 중국에 대한 포위와 유사시 개입을 위한 중요한 지리적 거점이자 교두보이다. 미국의 세계 전략 중심이 아시아·태평양 지역으로 옮겨가고 중국의 도전이 거세지는 상황에서 한미 동맹은 미일 동맹과 더불어 미국의 동북아 역내 패권 유지를 위한 중요 자산이다. 미국이 아직까지는 한미 동맹의 중요성을 강조하고 있지만, 지정학적으로 한국이 중국의 영향권하에 들어갈 가능성에 대해서도 대비하고 있다. 특히 한반도 통일 후 통일 한국이 경제 분야뿐만 아니라 군사 안보적 정체성까지 친중 국가로 변화하고 한미 동맹에서 이탈할 가능성도 염두에 두고 있다.

반면 중국은 한국이 한미 군사동맹을 그대로 유지하는 한 지정학적으로 통일된 한반도는 중국의 목을 향한 미국의 칼날일 수밖에 없다고 인식하고 있다. 중국은 한국과의 관계 강화를 통해 한국의 한미 동맹 재조정을 유도하고 이를 바탕으로 한미 동맹의 약화를 도모해 한반도에서 미국의 영향력을 약화시키는 전략을 지속적으로 추진하고 있다.

　미국이 동북아에서 추구하는 국익과 궁극적인 목표는 미국의 패권 유지이며 중국의 부상과 도전이 최대의 위협이자 과제이다. 미국은 동북아 역내 패권 유지를 위해 중국을 견제하면서 미중 관계를 관리하고, 미일 동맹 유지 및 강화, 북핵 문제의 해결, 타이완의 보호와 남중국해 항행의 자유, 자유·공정 무역 질서 구축 등을 중요한 국가이익으로 설정하고 있다.

4. 트럼프와 시진핑 시기 미중 관계 변화와 동북아 질서

　트럼프 대통령의 등장은 미국 우선주의와 미중 경쟁을 심화시키는 결과를 가져왔다. 미국 우선주의는 트럼프 정부 출범 이후 지구적global 차원에서 미국의 모든 대외 정책을 관통하는 핵심 기조이다. 주권과 원칙 있는 현실주의에 입각한 미국 우선주의가 안보와 경제 등 모든 측면에서 트럼프 행정부의 대외 정책을 사실상 규정하고 있다. 트럼프 대통령은 취임사에서 과거 미국이 자국 군사력을 고갈시키면서 다른 국가의 안보를 도왔고, 자국 산업을 희생하는 대가로 외국의 산업을 부강하게 해왔으며, 이념과 가치를 대외 정책의 중요 기준으로 삼아왔지만, 앞으로 미국의 모든 정책은 미국인 자신의 이익을 위해 추진할 것이라는 것을 밝혔다. 2017년 12월에 발표된 트럼프 정부의 국가 안보 전략 역시 "미국인을 보호하고 우리의 삶의 방식을 보존하며, 우리의 번영을 증진하고, 힘을 통해 평화를 보존하며, 세계에서 미국의 영향력을 증진하는" 네 가지 사활적 국익의 실현을 미국 우선주의의 목표로 내걸고 있다. 이들 국익의 실제는 첫째는 반이민 등 인종적 민족주의, 둘째는 경제적 민족주의, 셋째는 전면적 군비 증강, 넷째는 다자주의 부정이다.

미중 경쟁 국면을 주도하는 트럼프 행정부의 미국 우선주의는 글로벌리즘Globalism을 추구하지 않으며, 미국의 전통적 패권 전략에 반하는 특징을 가졌다. 전통적인 패권의 논리로서 글로벌리즘은 미국의 국익과 국제 체제/사회의 이익이 조화된다는 '이익 조화'를 원칙으로 한다. 제2차 세계 대전 개입 이후 미국의 패권은 지구적 차원에서 지정학적 질서는 물론 자본주의 세계 체제를 관리하는 것을 핵심 과업으로 삼았고, 이를 위해서는 지구적 개입이 필수적이었다. 미국은 일방주의와 함께, 미국의 이념과 이익이 보편적이라는 '미국 예외주의' 명분에 따라 미국이 주도적으로 건설한 국제 제도와 규범에 의해서 타국의 주권을 제한하는 다자주의를 활용해왔다. 미국의 전통적 패권 전략을 떠받치는 핵심적 두 기둥은 동맹 체제와 자유무역 질서이지만, 트럼프 행정부는 이 두 가지 기둥에 모두 근본적 문제 제기를 하고 있다. 트럼프는 동맹도 거래의 대상으로 인식하면서 기존 미국 주도 동맹 체제가 미국에 손실을 안겼다고 생각하고 있다. 자유무역 질서의 규칙과 제도에 동의하지 않으며, 사실상 보호무역적 대외 경제 정책을 추구한다.

원칙 있는 현실주의는 안보 분야에서 동맹 강화가 아닌 미국 자신의 무력 증강으로 나타났으며, 주된 목적은 국제 평화보다는 미국의 안전에 초점이 맞추어져 있다. 한국, 일본, 나토 회원국 등 동맹국에 대해 안보 무임 승차를 하고 있다고 지속적으로 비판하면서 방위비 분담금 증액을 요구하고 있다. 미국의 2019년 회계연도 국방비는 전년 대비 13% 증액되었지만 해외 원조 예산은 오히려 23% 삭감되었다. 경제 분야에서 트럼프의 현실주의는 경제적 민족주의로 발현되고 있다. 기존 다자 무역협정에 회의적이며, 통상 압박을 통해 TPP 폐기, NAFTA를 대체하는 'USMCA' 체결(2018.

9.30), 한미 FTA 개정 합의(2018.9.25) 등 새로운 무역협정을 추진해 이익을 추구하는 방식으로 나타나고 있다. 또한 안보와 경제를 연계해 동맹국에 대해 미국 무기 수입을 촉구함으로써 2018년도 미국 무기 수출액이 2016년 대비 80% 증가했다.

오바마와 시진핑 시기 미국의 재균형 전략이 미중 관계를 결정하는 주요 요인이었다면, 트럼프와 시진핑 시기에는 미국 우선주의가 미중 관계 변화를 설명하는 핵심이다. 중국 시진핑 정부의 대외 정책은 큰 변화 없이 지속되어온 반면, 미국의 대외 정책은 오바마 정부와 트럼프 정부 사이에 매우 뚜렷한 변화를 보였으며, 따라서 미국의 대외 정책 변화가 미중 관계의 속성 변화를 야기했다고 볼 수 있다. 미국 트럼프 정부는 미국의 국익을 최우선시하면서 동맹국 안보는 동맹국 스스로가 책임을 지는 대외 전략을 표명하고 있다. 이와 같은 미국의 대외 전략 변화는 동북아 국제 질서의 구조적 변화를 가져올 가능성이 높으며 중국의 동북아 역내 영향력 확대와 패권 장악에 결정적인 영향을 미치는 핵심 변수가 될 수 있다.

트럼프의 미국 우선주의 정책은 중국의 맞대응과 더불어서 특히 경제 분야에서 미중 간 경쟁을 심화시키고 있어 양자 간 갈등은 무역 전쟁의 양상으로 전개되고 있다. 트럼프는 2016년 대통령 후보 시기부터 중국에 대한 강력한 통상 압박을 예고한 바 있으나, 양자 간 무역 전쟁은 미국이 대중국 고관세를 부과하고 중국의 보복적 맞대응이 본격화된 2018년 상반기부터 전개되었다. 미국은 2018년 4월 500억 달러 규모의 중국산 수입품에 대해 25%에 달하는 관세 부과 방침을 발표하고, 7월과 8월에 걸쳐 실행에 옮겼으며, 트럼프는 모든 중국산 수입품에 고관세를 부과할 수도 있다고 언급하면서 대중국 압박을 지속해오고 있다. 중국도 즉각적으로 동일한 규모의 미국산 수입품에 동일한 고관세를 부과하는 보복 조치를 이행함에 따라 미중 무역 전쟁이 심화되었다. 2018년 들어 미중 간 무역 분야를 중심으로 충돌이 본격화된 이유는 북핵 문제 및 미국의 국내 정치 상황과 관련되어 있다. 미국은 2017년 북핵 문제에 있어 대북 제재를 위해 중국의 협력이 필요했다. 그러나 2018년 상반기 북핵 문제가 대화 국면으로 전개됨에 따라 미국의 대중국 정책의 초점이 상대적으로 통상 압박으로 옮겨가게 되었다. 2018년 12월 1일 미중 정상회담에서 '90일 휴전'에 합의했지만, 양자 간 무역 갈등이 완전히 해소되었다고 보기 어렵고 향후 무역 전쟁이 재발되거나 더욱 악화될 가능성도 상존한다.

무역 문제 이외에 남중국해 문제, 타이완 문제도 미중 간 갈등의 이슈로 작용하고 있다. 2018년 3월 16일 트럼프의 타이완 여행법 서명과 미군의 남중국해 항행의 자유 작전 등의 조치에 중국이 반발하면서 갈등의 폭이 커지고 있다. 북핵 문제에 대해서는 미중 양국이 상대적으로 협력 기조를 유지하고는 있지만, 북한의 비핵화 행동에 따른 상응 조치와 대북 제재 완화 등에 대해서는 이견이 존재한다. 트럼프는 북중 정상회담 이후 중국의 대북 제재 협력과 관련해 우려를 제기한 바 있지만, 미중 양국은 대체로 유엔 안보리 대북 제재 준수에 관한 공조를 유지하고 있다.

트럼프와 시진핑 시기 미중 경쟁의 속성은 지역 패권보다 양자 관계에서 이익을 추구하는 것에 더욱 초점이 맞추어져 있다. 트럼프 정부는 양자 관계에서의 직접적·가시적 이득 확보에 우선적으로 초점을 맞추며, 동아시아 안보 분야에서는 북핵 문제 해결 그리고 경제 분야에서는 미중 간 무역 불균형 해소에 정책적 우선순위를 두고 있다. 결과적으로 글로벌리즘 혹은 미국의 전통적 패권 전략에 반하는 미국 우선주의는 미중 간 경쟁의 범위를 지역 질서 차원에서 양자 간 이익 차원으로 변화시키고 있다.

안보 분야에서 미국은 지역 차원에서 중국의 팽창을 견제하고 패권을 구축·방어하기 위해서는 한미 동맹, 미일 동맹, 한미일 삼각 안보 협력 강화가 필요하다. 전임 오바마 정부는 중국의 부상을 견제하고 아시아·태평양 지역에서 패권을 구축/방어하기 위해 재균형 전략을 추진하면서 동맹 강화를 적극적으로 추진했다. 그러나 현재 미국은 동맹 강화에만 주력하지 않고 있으며 대중국 정책의 초점도 북핵 문제 해결에 맞추어져 있다.

향후 트럼프 정부의 인도·태평양 전략이 오바마 시기의 재균형 전략처럼 미중 경쟁을 지역 질서 차원에서 심화시킬 가능성을 배제할 수 없지만, 아직까지 그러한 양상이 뚜렷하게 전개되지 않고 있다. 인도·태평양 전략의 취지는 과거 오바마 정부의 재균형 전략과 유사성을 가지고 있다. 그러나 이 전략을 통해 지역 차원에서 중국의 팽창을 견제하고 미국이 자신의 주도권/영향력을 강화하는 효과를 거두기 위해서는 미국이 동맹국들과 더불어 대중국 공동 전선을 구축하고 잠재적 협력 국가들의 지지를 얻기 위한 정책 수단을 적극적으로 사용해야 한다. 현재 트럼프 정부에서 그러한 방향의 정책 추진이 뚜렷하게 나타나지 않고 있으며, 오히려 기존 동맹 체제를 비판하고 동맹을 거래의 대상으로 인식하는 경향이 강하게 나타나고 있다.

경제 분야에서 미국은 자신이 주도하는 지역 경제 질서를 구축하는 데 관심을 갖기보다는 양자 관계, 특히 중국과의 관계에서 경제적 실익을 증대하는 데 주력하고 있다. 오바마는 중국의 아시아·태평양 지역에서의 경제적 영향력을 차단하기 위해 환태평양동반자협정TPP을 추진했지만, 트럼프는 TPP가 미국에 손실이 될 것이라 판단하고 대통령 취임 직후 폐기했다. 2018년 4월 미일 정상회담에서 일본 아베 총리가 TPP 복귀를 요청했지만, 트럼프 대통령은 거절하고 양자 무역협정 선호 입장을 뚜렷이 밝혔다. 미국이 주요 대미 무역 흑자국들에 공히 통상 압박을 가하는 가운데 중국에 특히 강한 압박을 가하는 가장 중요한 이유는 모든 국가 중에서 중국에 대한 무역 적자가 가장 크기 때문이다.* 반면 중국은 다자 제도 구축을 통한 지역적 영향력을 증대해나가고 있다. 중국은 AIIBAsian Infrastructure Investment Bank(아시아 인프라 투자 은행) 창설을 주도하고 아시아 국가들에 대한 경제적·정치적 영향력 확대를 추진하고 있는데, 이는 제2차 세계대전 이후 미국 패권의 기제로 기능해온 세계은행의 영향력을 잠식할 것으로 보인다.

미국이 미중 간 무역 분쟁을 북핵 문제와 연관시키는 경향이 부분적으로 나타나고 있다. 그러나 이 또한 지역 질서 주도권과는 크게 관련이 없고 북핵 협상과 미중 간 무역 협상에서 모두 우위를 점하려는 의도에 따른 것으로 볼 수 있다. 오바마 정부의 경우, 북핵 위협을 명분으로 활용해 중국 견제를 위한 사드THAAD 한반도 배치, 한미일 삼각 협력 강화 등 재균형 정책 강화에 주력했다. 반면 트럼프 정부는 북핵 위협을 중국 견제를 위한 동맹 강화로 연계하지 않으며 중국이 대북 관계를 지렛대로 삼아 미중 무역 협상에 임할 가능성에 우려를 제기하고 있다.

미중 경쟁이 주로 양자적 차원에서 전개되면서 동북아 국제 질서가 미중 관계의 종속변수에서 탈피하는 경향을 보이고 있다. 즉, 동북아 질서에 대한 미중 관계의 영향력이 상대적으로 약화되고 있다. 과거 오바마 행정부의 재균형 전략 추진과 중국의 맞대응은 한미일 대 중러(북)의 냉전적 질서를 복귀시키는 결과를 초래했다. 오바마 행정부 시기 미국 주도로 한미일 삼각 안보 협력이 강화되는 동안, 미중, 한중, 중일 간 갈등은 심화되었으나 상대적으로 중러 간 협력은 증진되었고 남북 간 긴장 상태는 지속되었다.

---

* 2017년 기준 미국의 대중국 무역 적자(3752억 달러)는 전체 무역 적자(5660억 달러)의 약 50%를 차지한다.

트럼프 행정부가 출범한 이후 미중 간 경쟁은 심화되었지만 과거처럼 한미일 대 (북)중러 대립 구도의 심화로 나타나고 있지는 않다. 트럼프 행정부는 중국과의 경쟁에서 한미 동맹 및 미일 동맹 강화, 한미일 삼각 협력 강화, 그리고 다자간 무역협정을 활용하기보다는 자신의 독자적 능력에 더욱 크게 의지하는 경향을 보이고 있다. 이에 따라 한국과 일본이 미국의 대중국 정책 혹은 동아시아 정책으로부터 상대적으로 자유로운 위치에 놓이게 되었다. 남북 관계와 한중 관계 및 중일 관계 등이 미중 관계의 영향에서 탈피하는 경향이 나타나고 있고 중일 관계의 새로운 모색, 북미 대화와 협상 등이 추진되고 있다.

동북아 질서에 대한 미중 관계의 규정력이 감소하면서 역내 국가들은 안보와 경제 등 개별 이슈 측면에서 자국 이익 증진에 초점을 맞추어 능동적으로 대외 정책을 추진하는 경향이 강해지게 되었다. 한국은 한반도의 평화와 번영을 목표로 남북 관계 개선을 적극적으로 추진하고, 오바마·시진핑 정부 시기 미중 경쟁에 따라 악화되었던 한중 관계를 복원했다. 미일 간에는 TPP 폐기 및 무역 문제를 둘러싸고 입장 차이가 뚜렷하게 드러나자 일본은 중국과 통화 교환 협정을 체결하고 자유무역을 위한 협력에 합의했다. 동북아 역내 국가는 아니지만, 중국과 남중국해 관련 분쟁중이며 미국의 동맹국인 필리핀도 과거 오바마 정부 시기 미국과 대중국 공동 전선을 펼쳤던 것과 달리 중국과의 협력을 상대적으로 강화해나가고 있다.*

---

* 2018년 11월 20일 필리핀 두테르테 대통령은 중국 시진핑 주석과의 정상회담에서 남중국해 자원 공동 개발에 합의했다.

5. G2 시대 한반도 미래를 위한 한국의 대응 전략

　미국과 중국 모두 자신의 안보 이익에 부합하고 자신의 영향력이 확보될 수 있는 한반도의 미래를 원할 것이다. 그러한 한반도의 미래가 아니라면 미국과 중국은 한반도의 현상 유지가 자신들의 이익에 부합한다고 판단할 가능성이 높다. 미국과 중국 모두 남한 주도 통일을 희망하지만, 통일의 과정과 결과가 자국의 안보를 해치거나, 영향력을 훼손한다면 현상 유지를 추구할 수 있다. 미국과 중국이 각각 남북 간 적대적 관계를 자신의 안보에 활용할 가능성이 존재하는 것이다. 미국은 일본과 더불어 한국을 자신의 대중국 견제를 위한 전진기지로 활용할 수 있고, 중국은 북한을 대미 세력 균형을 위해 활용할 가능성이 있다. 현 한반도 분단 상황의 현상 유지가 미국 및 중국의 상호 견제 전략에 부합하는 동안 한국의 지상 과제인 북핵 문제 해결, 한반도 평화 체제 수립 및 통일은 달성되기 쉽지 않은 과제이다.

　그렇다고 현 미중 관계가 한반도 미래에 비관적이라는 결정론적 사고에 사로잡혀서는 안 된다. 동북아 불안정의 근본 원인인 미중 간 갈등은 힘의 분포 변화라는 구조적 요인에 의한 것이므로, 남북 관계의 변화가 미중 관계에 중요한 변화를 야기하기는 쉽지 않다. 그러나 남북 관계의 획기적인 개선과 되돌릴 수 없는 관계 지속은 미중 간 갈등의 근본적 해소는 아닐지라도 갈등의 증폭을 억제하거나 또는 갈등 완화에 기여할 수 있을 것이다. 좀 더 장기적으로, 한반도 평화 체제의 수립은 한반도 동맹 구조의 근본적 변화 또는 해소로 이어질 수 있으며, 이러한 변화의 과정은 미국과 중국의 경쟁을 완화하고 한반도 및 동북아 평화에 기여할 수 있다. 남북 관계가 개선되지 않는다면 한반도의 미래는 영원히 미중 관계의 종속변수로 남겨질 가능성이 크다.

미중 경쟁을 한국이 능동적인 대외 정책을 추진할 수 있는 기회로 만들어나가야 한다. 과거에는 미국의 전략이 한미 동맹의 이름으로 한국의 대외 정책에 투영되었다. 오바마 행정부 시기까지만 하더라도 미중 경쟁이 한국에 양자택일을 강요하는 결과를 초래했다. 2013년 12월 바이든 미 부통령은 박근혜 대통령과의 면담에서 한국이 중국 쪽이 아닌 미국 편에 설 것을 요구했다. 사드의 실효성에 대한 논란 그리고 중국의 강력한 반대 및 보복 조치가 예상되었지만, 한국은 북핵 위협과 한미 동맹 강화를 명분으로 사드 배치를 결정했다. 일본과의 위안부 문제 합의에도 역시 한미일 삼각 협력을 적극적으로 추진하는 미국의 입김이 작용했다.

트럼프 행정부 출범 이후에는 미중 경쟁의 심화에도 불구하고 오히려 한국 외교 정책의 대미 자율성이 증대되었다. 미중 경쟁이 한국에게 양자택일을 강제하는 상황이 뚜렷하게 나타나지 않고 있다. 한국은 사드 문제로 악화된 한중 관계를 개선하기 위해 2017년 중국과 3불 정책(사드를 추가 배치하지 않음, 한미일 군사동맹을 추진하지 않음, 미국의 MD 체계에 참여하지 않음)에 합의했다. 또 한국은 2018년 11월 21일 일본과의 위안부 문제 합의를 사실상 폐기하고 한일 정부 간 위안부 문제 합의에 의해 설립된 '화해·치유 재단'의 해산을 결정했다.

미중 경쟁이 이제 더 이상 남북 관계에 중요한 변수가 되지 못하도록 하기 위해서는 능동적이고 적극적인 남북 관계 개선 정책을 통해 북핵 문제 해결과 북미 관계 개선을 촉진해나가야 한다. 미중 경쟁이 심화되는 과정이지만, 한국은 남북 관계 개선, 북미 관계 개선, 한반도 비핵화와 평화체제를 위해 매우 능동적이며 적극적인 역할을 수행해나가고 있다. 2017년 11월 29일 북한이 대륙간탄도미사일ICBM인 화성-15형을 발사하고 핵 무력 완성을 선포함으로써 한반도 위기는 최고조에 이르렀다. 한반도 위기를 돌파하기 위한 한국의 해법은 한미 연합 군사훈련 연기 제안과 평화 올림픽 실현을 통한 한반도 긴장 완화와 남북 관계 개선이었다.

현재의 남북 관계 개선과 한반도 평화 프로세스 진전의 중요한 계기가 된 평창 '평화' 올림픽은 문재인 대통령의 한미 연합 군사훈련 연기 제안으로부터 시작되었다. 평창 올림픽 이후 2018년 3월 5일 대북 특사 파견 및 3월 8일 대미 특사 파견으로 한국이 한반도 평화 과정을 주도하면서 북한의 체제 안전 보장 조건 비핵화 의지 표명, 남북 정상회담 및 북미 정상회담 개최 합의를 이끌어냈다. 4·27 판문점 선언을 통해 남북 관계의 전면적이고 획기적인 발전을 도모하고 한반도 평화 체제 구축과 완전한 비핵화 추진에 합의했다. 북미 정상회담이 취소 위기에 봉착했을 때에도 남북 정상회담(5월 26일)을 통해 한반도 정세가 다시 과거로 되돌려지는 것을 막고 역사상 첫 싱가포르 북미 정상회담(6월 12일)이 가능하도록 만들었다. 북미 협상이 교착 상태에 놓인 상황에서 평양 남북 정상회담(9월 19일)을 통해 제2차 북미 정상회담 개최에 대한 가능성을 열어놓았다.

이와 같은 과정은 미중 간 경쟁이 심화되는 동안 전개되었다는 점에서 결과적으로 미중 경쟁이 이제는 더 이상 남북 관계와 한반도 평화 프로세스 추진의 장애물이 되지 않는다고 볼 수 있다. 트럼프와 시진핑 시기 한반도 정세에 관한 한 가지 중요한 평가는 한반도 문제가 미중 관계의 종속변수에서 탈피했다는 것이다. 이는 트럼프 행정부 출범 이후 미중 관계의 변화라는 외부적 요인과 문재인 정부 출범 이후 한국 정부의 능동적 대외·대북 정책 추진이라는 내부적 요인이 동시에 작용한 결과라고 볼 수 있다.

향후 미중 관계는 전반적으로 경쟁이 심화되는 방향으로 전개되는 가운데 사안별 혹은 부분적으로 타협과 협력의 가능성이 존재한다. 트럼프 행정부는 2017년 12월 발표한 국가 안보 전략 보고서에서 대외 정책의 핵심 기조로서 미국 우선주의의 지속적인 추진에 대한 강조와 더불어 중국과 러시아를 미국에 도전하는 경쟁자로 규정한 바 있다. 2018년 미중 경쟁을 촉진한 트럼프 행정부의 미국 우선주의 정책은 당분간 지속될 것으로 전망된다. 지금까지 트럼프의 대외 정책 추진 방향은 대체로 2016년 대통령 선거 시기 강조했던 미국 우선주의 노선에서 크게 벗어나지 않았다는 점에서 앞으로도 미국 우선주의는 트럼프 시기 미국의 대외 정책을 규정할 것으로 예상된다.

중국은 미국의 대중국 무역 적자 규모와 연관해 미국 우선주의 대외 정책의 주요 표적이 될 것이라는 점에서 미중 관계는 경쟁을 중심으로 전개될 것이다. 단 경쟁의 초점은 지역 질서 주도권보다는 양자 관계에서의 이익 추구에 치중할 것으로 보인다. 무역 불균형, 남중국해, 타이완 문제 등이 양자 간 경쟁과 갈등을 촉진하는 요인으로 작용할 수 있으며, 특히 무역 등 경제 문제는 미중 관계의 가장 핵심적 쟁점이 될 것으로 전망된다. 트럼프 대통령의 임기 중 대중국 통상 압박은 지속될 가능성이 높으며, 중국은 타협을 하면서도 미국에 굴복하지는 않을 것이다. 미중 간 부분적 타협이 이루어지고 경제적 갈등이 일시적으로 완화될 수 있지만, 타협 이후 미국이 새로운 통상 압박을 재개하고 중국이 맞대응하는 과정이 반복될 가능성이 높다. 미국은 남중국해 항행의 자유를 지속적으로 추구할 것이며, 타이완 문제를 무역 협상을 위한 수단으로 사용할 가능성이 있다.

미중 관계의 다양한 이슈 중에서 한반도 비핵화와 평화 체제 수립은 양자 간 경쟁과 갈등보다는 협력을 더욱 촉진시키는 요인으로 작용할 수 있다(경남대학교 극동문제연구소, 2018). 미국 트럼프 정부와 중국 시진핑 정부는 한반도 비핵화라는 목표를 공유하고 있고, 한반도 비핵화가 평화 체제 수립을 요구한다는 점을 인식하고 있으며, 이러한 공유된 인식이 양자 간 협력을 촉진할 수 있다. 미국은 대북 제재의 틀을 유지하는 것이 북한의 비핵화를 위해 중요한 관건이라고 인식하며, 대북 제재 유지에 중국의 협력이 필수적이라고 인식하고 있다. 향후 평화협정 체결 협상과 대북 제재 해제 문제 등과 같은 세부적 사안에 대해서는 미중 간 이견과 갈등이 유발될 가능성도 있다. 그러나 상호 이익 차원에서 타협의 가능성이 높으며 북핵 문제에 관한 양자 간 협력 기조 자체가 깨지지는 않을 것으로 전망된다.

중요한 것은 미중 경쟁이 남북 관계와 한반도 평화 프로세스 진전의 장애물이 되지 않도록 한국의 노력이 필요하다는 것이다. 미중 경쟁이 한반도 평화 프로세스의 진전을 제약할 가능성이 높지 않을 것이라고 단정하기는 어렵다. 미국은 중국이 무역 분쟁에서 유리한 위치를 차지하기 위해 북중 관계 혹은 북핵 문제를 지렛대로 삼을 것을 우려하고 있어 미중 관계 속에 북핵 문제와 한반도 문제가 수단으로 전락할 여지는 언제든지 있다. 미중 무역 전쟁이 남중국해 문제 및 타이완 문제와 연동되면서 더욱 격화되고 미국이 대중국 견제/포위를 위한 인도·태평양 전략을 본격화한다면 미중 경쟁이 지역 패권 차원의 경쟁으로 비화되면서 남북관계와 한반도 문제에 부정적인 영향을 미칠 가능성을 배제할 수 없다.

국제 구조 변동의 시기 한국이 직면한 외교 안보적 어려움은 미중 관계와 남북 관계의 복합적 대립에 기인한다. 미중 경쟁이 심화되고 있는 상황에서 남북 관계와 한반도 평화가 미중 경쟁에 의해 희생되는 일이 없어야 한다. 향후 남북 관계가 비핵화 및 미국 등 국제사회 변수에 얼마나 자유롭고 오히려 중요한 독립적 변수로 작용할 것인지에 따라 불확실한 미중 관계와 동북아의 질서 변화 속에서 한반도의 미래가 결정될 것이다. 한국은 지금까지의 관성적인 한미 동맹 우선주의가 아닌 건강한 한미 동맹을 바탕으로 균형적이며 동시에 유연한 지역 전략을 추진해나가야 할 것이다. 어느 한쪽의 안보 전략에 경사되지 않는 균형 혹은 중립적 외교를 통해 미중 간 갈등이 증폭되는 것을 억지하고, 한반도의 안보와 평화로운 미래를 도모해야 한다.

무엇보다 북한의 비핵화 조치, 한반도 평화 체제 구축을 위한 다자간 협상, 대북 제재 완화 등 한반도 문제와 관련해 북·미·중과의 협상에 한국의 적극적이고 폭넓은 역할이 필요할 때이다. 북한의 비핵화와 이에 대한 미국의 상응 조치를 위한 북미 협상의 가교로서 '중재자이자 수석 협상가'가 되어야 한다. 남북 간 군사 합의 이행을 앞세워 되돌릴 수 없는 남북 관계의 획기적인 진전을 통해 비핵화와 북미 관계 진전의 '촉진자' 역할이 중요하다. 나아가 뛰어난 외교력을 바탕으로 한반도 비핵 평화와 동북아 평화 번영을 이끌 '견인자'가 되어야 하며 북한의 비핵화와 이에 대한 미국/국제 사회의 상응 조치의 이행을 확실히 하고 한반도 평화 체제가 유지될 수 있게끔 '보장자'의 역할을 해나가야 할 것이다.

참고문헌

경남대학교 극동문제연구소. 2018. 『한반도 정세: 2018년 평가 및 2019년 전망』. 극동문제
    연구소.

김동성. 2018. 『미중 패권 경쟁과 한국의 대응전략』. 경기연구원.

박건영. 2013. 「오바마의 주판과 긴 파장?: 재균형과 한반도에 대한 함의」. ≪한국과 국제
    정치≫, 29권 3호, 1~47쪽.

박창희. 2013. 「중국의 군사력 증강 평가와 우리의 대응방향」. ≪전략연구≫, 57호,
    237~270쪽.

보그, 칼. 1992. 『다시 그람시에게로』. 강문구 옮김. 한울.

앨리슨, 그레이엄. 2018. 『예정된 전쟁』. 정혜윤 옮김. 세종서적.

오기평 편저. 2000. 『21세기 미국패권과 국제질서』. 오름.

임혁백. 2014. 『한반도와 동아시아의 안보와 평화: 불가능주의에서 가능주의로』. 한울.

케네디, 폴. 1989. 『강대국의 흥망』. 이일수 옮김. 한국경제신문사.

투키디데스. 2011. 『펠로폰네소스 전쟁사』. 천병희 옮김. 숲.

황재호. 2014. 「시진핑 시대 중국의 군사력 평가와 전망」. ≪전략연구≫, 62호, 5~33쪽.

Art, Robert J. 2010. "The United States and the Rise of China: Implications for the Long Haul."
    Political Science Quarterly, Vol. 125, pp. 359~391.

Cox, Robert W. 1983. "Gramsci, Hegemony and International Relation: An Essay."
    Millennium-Journal of International Studies, Vol. 12, No. 2, pp. 167~175.

Gilpin, Robert. 1981. *War and Change in World Politics*. New York: Cambridge University Press.

Kennedy, Paul. 1987. *The Rise and Fall of Great Powers*. New York: Random House.

Kindleberger, Charles P. 1986. "International Public Goods without International Government."
    American Economic Review, 76-1, pp. 1~13.

Krasner, Stephen. 1983. *International Regimes*. Ithaca: Cornell University Press.

Layne, Christopher. 2012. "This Time It's Real: The End of Unipolarity and the Pax Americana."

International Studies Quarterly, 56-1, pp.203~213.

Levy, Jack S. 1992. "The Causes of War: Contending Theories." in Charles W. Kegley Jr. and Eugene R. Wittkopf ed. *The Global Agenda: Issues and Perspectives*. New York: McGraw-Hill, pp. 69~70.

Mearsheimer, John J. 2010. "The Gathering Storm: China's Challenge to US Power in Asia." *The Chinese Journal of International Politics*, Vol.3.

Nye, Joseph S. 1990. "Soft Power." *Foreign Policy*, No.80, pp.153~171.

_____. 2012. "The Twenty-First Century Will Not Be a "Post-American" World." *International Studies Quarterly*, 56-1, pp.215~217.

Organski, A. F. K. and Kugler, Jacek. 1980. *The War Ledger*. Chicago: University of Chicago Press.

Waltz, Kenneth N. 1979. *Theory of International Politics*. New York: McGraw-Hill.

한반도 평화와
동북아 경제 공동체

조재욱
경남대학교 정치외교학과 교수

1. 머리말

상호 반목과 대립, 전쟁과 수탈의 역사로 점철된 동북아 지역에서 새로운 공동체가 탄생된다는 것은 분명히 반가운 일이다. 그러나 동북아 공동체 구상은 그 매력만큼이나 불확실성과 많은 문제점을 내포하고 있다. 논의의 급속한 팽창과는 대조적으로 동북아 공동체에 대한 열망은 점점 식어가고 있는 게 오늘날 현실이며 비관론이 지배적이다. 제2차 세계대전 이후 전쟁의 상처를 치유하며 다자간 안보 협력 질서의 발전을 도모해온 유럽과는 달리, 동북아 지역의 경우 냉전의 유산을 완전히 걷어내지 못하고 있으며, 역내 국가들 간에 식민 지배와 부정적 유산이 여전히 강하게 남아 있다. 동북아는 국민국가 중심의 발전주의, 부국강병적 지향이 매우 강력한 지역이어서 공동체론 자체가 국가주의적 논리에 포섭될 우려도 적지 않다(조재욱, 2009: 13~14). 같은 맥락에서 최근에는 동북아 질서 재편을 둘러싸고 역내뿐만 아니라 역외 국가들까지 가세하고 있으며, 이들 간의 패권 경쟁은 날이 갈수록 격화되고 있다.

동북아 지역의 갈등과 불신의 또 다른 진원지인 한반도는 북한 문제로 인해 오랫동안 긴장 국면을 맞이하고 있다. 다행히 문재인 정부 들어 어느 정도 긴장 완화가 이루어지고 대화 국면으로 전환되고 있지만, 한반도에 평화와 안정을 정착시키기 위해서는 넘어야 할 과제가 산적하다. 한반도 분단 상황이 70년 넘게 지속되어온 것은 남북한 당사국의 책임이 제일 크지만 복잡한 국제 관계의 영향이 동시에 작용한 탓도 크다. 독일 통일 과정에서 알 수 있듯이 한반도 통일 문제에 있어서도 한반도 주변 4강의 지지와 협력이 절대적으로 필요할 것이라는 점은 새삼 언급할 필요가 없다. 이미 이를 잘 아는 우리 정부는 해결 방안으로 동북아 지역의 공동 번영과 협력

체제 구축을 통일 정책에 반영시킨 바 있었다(김도태, 2007: 130).

정도와 범위의 차이는 있을지언정 역대 정부들은 각기 나름의 동북아 협력 구상을 내놓았다. 민주화 이후만 보더라도 노태우 정부에서는 동북아 평화협의회를, 김영삼 정부에서는 동북아 다자 안보 대화를, 김대중 정부에서는 동북아 6자평화협의회를, 노무현 정부에서는 평화와 번영의 동북아 시대 구상을, 이명박 정부에서는 신아시아 구상을, 박근혜 정부에서는 동북아 평화 협력 구상과 유라시아 이니셔티브를 내세웠다. 현재 문재인 정부에서도 '철도'라는 구체적인 매개체를 통해 동북아 플러스 책임 공동체를 국정 과제로 삼고 한반도 종단철도 연결 사업 등 남북 경협 관련 정책을 추진하고 있다.*

동북아 공동체는 상생과 공영의 동북아 시대를 열어가기 위해 반드시 필요하다. 그리고 동북아 공동체 진행 과정 속에 정치적 안정이 도모되고, 경제적 협력이 지속적으로 증대된다면 한반도의 평화와 통일은 '현실성'으로 시야에 들어올 수 있다. 그렇지 않다면 동북아는 전통적인 방식의 동맹 구조 또는 강대국 중심의 분할 구조에서 헤어날 수 없다(김종욱, 2011: 187). 이와 관련해 긍정적인 측면은 한중일 3국 정상 회의 같은 협력 협의체가 존재한다는 것이며, 한중일 3국은 이 회의를 통해 공동의 번영을 도모하고 있다는 것이다. 물론 이 회의가 동북아 공동체를 위한 실질적인 협의체로 성장하기에는 아직 많은 문제점을 수반하고 있는 것이 사실이지만, 격랑의 동북아 정세를 감안하면 3국 정상 차원의 논의 기구 가동은 그 자체로 중요한

---

* 문재인 대통령이 2018년(제73주년) 광복절 경축사에서 동북아 6개국과 미국이 함께하는 '동아시아 철도 공동체'를 제안했다. 문 대통령은 "이 공동체는 우리의 경제 지평을 북방 대륙까지 넓히고 동북아 상생 번영의 대동맥이 되어 동아시아 에너지 공동체와 경제 공동체로 이어질 것이고 동북아 다자평화안보 체제로 가는 출발점이 될 것"이라고 밝혔다.

의미를 띤다.

이러한 관점에서, 이 장은 첫째, 동북아가 주목을 받는 배경을 정치 및 경제적 측면에서 살펴볼 것이며, 둘째, 동북아 공동체와 한반도 통일의 연관성을 상호 간 해결 방법의 차원에서 논의할 것이다. 셋째, 동북아 공동체가 난항을 겪는 원인을 제도적 기반 문제, 경제협력 문제, 역내 강국들의 리더십 한계 등을 중심으로 살펴볼 것이며, 끝으로 맺음말을 대신해 동북아 공동체 진전을 위한 우리 정부의 과제가 무엇인지를 검토할 것이다.

2. 왜 동북아 지역을 주목하는가

전문가들이 제시하는 동북아에 대한 정의는 다양하다. 지리적 구분이 명확하지 않으며, 설사 지리적 기준을 정하더라도 정치·경제·문화 등의 관점에서 특정한 관계, 목적 그리고 의지 등을 가지고 지역을 바라보는 기능주의적 시각도 존재한다. 동북아의 또 다른 이름으로 동아시아를 사용하기도 한다. 동아시아에서 동북아의 위상과 영향력을 감안할 때 동북아를 '동아시아에 포함한 동북아'라기보다 '동아시아를 대표하는 동북아'라는 관념이 강한 것이 사실이다(심원필, 2012: 383~384). 실제 동북아가 없는 동아시아 경제 공동체는 무의미하다. 동북아가 포함이 되어야만 동아시아 경제 규모와 성장 가능성을 충분히 살릴 수 있다.

한편, 동북아 안보는 동아시아 전체의 안정과 평화에 결정적인 영향을 미친다. 정치적으로 강대국 모두 동북아에 위치해 있고, 미중, 중일, 남북한 등 동아시아 지역뿐만 아니라 전 세계 정세에 영향을 줄 수 있는 갈등 관계가 동북아 내부적으로 또는 동북아를 둘러싸고 진행되어왔기 때문이다(신윤환, 2008: 337).

　이처럼 동북아에 대한 합의된 개념을 도출하기란 쉽지 않다. 그럼에도 불구하고 동북아는 보편적으로 한국, 중국, 일본이 핵심이 되어 논의되며 여기에 북한, 몽골 등이 포함된다. 나아가 동북아 지역 현안을 논할 때는 역외 국가이지만 이 지역의 이해 상관자인 미국, 러시아를 포함시키기도 한다.

　특히 동북아는 냉전 이후 전 세계 다른 어떤 지역보다 주목을 받고 있다. 동북아는 갈등과 분쟁이 지속적으로 이어질 가능성이 높은 곳이다. 한중일 간에는 역사 및 영토 문제가 더욱 격화되고 있으며, 한반도에서 북한 문제는 동북아 안정과 평화에 부정적 영향을 끼친다. 더욱이 북한 문제는 한반도 주변 강국들의 이해관계가 복잡하게 맞물려 있어 고등 방정식을 푸는 다차원적인 접근이 요구된다.

　동북아에서 내적 긴장감이 감도는 것은 무엇보다도 급부상한 '중국' 때문이다. 중국은 무역 규모 면에서 세계 2위로 성장했으며, 이러한 급격한 경제성장 속에서 군사 강국으로 거듭나고 있다. 일부 학자들은 가까운 미래 내에 세력 전이 현상을 조심스럽게 예측하기도 한다. 중국의 부상에 대해 가장 민감한 반응을 보이는 국가는 미국과 일본이다. 그 결과 미국은 동북아를 군사·안보 및 정치·경제적 이해관계 측면에서 핵심 지역으로 간주하고 냉전 시기보다 더 깊게 관여하고 있다. 일본 역시 집단적 자위권 허용, 국가 안전 보장 회의 창설 등 제도적 정비를 통해 중국에 대한 견제 정책을 본격적으로 추진하기 시작했다. 그리고 미일 양국은 안보 동맹의 강화 속에 타 국가들과의 동맹 인프라를 구축하기 위한 다각적인 노력을 시도하고 있으며, 이를 통해 중국을 견제하려 한다. 또한 미일 양국은 지역 경제 질서 재편을 주도하기 위한 노력도 병행하고 있다. 여기에 맞서 중국 역시 공세적 외교 행보를 보이고 있으며, 러시아도 과거의 위상을 회복하고 나아가 동북아 지역의 세력 균형 관계를 자국에 유리한 방향으로 이끌려고 역내 질서 재편 과정에 적극적으로 관여하고 있다.

그렇다고 해서 동북아는 갈등의 정치만을 양산하고 있는 곳은 아니다. 협력의 기회가 공존하고 있는 곳이기도 하다. 오늘날 동북아는 세계경제의 중요한 축으로 자리를 잡고 있으며, 이 지역의 글로벌 영향력은 날로 증대되고 있는 것이 사실이다. 우리가 속한 동북아에는 13억 인구의 거대 시장이자 세계의 공장으로 급부상하고 있는 중국과 최고의 기술력을 바탕으로 제조업 강국으로서의 지위를 유지하고 있는 일본이 있다. 또한 북한을 포함하는 한반도는 대륙 세력과 해양 세력을 잇는 관문의 역할을 수행하는 지경학적 특성을 갖고 있어, 이를 잘 활용한다면 무한한 역량을 발휘할 수 있다(김양희, 2004: 67). 이러한 기회를 잘 살린다면 동북아는 다른 어떤 지역보다 발전 가능성이 무한히 높은 곳이다.

동북아는 통합에 대한 구조적 압력이 드센 곳이다. 이는 다름 아닌 앞서 제기된 갈등과 대립의 정치를 종식시키고, 경제적 유대를 강화하기 위한 목적 때문이다. 오래전부터 전문가들 사이에서는 '공동체' 담론이 꾸준하게 제기되고 있는 실정이며, 그에 따라 '인식 공동체'가 이미 형성되고 있다고 보는 전문가들도 없지 않다. 역내 일부 정치 지도자들도 동북아, 동아시아라는 범주의 차이를 보이고 있지만 통합과 공동체에 깊은 관심을 표명하고 있다(이수훈, 2013: 54).

3. 동북아 공동체와 한반도의 상호 연관성

기본적으로 통합 이론은 국제사회에서 각국의 분쟁을 평화적인 방법으로 해결하는 동시에, 서로 협력해 함께 잘살 수 있는 제도나 체계를 자발적으로 만들자는 인식에서 출발했다.* 동북아는 분열과 대립이 일상화된 지는 오래되었으며, 시간이 흐를수록 더 격한 모습을 보이고 있다. 아직까지 냉전의 유산이 지속되고 있고, 식민 지배의 부정적 유산이 여전히 강하게 남아 있다. 무엇보다도 국가주의적 논리가 강하게 지배하는 곳이며, 이와 관련해 패권 대결의 수위가 갈수록 높아지고 있다. 따라서 많은 전문가들은 대립의 갈등을 종식시키고 상호 공존의 장을 열기 위해 유럽처럼 지역공동체가 필요하다고 본다.

이처럼 동북아 공동체는 유사한 시도를 앞서서 실천하고 있는 유럽연합EU의 경험을 중요한 역사적 진전으로 평가하면서 21세기 동북아 지역의 평화와 번영을 지향하는 시각이 바탕에 깔려 있다.** 동북아는 세계경제가 가져오는 기회와 위험에 슬기롭게 대처하기 위해 '경제 공동체'를, 분쟁과 갈등을 해소하고 전쟁의 위험을 없애는 '평화 공동체'를, 그리고 반목과 오해의 역사를 극복하는 새로운 '역사 인식·문화 공동체'를 구축하는 것이 매우 중요하다(조재욱, 2009: 12~13).

동북아 공동체는 한반도를 비롯해 역내 안보 위협을 원천적으로 제거하고 평화를 확보할 수 있는 기회를 제공한다. 공동체 형성 과정 중 각각의 이해관계에 의해 불협화음이 생길 수 있으나, 다른 한편으로는 그것이 조율될 수 있는 소통의 장이 마련될 수 있다. 또한 유럽 공동체 형성 과정에

---

* 대표적인 학자들로는 미트라니, 하스, 도이치, 린드버거 등을 들 수 있다(Mitrany 1966; Hass 1958; Deutsch 1957; Lindberg, 1963).

** 김대중 대통령은 ≪아사이 신문≫과의 회견에서 한중일이 나아가야 할 목표는 '아시아의 유럽연합'이라 밝힌 바 있으며(≪朝日新聞≫, 2006.4.25), 문재인 대통령도 제73회 광복절 경축사에서 유럽의 석탄 철강 공동체 창설이 EU의 모체가 된 것을 언급하면서 동북아 철도 공동체의 필요성을 강조했다.

서 '독일 문제'는 해결되었고, 서독은 유럽 통합을 향한 일관된 노력의 결과 마침내 통일을 이룰 수 있었다. 이처럼 유럽 공동체가 독일 통일을 품는 거시적 틀의 역할을 했다는 것을 볼 때 동북아 공동체는 한반도 통일의 밑거름 역할을 충분히 할 수 있다. 동북아 공동체 형성을 위한 동북아 국가들과의 협력 관계 강화는 동북아 지역의 안정과 평화를 가져올 것이며, 이러한 평화적 분위기는 남북 관계에도 긍정적으로 작용해 한반도 통일에 유리한 환경을 조성하게 될 가능성이 높다. 동북아 통합 과정 속에 남북 교류가 활성화되면서 남북한 관계 개선, 한반도 정치·군사적 안정 및 통일 기반 조성의 효과를 거둘 수 있기 때문이다(손기웅 외, 2012).

한편, 한반도는 동북아의 역사와 현실이 집약적으로 각인되어 있는 곳이다. 이는 한국이 중국이나 일본과는 달리 동아시아보다 동북아에 더 집착하는 이유이기도 하다. 동북아는 대륙 세력과 해양 세력이 만나는 접점이라는 지정학적 특성으로 인해 초강대국들의 이해관계가 끊임없이 충돌해온 지역이다. 특히 한반도는 이 두 세력 간의 접점 한가운데에 놓여 있다. 미국, 중국, 일본, 러시아 등 한반도 주변 4강은 동북아에서 자신들의 영향력을 확대하기 위해 서로 경쟁을 해왔고, 이 과정에서 동북아 한복판에 위치한 한반도는 지역 세력 간의 첨예한 대립 구도의 장이 되었다. 한반도에서 지역 세력 간의 대결 구도는 냉전 체제보다 그 역사가 오래된 것으로 19세기와 20세기 초 이미 두 차례(청일전쟁, 러일전쟁)나 열강들 간 무력 충돌의 무대가 되었고, 그 결과로 한반도는 식민지의 경험까지 하게 되었다. 1945년 해방 이후 미·소라는 두 역외 세력의 대립에서 전화되었던 지역적 갈등 구도는 한반도를 분단과 전쟁으로 몰아갔다. 냉전 체제의 세계적 갈등 구도가 해체된 지금도 여전히 한반도는 그 대립의 유산이 지배하고 있는 땅이다. 갈등의 동북아 역사 속에 가장 큰 피해를 입은 곳이 바로 한반도인 것이다(홍용표, 2002: 274; 김양희, 2004: 7).

이러한 역사의 흐름은 현재에도 이어지고 있다. 지지 세력 강화 및 확장을 꿈꾸는 중국, 패권 유지와 영향력을 지속시키려는 미국, 경제력에 걸맞게 정치적 지위를 확보하려는 일본, 과거의 위상을 되찾고자 하는 러시아 등이 치열한 경쟁과 대립을 하고 있으며, 그 결과 현재에도 반목과 대립은 끊이지 않고 있다. 한반도 주변 4강들 간의 복잡한 역학 구도는 중견 국가인 한국에게 큰 부담이 될 수밖에 없다. 특히 북한 문제로 인해 한반도에서 그들의 대립은 재현되고 있으며, 더욱이 미중 간의 경쟁 심화는 우리 정부에게 큰 부담이 되고 있다.

이와 같이 한반도의 분단은 한반도만의 문제가 아니며 오랜 역사를 가진 동북아 대결 구도의 일부이고, 그것에 의해 규정받아왔다. 따라서 우리의 통일 문제는 남북한 당사자가 해결해야 한다는 당위성에도 불구하고 남북한 당사자들의 의지만으로 해결하기 어려운 복잡한 문제들이 많다. 강대국들이 밀접해 있는 동북아에서의 권력 정치는 한반도의 평화와 통일에 악영향을 미칠 뿐만 아니라 남북한의 정치·외교적 자율성의 범주를 좁게 만드는 역할을 할 가능성이 매우 높다(고유환, 2003: 362).

이런 맥락에서 보면 동북아 공동체와 한반도의 통일은 외형상 별개의 문제로 보이지만, 해결 방법의 차원에서 볼 때 서로 밀접한 연관성을 갖고 있다. 동북아에서 역내 국가 간 불협화음의 지속은 결국 한반도 통일을 표류시킬 가능성이 높다. 강대국들로 구성된 동북아 질서에서 한국은 중소 국가에 불과하다. 앞에서 서술했듯이, 현재 동북아는 글로벌 차원뿐만 아니라 지역 차원에서 '극심한 세력 경쟁'이 존재하는 복잡한 지역이다. 특히 역사적으로 이 지역에서 강대국 간의 힘의 정치 구도가 노골화되었을 때 한반도가 극심한 전화(戰禍) 및 주권 침해를 당했던 경험을 감안한다면 남북 관계의 개선 및 통일은 동북아 국가들의 평화와 협력 분위기가 조성될 때 비로소 원활하게 이루어질 가능성이 높다(조재욱, 2015a: 213). 이러한 상황에서 동북아 국가들이 서로 협력해 지역 공동체를 건설해나간다면, 우리에게는 매우 유리한 상황이 전개될 수 있다. 또한 이러한 상황은 남북한 통일을 위한 국제적 환경의 조성에도 크게 기여할 수 있다(정진영, 2003: 4). 남북한 간의 정전 체제가 영구적인 평화 체제로 전환되기 위해서는 동북아 공동체가 필요조건이다.

동북아 공동체의 완성도를 높이기 위해서는 한반도에서 평화 공영 체제가 선행되어야 한다. 한반도에서의 대립과 긴장은 동북아 정세에 여러 가지 대립과 긴장의 요인을 제공한다. 지금까지 남북한 문제는 남북한 혹은 북미 간의 양자적 현안으로 인식되어온 경향이 짙다. 그러나 한반도의 긴장 완화와 영구적 평화 조성이 동북아의 정치적 안정과 경제성장에 밀접히 연관되어 있다는 것을 고려할 때 이의 실현을 위한 국제 협력은 비단 남북한 혹은 북미 간의 국한이 아닌 동북아 전체의 현안인 것이다(김양희, 2004: 7). 이렇듯 한반도에 평화가 정착되기 위해서는 남북한 당사자들 간의 노력이 먼저 선행되어야 하지만, 이와 함께 동북아에 남아 있는 역사적·이념적 갈등이 해소되고 새로운 협력의 질서가 만들어져야 한다.

이상에서 살펴본 것처럼 동북아 공동체는 한반도의 '지정학적 특성'으로 인해 고난의 역사를 강요당했던 우리가, 이제는 발상의 전환을 통해 동북아의 관문이라는 '지정학적, 지경학적 특성'을 최대한 활용해 미래 세대들에게는 전쟁과 빈곤이 아닌 평화와 번영을 물려주어야 한다는 역사적 사명감에서 출발한 것이다. 우리 정부의 철저한 준비 여부에 따라 한반도는 패권 경쟁의 무대가 될 수 있거나 또는 대륙과 해양을 연결하는 관문이자 네트워크의 거점으로서 동북아 공동체를 선도적으로 이끌 수도 있다.

이런 점을 고려할 때 남북한의 경제 교류와 협력은 동북아 공동체를 구축하는 핵심적인 독립변수이자, 동시에 동북아 공동체 형성에 직접적인 영향을 받는 종속변수이기도 하다. 따라서 북한을 둘러싼 한반도 주변 국가들의 이해관계는 서로 다르지만, 북한이 개혁·개방을 통해 변화하고 남한과의 경제협력을 지속적으로 강화한다면, 이들 국가들에게서 상당한 이해관계의 최대공약수를 이끌어내는 것과 동시에 궁극적으로 동북아의 평화와 번영에도 기여할 수 있다(이동윤, 2008: 127).

이상의 논의를 종합해보면 한국의 미래 비전과 한반도의 통일 가능성을 높이기 위해서는 동북아 공동체의 심화와 실천이 중요하다. 그리고 역으로 동북아 공동체의 완성을 높이기 위해서는 궁극적으로 한반도의 통일이 이루어져야만 한다. 따라서 동북아 공동체와 한반도의 통일은 해결 방법의 차원에서 볼 때 서로의 해결책이 될 수 있다.

4. 난항의 동북아 공동체

동북아 공동체가 형성되기 위해서는 무엇보다도 한중일 3국의 역할이 매우 중요하다. 에른스트 하스Ernst Haas는 통합이 이루어지기 위한 조건을 몇 가지 제시했는데, 그중 경제 수준이 비슷하고, 지리적으로 가깝고, 통합 상대국이 비슷한 문화를 가지고 있으며, 통합 당사국의 정치 집단 및 국민들이 우호적이면 통합이 더 잘 이루어진다고 보았다(Haas, 1958). 이 조건을 동북아 지역에 대입시켜보면 동북아 지역의 핵심 국가인 한중일은 모두 경제 강국으로 발돋움했으며, 한자 문화권과 불교 및 유교 문화권이라는 공통점을 가지고 있다. 그렇지만 한중일 3국은 역사 문제와 외교 현안 등 각종 정치 문제로 인해 악화일로를 걷고 있어 서로 우호적인 관계를 형성하지는 못하고 있다.

한중일 3국 정상 회의는 이러한 냉각된 관계를 회복시킬 수 있는 주요 장치이다. 한중일 3국 정상 회의는 정치적 상호 신뢰 증진, 경제협력과 안보 협력 등을 목적으로 2008년에 출범했다. 한중일 3국 정상 회의는 동북아 지역 내 문제들에 대해 협력할 수 있는 플랫폼을 구축하고, 3국 협력의 틀을 제도화했다는 데 큰 의의를 찾을 수 있다. 한마디로 한중일 3국 정상 회의는 동북아 공동체의 첫걸음이며, 나아가 동아시아 통합의 가교이다. 특히 다자 회담 속의 양자 회담은 양국이 가지는 정치적 부담감을 어느 정도 완화시킬 수 있으며, 정상회담 전 국장급, 장관급 회의를 거치는 동안 현안과 문제를 충분히 논의할 수 있는 장점이 있다. 그럼에도 불구하고 이 회담은 계속 이어지지 못하다 2012년 5월부터 잠정 중단되었고 2015년에 다시 재개되었다. 이는 3국 정상 회의가 그동안 많은 문제점을 노정했으며, 그 결과 경제 이익과 안보 이익을 창출하지 못했다는 것을 뜻한다. 한마디로 3국 정상 회의는 제구실을 못하고 있는 것이며, 이로 인해 동북아 통합의 첫걸음부터 꼬이기 시작한 것이다.

동북아 공동체의 진전이 더딘 또 다른 이유 중의 하나는 동북아 지역 국가들의 안보 협력 체제가 양자 동맹에 근간을 두고 있기 때문이다. 한중일 세 국가 모두는 지역의 평화와 안정을 위해, 그리고 탈냉전 이후 새롭게 부각된 비전통 안보 위협에 대처하기 위해 다자 안보 레짐 구축에 공감을 표하고는 있지만, 실제적으로 이들 국가들은 한미, 미일, 북중 동맹 관계 같은 양자 안보 협력 체제를 여전히 선호하고 있다. 양자 동맹 체제의 심화는 다자간 협력이 뿌리를 내리는 데 장애 요소이다. 미일, 한미, 북중 동맹 체제의 지속은 가상의 적을 상정하고 있을 뿐만 아니라, '후견국·피보호국

patron-client' 관계인 비대칭적 군사동맹 체제가 지속되는 경우 회원국의 자발적인 참여가 전제되는 협력 안보 형성은 사실상 곤란하기 때문이다.

특히 최근 중국 견제 목적을 위한 미일 간의 안보 동맹 강화는 동북아 다자 안보 협력을 실현하는 데 제약적 요인이 되고 있다. 미일 간의 안보 동맹 강화는 일본의 '군사적 보통 국가화'를 더욱 독려시키는 동인이 되고 있으며, 이러한 맥락에서 중국은 미일 동맹이 결과적으로 일본의 재무장화 및 군사 대국화의 길을 열어주었다고 판단하고 있다. 이에 대응해 중국 또한 군 현대화 추진에 박차를 가하고 있으며, 군비를 지속적으로 증가시키고 있다. 이는 자칫 동북아의 '안보 딜레마security dilemma'를 심화시키는 계기가 될 수 있으며, 동북아 전체를 군비경쟁의 악순환과 지역 패권의 대결 구도로 빠트릴 위험성이 있다.

일부 전문가들은 6자 회담의 성과를 동북아에서 안보 공동체의 맹아萌芽로 보기도 한다(Shulong and Xinzhu, 2008: 29~43). 6자 회담은 한반도와 동북아 지역 안보 현안 가운데 최대 난제인 북핵 문제 해결을 모색하기 위해 발족했다. 북핵 문제 해결은 한반도의 평화 체제 구축뿐만 아니라 일본의 재무장 명분을 약화시킬 수 있으며, 이는 중국과 일본 간의 군사 경쟁을 완화시키는 계기가 될 수 있다. 또한 6자 회담은 남북한 외에도 미국, 중국, 일본, 러시아가 밀접히 관여하고 있어 양자가 아닌 다자의 협상 구도를 갖추고 있다. 이는 대립적 성격의 양자 구도에 익숙한 참여국들에게 협력적 성격의 다자주의 학습 효과를 경험하게 하는 기회를 제공한다. 그리고 6자 회담이 다자 협의 기구로서 가질 수 있는 가장 큰 장점은 현재의 협상 틀을 어느 국가도 함부로 깨기가 쉽지 않다는 것이다(김태운, 2006: 220~221). 따라서 6자 회담이 유의미하고 지속적인 다자 대화의 장으로 자리를 잡는다면, 6자 회담은 한반도뿐만 아니라 동북아 지역 전체의 안보 관련 다자 협의 기구로서 출범이 가능하다. 그러나 6자 회담은 2008년 12월 수석대표 회담에서 북핵 신고 내용 검증에 대한 합의 도출에 실패한 이후 중단된 상태이다.

한중일 FTA는 안정적인 역내 내수 시장 창출로 높은 역외 시장 의존도를 낮추고 3국 간 장벽 제거로 무역 활성화에 기여할 수 있다는 점에서 의미가 크다. 한중일 3국의 인구 합계는 전 세계의 약 1/4을 차지하며, GDP의 규모도 NAFTA, EU에 이어 3번째 경제 규모를 차지한다.* 중국은 거대한 시장과 인구를, 한국은 중국이 필요로 하는 개발의 경험과 기술을, 일본은 자본을 가지고 있어 하나의 통합체로 나아가는 데 공생의 조건을 충분히 가지고 있다.

이처럼 동북아가 동아시아에서 차지하는 비중을 감안할 때 한중일 FTA는 동아시아 경제 공동체의 시금석이 될 수 있다. 따라서 한중일 FTA의 성공 여부는 단순한 교역 확대 및 3국의 경제성장뿐만 아니라 동아시아 경제 통합의 물적 기반을 형성하고 실질적인 주도 그룹을 형성하는 토대가 된다. 또한 한중일 FTA는 단순히 경제적 측면을 넘어 한반도의 평화와 안정적인 번영의 기초를 확보하는 보탬이 될 수 있다. 중국은 북한의 가장 가까운 동맹 세력이기 때문에 한중일 FTA 체결은 북한을 국제사회로 견인할 수 있는 유효한 수단 중의 하나가 된다. 중국을 매개로 한 안정적인 대북 경제 협력의 확대는 한반도 평화 정착에 기여할 수 있을 것이며, 나아가 북일 수교 교섭 진전에도 한국과 중국이 교두보 역할을 할 수 있다.

통합을 위해서는 참여국들 중, 특히 강대국들이 서로 전략적 동반자 관계, 협조 체제를 구축하는 것이 중요한 선결 과제이다. 유럽이 거대 지역

---

* 2017년 IMF가 보고한 자료에 따르면 세계 GDP 순위에서 중국, 일본, 한국은 각각 2위, 3위, 11위를 차지했다.

공동체로 발돋움하기까지에는 프랑스와 독일이라는 두 국가의 지속적인 공동의 노력이 있었기 때문에 가능했다(한형근, 2001: 229~230). 하지만 역내 강대국들은 세력 확대의 억지, 세력 확대의 경쟁적 차원에서 지역 통합에 동참하기도 한다(조재욱, 2013: 66). 이럴 경우 강대국들은 통합 과정에서 협조적 리더십을 발휘하기는커녕 역내 대항 헤게모니counter-hegemony 차원에서 서로가 중심이 되어 편가르기, 줄세우기 같은 대립 구조를 보여줄 가능성이 높으며, 결국 통합은 멀어질 수밖에 없다. 역내 강대국인 중국과 현재 서로 대립각을 세우고 있으며, 이는 결국 지역 공동체 형성에 큰 장애 요인으로 꼽히고 있다.

지역 경제통합을 위한 다자 FTA 논의는 동북아보다 동아시아 지역 차원에 먼저 논의되었다. 2002년 ASEAN+3(이하 APT) 정상 회의에서 김대중 대통령은 '동아시아 공동체'를 주창했고, 이를 위한 실천 방향으로 동아시아 자유무역 지대EAFTA(East Asia FTA)를 제시했다. 이에 대해 역내 국가들도 필요성을 공감했지만, 이러한 인지적 측면과는 달리 추진 속도의 실제적 측면은 중국과 일본 간의 경쟁으로 인해 상반된 모습을 보였다. 지금까지도 중국과 일본은 지역 경제통합을 두고 상이한 이해관계 속에서 상호 견제만 있고 협력적 관계는 형성하지 못하고 있다. 최근에는 역외 세력인 미국까지 가세해 미국과 일본이 한 축이 되어 경제통합을 추진하고 있으며, 중국도 이에 맞서는 모습을 보이고 있다. 그렇다 보니 한중일, 또는 중일 FTA 협상은 뒷전으로 밀린 형국이다. 대다수 전문가들의 중론은 한중일 FTA 경우 전망이 불투명하며, 의미 있는 결과를 도출하기가 쉽지 않다고 본다.

5. 상생과 공영의 동북아 공동체를 위한 우리 정부의 과제

동북아 공동체는 동북아 평화와 한반도 발전의 전제 조건이다. 그러나 동북아 공동체 형성을 위해서는 아직 해결해야 할 과제가 산적하며, 긍정의 요인보다는 부정의 요인이 더 많은 게 오늘날 현실이다. 앞에서 서술했듯이, 유럽과 달리 동북아는 냉전의 유산이 지속되고 있으며, 다자간 안보협력 체제는 요원한 것으로 보인다. 또한 여전히 식민 지배의 부정적 유산이 강하게 남아 있고, 신뢰를 형성할 만큼의 상호 소통의 역사도 일천하다. 무엇보다도 역내 국가들은 원윈win-win이 아닌 제로섬 게임의 관계를 보이고 있다. 따라서 이러한 문제점을 극복하지 못한다면 동북아는 원심적·패권적 지역 협력의 모습으로 나아갈 가능성이 높으며, 이는 결코 한반도 평화와 통일에 도움이 되지 않는다.

동북아가 지속적으로 발전하기 위해서는 안보, 자본, 기술 시장 등 여러 요소의 안정적인 확보가 필요하다. 동북아 공동체 구축을 위해서는 기본적으로 미국의 안정자 역할, 중국의 신흥 자본과 인력, 일본의 첨단 기술과 자본, 한국의 IT와 문화력, 러시아와 북한의 자원을 아우르는 구심점과 결집력 등이 요구된다. 여기에 한국의 특별한 역할과 기능이 요청된다. 미중의 경쟁 관계, 일본의 미중 간 중재자 역할의 어려움, 유럽 중심인 러시아의 태생적 한계 등으로 동북아 문제가 날로 심화되고 있다(이승률, 2004). 이때 우리 정부는 새로운 중재자로서 동북아 역내 국가 간 갈등을 완화시키고 결집시키는 책무를 가질 필요가 있다.

한반도 통일은 우리에게 필수적이다. 그러나 이웃 국가들이 한반도 통일을 원하는가에 대해서는 여러 가지 답변이 가능하다. 이웃 국가들은 한반도 통일에 대해 민족자결주의적인 원칙적 입장을 언급하지만 사실상 한반도 통일은 동북아의 지각변동을 야기하므로 원하지 않을 수 있다. 한반도가 통일되고 천만 명에 육박하는 인구가 합심으로 노력한다면 통일 한국의 경제력이 G7으로 진입할 수 있고, 그것을 바탕으로 통일 한국이 정치적 역할을 강화해나가는 상황을 이웃 국가들은 우려할 수 있다(손기웅, 2012). 따라서 독일 사례에서 보듯이 우리 정부는 동북아 공동체를 전면에 제시한 후 이웃 국가들과의 협력을 이끌어내고, 그리고 통합 과정에서 남북 교류의 협력을 강화해 한반도 통일을 준비할 필요가 있다. 이웃 국가들에게 '동북아 속의 통일 한반도'를 주창할 필요가 있으며, 이를 위해 동북아의 지역 협력과 공존 공영 시대를 여는 일에 앞장을 서야 한다.

역대 우리 정부는 지역 공동체 형성을 위해 나름의 노력을 경주했지만 지금은 아쉽게도 발군의 리더십을 발휘하지 못하고 있다. 김대중 정부 시절 한국은 ASEAN+3라는 제도적 틀 내에서 동아시아 공동체 형성을 위한 이니셔티브initiative를 창출하는 등 구체화 작업을 주도했다. 이후 등장한 노무현 정부는 출범과 함께 '평화와 번영의 동북아 시대' 구현을 국정 목표로 삼았다. 동북아 시대를 열기 위해 제1단계로서 '경제적 번영의 공동체'를 창출하고, 이를 바탕으로 궁극적으로 '평화 공동체'를 지향해나가는 구체적 방향을 제시했다.* 하지만 이후 노무현 정부는 APT 체제 외에 예상치 못한 '동아시아 정상 회의EAS(East Asia Summit)' 체제와 '포괄적 경제 파트너십 CEPEA(Comprehensive Economic Partnership in East Asia)'이 등장할 때 기존 우리 정

---

* 당시 일각에서는 노무현 정부의 '동북아 시대 구상'이 어렵게 형성된 동아시아 연대 범위를 단절 혹은 축소시키는 것이며, ASEAN+3 협력 문제가 한국의 지역 협력 정책의 중심 과제가 되고 있는 현실과 동떨어진 것이 아니냐는 비판을 제기하기도 했지만, 동북아 시대 위원회가 동북아 시대 구상과 더불어 ASEAN+3 협력을 주요 과제로 포함시켜 나아가기로 결정했기 때문에 노무현 정부의 지역 협력 구상이 축소 지향적 또는 퇴행적 대외 정책관이라고 반드시 볼 수는 없다.

부가 제안했던 EAFTA를 관철시키려는 어떠한 노력을 기울이지도 않았다.* 단지 APT 체제와 EAS 체제, 그리고 EAFTA와 CEPEA 사이에서 우리의 근본 프로그램 없이 대세에 따르겠다는 생각을 하고 있었다(박번순, 2010: 172). 이 시기 노무현 정부는 한미 FTA, 한-EU FTA 같은 외교 통상 문제에 더 심혈을 기울이고 있었기 때문에 동북아 및 동아시아 구상에서 한발 물러선 모습을 보여준 것은 부인할 수 없는 사실이다.

이명박 정부 들어서는 '신아시아 외교' 등을 주창하면서 아시아 지역에 대한 관심을 보였다. 그러나 문제는 이 구상의 개념과 내용이 매우 모호했다는 것이다. 지리적 범주는 동북아, 아세안, 대양주, 서남아, 중앙아시아 등 아시아 전체를 포함했을 뿐만 아니라 개별 국가와 어떻게 협력을 강화할 것인지, 아시아 전체를 아우르는 새로운 지역체를 제안하는 것인지, 구체적 실행 계획은 무엇인지 등이 불분명했다. 박근혜 정부의 역점 정책 중의 하나인 '유라시아 경제 공동체' 역시 같은 맥락이라 볼 수 있다(조재욱, 2015b: 183). 한국은 노무현 정부 집권 후기부터 동북아 및 동아시아 경제통합 문제에 대해 방관자적 자세를 보였을 뿐만 아니라 국가 차원에서 전략의 일관성이 모호했다.

---

*   EAS는 제6차 ASEAN+3 정상 회의에서 '동아시아 공동체' 형성을 위해 동아시아 연구 그룹 EASG(East Asia Study Group)이 권고한 26개 협력 사업의 하나로 2005년 출범했으며, 출범 당시 가입국은 APT 외에 호주, 뉴질랜드, 인도 등이 포함되었고, 2011년에는 미국, 러시아가 가입했다. EAS는 당초 APT 13개 회원국을 중심으로 출범할 계획이었으나, 외형적 확장이 이루어진 것은 일본이 중국 중심의 지역 공동체 형성을 견제하기 위함 때문이었다. 미국은 1997년 APT 정상 회의와 2005년 EAS가 시작되었을 때 동아시아 국가들만의 지역 협력을 관망하는 자세를 취해왔으나, 중국의 부상이 빠르게 진행되면서 중국을 견제할 필요성을 느껴 동아시아에 재관여를 시작했고, 그 일환으로 EAS에 참여하게 되었다. CEPEA는 일본이 제안한 무역협정으로 기존 APT에다 호주, 뉴질랜드, 인도를 포함시킨 단일 경제권 형성을 목표로 출범을 추진했다. 일본의 이러한 의도는 이들 국가의 참여를 통해 중국 중심의 EAFTA 진전을 견제하는 데 있었다.

주지하듯이, 한국은 동북아에서 중견 국가이다. 일각에서는 동북아 및 동아시아가 통합에 난항을 겪고 있는 것은 역내에서 정치·경제적 조정 메커니즘의 부재 때문이라 본다. 이를 해결하기 위해서는 중견 국가인 한국의 적극적인 교량 역할이 무엇보다도 중요하며, 이를 통해 한국의 국익과 위상이 확보된다고 주장한다. 강대국 주도의 지역 협력이 가져올 부작용을 회피하고, 지역 협력의 성공 가능성을 높이기 위해서는 강대국과 약소국 사이의 가교로서 중견 국가의 역할이 더욱 필요하다는 것이다. 한국은 해양과 대륙의 중간에서 교류와 소통의 매개자로서, 또한 다양하고 다층적인 국제적 갈등과 경쟁의 완충지로서, 그리고 선·후진 경제의 중간 조정자로서의 역할을 수행해야 한다는 것이다. 그러나 우리 정부는 중견 국가로서 이러한 소임을 다하지 못하고 있는 것이 사실이다(최영종, 2000: 209; 2011). 앞으로 우리 정부는 동북아의 상생과 번영을 위해 중견 국가로서의 소임과 역할을 충실히 수행할 필요가 있다.

동북아 공동체를 비롯한 동북아에서의 각종 이해관계는 역외 세력인 미국을 제외하고 논하기가 쉽지 않다. 미국은 부상하는 중국을 견제하기 위한 목적으로 과거에 비해 더욱더 적극적인 개입 및 영향력을 행사하려 할 것이며, 중국도 이에 적극적으로 맞서고 있다. 이에 중견 국가인 한국은 미국과 중국이라는 '넛 크래커nut cracker(호두 까는 기계)' 사이에 끼인 호두 신세나 다름없는 처지이다. 그러나 미국과 중국은 자신들의 정치적 이해관계를 관철시키기 위해 우리 정부에게 협력의 손을 내밀고 있다. 이는 우리 정부가 향후 협상 과정에서 유리한 입지를 선점할 수 있는 토대가 된다. 우리 정부는 과거 김대중 정부처럼 역내 통합 문제에 있어 적극적인 이니셔티브를 취할 필요가 있으며, 이를 위해 '수동적 규칙 수용자'가 아닌 '규칙 제정자'로서의 적극적인 역할을 수행해야 할 것이다.

동북아 공동체를 효과적으로 진전시키기 위해서는 어떤 형식으로든 협력 과정에 북한을 참여시킬 방안을 마련해야 한다. 북한은 한반도는 물론 동북아 지역 전체에 정치·경제적 측면의 상시적 불안 요인이다. 그러나 상황에 따라 지역 경제협력에 긍정적인 역할을 수행할 수도 있다. 북한은 동북아 지역의 생산 네트워크를 심화·확대하고 새로운 인프라 및 자원 개발 투자 기회를 제공할 수 있다. 그리고 북한은 시베리아, 중국 횡단철도, 한반도 종단철도, 남북러 가스관 연결 사업, 북중·북러 접경 지역에서의 공동 개발 등 주요 협력 사업의 키key를 쥐고 있다.

　　북한이 동북아 지역 협력에 적극적으로 참여할 경우 장기적으로 경의선과 동해선이 중국 횡단철도TCR 및 시베리아 횡단철도TSR와 연결될 가능성이 높다. 이 경우 한반도는 지역 경제권의 물류 중심지로 부상할 가능성이 높을 뿐만 아니라 각 경제권을 연계시킴으로써 동아시아의 경제적 네트워크의 중심이 될 수 있다. 그리고 이는 한반도 통일에 매우 긍정적인 영향을 미칠 수 있다. 문재인 정부가 추구하는 남북한 철도 연결 사업도 이와 맥을 같이한다. 이러한 사업은 관련 국가의 상호 이익 증진은 물론 한반도의 신뢰 구축 및 긴장 완화, 나아가 동북아 공동체 진전이라는 추가적 효과를 산출한다.

　　역사적으로 한반도의 지정학적 위치 때문에 주변국들은 각기 한반도를 경쟁국이 자신에 대한 '공격용 발판'으로 사용할 것을 우려했으며, 이는 한반도 분단의 주요 원인으로 작용했다. 주변 강대국들이 이런 인식을 계속 지니고 있을 경우, 그들은 한반도의 통일을 원치 않을 것이며 그만큼 통일은 어려워질 것이다. 반면, 한반도가 동북아 경제 네트워크의 중심이 될 경우, 주변국들은 한반도를 '경제협력'의 발판으로 활용하려 할 것이며, 그만큼 한반도의 통일 과정은 수월해질 수 있을 것이다(홍용표, 2002: 273~276).

북한이 동북아 지역 협력과 공동체 구성 과정에 참여해 공존하기 위해서는 남북한 상생의 협력이 필요하다. 우리 정부는 중단된 개성공단 사업을 재개해 안정적이고 지속 발전 가능한 모델로 확대시켜야 하며, 나아가 금강산 관광 사업도 재개를 위해 노력해야 한다. 기능주의적 시각에 따르면 평화에 이르는 경로는 비정치 영역에서의 협력 사업을 강화함으로써 그 편익을 상호 향유할 뿐만 아니라 국제 협력의 유용성이 다양한 비정치 영역으로 확산되는 파급 효과spill-over를 가져오고, 이것이 다시 지속적인 경험적 학습을 통해 정치 영역에서의 협력을 유인함으로써 평화의 창출 또는 유지를 가능케 한다. 즉, 남북 경협 같은 비정치적 분야의 협력이 확대되면 자동적으로 정치·군사·외교 안보 분야의 협력으로 발전이 가능하다는 게 기능주의의 핵심 요지이다(Mitrany, 1966; 구영록, 2000).

그러나 일각에서는 남북 경협이 평화와 번영을 구현하기 위한 중요한 하나의 실마리가 될 수도 있지만 충분조건은 될 수 없다고 본다. 남북 경협이 이루어지고 있지만 정치·군사적 신뢰 구축은 여전히 지지부진하고, 북한의 핵 및 미사일 실험 강행은 한반도를 계속해서 긴장과 대립의 분위기로 몰아가고 있으며, 이는 나아가 동북아 평화와 안정에 중대한 위협으로 이어지고 있는 것이 사실이다. 이러한 상황이 지속된다면 남북 경협의 확대는 불가능하며, 국내외 기업들은 북한 투자를 주저할 수밖에 없다.

하지만 이와 같은 회의적 시각들은 남북 경협이 안보에 미치는 효과가 직접적이기보다는 간접적이며, 단기적이라기보다 장기적인 시간 범위에서 효과를 발휘한다는 점을 간과하는 면도 있다. 장기적인 시각에서 남북 경협의 점진적 진화는 평화 문제를 해결하는 데 충분조건은 아니지만 최소한 필요조건은 될 수 있다(조재욱, 2015c: 211). 설사 안보 영역에서의 문제가 진전되더라도 경제 교류, 경제협력에 요구되는 막대한 재원 조달은 별개로 해결해야 할 과제이다. 우리 정부는 국민들에게 남북한 화해와 협력을 위한 상생의 공존 인식을 증진시키는 데 노력을 경주해야 한다.

북일 국교 정상화를 위해 우리 정부가 적극적으로 나서야 한다. 일본이 유엔 회원국 가운데 국교를 맺지 않은 유일한 나라가 북한이다. 북일 관계 개선은 북한이 동북아에서 책임 있는 일원으로 참가한다는 의미와 같다. 북일 관계가 과거의 굴레를 벗고 새로운 관계를 정립하게 된다면 동북아에서 군사적 긴장을 예방하는 효과를 가질 수 있으며, 역내 경제적 잠재력을 극대화시킬 수 있다. 이는 동북아 전체의 평화와 번영에 획기적인 계기가 되며, 동북아 공동체 형성에도 새로운 전기를 맞이하게 된다. 그러나 일본인 납치자 문제의 미해결로 인해 양국의 교섭은 답보 상태에 있다.

북한의 대일본 접근의 근저에는 최대한의 실리와 최소한의 명분이라는 전략이 놓여 있고, 일본에는 최소한의 실리와 최대한의 명분이라는 전략이 놓여 있다. 따라서 그 타협점을 찾기 위해서는 무엇보다도 협력을 제공할 수 있는 일본의 정치적 결단력이 중요하다. 왜냐하면 양국이 국교 정상화에 이르지 못한 것은 북한의 경직된 자세보다 일본의 소극적 자세가 주된 원인이라 할 수 있기 때문이다. 북한의 적극적인 자세에 조건을 붙이는 것은 언제나 일본이었다(서동만, 2002: 168). 이는 역으로 일본이 원하기만 한다면 언제든지 북일 국교 정상화는 실현 가능한 문제라는 것을 의미한다. 우리 정부는 한중일 3국 정상 회의나 혹은 한일 양자 간 정상 회의에서 북일 국교 정상화가 동북아 평화와 안정을 위한 방안이라는 점을 부각시키는 등 외교적 노력을 적극적으로 배가해야 할 것이다.

참고문헌

고유환. 2003. 「동북아 안보협력과 한반도 평화체제 구축」. ≪북한연구학회보≫, 7권 2호, 359~388쪽.

구영록. 2000. 『한국과 햇볕정책: 기능주의와 남북한 관계』. 법문사.

김도태. 2007. 「한반도 통일환경 개념으로 본 동북아지역의 영토중심주의와 지역주의: 의미와 문제점」. ≪사회과학연구≫, 24권 2호, 1~25쪽.

김양희. 2004. 「동북아 협력의 구상과 과제」. ≪세계경제 Focus≫, 1월 호, KIEP, 0~1쪽.

김종욱. 2011. 「한반도 평화공영체제 구상'과 '동아시아 공동체 건설'」. ≪통일정책연구≫, 20권 1호, 185~212쪽.

김태운. 2006. 「동북아 양자·다자안보협력체제 공존을 위한 접점의 모색」. ≪담론≫, 9권 4호, 205~229쪽.

박번순. 2010. 『하나의 동아시아: 동아시아 경제공동체, 통합과 공존의 모색』. 삼성경제연구소.

서동만. 2002. 「정상회담이후의 북일수교 교섭의 전망과 과제」. 『북한연구시리즈』, 20권. 경남대학교 극동문제연구소. 165~199쪽.

손기웅 외. 2012. 『EC/EU 사례분석을 통한 남북 및 동북아 공동체 추진방안: 유럽공동체 형성기를 중심으로』. 통일연구원.

신윤환. 2008. 「동아시아 지역통합과 한국의 선택」. 동아시아공동체 연구회 편. 『동아시아 공동체와 한국의 미래』. 이매진.

심원필. 2012. 「동아시아 경제공동체의 조건」. ≪동아인문학회≫, 23집, 375~399쪽.

이동윤. 2008. 「동아시아 공동체아 남북한 상생의 지역협력」. ≪UGHTOPIA≫, 23권 1호, 109~140쪽.

이승률. 2004. 『윈-윈 패러다임』. 영진닷컴.

이수훈. 2013. 『동북아 공동의 미래를 생각한다』. 아르케.

정진영. 2003. 「동북아 경제중심 건설을 위한 외교적 과제」. 제1차 한국학술연구원 코리아 포럼(2003.5.30).

조재욱. 2009. 『표류하는 동아시아 공동체』. 한국학술정보.

_____. 2013. 「일본의 TPP 참여전략에 대한 비판적 접근과 제언」. ≪정책연구≫, 통권 178호, 59~91쪽.

_____. 2015a. 「동아시아 협력론과 한반도」. 『동북아 정세와 한반도』. 도서출판 오션.

_____. 2015b. 「동아시아 경제통합 모델의 적실성 검토와 한국의 참여전략: TPP와 RCEP 비교를 통한 순차성 선택」. ≪21세기정치학회보≫, 25집 2호, 171~192쪽.

_____. 2015c. 「남북경협과 남북경제공동체」. 『북한문제이해와 한반도 통일』. 도서출판 오션.

최영종. 2000. 「비교지역통합 연구와 동아시아 지역협력」. ≪국제정치논총≫, 40권 1호, 57~75쪽.

_____. 2011. 「동아시아 지역통합과 한국의 중견국가 외교」. ≪한국외교사논총≫, 32집 2호, 189~225쪽

한형근. 2001. 「동아시아 지역통합에 관한 연구: 합리적 선택조건을 통한 검토」. ≪21세기 정치학회보≫, 11권 1호, 225~246쪽.

홍용표. 2002. 「동아시아의 지역협력과 한반도」. ≪통일정책연구≫, 11권 2호, 255~279쪽.

Chu Shulong and Lin Xinzhu. 2008. "The Six Party Talks: A Chinese Perspective." *Asian Perspective*, Vol. 32, No. 4.

Deutsch, Karl W. et al. 1957. *Political Community and the North Atlantic Era*. Princeton: Princeton University, 1957.

Hass, Ernst. 1958. *The Uniting of Europe*. Stanford: Stanford University Press.

Lindberg, Leon N. 1963. *The Political Dynamics of European Integration*. Stanford: Stanford University Press.

Mitrany, David. 1966. *A Working Peace System*. Chicago: Quadrangle Books.

2부

북한의 대외 관계와 한반도 평화

5

북미 관계 변화와
한반도 평화

문용일
경남대학교 극동문제연구소 교수

북한의 안보 및 대외 관계에서 미국과의 관계는 가장 중요한 핵심 축의 하나였고, 북미 관계*의 부침에 따라 한반도의 정세도 크게 변화해왔다. 북한 외교정책의 기본 이념은 자주·평화·친선이며, 기본 목표는 "외세의 침략과 내정 간섭 반대, 자주권과 민족·계급 해방의 실현" 등이다. 이러한 외교 목표를 위해 북한은 "제국주의 국가를 견제"하고 "반제 자주 력량의 단결을 강화"하며 자주권을 실현할 것을 강조하면서, 미국의 "제국주의" 한반도 정책에 강한 적대감을 보여왔다. 하지만, 냉전 종식 이후 체제 위기에 봉착한 북한은 미국을 위시한 서방 국가들과의 관계 개선 및 외교 다변화를 모색하게 된다. 특히 북한은 미국과의 직접 대화를 통한 관계 정상화가 체제 안전 보장 및 유지, 경제난 해소에 핵심적인 요소일 것이라는 판단 속에 핵 개발 및 미사일 개발 문제로 첨예하게 대립하는 갈등 상황 속에서도 미국과의 관계 개선을 위한 협상과 대화의 끈을 놓지 않도록 노력해왔다. 1990년대 중반의 1차 북핵 위기와 그 해결을 논의했던 "제네바 합의", 2000년대의 2차 북핵 위기와 그 해결을 모색했던 "6자 회담" 및 "2·13 합의" 등으로 북미 관계는 갈등과 대화 국면의 전환이 이어졌다. 김정은 정권이 들어서면서, 체제 공고화 과정에서 연이어 감행한 핵실험 및 탄도미사일 시험으로 인해 3차 북핵 위기가 발생하고, 2017년 새로 취임한 미국의 도널드 트럼프Donald Trump 행정부와 북한 김정은 정권 사이에 첨예한 대결 구도가 고조되고 군사적 충돌의 가능성마저 논의되는 상황이 발생한다. 하지만, 2018년에 들어서면서 '4·27 남북 정상회담'과 "판문점 선언"으로 한반도의 비핵화 및 평화 체제 구축을 위한 대화 국면이 강화되면서, 6월 12일

---

* 이 장에서는 북한과 미국 간 관계가 한반도 정세에 미치는 영향을 살펴보는 데 북한의 대외 정책 및 외교 관계 변화에 좀 더 집중했으며, 따라서 두 국가 사이의 관계를 칭하는 데 "북미 관계"라는 용어를 사용했다는 것을 밝힌다.

에는 역사상 최초로 북한과 미국의 두 정상이 싱가포르에서 만나 공동선언까지 발표한 '6·12 북미 정상회담'이 성사되었다. 한반도 비핵화 및 평화체제 구축을 위한 대화와 노력은 여전히 진행 중인 상황이지만, 2018년이 북미 관계에서 또 하나의 중요한 한 해였다는 것은 분명하다.

1. 냉전 시기 북미 관계

1) 적대적 대미 정책

한국전쟁을 전후한 냉전 초기에 북한의 대외 관계는 소련, 중국 등 공산주의 국가들과의 외교 관계 수립에 집중되었다. 그러나 1950년대 중반부터 소련 니키타 흐루쇼프Nikita Khrushchyov 정권이 대서방 평화 공존 정책을 추진하는 등 국제 정세가 변하면서, 북한은 비동맹국 외교*를 통한 외교 다변화를 추진했다. 소련 및 중국 중심의 사회주의 진영 외교에서 벗어나 아시아와 아프리카의 개발도상국 및 비동맹 국가들과의 협력을 통해 국제적 입지를 강화시키려고 했던 것이다.

---

* 비동맹 외교는 1955년 4월 인도네시아 반둥에서 열린 아시아 아프리카 회의에서 채택된 이른바 '반둥 10원칙'에 기반한 비동맹주의 국가들과의 외교를 뜻한다. 반둥 회의에서 채택된 10원칙은 ① 기본적 인권과 국제연합헌장의 목적과 원칙의 존중, ② 주권과 영토 보전의 존중, ③ 인종 및 대소 국가의 평등, ④ 내정 불간섭, ⑤ 국제연합헌장에 입각한 개별적·집단적 자위권의 존중, ⑥ 대국의 이익을 위한 집단적 방위 결정(집단적 군사동맹)에의 불참가, ⑦ 상호 불침략, ⑧ 평화적 방법에 의한 국제분쟁의 해결, ⑨ 상호 협력의 촉진, ⑩ 정의와 국제 의무의 존중 등을 포함한다. "세계 평화와 협력의 촉진에 대한 공동선언"이라고도 불리는 반둥 10원칙은 세계 평화와 반식민주의를 강조하는 아시아 아프리카 연대의 핵심 기조로, 이후 신생 독립국 및 비동맹주의를 추구하는 국가들의 핵심 외교 기조가 되었다(통일교육원, 2018: 66).

이 시기, 북한의 대미 정책은 "전략적 특수성과 전술적 신축성"을 동시에 지닌 것으로 평가된다(김계동, 2002: 201). 한국전쟁 이후, 북한의 대미 정책은 기본적으로 적대적이었다. 북한은 미국의 '신식민지적 통치'와 주한 미군이 남조선 혁명과 한반도 통일을 막는 가장 큰 장애물이자 남한 주민들의 불행의 근원이라고 주장했다. 북한의 대미 적대 정책은 진영 논리 및 한국전쟁 경험의 산물일 뿐만 아니라 미국에 대한 국민적 적대감의 고양을 통해, 국내 정치적 결속을 다지고 정권의 안정을 위한 '동원 체제'를 유지하기 위한 수단이기도 했다.

2) 국제적 데탕트와 대미 관계 개선 모색

1970년대에 들어서면서 북한은 대외 정책 노선의 방향을 자주노선 견지와 경제적 실리 추구 속에서 서방 국가, 특히 미국에 대한 제한적 접근 및 협력 추진을 통해 외교 관계의 개선을 모색하는 쪽으로 선회했다. 동서 진영 사이에 긴장이 완화되고, 미국과 중국이 이른바 '핑퐁 외교'를 통해 외교 관계 정상화를 추진하는 등 전 세계적 차원에서 데탕트의 분위기가 고조되는 국제 정세 속에서, 남북한 간 평화협정 체결*을 주장하던 북한의 대외 노선에 변화가 생겨 북미 간 평화협정 체결을 추진하게 된다. 1960년대 초반부터 1970년대 초반까지 주한 미군 철수와 '북남 평화협정' 체결을 주장하던 북한이 이제 한국이 아닌 미국과의 협상에 좀 더 집중하게 된 것이다.

대미 외교 노선에서 북한의 이러한 변화는 무엇보다도 미중 관계의 개

---

* 북한은 1962년 10월 22일 최고인민회의 제3기 제1차 회의에서 김일성의 시정연설을 통해 남북한이 평화협정을 체결할 것을 제의했다.

선 및 정상화가 큰 역할을 한 것으로 보인다. 미국의 아시아 지역 정책의 변화도 북한이 가지고 있던 대미 적대감을 완화시키는 데 도움이 되었다. 공산주의의 팽창을 저지하려 했던 미국의 봉쇄정책이 베트남전의 실패로 난관에 봉착하게 되고, 닉슨 독트린 발표로 제2차 세계대전 이후 세계경제의 중심축이 되었던 미국 경제의 패권적 지위가 흔들리면서, 역내 미국의 이해관계 및 영향력이 약화될 수 있을 것이라는 북한의 기대감이 커진 것이다. 특히, 1971년 주한 미군 7사단이 철수하면서 한미 동맹 체제의 약화에 대한 기대감은 더욱 커진 것으로 보인다(김계동, 2012: 274).

북한의 대외 외교, 특히 대미 정책 노선의 이러한 변화는 1974년 3월 25일 개최된 최고인민회의 제5기 3차 회의에서 채택된 '미국 의회에 보내는 편지'에 잘 나타나 있다. 이 서한에서 북한은 한반도에서 긴장 상태를 해소하고 남북한이 자주적 통일 문제를 논의하기 위한 전제를 마련하려면 군사 통수권을 가지고 있는 미국과 먼저 평화협정 체결 문제를 해결해야 한다고 주장한다. 군사 정전협정을 평화협정으로 바꾸기 위해서 이를 담보할 수 있는 실권을 가진 당사자들끼리 만나 직접 해결해야 한다는 것이다.[*] 이를 위해 첫째, 북한과 미국 쌍방이 서로를 침범하지 않을 것을 약속하고 직접적 무력 충돌의 모든 위험성을 제거하고, 둘째, 무력 증강과 군비경쟁을 중지하는 것은 물론 한반도 외부로부터의 무기 및 군수물자의 반입을 금지하며, 셋째, '남조선'에 있는 모든 외국 군대를 철수시키고, 넷째, 이후 한반도의 군사 기지화나 작전 기지화를 금지해야 한다고 주장한다(국토통일원, 1988: 858). 또한, 이러한 조치를 논의하기 위해 '북미 간 평화협정 체결을 위

---

[*] 당시 외교부장이었던 허담은 최고인민회의 제5기 3차 회의에서의 보고 연설을 통해 북미 간 직접 평화협정 논의를 제의했다(통일원, 1994: 7).

한 회담'을 진행하며, 이 회담은 군사정전위원회보다 급이 높은 대표들로 구성해 운용하자고 제의했다.

당시 북한의 북미 평화 회담 제의는 주한 미군의 철수가 선행되어야 남북 평화협정 체결 논의를 할 수 있다는 북한의 기존 입장이 '선先 평화협정, 후後 미군 철수' 정책에 입각한 '북미 평화협정' 체결로 바뀌었으며, 주한 미군의 철수 시기에 대해서도 종전의 '즉각 철수'에서 '가장 빠른 기간 내'로 완화되는 등 미국에 대해 유화적인 접근 태도를 보여주고 있다(김계동, 2012: 275).

또한, 북한은 민간 교류의 활성화를 통한 '대미 인민 외교' 역시 적극적으로 시작했다. 1968년 미국의 주도로 시작된 북미 간 민간 교류는 1968년 8월 미국 공산당 대표단이 평양을 방문한 이후, 미국의 청년동맹 대표단, 전미법률가조합 대표단 등 다양한 언론인 및 학자들이 북한의 초청으로 평양을 방문하는 등 확대되었다. 1973년 9월에는 뉴욕에 유엔 주재 북한 대표부가 개설되는 등 대미 인민 외교를 강화하기 위한 기반을 다지는 작업도 이어졌다.

그러나 북한의 미국에 대한 평화협정 체결 제의는 한국을 배제한 상황에서 미국과의 직접 대화만을 강조하는 '통미 봉남' 정책의 시발점이라 할 수 있다. 이러한 통미 봉남 의지는 당시 북한 외교부장이던 허담의 보고에서도 잘 나타난다.

> 그러나 북과 남 사이의 대화의 전 과정은 남조선에 미국 군대가 남아 있는 조건에서는 조선에서 긴장 상태를 가시게 하고 평화를 공고히 할 수 없으며 도대체 남조선 당국자들은 이 문제를 해결하려는 의사도 능력도 가지고 있지 않다는 것을 보여주었습니다…… 그러므로 현 조건하에서 정전협정을 평화협정으로 바꾸기 위해서는 그것을 확실히 담보할 만한 실권을 가

진 당사자들끼리 문제를 해결하는 것이 응당합니다. 조선민주주의인민공화국과 미합중국은 조선정전협정의 체약 쌍방이며 실제상의 당사자들입니다(통일원, 1994: 7).

이러한 북한의 '통미 봉남' 접근법에 워싱턴은 한국 정부를 배제한 북미 직접 대화는 불가하다는 입장을 표명하면서, 남북 대화를 촉진하고 한반도의 긴장 완화를 모색하기 위한 남북미 3자 간 고위 당국 대표 회담을 제의한다. 또한, 북한의 북미 간 평화협정 체결 제의에 대한 하나의 대안으로서 '사회주의 국가들이 한국을 국가로 인정하고 교섭할 의사를 표명한다는 조건하에 북한을 승인하고 북한과의 관계를 개선할 용의가 있다'는 내용의 교차 승인 방안을 제시했다. 1975년 9월 제30차 유엔총회에서는 미국의 키신저 국무장관이 한반도 문제의 해결을 위해 한국과 북한, 미국, 중국 간 4자 회담을 개최하고, 관련 국가들이 남북한을 교차승인할 것을 제의하기도 한다.

북한은 미국의 이러한 역제안에 대해 평화협정의 문제는 북미 간의 문제라고 강하게 반발하면서, 미국의 교차승인 제의 및 4자 회담 개최 제의를 거부했다. 이에 미국은 1976년 9월 6자 회담 개최를 제의하지만, 북한이 이마저 거부하면서 북미 관계는 교착 상태에 빠지게 된다.

3) 카터 행정부 시기의 북미 관계

소강상태에 빠졌던 북미 관계는 1977년 1월 지미 카터Jimmy Carter 대통령이 취임하면서 다시 대화 국면으로 전환되기 시작했다. 1977년 2월 카터 대통령은 북한을 포함해 베트남·라오스·캄보디아·쿠바·이라크 등 국가들에 대한 여행 제한 조치 해제를 통해 이들 국가들과의 관계 개선 및 우호 관계 수립 용의를 밝혔다. 카터 행정부의 이러한 정책에 북한 역시 적극적으로 반응했다. 1977년 3월 허담 외교부장이 사이러스 밴스Cyrus Vance 미 국무장관에게 한반도 긴장 완화를 위한 공동 연구의 필요성을 강조하는 서한을 보내는 한편, 1977년 8월 평양을 방문한 티토 유고 대통령에게 북한이 미국과 협상할 용의가 있다는 점을 워싱턴에 전달해주도록 부탁하기도 했다. 이뿐만 아니라, 1977년 9월 허담 외교부장은 비동맹국 특별 외상 회의에 참석해 카터 대통령의 선거공약이었던 주한 미군 철수에 대해 적극적으로 환영하면서 "북한은 대미 적대 관계를 추구하지 않으며, 미국과의 협상은 한국을 포함하지 않고 수행되어야 하며, …(중략)… 이 같은 정책(주한 미군 철수)을 미국이 진행시켜나간다면 미국과의 이상한 관계는 제거될 것"이라고 발표했다(백광일, 1990: 290~291).

그러나 카터 대통령이 주한 미군 철수 계획의 일부 수정을 발표하자, 북한은 거센 반응을 보였다. 주한 미군 철수를 선거공약으로 내세웠던 카터 대통령의 계획은 애초부터 실제 이행의 의지가 있었다기보다는 세계의 여론을 기만하기 위한 하나의 교활한 술책이었다고 비난하면서, "미제가 떠드는 철군이란 결국 그들의 힘의 정책의 변형이며, 새로운 조선전쟁 도발 음모를 가리기 위한 방편"이라고 강하게 비난한다.* 특히, 1979년 7월 카터 대통령이 한국을 방문해 주한 미군 철수의 동결 조치를 발표하자, 카터 대통령과 미국에 대한 북한의 비난은 더욱 거세지게 된다. 또한, 북한은 방한 중이었던 카터 대통령이 한미 정상회담 공동성명을 통해 제안했던 남북미 간 '3당국 회의'의 인도네시아 발리 개최 제의에도 거세게 반발했다.

---

* 1977년 사상 처음으로 미국에 대한 호칭을 '미국'으로 바꿔 불렀던 북한이 이제 다시 '미제'라는 용어로 미국을 지칭했다는 점도 주목할 만한 사실이다(백광일, 1990: 290~291).

1979년 7월 11일 북한 외교부 대변인 성명을 통해 카터 대통령의 주한 미군 철수 계획 취소와 남북 유엔 동시 가입 및 남북한 교차승인 제의는 "두 개의 조선으로" 분열된 한반도를 영구히 고착화하려는 음흉한 기도라고 비난했고, 1979년 7월 11일 북한의 ≪로동신문≫ 역시 아래와 같이 3당국 회의 제안을 강하게 비난했다.

"조선 문제에 조금이라도 식견을 가지고 있는 사람이라면 미국과 남조선 당국자들이 들고 나온 3당국 회의라는 것이 극히 비현실적이고 사리에 맞지 않으며 이것도 아니고 저것도 아닌 혼탕된 제의라는 것을 알 수 있을 것이다. 다 아는 바와 같이 조선 문제를 해결하려면 우리와 남조선 사이에 풀어야 할 문제가 있고, 우리와 미국 사이에 풀어야 할 문제가 따로 있다". "조선의 통일 문제를 해결하기 위해 제기되는 북과 남의 정치, 경제, 문화의 전반적인 문제는 외세의 간섭 없이 조선 사람 자신이 대화를 통해 해결해야 할 민족 내부 문제이다. 한편 남조선에서 미군을 철거시키며 조선 정전협정을 평화협정으로 바꾸는 문제는 정전협정의 실제적 당사자들인 조선민주주의인민공화국과 미국 사이에 해결해야 할 문제이다"(≪로동신문≫, 1979.7.11).

주한 미군 철수 계획 취소 및 3당국 회의 제안에 대한 북한의 이러한 원색적 비난에서 우리는 주한 미군 철수 계획에 대한 북한의 기대감이 컸던 만큼 실망과 좌절이 컸다는 것을 엿볼 수 있다. 동시에, 북한이 평화협정 체결을 통해 한반도의 정전 체제를 평화 체제로 전환하는 데 한국이 아닌 미국과의 직접적이고 양자적인 대화와 협상을 대외 정책의 기조로 삼았다는 것을 재확인할 수 있다.

4) 레이건 행정부의 등장과 적대적 북미 관계 강화

북한은 1980년 10월 개최된 노동당 6차 당대회에서 자주·친선·평화를 대외 정책의 기본 이념으로 제시했다. "대외 활동에서 자주성을 확고히 견지하고 세계 여러 나라들과의 친선 협조 관계를 발전시키며 세계의 평화와 안전을 보장하기 위해 적극 노력할 것입니다. 자주·친선·평화 이것이 우리 당 대외 정책의 기본리념"이라고 표명했다(『조선중앙년감』, 1981: 66~67).

그러나 로널드 레이건Ronald Reagan 대통령이 미국의 40대 대통령으로 취임하면서, 미소 간 경쟁과 갈등이 악화되는 국제정치적 상황에서 북미 관계 역시 대립 양상이 강화되었다. 레이건 대통령은 주한 미군 철수 계획을 전면 취소하고 한국에 대한 핵우산 제공을 재천명하는 등 한국의 안전 보장과 한미 동맹 공고화를 추진했다. 이에 북한은 레이건 대통령을 '분별력 없는 전쟁광'이라고 부르며, 반동적이고 호전적인 레이건 행정부가 한반도의 분단을 영구화하려 한다고 강하게 비난했다. 이처럼 냉랭해진 북미 관계는 1983년 10월에 있었던 랑군 암살 폭파 사건으로 더욱 악화되었다.

랑군 암살 폭파 사건으로 국제사회의 비난에 직면한 북한은 폭력적인 테러 국가라는 이미지를 쇄신하기 위해 남북한과 미국이 참여하는 3자 회담을 제의한다. 1984년 1월 13일 중앙인민위원회와 최고인민회의 상설 회의 연합 회의를 열어 "조선 문제의 평화적 해결을 위한 새로운 조치를 취할 데 대해"라는 의제에 대한 토의 후 "서울 당국과 미합중국 정부와 국회에 보내는 편지"(이른바 3자 회담 제의 서한)를 채택해 3자 회담 개최에 대한 강한 의지를 표명했다(김계동, 2002: 147). 이 편지에서 북한은 "조선민주주의인민공화국 정부는 조선에서 정전이 실현된 다음 일관하게 미국과의 적대적 관계를 종식시키기 위한 방도를 여러 모로 탐구해왔으나 유감스럽게도 우리의 이러한 노력은 오늘에 이르기까지 응당한 호응을 받지 못했다 …(중략)… 우리는 지금이야말로 우리 정부와 미국 정부가 다 같이 격폐된 상태에서 벗어나서 조선 반도에 엄중하게 조성된 전쟁 위험을 하루빨리 제거하고 조선 문제의 평화적 해결을 위한 길을 공동으로 모색할 때가 되었다고 인정한다. 우리는 미국 정부가 진심으로 평화를 원한다면 오늘 조선에서의 긴장 상태 격화에 책임이 있는 다른 일방인 남조선 당국자들과 함께 우리와 접촉해 조선 문제를 평화적으로 해결하기 위한 협상을 진행해야 할 것이라고 생각한다"고 주장한다(『조선중앙년감』, 1985: 121~123, 255). 즉, 북한은 한반도 긴장 상태의 원인으로 미국을 지적하면서, 한반도 평화 논의를 위해서는 북한과 미국이 대화를 통해 주한 미군 철수 및 양국 간 평화협정 체결을 해야 한다고 주장했다. 그리고 이를 위한 방편의 일환으로 3자 회담에 응할 용의가 있다는 것을 표명했다. 이뿐만 아니라, 1984년 9월 일본 사회당 방문 단과의 회견에서 김일성 주석이 자신이 미국과의 관계 개선에 강한 의욕을 가지고 있으며, 남한을 침략할 의사도 없다고 밝히는 등 미국에 대한 화해 의사를 분명하게 보여주었다(≪중앙일보≫, 1984.9.29).

북한의 3자 회담 제의에 대해 미국은 냉담한 반응을 보였다. 북한은 1986년 7월 20일 최고인민회의 상설 회의에서 북미 간 국회 대표 회담을 열 것을 제안하는 서한을 미국 의회(상하 양원 의장)에 보냈다. 한반도 긴장 완화와 평화 보장을 위해 북한과 미국이 하루빨리 마주 앉아 대화를 시작해야 한다는 메시지를 다시 보낸 것이다.

하지만, 북한은 1987년 11월 KAL858기에 대한 폭탄 테러를 자행해 승객 및 승무원 115명 전원이 사망하게 되는 만행을 저질렀고, 이로 인해 1988년 1월 미국은 북한을 테러 지원 국가state sonsors of terrorism*로 지정하고 제재 강화 조치를 시행했다. 1988년 2월 미 하원 외교위원회 동아시아·

태평양 소위원회는 북한과의 모든 교역 중단을 포함한 대북 제재 조치를 세계 모든 정부들이 취할 것을 만장일치로 승인했다.

　연이은 테러로 국제사회의 비난과 외교적 고립, 미국의 제재 조치에 직면한 북한은 미국과의 대화가 필요하게 되었다. 미국 역시(대북 제재 조치와는 별개로) 서울 올림픽 개최를 앞둔 한반도에서의 긴장 완화를 위해 북한과 대화를 할 필요성을 인지하고 있었다. 이러한 상황에서, 1987년 11월 16일 북한 외교부장 김영남은 조지 슐츠George Shultz 미 국무장관에게 서신을 보내, 남북미 간 3자 회담을 개최하고, 여기에서 한반도 주둔 군사력의 단계적 감축, 북미 간 평화협정 체결, 남북한 간 불가침 선언 등의 문제에 대해 협의할 것을 제안했다. 북한의 제의에 미국이 긍정적으로 반응하면서, 1987년 12월 6일에는 중국의 주선으로 북경 주재 미국과 북한 대사관 직원들 사이에 실무급 외교 접촉이 시작되었고, 1989년까지 그 접촉 빈도는 점점 증가했다.

　북미 간 대화 국면은 한국 정부의 '7·7 선언'으로 더욱 가속화된다. 비군사적 문제에서 한국의 우방들과 북한의 교역에 반대하지 않으며, 북미 관계 역시 한국 정부의 북방 정책에 상응할 정도로 개선되었으면 한다는 점을 분명히 한 것이다. 이에 미국은 1988년 10월, 연초에 시행했던 대북 제재 조치 완화 방안을 발표했다.

---

*　미국 국무부는 매년 「국가별 테러리즘 보고서」를 발표해 국제적 테러 행위에 직접 가담 혹은 지원 및 방조를 한 혐의가 있는 국가를 테러 지원국으로 분류하고 미국 물품의 수출입 금지, 미국 군수품 수출 금지, 경제적 원조 금지 등의 다양한 조치를 취하고 있다.

2. 탈냉전 시기 북미 관계

1) 탈냉전과 북한의 미일 외교 정상화 모색

소련의 붕괴로 인해 미소 중심의 양극 체제가 종식되고 새로운 국제 질서로 재편되는 탈냉전의 흐름 속에서 북한은 미국, 일본 등 서방 국가들과의 관계 정상화를 외교 정책의 최우선 목표로 설정했다. 1990년 5월 최고인민회의 제9기 1차 회의에서 북한은 대외 정책 이념의 순위를 자주·친선·평화에서 자주·평화·친선으로 수정했다(『조선중앙년감』, 1992: 525~527). 이는 1998년 9월 5일 최고인민회의 제10기 1차 회의에서 보완된 '사회주의헌법'에서도 재확인된다. "자주·평화·친선은 조선민주주의인민공화국의 대외 정책의 기본리념이며 대외 활동 원칙"이라고 명시했던 것이다('북한 사회주의 헌법' 제1장 제17조).

북한은 1980년대 말을 전후해 소련과 동유럽의 공산주의 국가들이 붕괴하고 냉전 시기 동안 북한 체제의 보호막이자 든든한 지원자 역할을 해왔던 소련과 중국이 한국과 국교를 정상화하자, 국제 관계에서 고립될 수 있다는 위기감에 직면하게 된다. 이러한 상황에서 북한은 체제 생존의 활로를 찾기 위한 방안의 일환으로 미국·일본을 포함한 서구 자본주의국가에 대한 접근을 강화했다. 특히, 1994년 김일성 주석의 사망으로 김정일 정권이 4년간의 유훈 통치 기간을 거쳐 1998년 9월에 공식적으로 자리를 잡게 되는 내부적 상황에서 체제의 대내외적 승인 및 공고화를 위해 서방 국가들과의 관계 개선과 정상화를 추진했던 것이다. 김계동(2002)은 북한의 이러한 대미, 대일 외교 정책의 변화 원인으로 네 가지를 지적한다. 첫째, 심각한 침체 국면에 처한 경제난을 해결하기 위해서이다. 북한식 사회주의 체제의 비효율성, 특히 중앙집권적 경제계획에 기반한 자력갱생의 원칙, 중공업 우선 정책 및 국방 건설의 동시적 수행으로 북한 경제는 1980년대 중후반 이후 극도로 악화되었다. 1980년대 중반 '합영법'을 제정하는 등 대외 개방 정책 추진을 통해 해결책을 모색하기도 했으나, 경제의 폐쇄성 및 낮은 대외 신용도, 낙후된 사회간접자본 등의 이유로 실질적 결실을 얻는 데는 실패했다. 따라서 북한은 경제 대국인 미국 및 일본과의 관계 개선을 통해 경제적 난을 해소하고자 하는 목적이 컸던 것으로 보인다. 둘째, 외교적 고립을 해소하기 위한 것이다. 탈냉전 초기 한국이 적극적으로 북방 정책을 추진하면서 중국과 소련 및 구공산권 국가들과 국교 수립을 계속해나가면서, 북한은 외교적으로 고립 상태에 놓이게 되었다. 이러한 한국의 북방 정책에 대한 대응책으로서 북한은 미국 및 일본과의 관계 개선 및 정상화를 적극적으로 추진할 수밖에 없었다는 것이다. 셋째, 김정일 체제의 정통성 확보 및 공고화를 위해서이다. 대내적으로는 서방 국가들과의 관계 개선이 김정일의 공로인 것처럼 보이게 함으로써 김정일 체제에 대한 국내적 지지를 이끌어내고, 대외적으로는 서방 국가들과의 관계 정상화가 김정일 체제에 대한 국제사회의 지지 및 승인인 것처럼 보이게 하려는 시도였던 것이다. 넷째, 대미, 대일 관계 개선을 통해 북한이 직면한 안보 위협을 최소화하기 위한 것이다. 특히, 미국과의 접촉 및 대화를 통해 북한은 한미동맹의 결속력을 약화시키는 동시에 휴전선에서 직접적으로 대치 중인 미군의 위협을 감소시키고자 했다(김계동, 2002: 188~190).

북한의 적극적인 대미 외교는 탈냉전 및 세계적인 해빙의 분위기 속에 더욱 본격화되었고, 북미 관계 역시 대화와 협력의 국면이 강화되었다. 미국은 1988년 10월 대북 제재 완화 방안을 발표하면서, 이미 미국 국적자들의 북한 방문 제한을 완화하고, 인도적 차원에서의 대북 교역을 허용하는 등 일정 수준의 민간 교류가 가능할 수 있도록 했다. 1990년 들어 미국 학자들이 평양을 방문해 학술 토론회를 개최하고, 북한 학자들이 워싱턴에서 열린 세미나에 참석했으며, 1992년에는 미국 내 학술회의에 북한 측 대표가 참석하고 미국 학자 및 전직 고위 관리의 방북도 연이었다. 또한, 미국 스티븐 솔러즈Stephen J. Solarz 의원이 방북해 김영남 외교부장뿐 아니라 김일성 주석까지 접견하면서 의회 차원에서의 교류도 성사되었다(김계동, 2012: 281).

　1987년 12월부터 시작된 참사관급 실무 외교 접촉은 1992년 12월까지 28여 차례 진행되었고, 교차승인 포기, 한국전 참전 미군 유해 30구 추가 송환 등 북미 관계 외교 접촉 수준의 격상 및 관계 개선이 지속적으로 이어졌다.

2) 제1차 북핵 위기와 제네바 합의

　1990년대 초반, 북한의 핵 개발 가능성이 국제사회의 새로운 이슈로 등장하게 된다. 북한은 이미 1973년 9월 국제원자력기구International Atomic Energy Agency (이하 IAEA)에 가입했고, 1985년 12월 핵확산금지조약The Treaty on the Non-Proliferation of Nuclear Weapons (이하 NPT)에 가입했다. 하지만, 북한은 1986년 영변에 5MW의 원자로를 완공했고 재처리 시설을 착공함으로써 핵 개발을 본격적으로 시작한 것으로 보인다. 북한의 핵 개발 의혹은 1989년 9월 프랑스의 한 상업 위성이 영변 핵 시설 사진을 공개하면서 국제 문제화되기 시작했다.

　1991년, IAEA는 북한이 전면 핵안전조치협정Comprehensive Safeguard Agreement 안을 승인하고 협정 서명 및 이행을 조속히 실시하도록 압력을 가했으나, 북한은 IAEA의 결의안 채택 압력을 '명백한 주권 침해이자 내정간섭'이라 비난하는 한편, 한국 내 미국의 핵무기 철수가 없이는 절대로 협정을 체결할 수 없다고 거부했다. 하지만, 북한의 핵 개발 위협이 사라질 때까지 주한 미군 추가 철수를 연기한다는 미국의 발표에 북한은 결국 1992년 1월 30일 IAEA와 전면 핵안전조치협정에 서명했다. 1985년 12월 12일 NPT에 가입한 지 6년이 지나서야 가입 후 18개월 이내에 체결하기로 되어 있는 IAEA와의 핵안전조치협정을 체결한 것이다.

핵안전조치협정 체결 및 비준(1992년 4월 9일) 직후, 북한은 IAEA 핵 사찰에 선제적으로 임하는 모습을 보인다. IAEA 이사회는 북한이 사찰을 1992년 6월 15일까지 받으면 된다고 정했으나, 북한은 시한보다 이른 시기에 3기의 원자로 보유 사실을 시인하고, 핵 물질 보고서도 일찍 제출하는 등 사찰을 받을 모든 준비가 되어 있다고 밝힌다. 특히, 1992년 5월 4일에 제출한 최초의 핵 보고서는 예상보다 훨씬 이른 것으로, 이 보고서에서 북한은 총 14개의 핵 시설물을 신고할 뿐만 아니라 소량의 플루토늄을 추출했었던 사실을 시인하는 등 전향적인 모습을 보여주었다.

그러나 1992년 5월부터 이듬해 2월까지 실시된 IAEA 사찰에서 사찰단은 북한의 플루토늄 추출 신고 양이 실제 예측치와 일치하지 않는 것을 발견하고 추가적인 특별 사찰을 요구하게 된다. 좀 더 확실한 사찰 및 검증을 위해 미국은 남북한 동시 상호 사찰을 제의하기도 했다. 하지만 북한은 기밀 사항인 군사시설이 한국과 미국에 공개될 수 있다는 위험성을 이유로 IAEA의 추가 사찰을 거부했다. 나아가 북한은 1993년 3월 12일 중앙인민위원회 제9기 7차 회의에서 NPT 탈퇴를 선언하고 이를 IAEA 사무국과 유엔 안보리에 알렸다. 한국과 미국이 북한을 위협하는 팀스피리트 합동 군사훈련을 재개하고 IAEA 관리이사회가 스스로 IAEA 규약을 어기면서까지 북한의 군사 부분에 대한 개방을 강요하는 부당한 결의를 채택했기 때문에, '국가의 최고 이익을 지키기 위한 조치로' 부득불 NPT를 탈퇴한다는 것이다.

북미 간 협상은 다시 교착 상태에 빠지게 된다. 1993년 6월 초, 미국의 빌 클린턴Bill Clinton 행정부는 북한이 남북한 상호 사찰 및 불시 사찰을 계속 거부할 경우, 북미 간 관계 개선 불가는 물론, 국제적 제재 조치의 가능성도 있다고 강경 입장을 내놓았다. 그러나 북한은 1994년 5월 연료봉을 인출하고 6월에는 IAEA 탈퇴마저 선언한다. 이제 북한의 핵 개발은 대미 협상에서 주요한 카드로 자리매김하게 된다. 북한은 NPT 탈퇴 선언 철회의 전제 조건으로, IAEA의 공정성 확보와 더불어 팀스피리트 훈련의 영구 중단, 미국의 핵 위협 포기 등을 요구했다.

북한의 핵 개발 및 NPT 탈퇴는 남북 관계를 악화시켰을 뿐만 아니라 북미 간 관계도 최악의 상황으로 치닫게끔 했다. 그러나 모순적이게도 북한의 NPT 탈퇴 선언은 북미 간 협상에서 북한의 국제적 위상을 제고시키는 역할을 했다. 참사관급으로 진행되던 북미 대화가 고위급 회담으로 발전해 로버트 갈루치Robert Gallucci 미 국무부(정치 군사 담당) 차관보와 북한 외교부 강석주 부부장이 수석대표로 참여한 차관보급 회담이 1992년 6월 4차례에 걸쳐 뉴욕의 유엔 주재 미국 대표부에서 개최되었다. 1단계 고위급 회담 결과, 양국은 북한이 '필요하다고 인정하는 동안' NPT 탈퇴를 일시 정지시키는 데 합의했다. 1993년 7월 14일부터 열린 제2차 고위급 회담에서 북미 양국은 북한의 현존 흑연감속로 및 관련한 핵 시설을 경수로로 교체하는 것이 바람직하다는 데 동의했고, 좀 더 전반적인 북미 관계 개선 논의를 위해 2개월 이내에 회담을 재개하는 데 합의했다.

그러나 1994년 봄 북한이 강경한 입장을 취하고, 미국을 중심으로 유엔이 대북 경제제재를 고려하면서, 북한은 무력 대응을 시사하고 '서울을 불

바다로' 만들 수 있다며 강한 목소리를 내면서 북미 대화는 최악의 상황으로 치닫게 된다. 미국은 영변 폭격 계획을 추진하면서도 동시에 카터 전 미국 대통령을 통한 북미 간 대화를 시도한다. 1994년 6월 카터 전 미국 대통령이 평양을 방문했고, 김일성 주석과 회담을 가진 후, 남북 정상회담까지 주선하면서 북미 및 남북 간 대화 국면의 진전이 예상되었다. 그러나 이런 기대는 1994년 7월 초 김일성 주석의 사망으로 일시 중지된다.

1994년 10월에 들어 김정일 체제가 안정화되면서, 북미 간 협상은 다시 급물살을 타게 된다. 제네바에서 만난 북미 양국은 10월 21일 합의서에 서명을 했다. '제네바 합의서'에서 북미 양국은 북한이 흑연감속로 및 관련 시설을 동결하고 궁극적으로 해체하는 대가로 경수로 및 대체에너지를 제공받는 데 합의했고, IAEA가 북한 영변 시설의 동결 상태를 감시하도록 하는 데 동의했다. 즉, 북한은 핵 동결을 하는 보상으로 총발전량 200만kw의 경수로와 더불어 공사 동안에 매년 50만 톤의 중유 또는 이에 상응하는 에너지 지원을 미국 등으로부터 제공받기로 합의했다.

양국은 또한, 정치 경제적 관계에 있어서도 관계 정상화를 추구하는 데 동의했다. 서로의 수도에 연락사무소를 개설하고, 향후 양국 관계를 대사급 관계로 격상시키기로 한다. 또한, 북한은 북한 핵 사찰에서 가장 큰 쟁점이 되었던 특별 사찰을 경수로 본체 주요 기자재 및 설비가 반입되기 전에 실시하기로 합의했다.

제네바 합의에 의거해 미국은 1995년 대북 경제제재 조치를 완화한다. 이러한 조치에는 북한 정부의 자산이 아닌 동결 자산의 해제, 북한의 대미 마그네사이트 수출 허가, 북한의 미국 금융기관 사용 허가(금융거래가 미국에서 발생하거나 종결되는 경우는 제외), 북미 연락사무소 개설 및 활동과 관련된 거래 허용 등이 포함되었다. 경제제재 완화 조치 이후 북미 간 교역 규모는 1994

표 5-1 제네바 합의 주요 내용

북한의 의무 조치	북미 관계	대북 상응 조치	합의 주체
- 영변의 5MW(e) 흑연감속로 및 관련 시설의 동결 및 해체(합의문 서명 후 1개월 이내) - 북한의 NPT 잔류 및 IAEA 안전 조치 협정 이행 - 한반도 비핵화 공동선언의 이행	- 3개월 내 금융 결제 제한 조치 등 무역, 투자 장벽 완화 - 워싱턴과 평양에 연락 사무소 교환 설치 - 공동 관심사 진전 따라 대사급 외교 관계 수립	- 미국, 북한에 대해 핵무기 사용 금지 및 핵 위협 금지 보장 - 2003년까지 200만kw 수준의 경수로 제공 - 경수로 1기 완공 시까지 매년 증유 50만 톤 제공	- 미국, 북한

주: 경남대학교 극동문제연구소(2017a: 1), 김계동(2012: 164)에 실린 표 내용을 재구성.

년 18만 달러에서 1999년 1129만 달러로 급증하게 된다.

'제네바 합의' 체결로 인한 북미 간 화해와 협력의 국면은 정전협정의 폐기 및 평화협정 체결을 둘러싸고 또다시 갈등의 양상을 보인다. 북미 평화협정 체결을 통해 한미 안보 동맹 체제의 필요성을 와해시키고 주한 미군 철수를 유도하려는 북측의 입장과 양자 간 협상의 틀이 아닌 다자간 협상의 틀 속에서 한반도 긴장 완화 및 신뢰 구축 논의를 우선하려는 미국의 입장이 첨예하게 부딪치는 가운데, 대화의 진전이 힘들어진 것이다. 이에 더해, 제네바 합의 이행 과정에서, 미국은 1998년 8월 초부터 북한이 영변이 아닌 평안북도 대관군 금창리에 핵 시설로 추정되는 지하 시설을 건설 중이라는 의혹을 제기하면서 대북 압박을 강화하기 시작했다. 이에, 북한이 1998년 9월 31일 장거리 미사일의 시험 발사로 대응하면서 북미 관계는 일순간 급격히 냉각된다. 이러한 분위기는 북한이 미사일 시험 발사를 군사적·정치적 대북 협상 카드로 활용하고자 하면서 더욱 악화되었다.

1999년 3월, 금창리 지하 시설에 대한 미국 현장 방문단의 현지 조사가 이루어졌고, 핵 개발과 무관한 시설이라는 판단이 내려지면서 북미 양국 간 관계 개선의 토대가 마련되었다. 또한, 1999년 9월 북미 양국은 베를린에서 북한의 미사일 시험 발사 유예와 미국의 대북 경제제재 해제 및 식량 지원을 맞바꾸는 '북미 베를린 합의'를 타결했다. 곧이어, 북한의 백남순 외무상은 9월 25일 제54차 유엔총회 기조연설을 통해 북미 간 고위급 회담을 진행할 것과 회담 기간에는 미사일을 추가로 발사하지 않겠다는 입장을 분명히 밝혔다. 미국 역시 페리 보고서*에 기반한 북미 관계 개선 노력을 위해 9월 17일 대북 경제제재 완화 조치를 발표했다.

사실, 1차 북핵 위기 당시, 미국은 영변 폭격 계획을 추진하는 것과 동시에 카터 전 미국 대통령이 방북을 하는 등, 세계 질서 관리와 대량 살상 무기 문제 해결의 관점에서 다소 상반된 접근법을 보였다. 반면 북한은 제네바 합의 협상 과정에서 한국을 최대한 배제하는 통미 봉남의 입장을 견지했고, 미국과의 직접 협상을 통해 결국 자신들의 핵 개발 동결을 경수로 및 중유 지원과 맞바꾸는 결과를 얻을 수 있었다. 이후 미국 공화당 의회의 반대에 부딪히고 경수로 건설이 지체되는 등 합의 사항의 실제 이행이 지연되었지만, 클린턴 대통령의 임기 말 북미 관계는 양국이 북미 공동 코뮤니케를 형성하는 등 급진전되었다.

---

* 클린턴 대통령은 1998년 11월 페리 전 국방장관을 대북정책조정관으로 임명한다. 북한이 핵무기 등 대량 살상 무기를 포기할 경우, 북한에 외교 및 경제적 이익을 제공하는 포괄적 대북 협상의 접근법에 기반해, 페리 보고서는 북미 관계의 정상화를 목표로 추진할 것을 제안한다. 단기적으로는 북한이 미사일 재발사를 자제 또는 중지할 경우, 미국이 대북 제재 조치 중 일부를 해제하고, 중기적으로는 북한의 핵 및 미사일 개발 계획 중단 보장을 받으며, 이를 통해 장기적으로는 한반도에서 평화 체제를 구축하는 것을 주요 내용으로 한다[좀 더 자세한 내용은 김계동 (2012: 288) 참조].

3. 부시 행정부의 출범과 북미 관계의 경색

1) 9·11 테러와 북미 대립 관계의 악화

2000년 6월 15일 남북 정상회담을 전후해 북한은 미국 및 일본과의 관계 개선에 주력하면서도 EU 및 유럽 국가들과의 외교 활동을 활발히 하는 등 대외 정책에서 큰 변화를 보여주었다. 2000년 10월 북한의 국방위원회 제1부위원장인 조명록 차수가 미국 워싱턴을 방문해, 적대 관계 청산 및 새로운 북미 관계 수립 등의 내용을 담은 '조미 공동 코뮤니케'와 '반테러 공동성명'을 채택했고, 이어 올브라이트 국무장관이 평양을 방문하는 등 화해 및 대화 기조가 유지되었다.

그러나 2001년 1월 부시 행정부가 출범하고 미국의 대북 정책이 강경 정책으로 선회하면서 양국 관계는 주춤하게 된다. 북한은 2001년 8월 4일, 김정일 위원장과 푸틴 러시아 대통령의 정상회담 직후 8개항으로 구성된 "북·러 모스크바 선언"을 발표했다. 이 공동선언에서 북한은 러시아에게 주한 미군 철수 문제가 한반도 및 동북아 지역의 평화를 위해 미룰 수 없는 문제라고 설명했고, 러시아는 이에 대한 이해를 표명한 것과 동시에 북한이 미국, 일본과의 회담에서 성과를 거두기를 기대한다고 말한다(통일부, 2001: 3~4). 북한이 러시아와의 정상회담에서 이처럼 '주한 미군의 철수' 요구를 명확히 한 것은 당시 부시 행정부의 대북 강경 정책에 대한 대응일 뿐만 아니라 미국의 태도 변화를 촉구하기 위한 대미 협상용 성격이 크다고 할 수 있다(홍완석, 2001).

그러나 2001년 9월 11일 9·11 테러가 발생하면서 북미 간 대화 국면은 더 이상 진전하지 못하게 된다. 지금까지 본토에 대한 공격을 경험하지 못했던 미국의 가장 발전한 도시 중 하나인 뉴욕 시의 한복판에서 유례없는 방식으로 감행된 테러 공격에 큰 충격을 받은 미국은 2001년 9월 테러와의 전쟁을 선포했다. 2002년 1월에는 연두교서에서 북한을 '악의 축'으로 규정한 것과 동시에 미 국방부의 「핵태세검토보고서Nuclear Posture Review」(이하 NPR)를 미 의회에 제출했다.

북한 역시 강경한 반응을 보인다. 북한은 북한을 '악의 축'으로 규정한 미국의 행위가 선전포고라며 강력하게 비난했다. 2002년 8월 북한은 미국의 사찰 요구를 거부하면서 제네바 합의를 파기할 수도 있다는 것을 시사한다. 북미 간 대립과 갈등의 국면이 급격히 악화되는 가운데, 2차 북핵 위기가 일어난다.

2) 2차 북핵 위기와 6자 회담

2002년 10월, 한미 양국은 북한이 농축우라늄 핵 개발 프로그램을 시인했다고 발표하면서, 2차 북핵 위기가 발생한다. 같은 해 11월 한미 양국은 '제네바 합의'의 이행 조치로서 지속해오던 북한에 대한 중유 공급을 중단하기로 결정했고, 한반도에너지개발기구Korean peninsula Energy Development Organization(이하 KEDO)의 활동 역시 재검토할 것이라고 발표한다. 당시 9·11 테러의 참혹함을 겪었던 부시 행정부는 대테러 전쟁 및 민주 평화론의 관점에서 대북 대화 기조보다는 대북 강경책을, 북한 정권의 안정성보다는 북한 정권의 교체를 더 선호했던 것으로 보인다. 이에 같은 해, 12월 북한이 핵 동결 해제를 선언하고, 2003년 1월에는 NPT 탈퇴까지 선언하면서, 북핵 문제는 또 한 번의 위기 상황으로 치닫게 된다.

2차 북핵 위기를 해결하기 위해, 남북한, 미국, 러시아, 일본, 중국은 6

자 회담을 통해 문제를 해결하고자 했다. 2003년 8월부터 시작된 6자 회담에서 당사국들은 '한반도 비핵화' 및 '평화적 해결'의 원칙에 대한 공감대를 확인하는 한편, 초기 조치 및 '말 대 말/행동 대 행동'의 단계적·점진적 진행에 합의했으며, 2005년 9월 19일에는 '9·19 공동성명'을 채택하게 된다. '9·19 공동성명'은 6자 회담 최초로 원칙과 목표를 담은 공동성명으로, 북한의 핵 폐기 및 이에 대한 다른 당사국들의 상응 조치에 대한 공약을 포함했다. 특히, 북한은 비핵화와 관련해, "6자는 6자 회담의 목표가 한반도의 검증 가능한 비핵화를 평화적인 방법으로 달성하는 것임을 만장일치로 재확인했다. 조선민주주의인민공화국은 모든 핵무기와 현존하는 핵 계획을 포기할 것과, 조속한 시일 내에 핵확산금지조약NPT과 국제원자력기구IAEA의 안전조치에 복귀할 것을 공약했다"라고 하면서 비핵화에 대한 합의를 명문화했다. 그리고 행동 대 행동 원칙에 입각해, 북한의 비핵화는 핵 불능화·핵 신고·핵 폐기의 수순으로 추진하게 된다.

2005년 11월부터 시작된 5차 6자 회담에서 관련국들은 9·19 공동성명의 전면적 이행에 대한 의지와 공감대를 재확인했다. 그러나 북한 측이 공동성명 내용의 이행 문제 논의 전에 BDA 문제*가 먼저 해결되어야 한다는 입장을 견지하면서 6자 회담의 진전은 잠시 교착 상태에 빠지게 된다.

2006년 10월 9일 북한은 1차 핵실험을 강행하면서, 자국의 핵 개발 및 핵실험이 미국의 대북 제재 및 봉쇄 정책의 결과로 초래된 것이라고 주장

---

* 2005년 9월 15일, 미국 재무부는 마카오에 위치한 뱅코델타아시아(Banco Delta Asia: BDA) 은행이 북한 정부를 위해 돈세탁 및 기타 금융 범죄를 저지른 혐의가 있다며 미국 Patriot Act 제311조에 따른 "돈세탁 주요 우려 대상(primary money laundering concern)"으로 지정했다. 미 재무부의 이러한 조치로 인해 BDA의 도산을 걱정하는 예금자들이 한꺼번에 예금을 인출해가는 'bank-run' 현상이 발생하면서 마카오 당국이 BDA 계좌의 인출을 일시 중단시키는 사태가 발생했으며, BDA의 북한 관련 계좌를 동결시키게 되었다.

표 5- 2 6자 회담 경과

1차회담(2003.8.27~29)	- 한반도 비핵화, 대화를 통한 평화적 해결 원칙에 대한 공감대 형성
2차 회담(2004.2.25~28)	- 한반도 비핵화 및 평화적 해결 원칙 재확인 - 북핵 폐기, 대북 안전 보장, 핵 동결 상응 조치, 실무 그룹 구성 등 협의
3차 회담(2004.6.23~26)	- 한반도 비핵화 위한 '초기 조치' 및 '말 대 말, 행동 대 행동'의 단계적 과정 필요성에 대한 공감대 형성 - 실무 그룹 회의에서 초기 조치 범위·기간·검증·상응 조치 문제 등 논의 하기로 협의
4차회담 (2005.7.26~8.7/ 9.13~19)	- 9·19 공동성명 채택 - 북한의 핵 폐기 및 여타 국의 상응 조치 공약 '별도 포럼'에서 직접 당사자 간 한반도 평화 체제 협상 개최
5차 회담 1단계 회의(2005.11.9~11)	- 9·19 공동성명 전면적 이행 의지 재확인 및 구체적 조치와 순서 작성에 합의 - 북측, BDA 문제 해결 전에는 핵 포기 논의에 불참 주장
5차 회담 2단계 회의(2006.12.18~22)	- 북측, 'BDA 문제 해결 전 공동성명 이행 문제 논의 불가' 입장 고수, 미·북 베를린 회담으로 양자 간 의견 조율(2007.1.16~18)
5차 회담 3단계 회의(2007.2.8~13)	- "9·19 공동성명 이행을 위한 초기 조치" '2·13 합의' 체결 - 비핵화 초기 조치 이행 방안 토의 및 5개 실무 그룹(WG) 등에 관한 합의 문 논의
6차 회담 1단계 회의(2007.3.19~22)	- 5개 실무 그룹 활동 결과 보고 청취 - BDA 해제 자금 송금 문제로 실질적 논의 없이 휴회
수석대표 회의(2007.7.18~20)	- 핵 물질 신고 및 불능화, 중유 95만 톤 지원 관련 북측 입장 확인 - 5개 실무 그룹 회의 및 6자 회담 본회담 및 외교장관 회담 개최 협의
6차 회담 2단계 회의(2007.9.27~30)	- 비핵화 2단계 조치(신고/불능화) 관련 '10·3 합의' 채택 - 대북 중유/비중유 인도적 지원
수석대표 회의(2008.7.10~12)	- 비핵화 검증 체제 수립 및 이행 관련 감시 체제 수립 합의, 북핵 검증 원칙 및 비핵화 2단계를 2008년 10월까지 완결 등에 합의 - 2008년10월까지 불능화 조치 및 대북 경제 지원 시간 계획 작성
수석대표 회의(2008.12.8~11)	- 2단계 조치 관련 미·북 간 합의 사항 문서화 협의 - 경제 및 에너지 지원 관련 사항 논의 - 3단계 조치 시행에 관한 초보적 논의

주: 경남대학교 극동문제연구소(2017a: 2).

하기도 한다. 하지만, 미국의 부시 대통령은 지난 2001년 당시 북한을 악의 축으로 규정짓고 강하게 비난하던 입장에서 다소 선회해, 2006년 11월 18일 하노이에서 열린 응우옌민찌엣 베트남 주석과의 정상회담에서는 '북한이 핵을 포기할 경우, 평화협정의 체결도 가능하다'며 임기 내 한반도의 비핵화에 대한 추진 의지를 표명했다. 부시 대통령의 이러한 평화협정 언급은 2·13 합의를 도출하는 데 긍정적으로 작용했다고 평해진다.

2007년 1월, 미국은 교착 상태에 빠진 6자 회담의 돌파구를 마련하기 위해, 양자 회담에 대한 그동안의 거부 방침을 철회하고 북한과의 직접 대화에 나서기 시작했다. 2007년 1월 16일부터 18일까지 미국의 크리스토퍼 힐 국무부 차관보가 북한의 김계관 외무성 부상을 베를린에서 만나 9·19 공동성명 이행 방안 및 BDA 문제 등에 대해 의견을 교환했고, 북한 핵 시설 동결 및 이에 따른 에너지 지원 등에 포괄적으로 합의하는 데 성공했다. 이처럼 북미 양국이 베를린 회담을 통해 의견을 조율하는 데 성공하면서, 2007년 2월 6자 회담 참가국들은 '9·19 공동성명' 이행을 위한 초기 조치에 대한 '2·13 합의'를 체결하는 데 성공했고, 북한 비핵화를 위한 초기 조치의 이행 방안과 5개의 실무 그룹working groups 구성 등에 대한 합의문을 논의했다.

다음의 〈표 5-3〉에서 보는 바와 같이, 2·13 합의에서는 북한 비핵화의 초기 조치 및 2단계 조치의 이행 시한과 계획, 이에 상응하는 보상 등이 자세히 논의되었다. 우선, 북한은 60일 이내에 영변 핵 시설을 폐쇄 및 봉인하고, 플루토늄을 포함한 모든 핵 물질과 핵 프로그램의 목록을 작성하고 협의하기로 했다. 또한, 북한은 IAEA 사찰관의 즉시 복귀 및 감시 활동 시작에 동의했다. 이에 대한 반대급부로, 미국은 북미 관계 정상화를 위한 양자 대화를 개시하는 것과 동시에 북한을 테러 지원국 리스트에서 제외하며* 적성국 교역법 적용을 중지할 것을 추진하겠다는 데 합의했다. 이에

표 5-3 2·13 합의의 주요 내용

초기 조치 이행 계획	- 60일 이내 이행 - 북한 영변 핵 시설 폐쇄 및 봉인 - IAEA 사찰관 감시 복귀 - 플루토늄을 포함한 모든 핵 물질 및 프로그램 목록 협의 - 북·일 관계 정상화를 위한 양자 대화 개시 - 중유 5만 톤 상당의 에너지 지원(60일 내)
2단계 이행 계획	- 초기 조치 이행 완료 이후 - 핵 프로그램의 완전한 신고 및 핵 시설 불능화 - 중유 95만 톤 상당의 에너지 지원
5개 실무 그룹 구성	- 30일 이내 - 한반도 비핵화, 북·미 및 북·일 관계 정상화, 경제·에너지 협력, 동북아 평화·안보 체제 등
6자 장관급 회담	- 초기 조치 이행 완료 이후 - 동북아 안보 협력 방안 모색을 위한 6자 장관급 회담 개최 - 직접 관련 당사자 간 별도 포럼에서 한반도 평화 체제 논의
북미 관계	- 외교 관계 정상화 추진을 위한 양자 대화 개시 - 테러 지원국 지정 해제 과정 개시 - 적성국 교역법 적용 종료 추진
합의 주체	- 6자 회담 사무국

주: 외교통상부(2008: 26), 김계동(2012: 164)에 정리된 표의 내용을 재구성함.

더해, 60일 이내에 이행되어야 하는 초기 조치가 완료된 이후에 실시될 2단계 이행 계획의 경우, 북한은 핵 프로그램에 대해 완전한 신고를 하며, 영

---

* 미국이 북한을 테러 지원국 리스트에서 제외할 경우, 이는 북한에 대한 다양한 경제제재가 철폐되는 효과를 가져올 수 있다. 국제 금융기관의 금융 지원을 받을 수 있게 되는 것뿐만 아니라 전략 물자의 수출입에서도 상당한 제재가 철회되기 때문이다. 특히, 미국 상무부는 군사적 용도로 전용될 우려가 있는 민수용 품목의 경우, 미국산 부품/요소가 10% 이상 포함된 품목들의 대북 수출을 제한하고 상무부의 승인을 받도록 규정하고 있었다. 이는 미국 기업 제품만이 아니라 한국 등 해외 기업의 제품에도 해당되는 규정이었다. 따라서 북한이 테러 지원국 리스트에서 제외된다면, 북한에 대한 각국 기업들의 수출 및 투자 제한이 상당 수준 완화되며, 따라서 북한의 입장에서도 상당한 경제제재가 철회되는 효과를 가지게 되므로, 이를 강력하게 원했던 것이다.

변 핵 시설 및 관련 시설을 폭파 등의 방법으로 불능화해야 하고, 한미일 등은 중유 95만 톤 상당의 에너지를 지원하기로 합의했다.

2007년 3월부터 시작된 6차 회담에서는 BDA 해제 자금 송금 문제에 대한 이견이 다시 불거지면서, 추가 조치에 대한 실질적 논의가 이루어지지 않았다. 이러한 교착 상태를 해결하기 위해, 6자 회담 참가국들은 2007년 7월 수석대표 회의를 열어 북한의 핵 신고 및 불능화 문제, 중유 95만 톤 상당의 에너지원 지원 문제에 대한 북한 측의 입장을 확인했으며, 6자 본회담 및 외교장관 회담 개최에 대해서도 논의했다.

2007년 9월, 6개국은 북한의 핵 신고 및 불능화에 해당하는 비핵화 2단계 조치와 관련한 10·3 합의를 채택하는 데 성공했다. 10·3 합의에서 당사국들은 북한이 연내에 모든 핵 프로그램의 완전한 신고를 이행하고, 현존하는 모든 핵 시설의 불능화를 완료하며, 나아가 핵 비확산 규범에 입각해 북한이 가지고 있는 핵 물질과 기술, 노하우의 이전과 확산을 하지 않는다는 원칙을 재확인했다. 미국 등이 북한에 95만 톤 상당의 에너지 및 추가적인 인도적 지원을 제공하기로 동의했으며, 미국은 북한의 이러한 비핵화

표 5-4 '10·3 합의' 주요 내용

비핵화	- 연내 북한의 모든 핵 프로그램의 완전한 신고 - 북한의 모든 현존하는 핵 시설의 불능화 - 북한이 가지고 있는 핵 물질 및 기술의 이전·확산 금지 재확인
북미 관계 정상화	- 미국은 북한의 조치에 병행해 북미 관계 정상화 논의를 위한 실무 그룹에서의 합의 내용을 이행
대북 경제·에너지 지원	- 북한에 중유 95만 톤 상당의 경제·에너지 및 인도적 지원 제공
6자 외교장관 회담	- 당사국들은 적절한 시기에 베이징에서 6자 외교장관 회담 개최를 재확인 - 의제 협의를 위해 6자 수석대표 회의 사전 개최

주: 외교통상부(2008: 26), 김계동(2012: 164)에 정리된 표의 내용을 재구성.

조치에 병행해 북미 관계의 정상화 논의에 대한 실무 그룹의 합의 내용을 이행할 것에 동의했다. 따라서 '10·3 합의'는 북한에 대한 중유/비중유 인도적 지원도 포함했다.

2008년 6월 27일, 북한의 '10·3 합의' 이행의 일환이자 미국과의 테러지원국 삭제 논의의 일환으로 영변 원자로의 냉각탑을 폭파했다. 이어 7월부터 열린 수석대표 회의에서 6개 관련국은 북핵 검증의 원칙 및 비핵화 2단계를 2008년 10월까지 마무리하는 것에 대해 합의하고 2008년 10월까지 불능화 조치 및 이에 상응하는 대북 경제 지원에 대한 로드맵을 작성했으며, 북미 간 합의 사항을 문서화하는 작업도 시작했다. 또한 2단계 이행 조치인 핵 신고 및 불능화 단계 이후에 이루어질 3단계 조치 시행에 대해서도 초기적인 논의를 했다.

한편, 6자 회담 틀 속에서 이루어진 북미 관계 정상화 논의에서 미국은 북핵 문제 해결 및 한반도 평화 체제 구축은 원칙적으로 '선 비핵화 진전, 후 평화 체제 논의'라는 입장을 견지해왔다. 2008년 6월 26일 크리스토퍼 힐 차관보는 방북 결과 언론 브리핑에서, 북한이 핵 불능화 단계에 진입할 경우, 남북미중 4자 간 평화 프로세스 개시가 가능하다는 입장을 밝히기도 했다. 반면, 북한은 기본적으로 비핵화 이전에 미국 관계의 정상화가 선행되어야 한다고 주장해왔다. 그럼에도 불구하고, 북한은 비핵화와 북미 관계/한반도 평화 체제의 병행 추진 논의에 대해서는 가능성을 열어두는 전략적 자세를 보여주었다.

4. 오바마 행정부와 북미 관계

북한은 2009년 오바마 행정부가 출범하면서 6자 회담 진전을 희망하는 등 북미 관계 개선에 대한 기대감을 표명했다. 그러나 오바마 행정부는 대외 관계에서 아시아 지역의 중요성pivot to asia을 인식하면서도, 완전한 비핵화와 핵 확산에 대한 의혹의 해소가 없이는 북한과의 관계 정상화가 불가능하다는 입장을 밝혔다. 이에 북한은 2009년 4월에 IAEA 사찰팀 등 감독 인력 전원을 철수시키는 한편 '광명성 2호' 장거리 미사일을 시험 발사하고, 2009년 5월 25일에는 2차 핵실험을 감행했으며, 2009년에는 폐연료봉 재처리 완료 발표, 2010년에는 우라늄 농축 시설 공개 등 핵무기 및 미사일 개발에 박차를 가했으며, 이를 통해 미국에 대한 압박을 강화하려 했다.

북한의 지속적인 핵실험 및 도발에 대응해, 미국은 유엔 안보리에서 대북 제재 결의안 채택을 주도했다. 2009년 2차 핵실험 시, 유엔 안보리는 결의안 제1873호를 채택했는데, 이는 기존의 유엔 안보리 결의 1718호에 화물 및 해상 검색 강화, 금융 및 경제제재 강화, 무기 금수 조치의 확대 등 좀 더 강력한 추가 제재 조치를 포함한 것으로, 2009년 6월 12일 만장일치로 채택되었다.

5. 김정은 체제와 북미 관계

1) 핵실험 및 미사일 발사와 대북 제재의 악순환

김정은 집권 이후, 북한이 4차례의 핵실험과 40여 차례가 넘는 탄도미사일 시험을 진행하면서, 북한의 외교 관계는 더욱 악화되었다. 사실 김정은 집권 초기라 할 수 있는 2012년 2월 북미 양국은 북핵 문제와 관련해 의미 있는 결과물을 도출해냈다. 2011년 12월 김정일 국방위원장의 사망으로 잠정 중단 및 연기되었던 3차 북미 고위급 회담이 2012년 2월 베이징에서 개최되었는데, 김계관 북한 외무성 제1부상과 글린 데이비스Glyn Davies 대북 정책 특별대표가 만난 회담에서 양국은 '2·29 합의'를 이끌어냈던 것이다. '2·29 합의'는 '북한이 핵실험과 장거리 미사일 발사, 영변 우라늄 농축 활동을 임시 중단할 경우, 미국이 북한에 24만 톤에 달하는 식량 지원을 재개'하는 것이 주 내용이었으며, 북미 양국이 유의미한 합의를 도출해냈다는 점에서 양국 관계 개선 및 중단 상태에 있던 6자 회담 재개에 대한 기대감도 높아졌다. 그러나 '장거리 미사일 발사 유예' 조항에 위성 목적의 로켓 발사가 포함되느냐에 대한 양측 간의 이견으로 문제가 발생했으며, 북한이 2012년 4월 장거리 로켓인 은하 3호를 발사하면서 물거품이 되었다.

2012년 4월과 12월에 북한이 장거리 로켓을 발사하자, 유엔 안보리는 2013년 1월 22일에 대북 제재 결의안 제2087호를 채택했다. 이에 북한은 2013년 2월 12일 3차 핵실험을 단행했고, 3월 핵 무장 및 경제개발의 병진 노선을 발표하면서 핵무기 보유를 공식화했다. 이에 대해 유엔 안보리는 2013년 3월 7일 더욱 강화된 대북 제재 결의안 제2094호를 채택했는데, 이는 기존의 대북 제재 조치를 강화 및 확대한 것으로서 수출 통제, 항공 및 선박 규제, 금융 압박 등의 내용이 포함되었다. 또한, 이 결의안은 유엔헌장 7장 41조에 따라 북한의 핵 개발을 용인할 수 없다는 국제사회의 의지를 재확인하고, 북한의 핵무기 및 탄도미사일 프로그램의 억제 및 포기를 목표로 기존 제재의 수위와 강도를 강화한 것일 뿐만 아니라 새로운 제재 요소를 포함시킨 강력한 결의로 평가된다(통일교육원, 2018: 73).

2016년 1월 6일에 북한은 4차 핵실험을 감행했는데, 이는 수소폭탄 실험이 아니냐는 의혹을 받게 된다. 이후 조선중앙통신은 4차 핵실험이 첫 수소탄 시험이었으며 성공리에 끝났다고 발표하기도 했다. 북한은 2016년 2월에는 광명성 4호 장거리 로켓을 발사했고, 8월에는 잠수함 발사 대륙간 탄도미사일Submarine-Launched Ballistic Missle (이하 SLBM)을 발사했으며, 9월 9일에는 5차 핵실험을 강행했다.

이에 미국이 다시 유엔 대북 제재 결의안 제2270호와 제2321호의 채택을 주도하는 한편, 북한의 개인 및 정부 기구를 대상으로 하는 독자적인 대북 제재 조치를 시행하면서 북미 관계는 더욱 경색된다. 또한, 미국은 2017년 5월부터 지속된 북한의 탄도미사일 발사에 대한 대응으로, 북한산 석탄과 철광석의 수출을 금지하는 유엔 안보리 결의안 제2371호의 채택을 주도했고, 2017년 9월 3일 행해진 북한의 6차 핵실험 직후에는 대북 석유 수출 제한, 북한산 섬유 제품의 수출 금지, 북한 노동자의 신규 해외 파견 금지를 골자로 하는 유엔 대북 제재 결의안 제2375호 채택을 이끌어낸다. 또한, 미국이 독자적인 대북 경제제재 조치를 강화하면서 북미 관계 역시 더욱 악화되었다.

2) 트럼프 행정부 출범과 대립적 북미 관계

2017년 9월 3일 북한은 6차 핵실험을 감행한다. 북한은 6차 핵실험이 대륙간 탄도 로켓 장착용 수소탄 시험이었으며, 완전한 성공으로 끝난 이번 실험을 통해 '국가 핵 무력 완성의 완결 단계'라는 목표를 달성하는 데 매우 의미 있는 계기라고 자평했다(핵무기연구소 성명, 2017.9.3). 나아가, 10월 7일에 열린 노동당 중앙위 7기 2차 전원회의에서 김정은 위원장은 "미제와 그 추종 세력들의 극악무도한 제재 압살 책동을 물거품으로 만들고 화를 복으로 전환시키기 위한 기본 열쇠가 바로 자력갱생이고 과학기술의 힘"이라고 강조하면서 "인민경제의 자립성과 주체성을 백방으로 강화"해야 한다고 말한다. 경제·핵 병진 노선의 지속 추진 속에서 자력갱생 및 자립 경제 강국 수립을 통해 미국을 위시한 국제사회의 대북 제재 강화 국면을 헤쳐나가고 내부 결속을 다져가겠다는 것이다.

북한의 이러한 도발에 대응해, 미국의 트럼프 대통령은 2017년 9월 18일 자 유엔 연설에서 "동맹국을 보호해야 하는 상황이 온다면, 미국은 북한을 완전히 파괴할 것이다"라고 발언했고, 북한 역시 "사상 최고의 초강경 대응조치"를 취할 것이라며 대응했다.

2017년 11월 29일 북한은 '화성-15형' 장거리 탄도미사일을 발사했다. 고도 4475km, 비행 거리 950km, 사거리 1만 3000km로 알려진 이 미사일은 그간 북한이 개발, 발사한 ICBM급 중 가장 발전한 것으로 보인다. 그리고 북한은 "국가 핵 무력의 완성"을 선언했다. 이는 2017년 신년사에서 밝혔던 연내 핵 무장력 완성이라는 목표를 달성했다는 것을 강조하는 것이었다.

미 본토 타격 능력 획득을 의미하는 이러한 탄도미사일 개발 및 시험 발사로 미국에게 북한의 핵전력이 가지는 위협성은 크게 증대된다. 물론 화성-15형의 성능 및 기술적 발전이 아직 대기권 재진입 기술은 지니지 못했으며, 따라서 기술적으로 미국 본토에 대한 북한의 핵 위협의 단기 내 실현 가능성이 크지는 않아 보인다. 또한 북한의 이러한 핵 무력 완성 선포는 기술적 완결의 의미보다는 정치적 선언성이 더 큰 것으로 평가된다.

그럼에도 불구하고, 미국은 예상을 뛰어넘어 재빠른 북한의 핵 무장 및 탄도미사일 개발 속도를 위협으로 인식하고, 대북 제재 강화 국면을 지속하고자 했다. 트럼프 행정부는 오바마 행정부가 취했던 '전략적 인내' 정책에서 선회해 북한의 핵 개발 및 미사일 개발을 '최대의 압박과 관여' 정책으

표 5-5 북의 핵 개발 및 비핵화 협상 주요 일지

1985.12.12	NPT 가입
1991.12.31	남북한 한반도 비핵화 공동선언 합의
1993.03.12	NPT 탈퇴
1994.10.21	미·북 '제네바 합의' 체결
1994.11.01	핵 활동 동결 선언
1995.03.09	한반도에너지개발기구(KEDO) 설립
2002.10.03	켈리 미 국무부 차관보 방북
2002.12.12	핵 동결 해제 발표
2003.08.27	6자 회담 제1차 회의 개최
2005.02.10	핵무기 보유 선언
2005.05.11	영변 5MW(e) 원자로 폐연료봉 8000개 인출 발표
2002.09.19	6자 회담에서 '9·19 공동성명' 채택(모든 핵무기와 현존 핵 계획 포기 등)
2006.10.09	1차 핵실험 실시
2007.02.13	6자 회담에서 '2·13 합의' 도출
2007.07.15	영변 원자로 폐쇄
2007.10.03	6자 회담에서 '10·3 합의' 도출
2008.06.27	영변 원자로 냉각탑 폭파
2008.09.24	영변 원자로 봉인 해제
2009.05.25	2차 핵실험 실시
2009.11.03	폐연료봉 8000개의 재처리 완료 선언
2013.02.12	3차 핵실험 실시
2013.04.02	영변 원자로 재가동 발표
2016.01.06	4차 핵실험 실시('첫 수소탄 시험 성공적 진행' 발표)
2016.09.09	5차 핵실험 실시
2017.09.03	6차 핵실험 실시('첫 수소탄두 시험 성공적 진행' 발표)

로 해결하려는 전략을 추진한다. 2017년 1월 제45대 미국 대통령으로 취임한 도널드 트럼프Donald Trump는 위대한 미국의 재건을 위해 미국 우선 외교 정책America First Foreing Policy을 적극 추진하면서 자국의 안전 보장과 경제적 이익을 우선시할 것이라고 표명했다. 또한, 2017년 11월 20일, 트럼프 행정

부는 9년 만에 북한을 다시 테러 지원국으로 재지정하고 해상봉쇄 등 강도 높은 대북 제재 방안들을 시행하게 된다.

사실 트럼프 행정부는 2017년 9월 15일 화성-12형 시험 발사 이후 북한과의 물밑 접촉, 1.5 트랙 대화를 통해 문제 해결을 위한 논의를 모색했으나 성과를 거두지 못하자 북한을 테러 지원국으로 재지정했고, 이에 북한이 2017년 11월 29일 ICBM급 화성-15형 미사일을 발사한 것으로 보인다.

3) 2018년: 북미 정상회담과 한반도 평화 체제 구축 노력

김정은 정권이 들어서면서, 체제 공고화 과정에서 연이어 감행한 핵실험 및 탄도미사일 시험으로 인해 3차 북핵 위기가 발생하고, 2017년 새로 취임한 미국의 트럼프 행정부와 북한 김정은 체제 사이에 첨예한 대결 구도가 고조되고 군사적 충돌의 가능성마저 논의되는 상황이 발생한다.

하지만, 2018년에 들어서면서 '4·27 남북 정상회담'과 '판문점 선언'으로 한반도의 비핵화 및 평화 체제 구축을 위한 대화 국면이 강화되었다. 남북 정상회담 1주일 전이었던 2018년 4월 20일, 4·27 판문점 남북 정상회담 1주일 전에, 북한은 당 중앙위원회 제7기 제3차 전원회의에서 "사회주의 경제 건설 총력 집중"을 주장하며 경제 집중 노선이라는 새로운 전략적 노선을 제시한다. 이는 2013년 3월 주창했던 경제 건설과 핵 무력 건설 병진 노선의 포기를 의미한다.

당 중앙위원회 제7기 제3차 전원회의의 기본정신은 병진 노선의 위대한 승리에 토대해 자력갱생의 기치 높이 우리 혁명의 전진 속도를 더욱 가속화함으로써 당 제7차대회가 제시한 사회주의 건설의 더 높은 목표를 앞당거 점령하는 것.

남북 정상회담 및 판문점 선언을 통해 남북 화해 국면 및 한반도 평화 체제 구축 논의에 대한 열망이 급속도로 조성, 발전하면서, 북미 관계 역시 대화와 협력 국면으로 급격히 선회했다. 그 결과, 2018년 6월 12일에는 역사상 최초로 북한과 미국의 두 정상이 싱가포르에서 만나 공동선언까지 발표한 '6·12 북미 정상회담'이 성사되었다.

사실 북한의 입장에서 보자면, 비핵화 논의는 단순히 한반도의 핵전력 및 핵 위협의 제거가 아니라, 새로운 북미 관계 구축을 위한 과정인 동시에, 향후 체제 안전 보장을 위한 과정의 일부일 수 있다. 즉, 북한의 비핵화가 상호 간 신뢰가 없이는 불가능한 일인 동시에 비핵화 협상 자체가 상호 신뢰 체제 구축의 수단이자 과정이어야 한다. 지난 수십 년 동안의 경험은 미국과 북한이 서로를 믿는 것이 쉽지 않도록 했다. 또한, 서로의 입장에 대한 이해 역시 부족한 것처럼 보인다. 외부의 인식과는 달리, 김정은 위원장 역시 내부 엘리트에 대한 비핵화 논의 정당화 작업이 필요할 수 있다.

한반도 비핵화 및 평화 체제 구축을 위한 대화와 노력은 여전히 진행 중인 상황이지만, 2018년이 북미 관계에서 또 하나의 중요한 한 해였다는 것은 분명하다.

참고문헌

경남대학교 극동문제연구소. 2017a. 「1·2차 북핵 위기와 6자회담 경과」. ≪북핵·미사일 리포트≫, 2017-17호, 1~2쪽.

_____. 2017b. 『한반도 정세: 2017년 평가 및 2018년 전망』. 경남대학교 출판부.

_____. 2018. 『6.12 북미정상회담과 한반도 정세』. 늘품플러스.

국토통일원. 1988. 『북한최고인민회의 자료집』, 3집. 국토통일원.

김계동. 2002. 『북한의 외교정책: 벼랑에 선 줄타기 외교의 선택』. 백산서당.

_____. 2012. 『북한의 외교정책과 대외관계: 협상과 도전의 전략적 선택』. 명인문화사.

백광일. 1990. 「미국의 북한관계의 변화추세와 전망」. ≪통일문제연구≫, 2권 1호, 278~300쪽.

외교통상부. 2008. 『2008년 외교백서』. 외교통상부.

통일교육원. 2018. 『2018 북한 이해』. 통일교육원.

통일원. 1994. 『북한의 '평화협정' 제의 관련 자료집』. 통일원.

홍완석. 2001. 「북·러 모스크바 공동선언의 함의와 평가」. 국제문제조사연구소 정책세미나 발표논문(2001.9.25).

『조선중앙년감』, 1981, 1985, 1992.

통일부. 2001.3~4. ≪북한동향≫, 551호.

핵무기연구소 성명. 2017.

6

북중 관계 변화와
한반도 평화

정재흥
세종연구소 연구위원

1. 머리말

최근 한반도 정세가 매우 빠르게 변화하고 있다. 약 10여 년 만에 다시금 한반도에 평화 분위기가 고조되기 시작했다. 세 차례의 남북 정상회담을 비롯해 네 차례 북중 정상회담, 두 차례 북미 정상회담 등 한반도 문제의 주요 당사국 간의 9차례 정상회담이 불과 1년에 걸쳐 진행되었다. 이러한 일련의 급격한 한반도 정세 변화의 주된 요인은 북핵 문제를 해결하기 위한 것으로 볼 수 있다. 이를 위해 2018년 4월 27일 문재인 대통령과 김정은 국무위원장이 한반도 역사를 새롭게 장식한 남북 정상회담을 성공적으로 개최했다. 지난 반세기 동안 분단과 대결의 산물인 판문점에서, 적대적 관계를 종결시키고 민족적 화해와 평화 번영의 시대를 열기 위해, 남북 정상은 한반도 비핵화 실현을 포함한 다방면의 남북 협력과 교류 활성화에 합의했다. 남북 정상회담을 기반으로 한 새로운 관계 개선의 성과를 바탕으로 2018년 6월 12일 싱가포르에서는 역사적인 북미 정상회담이 개최되었다(정재흥, 2018: 13~15).

이번 6월 12일 북미 정상회담은 70년간 상호 적대 관계를 지속해온 북미 간 신뢰 형성과 관계 정상화의 토대를 구축했다는 점에서 매우 의미심장한 성과를 남겼다. 북미 정상회담에 임하는 김정은 위원장과 트럼프 대통령 간의 핵심적 관심사는 한반도 비핵화, 북한 체제 안전 보장, 관계 정상화였고 상당한 수준의 포괄적 합의를 이끌어냈다. 특히 이번 북미 정상회담에서는 "새로운 북미 관계가 한반도의 평화와 번영에 이바지하고 상호 간 신뢰 구축이 한반도의 비핵화를 촉진할 것"이라는 내용으로 표현되었다. 한반도의 항구적 평화 체제 구축과 완전한 비핵화에 대한 포괄적 합의도 중요하지만 북미 간 신뢰 형성과 관계 개선에 상당한 공감대가 형성되었다는 점이 가장 큰 성과로 볼 수 있다. 아울러 북미 간 비핵화 문제 해결에 있어 공동의 인식적 토대를 마련했다.

최근 한반도 정세의 급격한 변화에서 북중 관계의 역사와 흐름, 전망을 파악하는 것은 무엇보다 중요하다. 주지하다시피 현재 중국은 경제적으로 북한의 가장 큰 지원국이며 동시에 정치·외교적으로 북한의 유일한 동맹국이자 든든한 후원국이기 때문이다. 이를 반영하듯 6월 12일 북미 정상 합의문에 대해 중국 왕이王毅 외교부장은 "새로운 역사의 장을 여는 합의문을 작성한 것이며, 트럼프 대통령과 김정은 위원장이 상호 동등하고 평등한 위치에서 마주앉아 대화를 나눈 것이 가장 큰 성과"라고 평가하면서 적극적으로 환영하고 지지한다는 공식 견해를 밝혔다. 중국은 지난 반세기 넘게 이어져온 북미 간 상호 대립과 적대 관계가 크게 개선되었고, 한반도 비핵화에 대해 중요한 진전을 남긴 정상회담이라 매우 높게 평가했다. 특히 북미 정상회담 직후 트럼프 대통령이 기자회견에서 한미 연합 훈련을 당분간 중단할 수도 있다는 것을 언급한 것에 대해 매우 비중 있게 평가하면서 한반도 정세의 새로운 변화로 이어지기를 갈망하고 있다. 향후 중국은 남북 및 북미 정상회담 협의 과정에서 한반도 문제의 주요 이해 당사국이자 동북아 역내 안정자로서 중국의 핵심 이익 수호와 책임 대국의 역할을 강조하면서 자국의 영향력을 적극적으로 확대해나갈 것으로 보인다.

이처럼 최근 남북·북미 관계 변화로 인해 중국의 대북 정책도 상당한 변화가 나타나기 시작했으며 이로 인해 북중 관계도 이전과는 다른 새로운 관계로 조정되기 시작했다. 향후 북중 관계가 지속될 것인지? 아니면 변화될 것인지? 변화된다면 어떠한 흐름으로 전개될지를 살펴보는 것은 무엇보다 중요하다. 이는 한국의 대북 정책뿐만 아니라 대중 정책과 대미 정책의 방향과 추진 범위를 어떠한 폭으로 결정할지를 규정하고 더 나아가 한반도 평화 체제 구축과 통일 과정에도 결정적인 변수가 될 수 있기 때문이다.

그동안 북중 관계는 이른바 혈맹 관계 혹은 순망치한脣亡齒寒 관계로 일컬어져 왔다.* 중국의 국공내전에 조선 의용군이 중국 공산당을 도와주었고 6·25 전쟁에서는 중국 인민 지원군이 대거 참전하면서 북한과 중국은 돈독한 혈맹 관계를 유지했다. 이로 인해 1961년 '조중우호협력 및 상호원조조약中朝友好合作互助條約'이 체결된 이후 중국은 북한과 전통적인 혈맹 관계를 유지해왔다. 비록 중국 정부는 공식적으로 북중 관계에 대해 냉전 시기에는 혈맹으로 탈냉전 시기에는 전통적 우호 협력 관계로 규정하고는 있으나 여전히 논쟁의 쟁점이 되고 있다.** 특히 냉전 시기 지구적 냉전과 사회주의권의 중소 분쟁이라는 구조하에 중국과 북한 관계는 혈맹으로 해석되는 착시 현상이 있었다. 당시 공식적으로 북한과 중국은 양당·양국 관계를 혈맹이라고 했지만 중국 인민 지원군 철군 문제, 문화대혁명 초기의 갈등, 한중수교에 따른 갈등도 적지 않았다. 즉, 냉전 시기 북중 간의 마찰과 긴장 관계를 분석하면 국경을 맞대고 있는 대국과 소국 간 비대칭적 관계의 전형적인 사례를 보여주고 있다. 냉전 시기 북중 관계는 이데올로기 관계, 안보 보장과 원조 관계, 역사적·지정학적 관계를 중심으로 원심력과 구심력이 작동한 국가 관계였다. 당시 중국의 대북 정책의 특징은 미·중·소 3자 관계를 조정하기 위한 전략적 성격이었고, 북한의 대중 정책 역시 대국 간 세력 균형 관계에 편승해 이익을 도모하기 위한 측면이 컸다. 물론 탈냉전 시기에

---

* 순망치한(脣亡齒寒) 관계는 입술이 없으면 이가 시리다는 말로 서로 떨어질 수 없는 밀접한 관계로 중국의 입장에서 보면 북한은 미일 해양 세력의 대중 영향력을 적극 차단하는 완충 지대 역할을 하고 있다.

** 2014년 6월17일 류젠차오 중국 외교부 부장조리(차관보)는 "중국과 북한은 군사동맹 관계가 아니다"라고 언급하면서 한국 학계에서는 북중 동맹의 지속과 변화에 대한 논의가 다시 재연되었다. 여기서 가장 논쟁의 핵심은 1961년 7월 11일 체결된 북중 동맹 체제가 현재까지도 구속력을 갖고 있는지에 대한 논의로 20년마다 갱신하고 있는 동 조약은 여전히 효력이 있는 것으로 평가되고 있다.

접어들어 중국과 북한의 관계는 일정한 조정 국면을 겪었으며, 1992년 한중 수교 이후 중국은 북한과 냉전 시기 혈맹 관계에서 국가 대 국가의 관계로 전환되기 시작했다.

그러나 이러한 다양한 문제에도 불구하고 중국과 북한의 동맹 관계는 아직까지 공식적으로나 실질적으로 완전히 종결되었다고 볼 수 없다. 물론 중국의 일부 대북 전문가들은 북한의 핵 개발 추진이 중국의 국익에 위협이 될 뿐만 아니라 책임 있는 강대국(負責人的大國) 이미지 형성을 통해 국제적 지위를 제고하려는 중국의 전략에도 커다란 걸림돌이 된다는 이른바 북한 부담론 liability이 제기되었다. 하지만 여전히 완충 지대로서의 대미 억지력 확보, 한반도에 대한 중국의 영향력 유지, 미일 동맹의 대중 봉쇄 전략 억제, 미국의 동·남중국해 및 타이완 개입 억지 등의 측면에서 북한이 중국에 전략적 이익이 된다는 '북한 자산론 assets'이 중국의 대북 정책 주류를 이루고 있다(정재흥, 2016: 17~20). 즉, 한반도의 평화와 안정 유지는 중국의 대북 정책의 핵심적인 부분으로서 상당한 포괄적인 의미를 지니고 있다. 한반도의 평화란 기본적으로 한반도에서 전쟁이나 무력 충돌 발생을 억제하고 평화적인 상태를 유지하는 것이다. 구체적으로 중국은 한반도에서 전쟁이 발발해 한반도의 평화가 파괴되거나 대량의 전쟁 난민이 발생해 중국의 안보가 위협받는 것을 가장 큰 위험요소로 인식하고 있다. 그리고 현재 시점에서 중국은 자국의 적극적인 역할 발휘를 통해 한반도 비핵화와 평화 체제 구축을 실현하고 일대일로 一帶一路와 남북을 함께 연결해 한반도에 대한 영향력을 확대시켜나가는 전략을 갖고 있다.

따라서 이 글에서는 과거부터 현재까지의 북중 관계를 지속과 변화라는 관점에서 분석하고자 한다. 북중 관계에 대한 기존의 주된 관점은 이념의 공유를 기초로 한 혈맹 관계에서 점차 벗어나 국제 환경 및 국가이익을 고려한 전략적 이해관계에 따라 협력 관계로 변화되고 있다는 것이다. 이는 북중관계가 사회주의 당 대 당 관계라는 특수성을 유지하면서도 전방위적 협력이 증대되고 있어 북중 관계의 새로운 변화를 보여주고 있다. 지정학적으로 중국과 밀접한 연관성이 있는 북한에 대해 중국이 어떠한 입장과 태도 등을 취하는가에 따라 한반도 정세에 직간접적인 영향을 미칠 수밖에 없을 것이다. 이러한 관점하에서 과거부터 현재까지 북중 관계의 전반적인 흐름을 살펴보고 이를 토대로 향후 북중 관계 전망을 고찰하고자 한다. 특히 남북·북미 정상회담 이후 중국은 한반도 평화 체제가 구축된다면 일대일로 전략과 한국의 신북방 정책, 신경제 지도 구상 등을 북한, 중국, 러시아와 상호 연계시켜나가는 한반도 평화 경제 질서 구축도 충분히 가능하다는 입장이다. 이를 위해 이 글에서는 북중 관계의 변화와 특징을 살펴보면서 시진핑 1인 지배 체제 출현과 북중 관계 강화 등을 중점적으로 분석하고자 한다. 이를 토대로 북중 관계 변화 가능성과 한반도 평화를 위한 우리의 대응 방안도 함께 살펴보고자 한다.

2. 냉전 시기 북중 관계 고찰

혈맹과 협력적 갈등

과거부터 한반도와 중국은 조공 책봉 질서 안에서 나름대로 독자성을 유지하면서 생존과 발전을 도모해왔다. 역사적으로 살펴보면 중국과 한반도에 존재했던 국가들 간에는 전쟁뿐만 아니라 함께 연합해 주변 국가들과 전쟁을 일으켰다. 예를 들어 7세기 나당 연합군이 백제와 고구려를 멸망시켰고, 13세기 여몽 연합군이 일본 정벌에 나서기도 했으며, 16세기에는 조명

연합군이 일본의 조선 침략에 맞서 싸웠다. 근대 이후에는 일본이 만주 침략과 한반도를 강탈하자 함께 일본 제국주의에 대항해 싸웠다. 1950~ 1953년 한국전쟁에서는 중국이 항미 원조 전쟁의 명분을 내세우며 참전했다.

이처럼 중국은 시대를 넘어 한반도에 대한 강력한 영향력을 행사하고자 적극 개입해왔다. 특히 중국은 자국의 핵심 이익 수호 차원에서 한반도를 중국의 영향력 아래에 두어야 한다는 강한 지정학적 시각이 존재한다 (이삼성, 2009: 436~437). 한반도는 지정학적으로 대륙 세력(중국, 러시아)와 해양 세력(미국, 일본)의 교차점에 위치하고 있어 이들 간의 교량 bridge 혹은 완충 buffer 역할을 하고 있다. 더욱이 북한과 중국은 압록강, 백두산, 두만강 사이로 국경을 가장 가까이 맞대고 있으며 약 1300km에 달한다. 1949년 10월 6일 북한과 중국은 공식 외교 관계를 수립했는데 중화인민공화국 출범 이후 북한은 중국이 가장 먼저 수교한 국가 중 하나였다. 사실 북중 관계는 수교 이전부터 항일 무장투쟁을 통해 훨씬 더 깊고 긴밀한 관계를 유지하고 있다. 북중 관계의 역사적 기원은 1948년 9월 북한을 건국하는 데 주요한 세력이었던 김일성파와 연안계의 항일 무장투쟁 역사로 거슬러 올라간다. 특히 1928년부터 시작되어 1949년 종결된 중국 내전에서 중국 공산당과 함께 일본에 맞서 싸웠던 조선인 사회주의자들(주로 연안파)의 투쟁과 중국 공산당군에 대한 후방 원조는 북중 관계의 역사성과 특수성에 중요한 배경을 제공하고 있다.*

---

* 당시 김일성은 중국 공산당 간부에게 중국의 사정은 곧 우리의 사정이라고 강조하면서 중국 공산당을 지원했다 1946~1947년 소련 군정이 실시되고 있었던 북한으로서는 쉽지 않은 결정이었지만 북한은 모든 지원을 은밀히 비공개적으로 실시했다. 장개석의 국민당과 최후의 결전을 치르는 중국 공산당의 후방 기지로 한반도 북부 지역을 제공했고 전략적 교통로를 제공했으며 전략 물자 등 기타 물자 등을 지원했다(이종석, 2000: 52~77).

이처럼 중국의 내전 시기 연안파와 김일성의 중국 공산당과의 공동 투쟁과 후방 원조는 1950년 한국전쟁 당시 펑더화이彭德懷를 총사령관으로 하는 중국 인민 지원군의 전쟁 참여로 보답되었다. 당시 마오쩌둥毛澤東은 한국전쟁에 참전하는 인민 지원군들에게 "중국 동지는 반드시 조선의 사정을 자기 사정처럼 간주해야 한다"고 지시했다. 중국의 인민 지원군은 한국전쟁 이후에도 북한의 재건 사업과 경제발전을 지원하는 등 북한 정권에 있어 든든한 버팀목이 되어왔다. 특히 한국전쟁 이후 중국의 대북 정책 목표는 정전 체제의 공고화를 통해 전쟁 재발을 방지하고 북한의 전후 복구를 지원하는 것이었다. 북한 역시 정전협정 체결은 한반도 문제 해결의 첫 걸음이자 정세 완화에 크게 기여할 수 있다는 입장을 밝히면서 북중 관계 강화와 대중 원조를 토대로 전후 복구에 총력을 기울이기 시작했다. 한국전쟁 직후인 1953년 11월 양국은 경제 문화 협력 협정을 체결했고 인민 지원군은 1958년까지 북한에 잔류했다.

표 6-1 조중우호협력 및 상호원조조약 주요 내용

공식명	조중우호협력 및 상호원조조약
기간	조약의 유효 기간은 20년이나 어느 일방이 수정 또는 폐기를 요구하지 않을 경우 자동으로 20년이 연장됨.
주요 내용	1. 쌍방 중 일방 국가가 다른 제3의 국가로부터 침략을 받을 경우, 양국은 이를 방지하기 위해 모든 물리적 조치를 공동으로 취함. 2. 쌍방은 상대방을 위협하고 반대하는 어떠한 동맹도 체결하지 않음.
조약 갱신	수정 또는 폐기에 대한 쌍방 간의 합의가 없는 한 지속적으로 효력 유지
비고	1961년 7월 11일 체결 이후 2021년까지 기존 조약 효력 유지

이러한 혈맹관계는 지속되어 1956년 소련 제20차 당대회부터 발생한 중소 분쟁 와중에도 유지되었으며 1961년 '조중우호협력 및 상호원조조약'이 체결되었다. 이로써 북한과 중국 간에는 공동의 항일 투쟁, 국공내전, 한국전쟁을 통해 피로 맺은 전통적 우의를 바탕으로 하는 혈맹 관계가 형성되었다. 즉, 항일 투쟁, 국공내전, 한국전쟁에서 북한과 중국의 공산주의자들은 공동의 투쟁 역사를 경험하면서 혈맹이자 순망치한적 관계를 맺게 된 것이다.

한편 동맹 관계의 특징을 보여주었던 북중 관계는 1960년대 중반 중국에서의 프롤레타리아 문화대혁명의 발발과 소련에서의 흐루쇼프 실각 이후 급격한 변화가 나타났다.[*] 특히 베트남전쟁에 대한 중국의 지원 거부, 북한의 대소련 관계 회복 등이 북중 관계 변화에 영향을 미쳤다. 당시 중국의 문화대혁명 지도부는 북한을 수정주의로 비판했고 북한은 ≪로농신문≫에서 "자주성을 옹호하자"라는 사설을 통해 중국을 비판했다. 하지만 이러한 북중 관계 갈등은 오래가지 않았다. 1969년 최용건의 중국 방문, 1970년대 키신저의 방중에 이은 닉슨의 중국 방문, 더불어 1970년 봄 저우언라이周恩來의 북한 방문으로 북중 관계는 다시 회복되기 시작했다.

문화대혁명을 둘러싼 북중 관계를 시기적으로 구분한다면, 첫째, 1964년에서 1966년까지 소련 신지도부에 대한 태도와 베트남 전쟁을 둘러싼 북중 갈등의 표출 단계, 둘째, 1966년에서 1968년까지 문화대혁명 초기의 갈등의 심화 단계, 셋째, 1969년에서 1970년의 관계 정상화 단계, 넷째, 1971년

---

[*] 중국의 문화대혁명 시기 북중 관계는 극도로 악화되었고 북한에서는 문화대혁명과 유사한 당 조직 정비와 유일사상 체계가 확립되었다. 특히 1965년 문화대혁명 초기 홍위병들은 북한 지도부를 수정주의자로 몰아붙였다. 또한 1966년 10월 제229회 판문점 정전회담에 중국 대표가 참가하지 않았고 10월부터 중국 공산당 기관지 ≪인민일보≫와 조선로동당 기관지 ≪로동신문≫ 간 기사 교환도 중지되었다. 1967년 북한은 당시 평양 주재 중국 대사를 소환 조치하는 등 문화대혁명 시기 북중 관계는 매우 불편한 모습을 보여주었다(王泰平 主編, 1999: 33~35).

에서 1972년의 중미 정상회담에 대한 대응 차원에서 북중 혈맹 재현의 단계로 나누어볼 수 있다. 냉전 시기 북중 관계를 일차적으로 구조화시켰던 것은 1976년 마오쩌둥 사망 이후이다. 중국은 화궈펑華國鋒과 덩샤오핑鄧小平 간의 권력 경쟁에서 덩샤오핑이 중국을 이끄는 새로운 지도자로 선출되면서 본격적인 개혁 개방 정책을 추진하게 되었다.

덩샤오핑 시기로 들어서면서 북중 관계 역시 이데올로기 중심에서 실용주의적 관계로 변화가 나타나기 시작했다. 새롭게 선출된 덩샤오핑 지도부가 4개 현대화 정책을 추진하면서 전통적 우방국인 북한을 끌어들여야만 했고 북한으로서도 1980년 제6차 당대회를 계기로 김정일 후계 체제를 대외적으로 공식화할 필요성이 있었기에 북중 관계는 상당히 밀접한 관계를 유지했다. 특히 덩샤오핑은 중국의 전통적인 계획경제에서 벗어나 중국식 개혁 개방 정책으로 전환함으로써 북중 관계에도 큰 변화가 나타났다. 덩샤오핑은 사회 발전의 동력과 공산주의 정당성은 경제성장에 기초해야 된다는 인식하에 생산력 해방론(解放生産力, 發展生産力)을 주장했다(박동훈·이성환, 2015: 243~245). 따라서 마오쩌둥·김일성 시기의 정치와 안보 위주에서 벗어나 대외 정책 기조는 경제발전에 유리한 환경 조성에 초점이 맞추어졌다. 특히 중국은 개혁 개방 정책에 집중하면서 북한과도 안정적인 관계를 유지하고자 노력했다. 당시 중국은 개혁 개방 정책에 집중하면서 북한과의 불필요한 마찰보다는 안정적인 주변 환경 조성을 위해 북한과의 관계를 유지하고 발전시켰다고 평가할 수 있다.

한편 냉전 시기 북중 관계는, 중국과 경쟁 관계에 있는 강대국들과 중국의 관계가 긴장 관계로 치닫고 북한이 중국의 경쟁국에 편승하고자 할 때 북한을 중국의 영향력 아래에 묶어놓고자 적극적인 정책적 노력과 경제원조 등을 제공했다. 특히 1961년 북중 동맹 형성은 미국의 대중 봉쇄정책에 대항하려는 목적과 함께 북한의 대소 일변도 정책을 막기 위한 차원에서 이루어졌다. 1960년부터 본격화된 중소 분쟁으로 인해 북한은 상당한 안보적 딜레마에 직면하게 되었다. 중국과 소련이 군사적으로 충돌할 경우 북한은 어느 국가로부터 안보, 경제적 지원을 받을 수 없는 상황에 직면하게 된 것이다. 이에 북한은 비슷한 시기에 중국과 구소련 모두와 동맹조약을 체결함으로써 외부 위협에 적극 대처하는 전략을 펼쳤다.[*] 이처럼 냉전 시기 북중 관계는 사회주의 이념을 강조하며 자유민주주의 세력에 대항하기 위한 전략적·포괄적(정치, 군사, 경제) 동맹 관계를 유지했다. 즉, 정치 측면에서 순망치한 또는 혈맹 관계로, 경제 측면에서는 사회주의 우호 가격에 기초한 구상무역 협력 관계로, 군사적 측면에서는 1961년 7월에 체결된 조중우호협력 및 상호원조조약에 따른 군사동맹 관계로 특징지을 수 있다.

3. 탈냉전 시기 북중 관계 고찰

지속과 변화

1980년 중국이 개혁 개방 정책을 실시하면서 북중 간 사회주의 이념 체제를 둘러싼 갈등이 나타나기 시작했다. 당시 중국은 국내 경제 발전을 추진하기 위해 필요한 자금, 기술, 선진적인 관리 경험 등을 받아들이기 위해 서방 국가들과 관계 개선을 추진하면서 매우 개방적인 대외정책을 실시했

---

[*]　당시 중국은 소련과 갈등 관계에 있었을 뿐만 아니라 인도와도 국경 문제에 봉착했다. 이에 중국은 국경을 마주하고 있는 북한, 베트남, 몽고에 협력 조약 체결을 먼저 제의했다. 여기에는 협력 관계 구축을 통해 국경 안정을 모색하려는 목적이 있었다. 특히 국경 안보가 위협받는 상황에서 중국은 북한의 도발 행위를 억제하려고 노력했다(이상숙, 2011: 2~6).

다. 이로 인해 북중 간에는 개혁 개방 정책을 놓고 보이지 않는 미묘한 갈등 관계가 형성되었다. 특히 중국의 개혁 개방과 시장화 개혁의 추진이 가속화되면서 북한에 대한 종전의 무상 원조 혹은 경제적 혜택이 급격히 줄어들면서 북한은 중국의 개혁 개방 정책을 매우 부정적인 시각으로 인식하고 수정주의로 비판하기 시작했다. 이러한 갈등은 1980년대까지만 하더라도 양국이 표면화되지 않도록 자제하면서 공개적인 갈등으로까지 부각되지는 않았다. 그러나 1990년대에 들어서면서 양국 간에는 사회주의 노선을 놓고 본격적인 갈등이 표출되었다. 결국 탈냉전 도래와 중국의 개혁 개방 노선 가속화로 인해 북중 관계에도 상당한 변화가 나타났다. 구체적으로 보자면 1991년 중국의 대북 구상무역 포기와 경화 결제 요구, 1992년 8월 한중 수교, 1994년 7월 김일성 사망에 따른 원로 세대들과의 친분 관계 단절 등의 변화를 겪었다.

탈냉전 이후 북중 관계의 첫 번째 단계인 소원기는 1999년 6월 김영남 최고인민회의 상임위원장의 방중 이전까지이다. 특히 1992년 한중 수교 이후 북중 관계는 지난 시기와는 전혀 다르게 모든 분야 교류가 거의 단절되다시피 악화되었다. 특히 1992년 중국과 북한은 새로운 무역협정을 체결함에 따라 과거 사회주의식 물물교환 방식에서 외환 결제 방식으로 전환되고 대북 유무상 원조와 우호 가격 제공도 중단되는 등 급격한 관계 변화가 나타났다. 당시 중국은 한중 수교 이해를 구하기 위해 방북한 1992년 4월 양상쿤楊尚昆 국가주석 이후 최고위층 지도자의 방북이 없었으며, 북한도 1991년 10월 김일성 방중 이후 1999년 6월 김영남 최고인민회의 상임위원장이 방중할 때까지 최고위층 인사가 한 차례도 중국을 방문하지 않았다.

두 번째 단계인 회복기는 1999년 김영남 최고인민회의 상임위원장 방중 이후 2002년 2차 북핵 위기 발발 이전까지이다. 당시 북중 관계는 1999

년 6월 김영남 상임위원장의 방중을 계기로 급속히 회복되기 시작하면서 양국 간에 단절되었던 정상 외교도 9년 만에 재개되었다. 2001년 1월 김정일 위원장은 중국을 재차 방문해 상하이의 발전 상황을 둘러보고 중국 개혁 개방의 성과를 높이 평가하며 이후 2002년 7·1 경제 관리 개선 조치를 즉각 단행했다. 2001년 9월 장쩌민江澤民의 방북은 11년 만에 처음으로 재개된 중국 최고 지도자의 북한 방문이었다. 당시 김정일 위원장과 장쩌민 주석과의 정상회담에서 고위층 왕래 유지, 국제 및 지역 중대 문제에서 소통과 협력, 경협과 국내 사정에 기준한 대북 지원에 합의하며 북중 관계 16자 방침도 발표했다. 이는 북중 관계의 완전한 회복을 의미하는 것으로 당시 북중 정상회담에서 중국은 북한에 약 20만 톤 식량과 3만 톤 중유를 무상으로 제공했다.

세 번째 단계인 확대·강화기는 2차 북핵 위기 발생 이후 2006년 북한의 핵·미사일 실험 이전까지이다. 2차 북핵 위기는 북중 간에 전통적인 우호 협력 관계를 강화하는 데 획기적인 전환점이 되었다. 북핵 문제를 평화적으로 해결하려는 중국의 적극적인 노력과 정치 경제적 위기에서 벗어나려는 북한의 의도가 맞물리면서 긴밀한 협력 관계가 구축되었다. 특히 2004년 4월 중국을 방문한 김정일 위원장은 이례적으로 정치국 상무위원을 모두 접견함으로써 중국 지도부와 인적 유대 관계를 강화했고 중국 공산당 대 북한 노동당 관계를 완전히 복원시켰으며 중국 후진타오胡錦濤 주석도 "전통을 계승하고 미래를 향해 선린 우호 속에 협력을 강화한다(繼承傳統, 面向未來, 善隣友好, 加强合作)"는 북중 간 우호 협력 관계를 상징하는 16자 방침을 재확인했다. 이러한 양국 간 우호 강화 추세는 2006년 1월 김정일 위원장의 4번째 방중으로 이어졌으며 6자 회담을 비롯한 각종 현안을 논의하고 경협을 확대할 것에 합의하는 등 북중 관계는 더욱 공고화되었다.

물론 중국과의 사전 협의 없이 2006년 7월 5일 미사일 시험 발사를 단행하고 10월 9일에는 3차 핵실험을 강행한 북한에 대해 중국은 제멋대로(悍然)라는 극한 표현까지 사용하면서 북한을 비난했고 유엔 안보리의 대북 제재 결의안에 찬성표를 던졌다. 중국은 북한에 대한 실질적 제재보다는 물밑 대화를 통해 6자 회담을 유지하기 위한 노력을 전개해왔으며, 북중 조약의 '자동 군사 개입' 조항(제2조)에 대해서도 동맹 연루의 위험성에도 불구하고 그것을 수정하거나 폐기하는 대신 전략적 모호성ambiguity을 유지했다. 즉, 중국의 군사적 개입 가능성을 모호하게 시사함으로써 북미, 남북 간 군사 충돌 가능성을 사전에 차단하게 되었다. 특히 한반도 전쟁 가능성 고조는 중국으로 하여금 다시금 북한의 지정학적 가치를 고려하게 되었고 북중 관계 복원과 강화에 실질적 계기를 마련했다.

한편 중국은 2010년 5월 천안함 사건과 김정일 방중은 별개라며 김정일 위원장을 초청해 양국의 전통적 우호 협력 관계를 대내외적으로 과시했다. 당시 정상회담에서 양국은 고위층 교류 지속, 내정과 외교 문제에 대한 전략적 소통 강화, 경제 무역 협력 심화, 인문 교류 확대, 국제·지역 협력 강화 등 5개항에 전격 합의했다. 더욱이 2010년 8월 27일 중국 장춘에서 후진타오 주석과 김정일 위원장은 정상회담을 통해 고위층 교류의 지속적 유지와 경제 무역 협력 추진, 전략적 소통 강화 등을 논의하며 밀접한 양국 관계를 대내외에 과시했다. 당시 김정일 위원장의 세 차례 중국 방문(2010.5.3~5.7, 2010.8.26~8.30, 2011.5.20~5.27)을 통해 북한은 중국으로부터의 경제적 지원과 투자 협력을 비롯해 김정은의 권력 승계에 있어서도 중국으로부터 적극적인 지지와 협력을 이끌어냈다.

탈냉전 이후 북중 관계를 전반적으로 살펴보면, 첫째, 중국은 중미 관계의 큰 프레임 틀 안에서 북중 관계를 바라보고 있다. 중화인민공화국 건국

이후, 냉전 시기 북중 관계는 대미·대소 정책과 직접적으로 맞물리면서 변화되며 유지되었다. 둘째, 중국은 북한에서 사회주의체제를 유지하고 또한 정권 붕괴(군사적 충돌)를 방지하는 데 주요 정책적 초점이 맞추어져 있다. 셋째, 북핵 문제에서 중국은 적극적인 참여자로 태도가 전환되었으며 6자 회담을 포함한 남북·북미 협상을 적극 촉구하기 시작했다. 그러나 북한 체제 위기를 불러일으킬 수 있는 과도한 대북 제재 동참 등은 절대 동의할 수 없다는 입장을 견지하고 있다.

결국 중국은 자국의 지속적인 경제발전을 위해 평화롭고 안정적인 한반도 유지를 바라고 있다. 이에 중국은 북한의 핵실험, 대북 제재 등을 부담으로 인식하면서도 한편으로는 지정학적 차원에서 반드시 함께해야 할 이웃 국가로 바라보고 있다. 특히 중국의 입장에서 보면 한반도는 지정학적으로 중국의 주변국이면서 미·러·일과의 정치·안보·경제적 이익이 함께 복합적으로 교차하는 매우 특수한 지역이다. 이로 인해 중국이 바라는 북중 관계는 "중국 현대화 달성을 위한 한반도의 평화와 안정 유지"라는 선린외교의 기조와 "한반도에 대한 영향력 강화를 통한 강대국으로서의 입지 강화"라는 대국 외교의 기조가 상호 공존하고 있다. 이로 인해 중국이 바라는 북한과의 관계는 한반도 유사시에 대한 경제적 비용의 최소화, 통일 한국에 대한 미국의 일방적 지배 방지, 북한의 개혁개방을 통한 경제발전 가속화, 남·북·중 3국 경제 협력 본격화, 한반도 평화와 안정 유지 등으로 볼 수 있다.

4. 시진핑 1인 지배 체제 출현과 북중 관계 강화

2017년 10월 18일부터 개막된 19차 중국 공산당 전국대표대회 업무보고에서 시진핑 주석은 지난 5년간의 성과를 언급하면서 '시진핑 신시대 중국 특색 사회주의 사상'으로 표현되는 자신의 국정 철학을 밝혔고, 2050년까지 사회주의 강대국을 실현하겠다는 청사진을 제시했다. 특히 19차 당대회에서 "초심을 잃지 말고 사명을 견지하자(不忘初心, 牢記使命)"라는 기조하에 공산당 창당 100주년(2021)까지 전면적 샤오캉 사회 실현, 중화인민공화국 건국 100주년(2049)까지 부강한 사회주의 강대국 실현이라는 두 개의 백년(兩個一百年) 국가 발전 전략을 제시했다. 즉, 2050년까지 부강, 민주, 문명, 조화, 아름다운 사회주의 현대화 강국强國 건설, 종합 국력과 국제적 영향력이 앞선 강대국 건설을 이룩하겠다는 로드맵을 제시하며 개혁 개방 시대에서 사회주의 강대국 시대로의 진입을 선언했다.

이번 19차 당대회 이후 중국은 대국大國에서 벗어나 강국强國으로의 전환을 공표했다. 이는 지난 40년간 중국식 개혁 개방 정책 성공을 통한 비약적인 경제 발전을 토대로 국제사회에서 미국과 대등한 목소리를 낼 수 있는 강대국으로 자리매김했다는 강한 자신감과 함께 새로운 역내 질서를 구축해나가겠다는 중장기 전략을 공식화했다.* 이미 '신형대국관계新型大國關係', '신형국제관계新型國際關係', '인류운명공동체人類命運共同體', '신안보관新安全觀', '일대일로一帶一路' 등을 적극 제시하면서 중국 중심의 새로운 역내 질서 창출을 도모하기 시작했다. 즉, 기존 발전도상국 개념인 도광양회韜光洋灰(빛을 감추고 은밀하게 힘을 기른다)에서 벗어나 새롭게 부상하는 역내 강대국으로

---

* 지난 2013년 10월 미중 전략 경제 대화 기조연설에서 시진핑 주석은 신형대국관계를 7번이나 거론하는 등 새로운 역내 질서 구현에 대한 확신을 과시했다. 현재 중국이 주장하는 새로운 미중 관계는 과거 역사에서 보여준 부상하는 도전국과 기존 패권 국가 간의 세력 전이(power transition) 과정에서 필연적으로 대립과 충돌을 야기했던 제로섬 게임이 아닌 미중 양국이 직접 선택한 방식을 상호 존중하면서 상대에게 자신의 방식과 의지를 강요하지 않고 협력 공간을 모색해나간다면 충분히 조화와 협력 관계를 유지 발전시켜나갈 수 있다는 것이다

서 변화된 대외 전략인 주동작위主動作爲(해야 할 일은 주도적으로 한다)를 본격화했다. 즉, 공산당 창당 100주년인 2021년까지 중산계층의 평균 소득이 국제적 표준에 이르는 소강사회小康社會의 완성을 달성하고 건국 100주년인 2049년까지 부유하고 문명화된 조화로운 사회주의 현대화 강대국을 달성한다는 중장기 국가 대전략을 분명히 밝히고 있다. 이미 19차 당대회에서 중국은 기존 신형대국관계라는 용어 대신 신형국제관계를 제시하고 인류운명공동체 건설을 주장하는 등 중국의 커진 위상과 역할을 강조하며 새로운 중국 중심의 질서를 추진하기 시작했다.*

19차 당대회를 통해 시진핑 지도부는 미국과의 본격적인 역내 경쟁을 대비하기 위해 외교·안보 라인 강화, 강군强軍 육성, 지속적인 경제성장 등을 달성 목표로 제시했다. 시진핑 주석은 "중화 민족이 떨쳐 일어나 부유해지고 강해지는 위대한 도약을 위해 시진핑 신시대 중국 특색 사회주의를 견지하고 이를 통해 중화 민족의 위대한 부흥인 중국의 꿈(中國夢)을 실현해나갈 것"을 강조하고 있다. 이미 2018년 3월 20일 전인대 폐막식 연설에서 시진핑 주석은 "중국에 대한 어떠한 분열 책동도 실패할 것이며 위대한 조국의 한 치의 영토도 중국에서 분리될 수 없다면서 핵심 이익core interest에 대한 강한 수호 의지"를 천명했다

19차 당 대회 이후 시진핑 지도부의 전반적인 대내외 정책은 국내 체제 안정과 경제 발전을 위한 유리한 환경 조성이라는 소극적 목표에서 벗어나 중국식 가치 규범을 더욱 강조하며 중국식 비전을 담은 역내 질서 변화를 적극

---

* 지난 40년 동안 중국은 자국의 경제 발전을 위해 국제 문제에 대한 소극적이고 피동적인 도광양회 기조 하에 자국의 핵심 이익과 밀접한 사안에 대해서는 유소작위 접근을 보여주었다. 중국 대외 정책 변화에 관한 자세한 연구로 김재철(2017) 참조.

적으로 추구할 것으로 보인다. 이를 통해 볼 때 향후 시진핑 지도부의 대외 정책 흐름은 매우 자신감 있고 공세적일 뿐만 아니라 서구의 기대와는 달리 '중국식의 길(中國道路)'을 더욱 분명히 할 것이다. 이로 인해 기존 서구 질서, 규범, 제도 등을 놓고 본격적인 경쟁이 예상된다. 특히 시진핑 주석은 전임 중국 지도자에 비해 사회주의 체제에 대한 강한 자신감과 중화 민족주의 성향을 갖고 있어 중국의 대외 정책도 매우 단호하고 좀 더 공세적인 방향으로 전개될 가능성이 높아 보인다.

한편 시진핑 2기 출범 이후 세계 제2위의 경제력을 토대로 군사력 증강에 모든 역량을 총동원해 싸워서 이기는 세계 일류 군대로 거듭난다는 구상을 밝히고 있다. 이미 시진핑 지도부는 북핵 문제를 포함한 한반도 영향력 확대를 놓고 미중 간의 세력 전이 경쟁에서 미국이 추진 중인 대중 포위 견제망에 한국이 참여하지 못하도록 사드 배치 철수를 강하게 요구했다. 현재 중국은 한반도 문제를 역내 패권을 둘러싼 미중 경쟁 구조 속에서 바라보고 있어 미국이 주도하는 역내 미사일 방어MD 체제 구축 무력화 및 한미·미일·한미일 군사동맹 약화를 위해 적극적이고 공세적인 대외 정책을 취할 가능성이 매우 높아 보인다. 특히 19차 당대회에서 중국은 핵심 이익과 주권 문제는 절대 타협의 여지가 없다고 누차 강조한 만큼 한국이 중국의 전략적 안보 이익(미국 주도 역내 MD 참여, 한미일 3국 군사동맹 추진 및 인도·태평양 전략 참여 등)에 직간접적인 영향을 미친다면 다시금 한중 간 첨예한 갈등이 예상된다. 아울러 중국은 한반도 유사시에 대비해 정보화 전략을 바탕으로 하는 육·해·공군·전략 로켓군 연합 작전 능력뿐만 아니라 대규모 전역급 전투력이 빠른 속도로 향상되고 있는 중이다. 이미 한반도를 담당하는 북부 전구의 경우 관할 지역이 선양瀋陽 군구의 3개 집단군(78군, 79군, 80군)뿐만 아니라 지난濟南 군구의 80집단군까지 포함되는 등 군사력 증강이 크게 이루어졌다(정재흥, 2017: 5~8).

　　지난 40년간 개혁 개방 성과를 바탕으로 강한 자신감, 막강한 자본력과 기술력을 확보한 중국은 19차 당대회를 통해 자국 주도의 새로운 역내 질서 구축 의지를 강하게 표출하고 있어 지속적인 중국군 개편을 통한 군사력 증강과 무기 현대화가 매우 빠른 속도로 이루어질 것으로 보인다. 특히 시진핑 주석은 강한 중국을 달성하기 위해서는 경제력 못지않게 국방력 강화도 필수적이라 보고 있다. 이를 위해 정치 강군, 개혁 강군, 과학기술 홍군, 법치 강군을 촉구하며 국방 예산을 2017년 대비 8.1% 늘어난 1조 1289억 위안(약 192조 8000억 원)으로 책정했다. 사실 중국의 국방 예산 증가율은 2014년 12.2%에서 2015년 10.1%, 2016년 7.6%, 2017년 7.0%로 내림세를 보여왔으나 군사비의 전체 총액은 2017년 1조 443억 위안을 넘어 미국에 이은 세계 2위 수준까지 올라섰다. 이미 시진핑 지도부는 2050년 사회주의 강대국 목표 달성을 위해 자국의 막강한 경제력과 군사력을 적극 활용해 한반도 지역에서 중국의 군사 안보적 영향력을 점차 확대시켜나간다는 구상이다. 머지않아 중국은 한반도 질서 변화를 위해 모든 수단(정치, 경제, 군사 안보 등)을 동원해나갈 것이며 이와 동시에 자국의 핵심 이익이 위협을 받을 경우 각종 경제제재 및 보복, 해상 무력시위 등도 전혀 배제할 수 없는 상황이다.*

　　더욱이 최근 한반도 정세의 급격한 변화에 따라 남북·북미 관계가 개선되고 한반도 평화협정이 체결된다면 주한 미군의 성격 규정에 대한 논란이

---

*　　2017년 중국은 사드 배치 철회를 위해 경제, 통상, 무역 보복 조치 등을 가했으며 WTO 체제에 위반되지 않은 영역인 한국산 제품 수입 인허가, 한한령(限韓令: 한류금지령), 관광객 방문 축소, 정부 간 행사 중단 등을 보여주었다.

일어날 가능성이 높다. 만약 종전 선언에 이은 평화협정에도 불구하고 주한 미군이 계속 주둔할 경우 한중 관계에도 일정한 갈등이 예상된다. 이미 네 차례에 걸친 북중 정상회담에서 나타나듯이 남북 및 북미 정상회담 이후 전개될 한반도 정세 변화 과정에서 중국이 주요 이해 당사국으로 참여할 가능성은 매우 높아 보인다. 이는 19차 당대회 이후 시진핑 주석 1인 지배 체제 강화와 2050년까지 기존 미국 중심 질서에서 벗어나 중국 중심의 새로운 역내 질서를 실현시켜나가겠다는 전략적 구상을 밝혔기 때문이다. 따라서 향후 중국은 북한뿐만 아니라 한반도에서의 영향력을 더욱 확대하려고 할 가능성이 높으며 종전 선언과 평화협정 문제도 자국의 중장기적 대북 전략 및 미중 관계 역학 구도와도 밀접하게 맞물려 추진할 가능성이 높다.

이러한 '중화 민족의 위대한 부흥과 중국의 꿈' 국정 슬로건을 토대로 시진핑 지도부의 대북 정책 역시 변화와 지속성의 성격을 보여주고 있다. 우선 지속성의 측면에서 보자면 지난 70년 동안 중국의 대북 정책은 커다란 변화 없이 지속적으로 유지되어왔다. 먼저 중국 입장에서 북한의 가치는 안보적 측면에서 기인하는 완충 지대 buffer zone로서의 지정학적 가치라 볼 수 있다. 중국은 과거에서부터 지금까지 역사적이고 지정학적인 입장을 고수하고 있는데, 즉 다른 강대국 (미국, 일본)이 북한에 대한 강력한 영향력을 가질 경우 중국은 매우 치명적인 안보적 위협에 놓이게 된다는 인식을 가지고 있다. 따라서 북한은 중국에게 완충 지대로서 역할을 하고 있기에 중국은 북한 정권 안정과 유지가 대북 정책의 핵심 기조이다.* 즉, 중국의 대북 정책 기조는 중국의 지속적인 경제 발전을 위한 평화로운 외부 환경

---

* 중국에 대한 북한의 완충 지대적 역할 및 전통적 북중 관계에 대한 자세한 분석은 박홍서(2006: 181~200), 스코벨(Scobell, 2004) 참조. 시진핑 지도부 출범 이후 중국의 신흥 강대국 전략을 중심으로 새롭게 북중 관계를 고찰한 정덕구·추수룡(2013), 이성일(2011) 참조.

조성 및 국제사회에서의 영향력 확대라는 중국의 국가 대전략이 북한에 그대로 투영되어 나타나고 있다. 그러나 중국의 대북 정책 기조만을 가지고 실질적인 중국의 대북 정책을 분석하고 전망해내기는 쉽지 않다. 이는 대북 정책의 우선순위가 각종 대내외적 환경 상황에 따라 변화될 수 있기 때문이다. 이는 중국의 북한에 대한 전략적 딜레마에 기인한 것인데, 중국은 북한의 체제 불안으로 인한 다양한 지정학적 이익 침해 가능성을 가장 우려하고 있으며 이를 적극적으로 방지하고 예방하는 것을 가장 중요한 대북 정책 기조로 볼 수 있다.

따라서 시진핑 지도부의 대북 정책 특징을 살펴본다면 북한 체제의 안정 유지와 영향력 확대로 볼 수 있다. 우선 중국은 탈냉전기 북한과의 현실적인 관계 변화와는 별개로 북한 정권 안정과 발전에 대해서는 자국의 핵심 이익이 걸린 문제로 인식하고 있다. 중국이 북한의 안정과 발전을 추구하는 것은 북한의 불안정이 직접적으로 중국의 국가 목표인 지속적인 경제 발전에 직접적인 영향을 줄 수 있기 때문이다. 만약 북한 정권이 불안정해 한반도의 안정과 평화가 깨지면 중국은 직간접인 영향을 받게 되며 극심한 정치·경제·사회적 문제가 발생할 수 있기 때문이다. 또한 동북 3성 불안정으로 인해 지속적인 경제성장이 멈추면 중국은 내부적으로 안고 있는 극심한 빈부 격차, 지역 도농 간 소득 격차, 대규모 실업 등으로 인한 모순과 불만이 걷잡을 수 없이 분출되어 국가 분열과 사회 혼란으로 이어질 수 있다는 것이다. 이러한 각종 내부적 이유 등으로 인해 중국은 어느 나라보다 북한의 정권 안정을 중요시하고 있다. 둘째로 북한에 대한 지속적인 영향력 확대이다. 중국은 북한에 대한 영향력 확대를 통해 세계적 강대국 global power으로 도약할 수 있다는 대북 전략 목표를 갖고 있다. 이미 시진핑 지도부는 중국의 급속한 경제 발전 성과를 바탕으로 대외 영향력 확대를 적극 도모하고 있으며, 이 가운데 북한을 포함한 한반도는 중국의 영향력 확대의 거점이자 강대국 도약의 발판으로서 포기할 수 없는 지정학적·지경학적으로 매우 중요한 지역이다.[*]

결국 현재 시진핑 지도부의 대북정책을 한마디로 표현하자면 북한 정권의 안정적 유지 및 개혁개방을 통한 경제발전으로 요약이 가능하다. 이러한 정책적 목표 실현을 위해 중국은 북핵 문제 해결을 위한 6자 회담 재개를 적극 추진해나갈 것으로 보인다. 아울러 중국은 북한의 핵 개발 못지않게 북한 체제의 위기 혹은 북한 체제의 급격한 붕괴가 중국 안정에 커다란 걸림돌로 작용할 것을 내심 우려하고 있다. 현재 중국이 미국을 중심으로 국제사회의 대북 제재에 다소 소극적으로 대처하고 있는 것이나 최근 들어 북한과의 경제 교류와 협력을 한층 더 강화하고 있는 것도 바로 이러한 전략적 고려에서 비롯된 것으로 볼 수 있다. 한마디로 중국의 입장에서 북한은 핵·미사일 문제로 인해 전략적 부담으로 작용하고 있는 것도 사실이지만 또 다른 한편으로는 중국의 꿈 실현과 사회주의 강대국 실현을 위한 절대 포기할 수 없는 지정학적으로 중요한 이웃 국가이다. 중장기적으로 볼 때 중국은 남북·북미 정상회담 이후 평화적인 한반도 정세 분위기를 적극 주도하며 6자 회담 재개 및 동북아 다자평화안보 체제 구축을 도모하면서 북한의 지속적인 경제 발전과 주민 생활 개선을 도모하고 체제 안정을 유도해나간다는 구상이다. 향후 시

---

[*] 중국의 대북 영향력 확대 의미는 중국이 강대국으로 도약대가 될 수 있는 한반도 지역에서 책임감 있는 대국으로서의 국가 정체성과 위치를 확보하겠다는 목표와 미국의 패권 체제 추구를 견제하기 위한 다극화 전략 추진의 지역적 지지 기반도 동시에 추진하겠다는 의도로 볼 수 있다. 즉, 중국이 북한을 지정학적 위치로 인해 단순히 안정이 유지되어야 하는 주변 정세로서의 피동적 의미의 대상에서 점차적으로 미국의 팽창을 저지하는 완충 지대 국가로서 인식하기 시작했으며, 한 걸음 더 나아가 북한을 거점으로 해 자국의 대외적 영향력을 더욱 확대하려는 노력을 보여주고 있다.

진핑 지도부의 대북 정책 방향은 미국의 대중 포위 전략을 억제하며 북한 체제의 안정을 도모하며 관계 강화가 예상되며, 한반도 평화와 안정 유지, 북한 체제 붕괴 방지, 6자 회담을 통한 북핵 문제 해결, 대북 영향력 확대가 지속될 것으로 보인다.[*]

5. 북중 관계 향방과 한반도 평화 모색

향후 중국은 G2로서 위치를 강조하며 한반도에 대한 영향력을 더욱 강화해나갈 것으로 보인다. 네 차례 북중 정상회담 이후 매우 빠른 속도로 북중 양국의 관계 개선이 이루어지고 있으며 북한 스스로 비핵화 의지를 분명히 밝힌 데다가 북미 간 비핵화 합의를 도출했기 때문에 본격적인 북중 간 경제협력 및 인적 교류가 예상된다. 특히 완전한 비핵화 과정에서 이루어질 대북 경제 지원 단계에서 북한의 경제 시찰단이 중국을 방문해 개혁 개방의 경험과 각종 노하우를 배울 가능성이 많아 중국의 대북 영향력은 한층 더 확대될 것으로 보인다.

지난해부터 지금까지 네 차례 북중 정상회담에서 대규모 인적 교류, 경제 투자, 북중 경협 등에 대한 중장기적 논의가 끝난 상황에서 북핵 문제 역시 일정 부분 진전을 보여주고 있어 북중 교류가 본격화될 가능성이 높다. 특히 2018년 6월 12일 경상耿爽 중국 외교부 대변인은 정례 브리핑을

---

[*] 중국은 6자 회담 결렬로 손상된 자국의 중재력을 복원하고자 적극적인 노력을 기울이고 있으며 동시에 4차 북 핵실험 방지, 북한 체제 안전 보장 논의, 미국의 대북 불가침 조약 체결 용의에 따른 한반도 평화협정 체결 등 한반도 긴장 완화를 위해 적극적인 노력을 펼쳐나가고 있다.

통해 "북한의 핵·미사일 개발에 따른 유엔 대북 제재는 제재 자체가 목적이 아니므로 차후 대북 경제제재 완화도 고려해나갈 것"이라 언급했다. 이를 보면 북중 경제 교류와 협력은 점차 확대될 것으로 보이며 북중 정상회담에서도 김정은 위원장이 경제 건설 중심 노선에 대한 강한 의지를 내비치고 있어 본격적인 북중 교류와 각종 협력이 예상된다.

최근 네 차례에 걸친 북중 정상회담 이후 중국은 한반도 비핵화 문제 해결을 위해 북중 관계를 강화해나가면서 주변국들과도 긴밀한 공조 방안을 논의하기 시작했다. 현재 중국의 주요 한반도 전문가들은 북한에 대한 냉전적 사고방식에서 벗어날 필요가 있으며 북한의 최우선 정책 순위는 경제 발전과 주민 생활 개선이므로 이를 위해 대북 제재 완화 및 경제협력의 필요성을 점차 강조하는 분위기이다. 더욱이 중국은 북미 정상회담 이후 나타난 한반도 비핵화 촉진을 위해 지난 2005년 9·19 공동성명 원칙에 따른 6자 회담 재개를 점차 추진해나갈 것으로 보인다. 특히 중국은 북핵 문제의 원만한 해결을 위해서는 북한의 안보적 우려 해결, 대북 제재 해소 및 대규모 경제 지원, 한반도 평화 체제 수립 등 매우 복잡하고 풀기 어려운 문제들이 있어 조속히 6자 회담을 재개할 필요가 있다는 입장이다. 2018년 9월 26일에 열린 73차 유엔총회 연설에서 왕이王毅 외교부장은 "중국 정부는 남북 개선과 북미 대화를 촉진하기 위해 일관되게 노력해왔으며 한반도 문제가 실질적으로 해결되기 위해서는 미국의 대북 제재 완화 혹은 해제를 포함한 한반도 종전 선언 및 평화협정과 같은 적극적인 상응 조치가 필요하다"는 입장을 밝히며 미국의 대북정책 변화를 다시금 촉구했다. 2018년 9월 26일 열린 유엔총회에서 왕이 부장은 한반도 비핵화 실현의 가장 효과적인 방법은 한반도 평화 체제 구축과 병행해 한반도 전체 비핵화를 추진하는 것이며 북미 양국뿐만 아니라 주변국들도 적극적인 동참이 가능한 6

자 회담 재개를 강조하기 시작했다. 이는 향후 한반도 평화 체제 구축 과정에서 중국의 대한반도 영향력을 유지하는 것과 직결되는 것으로 줄곧 중국은 남북 정상회담 및 북미 정상회담, 그리고 북중 정상회담 후 한반도의 종전 선언, 비핵화, 평화 체제 구축 문제 해결의 당사자라는 것을 지속적으로 주장하고 있다.

더욱이 2018년 6월 12일 싱가포르에서 열린 북미 정상회담 합의문 발표 직후 왕이 외교부장은, 이 합의문이 중국에서 줄곧 주장해온 쌍중단 제의에 완전히 부합되고 남북, 북미 관계 개선의 기본적 여건을 담고 있는 것이라며, 이를 통해 다음 단계인 쌍궤병행까지 자연스럽게 이어질 수 있도록 중국은 모든 노력을 기울여나갈 것이라 밝혔다. 특히 중국은 트럼프 대통령과 김정은 위원장의 용기와 노력에 높은 찬사를 보내면서 북핵 문제 해결은 오직 정치적 대화와 외교적 협상만을 통해서만 가능하므로 조속한 합의문 이행을 촉구했다. 향후 중국은 북미 정상회담 성공을 바탕으로 신안보관, 공동 안보, 인류문명공동체 등과 같은 북한의 체제 안전 보장도 확실하게 고려하는 비제로섬(zero-sum) 해결 방식을 추진해나간다는 구상이다.

이처럼 북미 정상회담의 성공적 개최와 트럼프 대통령의 한미 연합 훈련 중단 가능성 발언 이후 중국은 한미 양국이 연합 군사훈련을 중단한다면 중국이 줄곧 주창한 쌍중단 제안이 실현되는 것이며 쌍궤병행까지 이어질 가능성을 기대하고 있다. 향후 한반도 비핵화, 종전 선언, 평화 체제 구축 문제와 관련해 북중 양국은 공동보조를 취하면서 한미 연합 훈련, 군비 통제, 주한 미군, 전략 자산, 한미 동맹 등에 대한 물밑 논의가 예상된다. 물론 일부 중국의 한반도 전문가들은 북미 양국의 급격한 관계 개선을 통한 북한의 친미 국가 가능성, 중국을 배제한 남북미 3자 간 종전 선언과 평화 협정 의제 선정, 북한의 주한 미군 주둔 허용 등이 나타날 가능성에 대해서도 상당한 의구심과 우려를 갖고 있다. 특히 트럼프 행정부 출범 이후 대중 포위 차원에서 인도·태평양 사령부 신설, 타이완 및 남중국해 문제 고조, 무역 전쟁 등으로 인해 미중 패권 경쟁이 가속화되고 있어 북미 양국의 급격한 관계 개선이 북중 관계에 직접적인 악영향을 줄 수 있다는 우려를 갖고 있다.

향후 중국은 북미 정상회담 이후 한반도에 드리워진 평화적 분위기를 촉진해나가기 위해 북한과의 관계를 강화할 것이며, 한반도 종전 선언과 평화협정 체결에 참여하고자 모든 노력을 기울여나갈 것으로 보인다. 특히 중국은 한국전쟁의 정전협정 서명국이자 바로 그 전쟁에서 수십만 명의 중국군이 희생된 아픈 역사적 기억이 있어, 남북미중 4자가 다 함께 종전 선언과 평화협정에 참여해야 한다는 주장을 펼치고 있다.* 예컨대 주요 교전 당사자국인 중국이 빠진 종전 선언이나 평화협정은 효력이 없으며 정치적으로도 중국이 제외된 한반도 평화 체제 구축은 실현 불가능하다는 입장이다. 이는 한반도 정세 변화가 중국의 핵심 이익에 영향을 미치고 지정학적인 구조를 변화시킬 수도 있다고 인식하기 때문이다. 다만 남북미 3자 종전 선언이 상호 적대 관계 해소라는 정치적 선언이라고 한다면 중국이 용인할 가능성도 일부 존재하나 평화협정 체결에는 반드시 참여해야 한다는 입장이다. 이미 중국은 네 차례 북중 정상회담을 통해 밀접한 관계를 구축했으며 한반도 정세 변화를 적극 주도해나가겠다는 강한 의지를 보여주고 있다. 향후 중국은 북중 간 전통적 우호 관계를 바탕으로 한반도 종전 선언과 평화협정 논의에서 자국이 절대 배제되지 않도록 모든 정치·외교

---

* 현재 중국의 입장은 1953년 정전협정 서명 당사자가 마크 클라크 유엔군(미군) 총사령관, 김일성 북한군 최고 사령관과 펑더화이(彭德懷) 중국 인민군 사령관이기 때문에 어떠한 이유를 불문하고 중국의 참여는 필수적이라 인식하고 있다.

적 노력을 펼쳐나갈 것으로 보인다. 이와 동시에 한반도 평화 체제 외연 확장과 안정 유지 차원에서 6자 회담국들이 모두 참여하는 동북아 다자평화안보 체제 구축을 본격화할 가능성이 높다.

따라서 궁극적으로 북핵 문제를 해소하고 한반도의 평화와 안정을 도모하기 위해서는 기존의 대북 제재와 압박 일변도에서 벗어나 새로운 대안적 해법을 적극 모색해야 할 시점이다. 지금까지 제시된 여러 가지 대안 중 가장 현실성이 높고 실현 가능한 것은 역내 지역 안보 패러다임을 새롭게 구축하는 것으로 기존의 세력 균형balance of power이나 가치(집단) 동맹 등과 같은 전통적 안보 이념을 넘어선 공동 안보, 다자 안보, 협력 안보 개념에 기초한 동북아 다자평화안보 체제 구축이다.* 사실 안보 문제는 배타적 혹은 제로섬 가치가 아닌 유관국들이 공유해야 할 공공재이고 비제로섬 가치가 되어야 한다. 만약 자국의 안보만을 중요시하고 타국의 안보를 완전히 무시하고 배타적 안보를 일방적으로 추구할 경우 안보 딜레마가 발생할 수 있다. 이처럼 복잡한 안보 딜레마를 해소시킬 수 있는 유일하고 근본적 방안은 공동 안보, 다자 안보, 협력 안보를 통한 동북아 다자평화안보 체제 구축이다. 즉, 동북아 다자평화안보 체제 구축을 통해 남북한, 중미, 중일, 북미, 북일 사이의 각종 갈등과 불신을 해소시키고 지역 내 평화와 안정을 적극 모색해나가야 할 것이다. 동북아 다자평화안보 체제의 구축과 제도화를 위해서는 무엇보다 우리 정부의 강한 정치·외교·안보적 의지와 과감한 정책적 전환이 요구된다. 이를 통해 지속 가능하고 항구적인 한반도 평화와 안

---

* 2014년 5월 21일 시진핑 주석은 아시아 교류 및 신뢰 구축 회의(CICA)에서 아시아 지역의 안보 협력 기구 창설을 제안했다. 즉, 아시아에는 보편적이면서도 이해와 협력 지속성을 갖춘 다자간 안보 조직의 필요성을 설명했다. 특히, 기조연설에서 각각의 국가 안보를 존중하고 보호해야 하며 자국만의 절대적 안보를 추구하기 위해 다른 국가의 안보를 희생시켜서는 절대 안 된다고 강하게 입장을 표명했다.

정을 모색하고 최종적으로는 동북아 다자평화안보 체제를 구축해 이제 지정학이 아닌 지경학 중심의 새로운 한반도 번영 시대를 열어나가야 할 것이다(정재흥, 2018).

6. 맺음말

지난 40년간 중국은 개혁 개방의 눈부신 경제적 성과를 바탕으로 미국과 국제 질서를 논의할 수 있는 G2 반열에 올라섰으며 중국의 세기를 열고있다. 이러한 중국의 세기는 무엇보다 동북아 지역을 기반으로 추진되고 있으며 그 가운데에서도 한반도는 중국의 강대국화 실현을 좌우하는 핵심 지역에 해당한다. 결국 한반도의 평화와 안정을 유지하는 것은 중국의 핵심적 국가이익이자 한반도 정책의 기본 목표이기도 하다. 따라서 한반도에 어떠한 형태의 충돌과 분쟁이 출현하더라도 중국은 이를 수수방관할 수 없는 입장이며, 지역 내 책임 있는 강대국으로서 적극적인 역할과 개입은 물론이고 자국의 핵심 이익 수호와 역내 안정 차원에서 적극적인 조치와 개입이 예상된다.

주지하다시피 1961년 체결된 조중우호협력 및 상호원조조약은 여전히 북중 양국 관계를 규정하는 가장 핵심적인 조약으로 남아 있고 북중 관계에 대한 16자 방침은 양국 관계에서 가이드 역할을 하고 있다. 지난 냉전 시기 북중 관계는 이데올로기 관계, 안보 보장과 원조 관계, 역사적·지정학적 관계를 중심으로 원심력과 구심력이 작동한 국가 관계였다. 물론 탈냉전 시기에 들어 중국과 북한의 관계는 일정 부분 조정 국면을 겪었으며, 1992년 한중 수교 이후 중국은 북한과 냉전 시기 혈맹 관계에서 정상 국가 관계로 인식의 전환이 나타났다. 이로 인해 한동안 중국과 북한은 핵·미사일 문제, 국가 경제 발전 노선 문제, 한반도 전략 인식 차이 등으로 인한 동맹의 딜레마가 표출되기도 했다. 그러나 이러한 다양한 갈등에도 불구하고 중국과 북한의 동맹 관계는 아직까지 공식적으로나 실질적으로 완전히 종결 혹은 사문화되었다고 볼 수 없다. 이는 공산당 체제의 정당성을 지속적인 경제 발전과 사회주의 강대국 건설에 두고 있는 중국의 입장에서 볼 때 한반도 평화와 안정이 무엇보다 중요하기 때문이다. 특히 북한은 과거부터 해양 세력과 대륙 세력의 각축의 장이자 중국의 동북 변경 지역과 약 1300km에 달하는 국경선을 공유하고 있어 북한 체제 유지와 안정은 중국의 지속적인 경제 발전과 국가 안보에 있어 절대 포기할 수 없는 핵심 지역이다. 이에 현재 중국은 북한 체제의 안정과 경제 발전을 적극 도모하기 위한 차원에서 북한과의 각종 인적, 경제 교류를 점차 확대시켜나가는 중이다.

최근 열린 19차 당대회 이후 중국은 과거 덩샤오핑의 도광양회에서 벗어나 시진핑의 분발유위로의 대외 정책 변화를 선언하고, 일대일로 전략, 쌍궤병행을 본격적으로 추진해나간다는 입장이다. 특히 시진핑 집권 2기를 맞는 중국은 더 이상 주한 미군 문제와 한미 동맹의 특수성을 이해할 수 없다는 분위기가 커지고 있다. 만약 한반도 평화협정 이후에도 주한 미군이 대중 포위 전략 차원을 목적으로 하는 지역 동맹으로 성격이 변화된다면 한중 관계에도 상당한 도전이 될 것이다. 왜냐하면 중국은 19차 당대회 이후 시진핑 주석 1인 지배 체제를 강화했으며, 2050년까지 기존 미국 중심 질서에서 벗어나 중국 중심의 새로운 역내 질서를 실현시켜나가겠다는 전략적 구상을 밝혔기 때문이다. 따라서 앞으로 중국은 한반도에 대한 영향력을 더욱 확대하려고 할 가능성이 높으며, 종전 선언과 평화협정 문제도 자국의 중장기적 대외 전략 및 미중 관계 역학 구도와도 밀접하게 연결시켜 추진할 가능성이 높다. 사실상 2050년까지 사회주의 강대국 실현을 강조하며 중국 중심의 신형국제관계 질서 구축을 제시한 상황에서 중국에게 한국의 경제적 가치는 점차 축소되는 데 반해 안보적 가치의 중요성은 더욱 높아지고 있어 종전 선언과 평화협정 문제는 매우 전략적인 접근이 필요한 사안이다.

지난해부터 지금까지 열린 네 차례 북중 정상회담에서 나타나듯이 남북·북미 정상회담 이후 전개될 한반도 정세 변화 과정에서 중국이 주요 이해 당사국으로서 참여할 가능성은 매우 높아 보인다. 특히 중국은 한반도 평화 체제 구축 과정에서 자국이 배제되지 않도록 모든 외교적 노력을 기울이면서 6자 회담 중심의 동북아 다자평화안보 체제를 적극 추진해나갈 것으로 보인다. 따라서 한국 역시 종전 선언 및 평화협정 이행을 위해 남북미중 4자 회담을 중심에 놓고, 가능하다면 남북미 3자와 남북중 3자 회담 등도 고민해볼 필요가 있다. 더욱이 미중 패권 경쟁이 가속화되면서 중국은 미국의 대중 포위를 견제하기 위한 차원에서 북한과의 관계를 강화해나가고 있어 북중 관계는 과거와 유사한 혈맹 관계로 변화될 가능성이 높다. 끝으로 중국은 강력한 대북 영향력을 바탕으로 한반도 비핵화 문제를 적극 주도해나가면서 역내 강대국화로 자리매김할 것이다. 물론 북한이 새로운 대중 정책을 추진해나간다면 북중 관계도 일정 부분 변화될 가능성도 존재하나 이념적·역사적· 지정학·지경학적 요인 등으로 인해 북중 관계는 과거보다 훨씬 더 강화될 것으로 보인다.

참고문헌

김강녕. 2018. 「중국의 대북정책·북중관계의 특성과 변화전망」. ≪글로벌 정치연구≫,
　　　Vol.11, No.1, 37~41쪽.

김재철. 2017. 『중국과 세계: 국제주의, 민족주의, 외교정책』. 한울.

박동훈·이성환. 2015. 「북중관계변화의 동인과 시진핑시대의 대북정책」. ≪국제정치연구≫,
　　　18집 1호, 243~245쪽.

박홍서. 2006. 「신현실주의 이론을 통한 중국의 대한반도 군사개입 연구」. ≪한국정치학회
　　　보≫, 40집 1호, 181~200쪽.

이삼성. 2009. 『동아시아 전쟁과 평화』. 한길사.

이상숙. 2011. 「북중우호조약 현대적 함의와 양국관계」. 『2011 가을 주요국제문제분석』.
　　　서울: 외교안보연구원.

이종석. 2000. 『북한-중국관계 1945-2000』. 중심.

정덕구·추수룽. 2013. 『기로에 선 북중관계: 중국의 대북한 정책 딜레마』. 중앙북스.

정재흥. 2017. 「미중정상회담과 한국의 전략적 안보딜레마」. ≪정세와정책≫, 12월 호, 5~8쪽.

＿＿＿. 2018. 「북미정상회담 평가와 북중관계 변화전망」. ≪정세와정책≫, 7월 호, 13~15쪽.

＿＿＿. 2018. 「3차 북중정상회담에 대한 전략적 고민과 대응」. ≪세종논평≫, NO.2018-34,
　　　1~2쪽.

조영남. 2015. 『중국의 꿈: 시진핑 리더십과 중국의 미래』. 민음사.

Scobell, Andrew. 2004. "China and North Korea: From Comrades-in-Arms to Allies at Arms
　　　Length." *SSI Monograph Series*, March.

王泰平 主編. 1999. 『中華人民共和國外交史(第三卷): 1970~1978』. 北京: 世界知識出版社.

북일 관계 변화와
한반도 평화

조진구

경남대학교 극동문제연구소 교수

이 장은 서진영·이신화·김장수 엮음, 『21세기 동북아시아의 정치지형과 전략』(오름, 2006)에
수록된 「북일 관계와 동아시아」를 대폭 수정·보완한 것이라는 점을 밝혀둔다.

1. 일본에게 북한은 어떤 나라인가

전후 일본 국민이 관광 목적의 해외여행을 자유롭게 하기 시작한 것은 도쿄 하계 올림픽이 열렸던 1964년이다. 아시아에서 처음 올림픽이 열렸던 이 해에 일본인의 해외 도항자 수는 12만 8000명이었으며, 13년 8개월간의 지난한 교섭 과정을 거쳐 한국과 일본이 국교를 정상화했던 1965년 한국과 일본을 오간 양국 국민은 1만 명에 지나지 않았다.

1985년의 플라자 합의 이후 엔화의 가치는 급격하게 상승해 1987년 2월에는 달러당 150엔대까지 올라가 일본 기업의 해외 직접 투자가 확대되고 해외여행자 수도 증가했다. 그러나 냉전 시대 일본 국민이 소련을 비롯한 공산 국가를 여행할 경우에는 별도의 여권을 발급받아야 했으며, 1991년 "이 여권은 조선민주주의인민공화국을 제외한 모든 국가와 지역에서 유효하다"는 조항이 일반 여권에서 삭제될 때까지 일본 국민의 북한 여행은 극도로 제한되어 있었다.

1965년 한일 국교 정상화 이후 한일 간의 인적·물적 교류가 비약적으로 증가했던 것과는 대조적으로 북일 간의 교역과 인적 교류는 거의 없었다고 해도 과언이 아니다. 2004년 일본을 방문한 북한인은 120명에 불과했으며, 2006년 북한의 첫 번째 핵실험 이후 일본 정부는 북한에 대한 경제제재 조치를 발동해 2006년 139억 5000억 엔에 지나지 않았던 양국의 무역은 점차 줄어 2010년 이후 0(제로) 상태가 계속되고 있다.

한일 관계에 비해 북일 관계가 매우 제한적이었던 것은 양국 간에 국교가 없었기 때문이지만, 북한에 대한 관심이 없었던 것은 아니다. 1975년부터 일본 내각부는 외교에 관한 여론조사를 실시해오고 있는데, 2001년 처음으로 북한에 대한 관심도를 조사했다. 북한에 대해 관심이 있다는 응답

표 7-1 북한과 일본의 무역 총액

(단위: 억 엔)

	2004	2005	2006	2007	2008	2009	2010	2011	2012	2013	2014
일본의 수출	95.7	68.8	50.8	10.7	7.9	2.6	0	0	0	0	0
일본의 수입	177.4	145.3	88.7	0	0	0	0	0	0	0	0

자료: 『北朝鮮基礎データ』(일본 외무성, 2017.2.9).

이 62.9%('매우 관심이 있다'가 16.6%, '어느 정도 관심이 있다'가 46.4%)에 달해 '관심이 없다'는 응답 35.1%('그다지 관심이 없다'가 24.8%, '전혀 관심이 없다'가 10.3%)보다 압도적으로 많았다.

'관심이 있다'고 대답한 응답자에게 어떤 문제에 관심이 있는가를 묻자 '일본인 납치 문제'가 68.6%로 가장 높았고, '미사일 문제'가 52.1%, '식량 지원 문제'가 50.5%, '남북 문제'가 47.9%, '핵 개발 문제'가 39.3%의 순으로 많았다. '경제 교류'와 '문화 교류'는 각각 18.8%와 9.7%였으며, '스포츠 교류'와 '관광'은 각각 9.0%와 8.1%에 그쳤다. 일본 국민에게 북한은 가보고 싶거나 교류를 하고 싶은 나라가 아니라 식량 문제조차 해결하지 못하면서 핵과 미사일을 개발하고 일본인을 납치하는 이상한 나라라는 이미지가 강했던 것으로 보인다.*

돌이켜보면, 한일 국교 정상화 이후 일본은 북한과의 교류를 확대할 의사가 있었으며 북한과의 인적 왕래에 대해서도 유연한 자세를 보였었다. 또한 일본 정부는 한일 국교 정상화 이후 한일기본조약의 적용 범위를 휴전선 이남으로 국한시킴으로써 장래 상황의 변화에 따라 북한과도 국교를

---

*   https://survey.gov-online.go.jp/h12/gaikou_01/index.html(검색일: 2018년 10월 22일).

정상화할 수 있는 여지를 남겨두려고 노력했지만, 북한과는 외교 관계를 맺지 않는다는 원칙은 견지했었다.

한일기본조약 제3조에는 한국 정부가 유엔총회 결의안 제195호(Ⅲ)에 명시되어 있는 것처럼 한반도의 유일한 합법 정부라고 되어 있으며,* 1965년 10월 29일 중의원 특별위원회에서 당시의 사토 에이사쿠佐藤榮作 총리는 한반도에 두 개의 실질적인 정부가 존재하는 상황에서 "한쪽 국가를 승인한 국가는 다른 쪽과 외교 관계를 수립하지 않는 것이 지금까지의 외교 관례"이며 유엔 결의 제195호(Ⅲ)를 존중해 "북한과는 외교 관계를 갖지 않는다"고 말해 북일 관계가 '백지 상태'라는 것을 분명하게 밝힌 바 있다.

그렇지만 일본이 한국과 외교 관계를 맺고 있는 한 일본과의 국교 수립은 '두 개의 한국'을 인정하는 것이 되어 분단을 고착화하는 것으로 인식했던 북한은 인적 교류나 무역에는 관심이 있었지만, 일본과의 국교 수립에 적극적이지는 않았다. 또한 일본은 북일 국교 정상화에 반대하는 한국 정부에 대해 정치적인 배려를 하지 않을 수 없었다.

이러한 상황은 1980년대 후반에 들어와 조금씩 변화하기 시작했다. 1988년 7월 7일 노태우 대통령은 '대통령 특별 선언'을 통해 북한과 미국과 일본 등 우방국과의 관계 개선을 용인하고 나아가 이에 협조할 용의가 있다고 밝혔으며, 이날 일본 정부는 북한에 억류되어 있던 제18 후지산 마루(第18富士山丸) 사건의 해결을 전제로 북한과 대화할 용의가 있다고 발표했다. 또한 1989년 3월 30일 중의원 예산위원회에서 다케시타 노보루竹下登 총리는 '조선민주주의인민공화국'이라는 공식 국호를 사용했을 뿐만 아니라, 북

---

* 유엔총회 결의안 제195호(Ⅲ)에는 1948년 8월15일에 수립된 한국 정부의 관할권을 유엔 한국 임시 위원회(the United Nations Temporary Commission on Korea)가 감시하고 협의할 수 있었으며, 대다수의 한국인이 거주하고 자유선거에 의해 의사 표현이 이루어졌던 38선 이남 지역으로 국한되어 있었다.

한과의 과거 역사에 대해서도 '깊은 반성과 유감'을 표명하면서 북한과의 관계 개선을 모색할 의사를 표명했다.

이러한 일본 정부의 태도 변화는 조선로동당과 우호 관계에 있던 일본 사회당(社會黨)을 통해 북한에 전달되었으며, 북한은 집권 여당인 자유민주당(自民黨)을 포함한 일본 국회의원 대표단의 방북을 요청했다. 이에 따라 자민당과 사회당 대표단이 1990년 9월 북한을 방문했는데, 북한은 예상을 뒤엎고 일본과의 국교 정상화 문제를 제기했다. 이를 계기로 세 번의 예비 회담을 거쳐 1991년 1월부터 국교 정상화를 논의하는 북일 정부 간 교섭이 시작되었지만, 북일 간의 교섭은 2002년 10월 29일과 30일에 열린 제12차 회담을 끝으로 중단되었다.

2002년 9월 고이즈미 준이치로小泉純一郎 총리는 일본의 현직 총리로서는 처음으로 국교가 없는 북한을 방문해 김정일 국방위원장과 회담을 하고 북일 평양 선언에 서명을 했다. 뒤에서 상세하게 살펴보는 바와 같이 평양 선언에서 북일 두 정상은 양국 간의 현안인 핵과 미사일, 일본인 납치 문제를 포괄적으로 해결해 북일 관계를 정상화하며, 과거 문제를 청산하고 일본이 북한에 경제협력을 제공하는 것 등에 합의했다. 평양 선언 서명 다음 달인 10월 일본인 납치 피해자 5명이 일본으로 귀국했으며, 2004년 5월 고이즈미 총리의 두 번째 방북을 계기로 납치 피해자 가족 5명이 일본으로 귀국했지만, 북일 간의 현안은 미해결 상태이고 국교 정상화도 이뤄지지 못하고 있다.

2002년 9월 관방 부副장관으로서 고이즈미 총리와 함께 평양을 방문했던 아베 신조安倍晋三는 납치 문제에 대해 매우 강경한 입장을 표명하면서 일본 국민들의 지지를 얻었고 2006년 총리가 되었다. 건강상의 이유로 1년 만에 총리를 사직한 아베는 2012년 12월 다시 총리가 되었지만, 북한의 거듭되는 핵실험과 미사일 발사에 대해 누구보다 앞장서서 강력한 제재와 압박을 주장하면서 평양 선언에 대한 언급은 회피해왔다.

한국전쟁의 재발 가능성조차 거론되었던 2017년의 상황과는 대조적으로 2018년에 들어와 한반도를 둘러싼 정세가 급변하고 있다. 남북 정상회담과 역사적인 첫 북미 정상회담을 거쳐 한반도 정세가 역사적인 대전환을 맞이하면서 아베 총리의 대북 자세에도 변화가 나타나기 시작했다. 2018년 9월 25일 제73차 유엔총회에 참석한 아베 신조 총리는 납치, 핵과 미사일 문제를 해결해 북한과 국교 정상화를 이루겠다는 일본의 방침에는 변함이 없다면서 납치 문제 해결을 위해 김정은 국무위원장과 직접 만날 용의가 있다는 것을 표명했다.*

북한 핵 문제 해결을 위해서만이 아니라 한반도와 동북아시아의 평화와 번영을 위해서는 일본의 이해와 협력이 불가결하다. 이 장에서는 우선 전후의 북일 관계를 개괄적으로 살펴보고, 중단과 재개를 반복했던 북일 간의 국교 정상화 교섭에서 쟁점이 되었던 것은 무엇인가를 고찰하고자 한다. 또한 북일 관계는 양국을 둘러싼 국제 환경의 변화나 국내 정치의 변화와 밀접한 관련이 있을 뿐만 아니라, 정부 간 교섭에서 쟁점이 되었던 문제들도 양국 간 현안에 그치지 않았다는 점도 고려하면서 2012년 12월 제2차 아베 정권 등장 이후의 북일 관계와 그것이 한반도 평화와 어떠한 관련성이 있는지에 대해 살펴보고자 한다.

---

*   특별한 언급이 없는 한 이 장에서 인용하는 아베 총리의 연설은 일본 총리 관저 홈페이지(www.kantei. go.jp)에서 인용한 것이라는 점을 밝혀둔다.

2. 전후 북일 관계의 역사적 궤적

1990년 3당 공동선언 이전까지

일본의 역사학자 다카사키 소지高崎宗司는 2004년에 출판된 저서에서 지금까지 북한과 일본이 국교를 정상화할 수 있는 기회가 네 번 있었다고 지적한다. 첫 번째는 1953년 3월의 스탈린 사후 미소가 평화 공존을 모색했던 1950년대 중반으로 일본이 북한과의 수교보다 소련과 한국과의 수교를 우선하면서 좌절되었으며, 두 번째는 미중 화해, 7·4 남북공동성명, 중일 국교 정상화 등이 이루어졌던 1970년대 초반으로 북일 두 나라 모두 경제와 문화 교류 등에 대해 적극적이었지만 북한의 대일 채무 문제로 북한에 대한 일본의 관심이 약화되어 실현되지 못했다. 세 번째는 1990년 9월의 자민당·사회당·조선로동당의 3당 공동선언 이후 정부 간 교섭이 시작된 1990년대 초반이며, 네 번째는 2002년 9월 고이즈미 총리가 평양을 전격적으로 방문해 김정일 국방위원장과 회담했던 시기로 앞의 두 시기와 달리 세 번째와 네 번째의 경우 정부 간 교섭이 이루어졌다는 점에서 다르다.

우선 북일 양국 정부 사이에 국교 정상화 회담이 시작되기 전의 북일 관계를 역사적으로 개관해보고자 한다. 전후 국교가 없는 북일 관계의 연결 고리가 되었던 것은 재일 한국인과 일본의 공산당과 사회당 등의 혁신 세력이었다. 해방 당시 약 200만 명의 한국인들이 일본에 거주하고 있었는데, 이들은 해방된 조국의 국가 건설에 기여하고 재일 동포의 생활 안정과 귀국 동포에의 편의 제공 등을 목적으로 1945년 10월 15일 재일본조선인연맹(조련)을 결성했다. 결성 당초에는 이념을 초월해 좌우, 민족주의자, 심지어 친일파까지 포함되어 있었지만, 우파와 친일파가 떨어져나가 1946년 10월 재일본조선거류민단(민단)을 결성했다.

1949년 9월 일본 정부에 의해 강제로 해산된 조련을 대체했던 조직이 재일조선인통일민주전선(민전)이었는데, 민전도 1955년 5월 25일에 발전적으로 해체되어 재일조선인총연합(조총련)이 결성되었다. 조총련이 결성되면서 재일 조선인 공산주의자들은 일본 공산당에서 조선로동당으로 당적을 옮겼으며, 창립 대회에서 채택된 8개항의 강령에는 북일 간의 경제·문화 교류, 통신·도항의 자유 및 국교 정상화와 양 국민의 우호 친선을 위해 노력한다는 내용이 포함되어 있었다. 이것은 조총련이 일본 공산당과는 거리를 두고 북한으로부터 직접 지도를 받게 되었을 뿐만 아니라, 북한이 기존의 반일 노선을 변경해 대일 관계 개선을 모색하고 조총련이 그것을 일본에서 실현하는 사실상의 북한 정부 대변인 역할을 하게 되었다는 것을 의미했다.

북한의 대일 정책 변경을 상징했던 것이 1955년 2월 25일에 발표된 남일 외상의 성명이었다. 남일은 평화 공존의 원칙하에 북한은 자국과 우호 관계를 맺으려는 국가와 국교를 수립할 용의가 있으며, 우선은 무역과 문화 교류를 하자고 제안했다. 이것은 중소와의 국교 정상화와 북한과의 경제 관계 개선 의사를 밝혔던 하토야마 이치로鳩山一郎 총리의 1955년 1월 신년 기자회견에 대한 북한의 응답이었다고 할 수 있다. 하토야마는 국민적 인기를 배경으로 요시다 시게루의 '대미 일변도' 외교에서 벗어나 '자주 외교'를 모색했는데, 첫 번째 목표가 되었던 것이 소련과의 국교 정상화였다. 일본은 1951년 9월에 체결된 샌프란시스코 강화조약이 이듬해 4월 발효됨으로써 독립 국가로서 국제사회에 복귀했지만 강화조약에 소련이 서명하지 않았기 때문에 법적으로 소련과의 전쟁 상태를 종식시켜야 했다. 국가적인 과제였던 유엔 가맹을 실현하기 위해서도 소련과의 관계 개선은 절실하게 필요했던 것이다.

남일의 제안에 대한 일본 내의 반응은 엇갈렸다. 하토야마 총리는 3월 26일 중의원 예산위원회에서 "모든 국가와 민족과 우호적인 관계를 증진하고 싶다"고 말해 남일의 제안을 거부하는 외무성 성명과는 결이 다른 견해를 밝혔다. 그렇지만, 한국과 국교 정상화 교섭을 하면서 북한과 접촉하는 것은 '이중 외교'라고 비난하는 한국 정부의 반발을 고려하지 않을 수 없었던 하토야마 총리는 6월 22일 참의원에서 "북한과의 경제 문화 교류는 한국과의 관계를 저해"한다면서 한국과의 관계 개선을 우선하겠다는 뜻을 분명히 했다.

그렇지만 사회당과 경제계의 반응은 달랐다. 소련과의 국교 정상화를 적극적으로 추진했던 정부에 대항해 북한과의 관계 확대를 통해 외교적으로 야당의 입지를 강화하려는 사회당은 두 번에 걸쳐 대표단을 북한에 보냈다. 또한 수출 시장으로서 또는 풍부한 북한의 천연자원에 관심이 많았던 경제계에서는 북한과의 경제 교류를 요구하는 목소리가 높아지고 있었다. 1955년 10월 중국의 국제무역촉진위원회의 중개로 북일 양국 상사 간에 거래 협정이 체결되었다.

이듬해 3월에는 일조무역회가 설립되었으며 9월에는 북한의 조선국제무역촉진위원회와 일조무역회 사이에 '조일 무역협정'이 체결되어 중국의 다롄을 경유한 북일 간의 간접무역이 시작되었다. 1956년 61만 달러에 지나지 않았던 무역 규모는 일본 정부가 북한과의 직접무역을 승인했던 1961년에는 892만 달러로 5년 사이에 14배나 증가했다. 1962년부터 북일 간에 정기 화물선이 취항했으며, 1955년 12월 일본의 극단 배우좌俳優座가 북한을 방문해 조선국립극장과 우호 교류에 관한 합의서를 체결한 이후 북일 간의 문화 교류도 활발해졌다.

그런 가운데 북일 양측 적십자사 간에 해방 후 일본으로 귀국하지 못하고 북한에 남아 있던 일본인과 재일 조선인의 귀국 문제가 논의되었다는 점은 주목할 만하다. 1955년 10월 북한을 방문했던 사회당 대표단이 북한의 수용소에서 귀국을 기다리고 있던 일본인의 명단을 입수했던 것을 계기로 일본 적십자사는 북한에 대표를 보내 귀국 협상을 벌였으며, 북한은 1956년 4월 16세대 48명의 일본인의 귀국을 허가했다. 재일 조선인의 귀국 문제는 1955년 9월 해방 10주년을 축하하러 북한을 방문한 조총련 대표단에게 김일성이 재일 동포들에 대한 장학금 지원을 약속하면서 차별 없는 조국으로의 귀국을 호소한 것을 계기로 대두되었다.

이에 대해 관심을 보였던 사람은 북한 출신의 재일 동포들이었지만 소수에 지나지 않았다. 재일 동포들의 귀국이 북한의 국제적 지위 향상에 기여할 것으로 보았던 북한은 대규모의 귀국 운동을 전개하도록 조총련에게 지시했으며, 조총련은 북한을 지상낙원으로 선전하며 동포들을 설득했다. 또한 한일 회담에 미칠 부정적인 영향을 우려해 소극적인 태도를 보였던 일본 정부와 지방자치단체에게 귀국 허가를 요구했으며, 사회당과 공산당 등 조총련에 우호적인 정당과 단체를 중심으로 귀국 운동을 지원하는 '재일조선인귀국협력회'를 만들게 했다. 한국 정부의 맹렬한 반발에도 불구하고 일본 정부는 1959년 2월 인도주의적 차원에서 귀국을 허가하기로 결정했으며, 이와 관련한 북한과의 교섭을 일본 적십자사에 위임했다. 1959년 8월 양국 적십자사 사이에 체결된 귀국 협정에 따라 12월에 첫 번째 귀국선이 니가타 항을 떠났다. 1980년까지 약 9만 3000명이 북한으로 귀국했는데, 여기에는 재일 동포 남자와 결혼한 일본인 처妻 약 1800여 명이 포함되어 있었다.

재일 동포의 북송 문제는 1953년 10월 일본의 식민지 지배를 정당화했던 구보타 망언으로 중단되었다가 1958년 4월 5년 만에 재개된 한일 회담을 또다시 중단에 빠뜨렸다. 그 뒤 이승만 정권의 붕괴와 민주당 정권의 출범, 박정희에 의한 군사 쿠데타 등 한국의 정치 상황이 급변하면서 몇 번의 위기가 있었지만 한일기본조약은 1965년 6월 22일 정식으로 조인되었다. 다음 날 북한은 한일기본조약과 협정을 인정하지 않으며 끝까지 반대한다는 정부 성명을 발표했으며, 한일 협정에 반대하는 군중집회가 각지에서 개최되었다. 한국과 일본이 국교를 수립함으로써 한미일 3국이 결탁해 북한 포위망을 구축하려 하고 있다고 보았던 북한은 조약의 무효를 선언했을 뿐만 아니라 일본에 대한 비난의 강도를 더욱 높였다.

국교 수립 이후 한일 관계가 확대되어갔던 것과는 대조적으로 악화 일로를 걷던 북일 관계는 1971년 후반부터 회복될 기미가 보이기 시작했다. 특히, 1971년 9월과 10월 ≪아사히朝日신문≫과 ≪교도共同통신≫ 기자와의 회견에서 김일성은 북한에 대한 일본의 적대시 정책을 비판하면서도 "일본과 무역 관계를 발전시킬 것을 희망"한다고 말했다. 또한 국교 수립 이전이라도 가능한 범위 내에서 기자들과 기술자들을 비롯한 인적 교류와 경제 및 문화 교류를 전향적으로 추진하겠다는 김일성의 발언은 일본 내에서 커다란 반향을 불러일으켰다. 10월 다나카 가쿠에이田中角榮 통상산업대신은 북한에 대한 일본 수출입은행의 융자를 허용하기로 했으며, 11월에는 자민당을 포함한 234명의 초당파 의원들이 참가하는 일조우호촉진의원연맹이 결성되었다. 이 연맹은 이듬해인 1972년 1월 평양을 방문해 조선국제무역촉진위원회와 1976년까지 양국 간 무역을 5억 달러로 확대하기로 합의하는 무역협정을 체결했다. 조선국제무역촉진위원회는 2월 조일수출입상사朝日輸出入商社를 도쿄에 설치해 무역대표부의 역할을 수행하게 했으며, 10월에는 처음으로 대표단을 일본에 보내 경제계를 대표하는 경제단체연합회(經團連)나 상공회의소 등과의 교류를 모색했다. 또한 10월과 12월 평양에서 일본의 공업 전람회가 열렸으며, 1973년 1월에는 일본 경제 대표단이 북한을 방문했다.

김일성의 발언 이후 북일 간의 경제 교류는 급속하게 확대되어 1971년 6000만 달러에도 미치지 못했던 교역 규모는 1972년에 1억 3000만 달러를 넘어 1974년에는 3억 6000만 달러를 기록했다. 서방 국가들 가운데서는 북한의 서독과 프랑스와의 무역 규모가 현저하게 증가했다. 1971년 3000만 달러였던 서독과의 무역 규모는 1974년에 8000만 달러로 증가했으며, 프랑스의 경우 1971년 불과 700만 달러였던 것이 1974년에 9000만 달러로 13배나 증가했다.

북한이 일본을 비롯한 서방 국가들과의 무역과 자본 및 기술 도입을 적극적으로 추진하게 된 배경에는 북한 경제의 침체가 크게 작용했다. 1962년 12월의 당 중앙위원회 전원회의가 사실상 국방 건설을 우선하는 경제와 국방의 병진 노선을 채택하면서 국가 예산에서 국방비가 차지하는 비율이 높아지고 중소와의 관계가 악화되면서 양국의 원조가 끊겨 북한 경제는 심각한 침체 상태에 빠졌다. 또한 한국이 고도 경제성장을 계속하면서 남북한 경제가 역전되는 현상이 벌어졌던 것이다. 북한으로서는 서방 국가들의 자본과 기술을 도입해 침체에 빠진 경제를 재건하는 것이 급선무였다고 할수 있다.

1970년 7억 7000만 달러였던 무역 총액은 1975년에 20억 2000만 달러로 두 배 이상 증가되었지만, 1973년 1차 오일 쇼크 발생 후 북한은 서방 국가들로부터 수입한 플랜트의 대금을 지불하지 못하는 상황이 발생하게 되었다. 이로 인해 착실하게 성장을 계속했던 대일 무역은 1974년부터 감소하기 시작했으며, 북일 간에 관세협정이 체결되어 있지 않았기 때문에 일본으로 수출하는 북한의 물품에 대해 높은 관세가 부과되었다. 북한산 물품은 가격경쟁에서 불리했으며, 북한 은행이 발행한 신용장의 결제가 지연되면서 북한의 대외 신용도는 급격하게 하락되었다. 북한에 의한 대금 결제 지연 문제는 북일 경제 관계의 가장 큰 걸림돌이었다. 1976년, 1979년 및 1983년 세 번에 걸쳐 대금 상환 기한의 연장에 합의했지만 1983년 이후 모든 지불이 완전히 정지된 상태이며, 아직도 해결되지 못하고 있다.

북한은 이러한 문제를 해소하기 위해 1984년 9월 '합영법'을 제정해 외자 도입을 추진하지만 기대했던 성과를 거두지는 못했다. 1984년부터 1992년까지 약 200억 엔의 투자를 유치했지만 약 70%가 조총련계 기업에 의한 것이었기 때문에 당초에 기대했던 외화 획득과 선진 기술의 도입은 실현되지 못했다. 1984년 김일성의 소련 방문 이후 소련과의 관계가 개선되고 경제 무역 관계가 급격하게 신장했지만, 소련에 대한 높은 의존도라는 부작용을 초래했다. 북한의 대소련 무역은 1986년부터 북한 전체 무역의 50% 이상을 차지했으며 1990년에는 61.4%로 최고를 기록했다.

무엇보다 1989년 가을부터 1990년에 걸쳐 동유럽에서 펼쳐진 정치적인 지각 변동에 북한은 강한 위기의식을 갖게 되었다. 1989년 11월 9일 분단 독일을 상징했던 베를린의 장벽은 붕괴되었으며, 1990년 8월 31일 동서독은 통일을 위한 국가 조약에 조인했다. 또한 1989년 2월 동유럽 국가로서는 처음으로 헝가리가 한국과 국교를 수립한 데 이어 같은 해 폴란드와 유고슬라비아가 한국과 수교했으며, 1990년에는 체코슬로바키아, 불가리아, 루마니아가 수교했다. 가장 충격적이었던 것은 1990년 9월의 한국과 소련의 국교 수립이었다.

1990년 9월 초 한국과의 국교 수립 방침을 전달하기 위해 셰바르드나제 소련 외상이 평양을 방문했을 때 김일성은 만나주지 않았다. 셰바르드나제 외상과의 회담에서 김영남 외교부장은 한소 수교는 양국의 이익과 관

련되는 모든 중요한 국제 문제에 대해 서로 협의한다는 조소우호협력상호
원조조약 제3조 위반이라고 격렬하게 항의했으며, 한국에 미국의 핵무기
가 존재하는 상황에서 자위를 위해 북한은 핵무기를 개발할지 모른다고 강
하게 반발했다.

북한을 더욱 난처하게 만든 것은 소련이 한국과 수교하면서 무역 대금
의 현금 결제와 소련 상품에 대한 국제가격 적용을 일방적으로 북한에 통
보했던 것이다. 이로 인해 북한의 대소련 무역은 급격하게 감소했다. 1991
년 대소련 무역은 전년도의 32억 2000만 달러에서 3억 6000만 달러로 90%
이상 감소했을 뿐만 아니라, 이로 인해 북한의 전체 무역 규모도 1990년도
의 절반 수준인 25억 3000만 달러로 감소했다.

3. 3당 공동선언과 북한의 국교 정상화 제안

1980년대 말부터 국제 정세가 급변하면서 북한은 외교적으로 고립되어
갔으며 경제적으로도 매우 어려운 상황에 직면하게 되었다. 소련과의 무역
이 급감하면서 일본이 중국에 이에 두 번째 교역 상대국이 되었으며, 한소
수교 직전 북한을 방문한 일본의 자민당과 사회당 대표단에게 북한이 일본
과의 국교 정상화를 제안했다는 것은 주목할 만하다. 외교적인 고립과 경
제적인 어려움을 타개하기 위한 돌파구로 북한은 일본을 선택했다. 일본과
국교를 수립하면 식민지 지배에 대한 배상 명목으로 상당한 금액을 받을
수 있을 뿐만 아니라 일본의 자본과 선진 기술을 도입해 낙후된 경제를 발
전시킬 수 있을 것으로 기대했다.

한일 국교 정상화를 전후해 북일 관계에 변화가 있을 때마다 우려를 표

명하며 일본 정부를 견제했던 한국 정부의 정책 변경과 일본 사회당이 중요한 역할을 했다. 1988년 7월 7일 노태우 대통령은 한국이 소련과 중국을 비롯한 사회주의국가들과의 관계를 개선하는 대신 "북한이 미국·일본 등 우리 우방과의 관계를 개선하는 데 협조할 용의가 있다"고 표명함으로써 일본은 한국 정부의 눈치를 보지 않고 북한과의 관계 개선을 모색할 수 있게 되었다. 같은 날 일본 정부의 대변인 격인 관방장관은 "관계국과 긴밀한 협의를 하면서 일조 관계 개선을 적극적으로 추진"하겠다는 정부 견해를 발표했으며, 1989년 3월 30일 중의원 예산위원회에서 다케시타 총리는 과거사에 대한 '깊은 반성과 유감'의 뜻과 함께 북한과의 관계 개선 의사를 분명하게 밝혔다.

외교 채널이 없던 북일 양국 정부 사이에서 중개자 역할을 했던 것이 일본의 사회당이었다. 1983년 11월 북한은 스파이 혐의로 일본의 화물선 제18 후지산 마루를 나포하고 선장과 기관장을 억류했지만, 일본 정부는 해결의 실마리를 찾지 못하고 있었다. 그런 가운데 1988년 7월 1일 사회당의 후카다 하지메深田肇 의원은 자신의 방북 결과를 설명하는 기자회견에서 북한이 제18 후지산 마루 사건과 관련해 유연한 자세를 보이고 있다면서 대한항공기 격추 사건 이후 취했던 대북 제재를 해제하도록 일본 정부에 요구했다.

또한 8월 사회당의 야마구치 쓰루오山口鶴男 서기장은 오부치 게이조小淵 惠三 관방장관과의 회담에서 선원들의 석방을 위해서는 서울 올림픽 개막 전에 제재를 해제하고 북한 인사들의 일본 입국을 허용해야 한다고 주장했다. 결국 일본 정부는 9월 13일 북한 외교관과의 접촉과 공무원의 북한 방문 금지, 북한 정부 인사들의 일본 입국 금지 등의 제재 조치를 서울 올림픽 개막 전날인 9월 16일 자로 해제한다고 발표했다. 1989년 1월에는 일본

사회당 당대회에 참석하는 북한 조선로동당 대표단의 일본 입국을 허가했다. 억류 선원들의 석방을 위해 사회당을 접촉 창구로 활용할 필요가 있었던 일본 정부로서는 사회당의 요구를 수용하지 않을 수 없었다.

사회당 인사 가운데 특히 중요한 역할을 했던 것이 다나베 마고토田邊誠 전 서기장이었다. 다나베는 다케시타 총리가 중의원 예산위원회에서의 과거사에 대한 반성과 북한과의 관계 개선 의사를 표명하기에 앞서 사전에 의견 교환을 했을 뿐 아니라, 자민당의 막후 실력자이며 자신과 절친한 사이였던 가네마루 신金丸信 의원이 김일성에게 보내는 친서를 휴대하고 4월 초 북한을 방문했다. 가네마루는 친서에서 자신이 직접 북한을 방문해 북일 관계 개선을 위해 노력하고 싶다는 의사를 전달했으며, 이에 대해 김일성은 환영의 뜻을 다나베에게 전했다.

또한 조선로동당에서 대일 외교를 책임지고 있던 허담은 다나베와의 회담에서 양국 간 현안이었던 억류 선원의 석방 문제의 해결을 약속했다. 가네마루 의원의 방북은 곧바로 실현되지 못했지만, 1990년 2월부터 북일 정부 관계자 사이에 비공식 접촉이 계속되었다. 북한은 5월 초 방북한 사회당의 후카다 의원에게 가네마루의 방북 수용과 제18 후지산 마루 사건의 해결 의사를 재확인해주었으며, 7월 중순 구보 와타루久保亘 사회당 부위원장과 함께 방북한 다나베는 '3당 간 교섭 후 정부 간 교섭'이라는 교섭 방식에 북한 측과 합의했다.

구보는 9월 초순 이시이 하지메石井一 자민당 의원과 함께 가네마루 방북을 사전 조율하기 위한 선발대의 사회당 측 단장으로 평양을 방문했다. 9월 5일부터 열린 자민당과 사회당, 조선로동당 간의 사전 협의에서 가장 쟁점이 되었던 것은 일본에 의한 과거 식민지 지배에 대한 배상 문제였다. 북한은 국교 수립과는 별개로 국교 수립 이전의 배상을 요구했지만, 이시이 의원은 배상 문제는 정부 간 교섭에서 다루어질 문제이며 국교 정상화 이전의 배상은 전례가 없기 때문에 북한에 대해서만 특별 대우를 할 수 없을 뿐만 아니라 국교 정상화를 전제로 하지 않는 배상이나 경제협력은 곤란하다는 입장을 전했다. 이에 대해 허담의 뒤를 이어 당에서 외교 문제를 담당하던 김용순은 "외교 관례나 조약이라는 것은 국가 간의 관계 개선을 위한 것이지 관례나 조약을 위해 국가가 있는 것이 아니다…… 전례가 없다는 것은 의지가 없는 것이 아닌가"라면서 강한 반론을 제기했다.

그렇지만 두 개의 조선을 인정하게 되는 일본과의 국교 정상화를 추구하지 않겠다는 북한의 입장은 2주 후에 극적으로 바뀌게 된다. 북한과의 합의에 따라 가네마루는 9월 24일 평양에 들어갔는데, 선발대와는 달리 외무성의 가와시마 아시아국 심의관을 비롯한 정부 관계자들이 수행원에 포함되어 있었다. 3당 간의 회담과는 별도로 정부 관계자들 사이에도 실무적인 문제에 관한 협의가 병행해서 이루어졌는데, 9월 27일 북한 외교부의 천용복 아시아국 부국장은 가와시마 심의관에게 국교 정상화를 위한 정부 간 교섭을 제의하면서 제1차 예비회담을 11월 중에 개최하자고 제안했다.

일본 측으로서는 전혀 예상하지 못했던 북한의 국교 정상화 교섭 제안은 김일성과의 회담을 마치고 돌아온 가네마루에게 즉각 보고되었으며, 이날 저녁에 열린 단장 회담에서 이시이는 김용순에게 이를 확인했다. 김용순은 북한이 기존 방침을 바꾼 이유에 대해서는 직접적인 설명을 하지 않고 아무런 전제 조건 없이 11월부터 정부 간 교섭을 시작하고 이것을 3당 공동선언에 명기할 것을 요구했다.*

---

* 단장 회담에 참석했던 다나베에 따르면, 북한의 대일 정책 전환 이유에 대해 김용순은 북한을 둘러싼 국제 정세의 변화와 국교 수립 전에 배상할 수 없다는 일본 측의 입장을 들었다고 한다.

평양 방문 중 김일성과 회담하고
기념 사진을 찍은 가네마루
신(왼쪽)과 다나베 마코토

북일 관계에 관한 조선로동당, 자유민주당, 일본 사회당의 공동 선언

3당 공동선언의 문안은 자민당의 다케무라 마사요시武村正義, 이케다 유키히코池田行彦 의원과 김양건 당 국제부 부부장이 기초 위원으로 임명되어 북한 측이 제시한 초안을 바탕으로 마라톤 협상을 벌였다. 북한 측 초안은 ① 사죄와 배상, ② 국교 정상화, ③ 정치 경제 문화 교류의 촉진, ④ 재일 조선인의 법적 지위(북한을 도항 금지 지역으로 기재하고 있는 일본 여권), ⑤ 남북의 평화 통일, ⑥ 아시아의 비핵 지대화 구상, ⑦ 정부 간 교섭(11월 중 개최), ⑧ 3당 간의 상호 협조 등의 8개 항목으로 구성되어 있었는데, 양측의 입장 차이가 컸던 것은 ①항과 ⑥항이었다. 동북아시아에 비핵 지대를 만든다는 ⑥항은 일본 측의 수정 요구가 받아들여져 "장래 지구상의 모든 지역이 핵 위협으로부터 벗어나도록 할 필요가 있다"고 합의되었지만, ①항은 난항을 겪었다.

이유는 북한 측 원안이 국교 수립 이전에 배상금의 일부를 지불하도록 되어 있었을 뿐만 아니라, 식민지 지배는 물론 전후 45년에 대한 사죄와 보상을 요구하고 있었기 때문이다. 첫 번째에 대해서는 선발대 방북 시에도 북한이 요구한 것이었지만, 일본 측이 절대 불가 입장을 굽히지 않았기 때문에 북한이 양보하지 않을 수 없었다. 총리의 사죄 문제는 가이후 도시키

海部俊樹 총리가 자민당 총재 자격으로 김일성에게 보낸 친서에서 다케시타 전 총리가 중의원 예산위원회에서 밝힌 깊은 반성과 유감을 총리로서 확인하는 선에서 타협이 이루어졌다. 그렇지만 전후 45년에 대한 사죄와 배상 문제는 실무 회담에서 합의에 도달하지 못했다. 결국 이 문제는 가네마루의 독단적인 판단으로 북한의 요구를 일본 측이 수용하는 것으로 마무리됐다. 귀국 후 가네마루는 전후 보상은 '뒤늦은 이자와 같은 것'이라고 변명했지만, 일본 국내에서 커다란 물의를 일으켰다.

또한 한미 양국도 3당 공동선언에 대해 우려와 함께 다양한 주문을 했다. 10월 8일 방북 결과를 설명하러 찾아온 가네마루에게 노태우 대통령은 북일 교섭 자체에는 반대하지 않지만 한국 정부와의 충분한 사전 협의, 남북 관계와의 조화, 국제원자력기구IAEA에 의한 핵 사찰과의 연계, 북한의 군사력 증강에 이용될 수 있는 국교 수립 이전의 배상이나 경제협력 반대, 북한의 개방 유도 등 한국 정부의 다섯 가지 기본 원칙을 제시했다. 아마코스트 주일 미국 대사도 북한의 핵 사찰 수용을 국교 정상화의 전제 조건으로 할 것을 요구했으며, 솔로몬 국무차관보는 한반도에서의 핵 확산을 동북아시아의 안정을 해치는 가장 큰 위협이라고 지적했다. 과거 한일 회담 당시 미국이 회담의 중개자 또는 조정자로서 개입했던 사실상의 3자 회담이었던 것과 마찬가지로 북일 간 교섭에 한국과 미국의 입김이 미칠 수 있는 소지가 강했으며, 일본으로서도 양국의 의견을 존중하지 않을 수 없다는 것을 보여주는 것이었다. 실제로 첫 번째 예비회담이 열리기 전날인 11월 2일 일본 외무성 대변인은 북한에 대해 핵 안전 조치 협정의 체결과 조건 없는 핵 사찰 수용을 강력하게 요구할 방침이라고 말했으며, 다음 날 열린 제1차 예비회담에서 다니노 사쿠타로谷野作太郎 아시아국장은 북일 관계는 "한반도의 평화와 안정에 기여하고", "관련 국가들의 이해와 지지를 받아야 한다"고 말했다.

일본의 북한 전문가 스즈키 마사유키鈴木昌之는 3당 공동선언을 "조선로
동당의 용의주도함, 자민당의 조선 문제에 대한 무지와 오만, 북한의 주장
을 대변하는 사회당 정치가의 주체성 결여"가 낳은 산물이라고 혹평했지만,
북일 정부 간 교섭의 단초를 제공했다는 점에서 커다란 의미가 있었다.
1972년 중일 국교 정상화 당시 야당인 공명당의 다케이리 요시카쓰竹入義勝
위원장이 중개자 역할을 했었던 점을 상기하면 전례가 없었던 것도 아니다.

4. 북일 국교 정상화 회담의 추이와 쟁점

앞에서 언급한 바와 같이 3당 공동선언이 식민지 시대만이 아니라 전후
에 대한 사죄와 배상을 포함하고 있었기 때문에 이 문제가 정부 간 교섭에
서 쟁점이 될 것이라는 것은 쉽게 예상할 수 있었다. 실제로 1990년 11월에
열린 두 번의 예비회담에서 북한은 3당 공동선언을 거론하며 전후 45년에
대한 배상 문제를 의제에 포함시킬 것을 끈질기게 요구했다. 이에 대해 일
본은 북한 측 요구를 거절하면서 북한의 핵 사찰 문제를 의제로 채택할 것
을 주장해 합의점을 찾지 못했다. 한 달 뒤인 12월 중순에 열린 세 번째 예
비회담에서 양국은 ① 기본 문제, ② 경제 문제, ③ 국제 문제, ④ 기타 문제
등 네 가지 의제에 대해 합의했으며, 서로 주장이 엇갈렸던 전후 배상 문제
는 경제 문제에, 핵 사찰 문제는 국제 문제에 포함해 논의하기로 합의했다.

이에 따라 1991년 1월 30일 첫 번째 본회담이 평양에서 열렸지만 양측
수석대표의 모두 연설에 잘 나타나 있듯이 양국 정부 사이에는 기본적인
시각차가 존재했다. 나카히라 노보루中平立 일본 수석대표는 과거의 식민지

지배에 대해서는 유감을 표했지만 양국은 전쟁 상태에 있지 않았기 때문에 배상이나 보상 문제는 존재하지 않고 청구권 문제만이 미해결 상태로 남아 있다고 지적했다. 또한 3당 공동선언은 정부 간 회담을 구속하는 것은 아니라고 강조했으며, 북한에 대해 IAEA의 핵 사찰 수용을 요구했다. 이에 대해 전인철 북한 수석대표는 일본의 공식적인 사죄를 국교 수립 시의 외교 문서에 명기할 것과 더불어 1910년 불법적으로 체결된 한일 합병 조약의 무효를 선언하라고 요구했다. 배상 문제와 관련해서는 교전국 간의 배상과 재산 청구권은 물론 전후 45년간의 피해와 손실에 대한 보상을 요구했으며, 북한의 핵 사찰에 대해서는 주한 미군의 핵무기에 대한 사찰과 동시에 실시할 것을 주장했다.

3월 중순 장소를 도쿄로 옮겨 재개된 제2차 회담에서도 양측의 입장 차이는 좁혀지지 않았다. 일본은 구조약은 합법적으로 체결되었으며 식민지 시대 일본과 한반도는 교전 상태에 있지 않았기 때문에 배상 문제는 존재하지 않는다면서 북한 측 주장을 일축했다. 수교 회담을 조기에 마무리를 짓고 일본으로부터 식민지 지배에 대한 배상금을 얻기를 원했던 북한은 5월 20일부터 베이징에서 열린 제3차 회담에서 새로운 제안을 내놓았다. 즉, 북한은 관할권 문제와 관련해 북한의 관할권은 한반도의 절반밖에 미치지 않는다고 말해 종전의 주장을 철회할 수 있다는 것을 시사했으며, 당초 양국이 합의한 네 가지 의제에 대한 일괄 타결 방식을 버리고 국교 정상화에 관한 기본 문제를 다른 세 가지 의제와 분리해 우선적으로 논의하자고 제안했던 것이다.

그렇지만 일본 측은 북한의 제안을 거절했을 뿐만 아니라, IAEA에 의한 핵 사찰이 국교 정상화의 전제 조건이라는 입장을 견지했다. 또한 일본 측이 대한항공기 격추 사건의 범인인 김현희에게 일본어를 가르쳤다는 일본인 여성(이은혜)의 신원 확인을 요청한 것에 대해 북한이 반발하면서 회담은 결렬되었다. 8월 말과 9월 초에 걸쳐 열린 제4차 회담과 11월 중순에 열린 제5차 회담에서도 양측의 주장은 평행선을 그었지만, 한 가지 특이할 만한 것은 제5차 회담에서 북한이 첫 번째 의제와 관련해 선린 우호 조약의 초안을 제시하고 그때까지 북한이 주장했던 교전국 간의 배상이나 일본이 거부했던 전후 보상 요구를 철회하고 식민지 시대의 민간인 피해에 대한 보상만을 요구했다는 점이다.

그런데 제5차 회담이 결렬되고 제6차 회담이 1992년 1월 말에 재개될 때까지 북한 핵 문제와 관련해 주목할 만한 변화가 있었다. 일본의 핵 사찰 요구에 대해 북한은 주한 미군 핵 시설과의 동시 사찰을 주장했었는데, 10월 말 한미 양국이 주한 미군의 전술 핵무기의 전면 철수에 합의하면서 상황은 급변하기 시작했다. 특히, 11월 8일 노태우 대통령이 비핵 5원칙을 선언하고 12월 18일 한국 내에 어떠한 핵무기도 존재하지 않는다는 '핵 부재' 선언을 하자 북한 외교부도 IAEA와 핵 안전 조치 협정을 체결할 의사가 있다고 표명했다. 또한 12월 31일 난항 끝에 남북한 사이에 비핵화 공동선언이 채택되자 북한 외교부는 1992년 1월 7일 핵 안전 조치 협정에 조인하고 핵 사찰도 수용할 의사를 밝혔으며, 이에 한국 국방부는 팀스피리트 훈련의 중지를 발표했던 것이다.

북한이 IAEA와 핵 안전 조치 협정을 체결했던 1992년 1월 30일 제6차 북일 회담이 열렸다. 전인철은 그동안 일본이 전제 조건으로 제시한 남북한 동시 유엔 가맹, 남북 대화, 핵 사찰 문제가 모두 해결되었다면서 일본이 북한의 보상 요구를 수용하라고 촉구했다. 이에 대해 나카히라는 북한의 핵 안전 조치 협정 조인을 환영하지만 북한이 협정을 성실히 이행해 핵 개발 의혹을 완전히 해소하라고 요구했다. 또한 북한이 건설하고 있는 핵연료 재처리 공장의 포기를 요구함으로써 회담은 아무런 성과 없이 끝났다.

5월 중순에 제7차 회담이 그로부터 6개월 후인 11월 초에 제8차 회담이 열렸지만 양측의 의견 대립을 해소하지는 못했다. 제6차 회담이 결렬된 이후 북한은 일본이 북한의 요구를 받아들일 의사가 없다고 판단했던 것으로 보인다. 전인철의 사망 후 북한 수석대표가 된 이삼로는 한일회담 때처럼 양국이 서로 청구권을 포기하고 경제협력 방식으로 해결하자는 방안을 거부했으며, 1992년 8월 김일성은 일본 사회당의 후카다 의원에게 더 이상 일본과의 관계 개선을 모색하지 않겠다는 방침이라는 것을 전했다. 북한은 "핵 사찰 문제와 정체불명의 일본인 여성 이은혜 문제와 같은 회담과는 아무런 관계도 없는 문제를 전제 조건으로 들고나오는" 일본과 타협할 생각이 없었다.

더군다나 1993년에 들어와 북한 핵 문제는 새로운 양상으로 전개되었다. 북한이 핵 관련 시설 두 곳을 IAEA에 신고하지 않았다는 의혹이 제기되었으며, 북한이 군사시설이라는 이유로 IAEA의 특별 사찰 요구를 거절하면서 북한의 핵무기 개발 문제가 국제 문제로 부상하게 되었다. 1993년 3월 12일 북한이 핵확산금지조약NPT의 탈퇴를 선언하면서 한반도에 긴장이 고조되기 시작했으며, 6월 처음으로 열린 북미 고위급 회담을 통해 북한의 NPT 탈퇴는 간신히 막았다. 그렇지만 이듬해 다시 북한 핵 개발 의혹이 제기되면서 사태는 더욱 긴박해졌다.

미국이 군사적인 행동을 고려하는 가운데 6월 중순 북한을 방문한 카터 전 미국 대통령의 중재로 김일성이 핵 활동의 동결을 약속함으로써 위기는 해소되었다. 김일성은 카터를 통해 남북 정상회담을 제안했으며, 6월 28일 열린 남북 정상회담을 위한 실무 회담에서 양측은 7월 25일부터 3일간 평양에서 남북 정상회담을 개최하기로 합의했다. 김일성의 갑작스런 사망으로 남북 정상회담은 열리지 못했다.

한국 정부가 김일성에 대한 조문을 허가하지 않으면서 남북 관계는 경색되어갔지만, 당초의 우려와는 달리 북한은 김일성의 장례식 후 미국과의 대화를 재개했다. 8월 5일부터 제네바에서 계속된 북미 간의 고위급 회담에서 북한이 핵 활동을 동결하는 조건으로 미국은 핵무기 개발에 적합하지 않은 경수로 2기와 연간 50만 톤의 중유 제공, 북미 관계 개선에 동의했다. 북한은 미국과의 평화협정 체결을 희망했을 뿐만 아니라, 북일 관계 개선에도 적극적이었다. 일본과의 조속한 국교 정상화를 통한 일본의 경제적 보상을 원했던 북한은 북일 국교 정상화와 핵 문제를 비롯한 국제 문제를 분리하고자 했지만 일본은 받아들이지 않았다.

오히려 북한의 NPT 탈퇴 선언을 계기로 일본 정부 내에서는 방위청과 자위대가 중심이 되어 한반도 유사를 상정한 대응 계획이 비밀리에 검토되었다. 그 결과는「K半島事態對處計劃(한반도 사태 대처 계획)」이라는 문서에 집약되어 있다. 북한의 한국 침공 이외에 북한의 항공기나 탄도미사일 또는 특수부대에 의한 일본 공격을 상정하고 이를 토대로 정보 수집의 강화, 연안 및 중요 경비 대상의 경비, 한반도 정세 변화에 따른 경계 태세의 강화, 경제제재, 한국 체류 일본인의 구출, 난민 대책, 다국적군의 구난, 공동 훈련, 주일 미군에 대한 후방 지원 등 12개 항목에 대한 구체적인 검토가 이루어졌다는 것도 뒤에 알려졌다.

뿐만 아니라, 검토 과정에서 나타난 문제점을 보완하기 위한 법적·제도적 조치들이 이어졌다. 해외 체류 일본인의 구출을 위해 '자위대법'이 개정되었고, 일본 주변 지역에서 분쟁이 발생할 경우 합법적으로 미군을 지원할 수 있도록 '주변사태법'을 제정했으며, 주변 사태 발생 시 자위대와 미군이 물품이나 역무를 서로 제공할 수 있도록 '물품 및 역무 상호 제공에 관한 미일 협정ACSA'도 개정되었다.

그런 가운데 1995년 3월과 1997년 11월 일본의 연립 여당 대표단이 북한을 방문해 관계 개선을 모색하지만 중단되었던 국교 정상화 회담의 재개로 이어지지는 못했다. 오히려 1997년 2월 북한 공작원에 의해 일본인 소녀가 납치되었다는 의혹이 제기되면서 일본 내의 대북 여론은 악화되었다. 나아가 1998년 8월 31일 북한이 일본 전역을 사정거리 안에 두는 대포동 미사일을 발사하자 다음 날 일본 정부는 북일 교섭과 대북 식량 원조의 중단, 북일 간의 직항 전세기 운항의 중지, 한반도에너지개발기구KEDO에의 자금 협력의 보류 등의 제재 조치를 결정했으며, 일본 국회는 북한의 대포동 미사일 발사에 엄중 항의하면서 미사일 개발의 포기를 요구하는 결의안을 채택했다. 또한 대포동 미사일 발사는 일본 정부가 독자적인 정보 수집을 위한 위성 개발을 결정하고 미국이 추진하고 있던 미사일 방위 체제, 즉 MD에의 참가를 긍정적으로 검토하는 계기가 되었다.

1999년 1월 오부치 총리는 국회 시정연설에서 핵, 미사일 및 납치 문제에 대한 북한의 적극적이며 건설적인 대응을 전제로 국교 정상화 회담을 재개할 의사가 있다는 것을 밝혔지만, 3월 북한의 공작선이 일본 영해를 침범하는 사건이 발생하고 6월에 서해에서 남북한 해군이 교전을 하는 사건이 발생하면서 북일 관계는 정체 상태에서 벗어나지 못했다.

한편, 1999년 9월 이후 북일 교섭을 재개하는 데 긍정적인 영향을 줄 수 있는 사건들이 이어졌다. 9월 12일 북미 간의 베를린 미사일 회담에서 북한이 미사일의 추가 발사 시험을 중단하는 대신 미국은 북한을 적성국 리스트에서 제외하는 등의 대북 제재 완화 조치를 취하기로 합의했다. 이에 따라 미국은 9월 17일 북한에 대한 수출과 투자 및 금융거래 금지 등을 해제하는 경제제재 완화 조치를 발표했으며, 북한 정부는 9월 24일 북미 간의 현안을 해결하기 위한 고위급 회담이 열리는 동안 미사일 발사 시험을 하지 않겠다고 발표했으며, 다음 날에는 7년 만에 유엔총회에 참석한 북한의 백남순 외상이 일본과의 국교 정상화 교섭에 응할 용의가 있다고 밝혔다.

특히, 주목해야 할 것은 12월 무라야마 도미이치村山富市 전 총리가 이끄는 초당파 의원단이 북한을 방문했을 때 북한은 일본이 국교 정상화 회담 재개의 전제 조건으로 제시했던 납치 문제에 대한 조사 의사를 밝혔다는 점이다. 무라야마 방북단과의 회담에서 김용순은 정부 간의 국교 정상화 교섭과는 별도로 적십자사가 인도적 문제(납치 문제와 대북 식량 지원 문제)의 해결을 위해 노력한다는 데 동의했는데, 이것은 납치 문제에 의해 국교 정상화 교섭이 좌우되는 것을 막기 위한 의도에서 나온 것이라고 할 수 있다. 어쨌든 무라야마 방북 직후인 12월 14일 일본 정부는 대포동 미사일 발사 이후 취했던 대북 식량 지원 동결 조치를 해제했으며, 12월 20일에는 북일 정부 간에 예비교섭이 시작되었다. 또한 일본 정부가 2000년 3월 7일 세계식량계획WFP을 통해 북한에 10만 톤의 쌀을 지원하기로 결정하자 북한은 3월 10일 조선중앙통신을 통해 북한 적십자사가 일본인 행방불명자에 대한 조사를 시작했다고 발표했다.

이러한 과정을 거쳐 회담 중단 7년 5개월 만인 2000년 4월 제9차 북일 국교 정상화 회담이 열렸지만, 양측은 한 치의 양보도 하지 않았다. 북한이 과거 청산 문제를 최우선시한 데 대해 일본은 납치 문제와 미사일 문제의 우선적인 해결을 요구했으며, 아울러 북한 공작선 침투, 마약 밀거래 및 무역 채무 문제 등의 양국 간 현안 문제를 처리하자고 요구했다. 남북 정상회담이 끝난 뒤인 8월 21일 재개된 제10차 회담에서 일본은 과거 보상과 관련해 경제협력 방식에 의한 해결을 공식적으로 언급했으며, 북한도 배상이라는 표현을 고집하지 않아 타협의 여지가 있었지만 납치 문제와 미사일 문제로 진전을 보지 못했다. 10월 말에 열린 제11차 회담에서도 일본은 행방불명자에 대한 조사 결과를 추궁했지만 북한은 적십자사에서 조사 중이며 정부 간 교섭에서 다룰 문제가 아니라고 반발해 회담은 중단되었다.

이상 살펴본 바와 같이 1991년 1월부터 1992년 11월까지 개최된 8차례의 회담에서 북일 양국은 중요 의제에 대한 자국 입장을 상대방에게 명확하게 전달했다. 특히, 조기 국교 수립을 통해 일본의 자본과 기술을 도입하고자 했던 북한은 과거사 청산과 관련해서는 교전국 간의 배상을 포기하고 관할권 문제도 일본 측 주장을 거의 받아들였다. 그렇지만 일본이 한국과 미국의 요구대로 IAEA에 의한 핵 사찰 수용을 국교 수립과 연계시키면서 교섭은 중단되었으며, 우여곡절 끝에 2000년 4월에 재개된 회담에서는 일본인 납치 문제가 양국 간 교섭을 방해하는 최대 요인으로 작용했다.

5. 고이즈미 총리의 평양 방문과 북일 관계

2001년 4월 총리에 취임한 고이즈미 총리는 5월 7일 국회에서의 첫 번째 소신 표명 연설에서 북한과의 국교 정상화를 외교 과제로 제시했으며, 이듬해 9월 17일 북한을 전격 방문했다. 일본의 현직 총리가 미수교 국가를 방문했던 것은 하토야마 이치로鳩山一郎와 다나카 가쿠에이田中角榮에 이어 세 번째였다. 하토야마는 1956년 10월 19일 소련과의 전쟁 상태를 공식적으로 종결시키고 외교 관계를 회복하는 일소 공동선언에 서명했으며, 다나카는 1972년 9월 25일 일중 공동성명을 발표하고 중국과 국교를 수립했다. 고이즈미 총리의 방북은 북일 간의 국교 정상화를 이끌어내지는 못했지만, 중단된 수교 회담을 재개하는 계기가 되었을 뿐만 아니라 그동안의

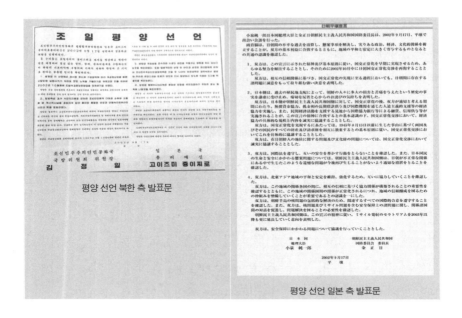

평양 선언 북한 측 발표문

평양 선언 일본 측 발표문

교섭에서 쟁점이 되었던 문제들에 대해 원칙적인 합의를 보았다는 점에서 높이 평가할 만하다.

우선, 조기 국교 정상화 실현을 위해 노력하고 중단된 국교 정상화 회담을 10월 중에 재개하기로 합의했으며, 식민지 지배에 대한 사죄와 보상 문제도 매듭지었다. 즉, 고이즈미 총리는 과거 식민지 시대에 대한 '통절한 반성과 마음으로부터의 사죄(お詫び)'의 뜻을 표명했으며, 이를 바탕으로 양국은 식민지 시대에 발생한 양국의 재산 청구권을 서로 포기하고 그 대신 국교 정상화 이후 양국이 적절하다고 생각하는 기간에 일본이 무상 협력 자금, 저리 장기 차관 및 국제기관을 통한 인도주의적 지원 등의 경제협력을 북한에 제공하며, 그 구체적인 규모와 내용을 국교 정상화 교섭에서 협의하기로 합의했다.

또한 일본 국민의 생명과 안전에 관한 문제, 즉 과거 북한에 의해 저질

러진 일본인 납치 문제와 공작선 침투 문제에 대해 김정일이 직접 유감과 사과를 표명하고 재발 방지를 약속했다는 것도 빼놓을 수 없다. 이뿐만 아니라, 양국은 동북아시아의 평화와 안정을 유지·강화하기 위해 서로 협력한다는 데에도 합의했다. 특히, 한반도 핵 문제의 포괄적 해결을 위해 양국은 국제 합의를 준수하고 핵 문제와 미사일 문제를 포함한 안전 보장상의 문제에 대해 관련 국가들 간의 대화를 촉진해 문제 해결을 도모할 필요성을 재확인함으로써 그동안 일본과 핵 문제나 미사일 문제에 관한 논의 자체를 피해왔던 북한은 더 이상 논의를 거부할 명분을 잃게 되었다.

한편, 김정일의 입장에서 보면 일본인의 납치에 북한 정부가 직접 관여했다는 사실을 인정하는 것은 일종의 모험이었다. 그때까지의 북일 교섭에서 북한은 납치 사실을 부인했을 뿐만 아니라, 국가기관이 무고한 외국인을 납치해 그중 일부가 사망했다는 것은 중대한 범죄행위이며 국제법적으로 개전의 사유casus belli가 될 수도 있다. 그렇다면 왜 김정일은 납치 사실을 인정했던 것일까? 그 이유를 두 가지로 볼 수 있다. 하나는 경제적 요인이다. 북한은 사회주의 계획경제의 누적된 모순과 소련 및 동유럽 사회주의 경제권의 붕괴에 더해 김일성 사망과 수년간 계속된 자연재해로 인해 주민들에게 '고난의 행군'을 강요할 정도로 위기적 상황에 직면해 있었다. 1999년 플러스로 돌아선 이후 플러스 성장을 지속하고 있기는 했지만, 식량난, 에너지난, 원자재난, 외화난 등이 겹치면서 심각한 경제 위기가 지속되고 있었다. 따라서 북한은 약간의 체면 손상을 각오하고서라도 북일 국교 정상화를 통한 일본의 경제협력을 기대했던 것이다.

다른 하나는 정치적 요인이다. 2001년 1월에 출범한 부시 정권이 대북 강경 정책을 취하면서 북미 관계는 냉각되어갔다. 특히, 부시 대통령이 2002년 1월의 연두교서에서 북한을 이란, 이라크와 더불어 '악의 축'으로 지목했는데, 이들 국가들은 9·11 테러와 관련되어 있다는 명백한 증거가 없지만 테러리스트만큼이나 위험한 존재로 간주되었고 선제공격의 대상에도 포함시켰다. 따라서 북한에게는 북일 관계 개선이 혹시 있을 수도 있는 미국의 북한 공격에 대한 일종의 '보험'이라는 측면도 있었다.

그렇지만 북한은 두 가지 측면에서 혹독한 대가를 치러야 했다. 하나는 정상회담에 앞서 일본 측에 전달된 13명의 납치자 중 8명이 이미 사망했다는 북한 측의 통보는 일본 국민들에게 커다란 충격을 주었으며, 일본 내에서 북한의 이미지를 더욱 나쁘게 했다는 점이다. 고이즈미 방북 직후 ≪요미우리讀賣신문≫이 실시한 여론조사에서는 80% 이상이 북일 정상회담과 평양 선언을 긍정적으로 평가하는 것으로 나타났다. 북한과의 국교 정상화에 대해서도 '가능한 조기에 국교를 정상화해야 한다'가 20.5%, '국교를 정상화해야 하지만 서두를 필요는 없다'가 68.4%로 나타나 북한과의 국교 정상화에 대해서도 긍정적인 평가가 압도적으로 많았다. 그러나 TV에서 매일같이 납치 피해자와 그 가족에 관한 방송을 하고 주간지와 월간지가 앞을 다투어 정상회담이나 김정일을 비판하는 특집 기사를 게재하면서 여론은 급변했다. 예를 들면, 2002년 9월 26일 자 ≪주간문춘週刊文春≫에는 '8명을 죽인 것은 김정일 당신이야!'라는 기사가 실렸으며, 10월에 출간된 11월호 주요 월간지에 "테러 국가에 우습게 보여서 참을 수 있냐"(諸君!), "비도非道한 독재자"(≪文藝春秋≫), "북한 불량 국가의 운명"(≪中央公論≫)이라는 제목의 특집이 실렸는데, 이런 기사들이 북한에 대한 여론을 악화시켰다는 것은 말할 필요도 없다.

다른 하나는 북일 정상화 회담 직후인 10월 중순 북한을 방문했던 제임스 켈리 미 국무부 동아시아·태평양 담당 차관보가 북한이 핵 개발 계획을 시인했다고 발표하면서 고이즈미 총리가 부시 정부의 대북 정책의 강력한 지지자가 되었다는 점이다. 1990년대 후반 납치 문제, 대포동 미사일 쇼크, 공작선 침투 등으로 일본은 북한과의 관계 개선에 신중한 태도를 견지했는데, 이것이 핵과 미사일 문제를 포함해 대북 문제를 포괄적으로 해결하려는 한미 양국 정부 사이에 갈등을 야기했던 측면도 있다. 일본의 정책 결정자들은 북한과 한미 양국 사이에 전개된 외교에서 고립되기를 원하지 않았지만, 그렇다고 신중하게 대북 관계를 추진하라는 국내의 압력을 무시할 수도 없었다.

그렇지만 북한의 일본인 납치 인정과 핵 개발 시인으로 일본 측의 이러한 딜레마는 말끔히 해소되었다. 즉, 고이즈미 총리는 다자간 대화와 압력으로 북한의 핵 개발을 포기시키려는 부시의 대북 정책의 강력한 지지자가 되어 이 두 문제의 해결 없이 북한과 국교를 수립하지 않겠다는 입장을 분명하게 밝혔다. 또한 2002년 10월 29일과 30일 말레이시아의 쿠알라룸푸르에서 속개된 제12차 북일 회담에서도 북한이 국교 수립과 경제협력을 강조했지만, 일본은 납치 희생자 가족의 조기 귀국과 핵 및 미사일 문제의 해결을 강하게 요구했다. 회담은 아무런 성과 없이 끝났으며 평양 선언에 따라 국교 수립 교섭과 별도로 개최하기로 합의했던 북일안보협의회는 열리지도 못했다.

나아가 일본은 '외환법'을 개정해 대북 교역과 조총련계 동포들의 송금을 차단해 북한을 압박하려고 했지만, 일본은 대북 경제제재나 군사행동과 같은 강경 정책이 초래할 수 있는 부정적인 결과를 우려하지 않을 수 없었다. 미국이 대이라크 전쟁을 시작했을 때 일본은 미국을 지지하고 자위대를 파견해 미군 활동도 지원했지만, 미국이 북한에 대해 군사행동을 취하는 것에 대해서는 동조할 수 없었다. 미국과 북한의 군사적인 충돌이 일본에 대한 북한의 군사적인 보복을 초래할 수 있으며, 이라크에서처럼 북한에서 김정일 정권이 붕괴할 경우에는 대량 난민의 유입이 발생할 수도 있기 때문에 일본은 미국과 협력하면서도 일정한 거리를 유지하려고도 했다.

한편, 북핵 문제를 둘러싸고 미국과의 양자 교섭을 주장하는 북한과 다자간 협의를 굽히지 않던 미국 사이에 팽팽한 신경전이 계속되었다. 북한을 설득하기 위해 2003년 3월 상순 중국의 첸지천錢其琛 외교부장이 북한을 비밀리에 방문했으며, 그 결과 같은 해 4월에는 북미중 회담이, 8월에는 첫 번째 6자 회담이 베이징에서 열렸다. 고이즈미 총리는 6자 회담이 열리게 된 숨은 공로자라고 할 수 있다. 1994년 10월의 북미 제네바 합의 과정에 참여하지 않으면서 북한에 제공할 경수로 건설 비용을 부담했던 일본 정부는 북핵 문제를 논의하는 데 자국이 참여하기를 원했다. 2002년 9월 17일 김정일과의 회담에서 고이즈미 총리는 핵은 미국과의 문제가 아니라 동북아시아 전체의 문제라면서 당시 논의조차 되지 않았던 6자 회담에 대해 언급하면서 북한의 참여를 김정일에게 요구했다. 김정일은 뜻밖에도 4자든 6자든 협의 기관을 만드는 것은 좋지 않겠냐면서 6자 회담에의 참여 의사를 밝혔다.

6자 회담이 열렸지만 북일 관계는 교착 상태에서 벗어나지 못했다. 한국과 중국이 6자 회담에서 납치 문제를 거론하는 것에 반대하는 상황에서 일본은 납치 문제를 직접 북한과 교섭할 필요가 있었다. 북한도 일본과의 국교 정상화를 조기에 실현해 대규모의 경제협력을 획득하는 것이 대일 정책의 궁극적인 목적이라고 할 수 있었기 때문에 납치 문제를 피해갈 수는 없었다. 그렇기 때문에 북한은 일본이 미국의 대북 압박 정책에 편승해 대북 경제제재와 봉쇄에 가담함으로써 전쟁 분위기를 고취시키고 있다고 비난하면서도 납치 문제에 관한 대화의 가능성을 닫아두지는 않았다. 제1차 6자 회담 기간 중 김영일 북한 수석대표는 일본의 야부나카 미토지藪中三十

□ 수석대표와의 양자 접촉에서 납치 문제를 포함한 양국 간의 문제를 평양 선언에 입각해 해결하기로 했으며, 2004년 2월 말에 열린 제2차 6자 회담에서 양국 수석대표는 납치 문제 해결을 위해 정부 간 협의를 계속하기로 합의했다.

2004년 5월 17일에는 두 번째 북일 정상회담이 열렸다. 고이즈미 총리는 일본인 행방불명자에 대한 본격적인 조사를 요구했으며, 김정일은 평양 선언의 준수를 약속하고 납치 피해자 가족 8명의 출국과 함께 행방불명자 10명에 대한 재조사도 약속했다. 정상회담을 마친 고이즈미 총리는 기자회견에서 자신의 방북이 국교 정상화를 위한 전기가 되기를 기대한다고 밝혔지만, 납치 문제를 협의하는 실무자 수준의 회의가 이어졌을 뿐이다. 또한 고이즈미 총리는 북한이 '평양 선언을 준수하는 한' 대북 제재 조치를 발동하지 않겠다고 약속했으며 인도적 차원에서 쌀 25만 톤과 1000만 달러 상당의 의약품을 지원하기로 약속했는데, 이것이 납치 희생자 가족의 귀국 대가라는 비판이 제기되기도 했다. 그렇지만 성과가 전혀 없었던 것은 아니다. 2002년 9월의 평양 선언으로 납치 문제는 종결되었다는 북한 측 주장에 쐐기를 박고 행방불명자 10명에 대한 재조사를 요구함으로써 납치 문제가 미해결 상태라는 점을 북한에 확인시켰다는 점, 과거 식민지 시대에 대한 보상과 관련해 청구권의 상호 포기와 국교 수립 후의 경제협력을 규정했던 평양 선언이 유효하다는 것을 재확인했다는 점은 성과라고 할 수 있다.

김정일이 약속한 조사 결과는 2002년 11월 9일 평양에서 열린 제3차 실무자 회의에서 일본 측에 전달되었는데, 결과는 10명의 행방불명자 중 8명이 사망했으며 2명은 입국 여부를 확인하지 못했다는 극히 실망스러운 것이었다. 또한 북한이 일본 측에 넘겨주었던 요코다 메구미의 유골이 DNA 감정 결과 요코다 메구미의 것과 다른 DNA가 검출되자 일본 내의 대북 여론은 더욱 악화되었다. 그렇지만 북한은 일본의 조사 결과는 "반공화국적 적대광중에 환장이 된 (일본 내의) 극우익 세력들이 불순한 정치적 목적 밑에 날조"된 것이라고 반발하면서 오히려 일본에 대해 철저한 진상 조사와 사죄를 요구했다.

이후 북일 간에 유골의 진위 여부를 둘러싼 공방전이 계속되면서 해결의 실마리를 찾지 못하다가 2005년 9월 19일 제4차 6자 회담 제2단계 회의에서 북한의 핵 포기와 미국의 불가침 보장 및 적절한 시기의 경수로 제공이라는 큰 틀에서 합의가 이루어진 것을 계기로 북일 관계도 활기를 띠게 되었다. 특히, 공동성명 제2항에 북미 관계의 정상화와 더불어 북일 양국은 평양 선언에 입각해 불행했던 과거와 현안 사항의 해결을 기초로 관계 정상화를 위한 조치를 취할 것을 약속한다는 내용이 포함되어 있었다. 다음 날 마치무라 노부다카町村信孝 외상은 긴급 기자회견을 열고 북한과 정부 간 교섭을 조기에 개최하기로 합의했다고 발표했다. 북한이 일본의 정부 간 교섭 재개에 응한 것은 고이즈미 총리가 임기 중에 북한과의 국교 정상화를 이루고 싶다고 밝힌 것이 크게 작용했던 것으로 보인다.

고이즈미 총리는 2005년 7월 19일 야마사키 다쿠山崎拓 자민당 전 부총재와의 회담에서 자민당 총재로서의 임기가 끝나는 9월까지 핵 문제와 납치 문제를 해결하고 국교 정상화를 하고 싶다는 포부를 밝혔다. 일본의 총리가 기한을 명시하며 북일 국교 정상화에 대해 언급한 것은 이것이 처음이었다. 더구나 9월 11일에 실시된 중의원 선거에서 자민당이 압도적인 승리를 거두었기 때문에 북한이 고이즈미 총리의 정치적 결단에 기대를 걸었던 것으로 판단된다.

2005년 11월 3일 북일 정부 간 교섭이 1년 만에 재개되었으며, 12월 24일과 25일에 열린 교섭에서 양국은 납치 문제, 핵 및 미사일 등의 안전 보장 문제, 과거 청산을 포함한 국교 정상화 문제를 논의하는 세 개의 분과위원회를 1월 말까지 개최하기로 합의했다. 2006년 2월 세 가지 협의를 병행하는 '북일 포괄 병행 협의'가 베이징에서 열렸지만 성과가 없었다. 과거 청산 문제에 대해서는 지난 2002년 9월의 북일 정상회담에서 원칙적인 합의가 이루어졌기 때문에 정치적인 타협의 여지가 없지는 않았지만, 납치 문제와 핵 문제를 둘러싸고는 좀처럼 접점을 찾지 못했다. 납치 문제에 일본 내에서 가장 강경한 입장을 취해왔던 아베 신조 관방장관이 2005년 12월 26일의 기자회견에서 요구한 대로 일본 측은 납치 피해자의 귀국, 진상 규명, 용의자 인도 등을 요구했다. 그렇지만, 북한 측은 생존자는 이미 귀국했으며, 성의를 다해 노력하고 조사 결과를 그대로 일본 측에 전달했다면서 행방불명자에 대한 일본 측의 추가 조사 요구에는 응하지 않았다. 용의자 인도도 거부했다.

북한 핵 문제를 둘러싸고는 제4차 6자 회담에서 북한의 핵 포기와 국제적인 사찰 수용의 대가로 북미 및 북일 관계 정상화와 적절한 시점에서의 경수로 제공에 합의했지만 북한이 마카오의 방코델타아시아BDA 은행을 통해 위조 달러를 유통시켰다는 이유로 미국이 대북 금융 제재를 취하면서 6자 회담은 공전을 거듭했다. 미국은 6자 회담과 위폐 문제는 별개라며 금융 제재를 고수했고 북한은 미국이 '위조 화폐', '불법 거래'라는 전혀 근거 없는 거짓말을 퍼뜨리면서 북한에 대한 '제재 봉쇄 캠페인'을 벌이고 있다고 강하게 비난했다

이 문제를 둘러싸고 북한에 의한 위폐 제조와 자금 세탁, 대량 살상 무기 확산과 관련된 자금 흐름을 국제 안보에 중대한 위협으로 보는 미국은 한국의 협조를 요청했지만, 북한을 자극하지 않으려는 한국 정부가 대북 압박에 반대하면서 미국 측과 입장 차이를 보였다. 2006년 1월 1년 9개월

만에 중국을 비공식 방문한 김정일 국방위원장은 후진타오 주석을 비롯한 중국의 지도자들에게 제4차 6자 회담의 공동성명(9·19 공동성명)의 이행과 대화를 통한 평화적 해결 의사를 밝혔지만, "6자 회담 과정에 조성된 난관을 극복하고 회담을 계속 진전시키기 위한 방도를 중국과 함께" 모색하기로 하면서 미국에 대항하려고 했다.

2000년 이후 매년 8억 달러 이상의 무역 적자를 기록하고 1995년부터 2004년까지 10년간 외부로부터 830만 톤 이상의 식량 원조를 받아야 했던 북한에게 상황은 유리하지 않았다. 북한은 핵 문제로 미국과 대치하면서도 미국으로부터 1995년 이후 10년간 200만 톤 이상의 식량과 500만 달러 상당의 의약품을 포함해 11억 달러 이상의 원조를 받았다. 2006년 신년 공동 사설에서 북한은 "선군의 위력으로 사회주의강성대국건설에서 새로운 비약을 이룩하자!"는 구호를 제시하고 "올해의 총진군에서 자랑찬 승리와 성과를 이룩하고 다음해에 태양절을 긍지높이" 맞이하자고 국민들을 독려했지만, 북한은 외부의 원조가 없으면 체제를 유지할 수 없는 국가가 되었다.

2006년 2월 북일 정부 간 협의가 베이징에서 재개되었지만, 일본이 납치 문제의 해결을 최우선하면서 생존자의 귀국, 진상 규명과 용의자의 인도라는 종전 입장을 반복하자 북한은 납치 문제는 이미 해결되었다면서 식민지 지배에 따른 과거 청산 문제를 우선적으로 협의하자고 주장했다. 또한 일본 측이 무조건적 6자 회담 복귀를 요구하자 북한은 미국의 금융 제재 해제가 복귀를 위한 전제 조건이라고 반발해 협의는 평행선을 긋고 끝났다.

더구나 7월 5일 북한이 미사일 7발을 시험 발사하자 일본은 만경봉호의 입항 금지를 포함한 9개 항목의 제재 조치를 결정했다. 국민적 인기를 배경으로 5년 5개월 동안 총리로 재직했던 고이즈미 총리는 하토야마나 다나카 전 총리처럼 북일 국교 정상화라는 외교적 업적을 남기지 못하고 9월 26

일 총리직에서 물러났다.

6. 아베 정권과 북일 관계

2006년 9월 전후 세대로서 첫 총리가 되어 주목을 받았던 아베 신조 총리는 건강상의 문제로 1년 만에 물러났지만, 일본회의를 비롯한 보수파의 지지를 배경으로 2012년 화려하게 총리로 복귀했다. 전후 한 번 물러났다가 다시 총리가 된 사례는 아베를 제외하면 전후 일본의 기틀을 다졌다는 요시다 시게루가 유일하다.

그러나 정치가 아베는 2006년 총리가 될 때까지 사실상 무명에 가까운 존재였다. 그런 아베의 대중적 인지도와 인기를 급격하게 높여주었던 것이 북한이었다. 북한에 의한 일본인 납치 문제에 더해 2006년 북한이 미사일을 발사하고 첫 핵실험을 해 아베의 입지를 결정적으로 부각시켜주어 아베는 대북 강경파의 상징적인 인물이 되었다.

2012년 12월 제2차 아베 정권 출범 이후 1차 때 하지 못했던 외교 안보 정책들을 차례로 실행에 옮겨갔다. 2013년 12월 미국의 국가안전보장회의 NSC를 모델로 해 만들어진 일본판 국가안전보장회의가 국가 전략 수립과 외교 안보 정책의 컨트롤 타워 역할을 하게 했으며, 국가안전보장회의는 12월 17일 「국가 안전 보장 전략」이란 정책 문서를 사상 처음으로 채택했다. 2014년 1월에는 내각의 수장인 총리를 보좌하고 지원하는 내각 관방에 국가안전보장국을 설치해 국가안전보장회의의 사무를 담당하게 하는 조직 개편도 단행했다. 아베 총리는 외교 안보 정책 전환의 필요성을 역설할 때마다 일본을 둘러싼 안보 환경의 변화, 구체적으로는 중국과 북한의 군사적 위협의 증가를 들었다. 이에 대처하기 위해 일본은 미일 동맹의 강화를 통해 억지력을 강화하는 동시에 일본 스스로의 방위 능력을 강화해야 한다고 역설했다.

제1차 아베 정권 출범 직후인 2006년 10월 9일 북한이 첫 번째 핵실험을 강행하면서 북일 간 정부 차원의 협의는 중단되었는데, 9·19 합의 이후 1년 6개월 만인 2007년 2월 '9·19 공동성명' 이행을 위한 초기 조치에 합의(2·13 합의)하면서 3월과 9월 국교 정상화를 위한 실무 그룹working group 협의가 진행되었다. 2008년 6월과 8월 북일 간에 공식적인 실무자 협의가 이뤄져 납치 문제에 대한 전면적인 재조사에 북한이 응하는 대신 일본도 북한이 조사를 시작하면 일본이 취했던 인적 왕래와 전세기에 관한 조치 등 일부 제재 해제에 합의했지만, 2008년 9월 후쿠다 야스오福田康夫 총리 사임 후 북한이 조사 연기를 일방적으로 통보하면서 정체 상태에 빠졌다.

2008년 6자 회담은 수석대표 회의와 실무 그룹 회의가 열렸지만 2009년 이후 완전히 중단 상태에 빠졌다. 그런 가운데 2009년 8월의 총선거에서 자민당이 참패하면서 민주당으로의 정권 교체가 이뤄졌지만, 2011년 3월의 동일본 대지진과 후쿠시마 원전 폭발 사고를 거쳐 2012년 12월 치러진 총선에서 민주당이 참패하면서 제2차 아베 정권이 출범하게 되었다.

한편, 2011년 12월 김정일의 사망 후 권력을 세습한 김정은은 체제의 정통성을 어떻게 확보할 것인가 하는 중대한 과제를 해결해야 했다. 그가 처음 선택한 것은 경제 건설과 핵 무력 건설의 병진 노선이었다. 이 병진 노선은 쿠바 미사일 위기 직후인 1962년 12월 중소 양 동맹국에 대한 불신감에서 김일성이 제시한 '경제 건설과 국방 건설의 병진 노선'을 모방한 것이다. 명백하게 국방 건설을 우선했던 김일성의 병진 노선은 북한 인민과 경제를 짓눌렀다. 경제를 파탄시킨 김정일이 북한 주민들로부터 신임을 얻지 못했다는 것을 잘 알고 있던 김정은의 병진 노선은 경제 건설에 중점이 놓여 있었다.

그럼에도 북한은 2011년부터 5년간 GDP의 약 23.2%인 30억 달러 이상을 매년 군사비로 사용하고 있는 것으로 알려지고 있다. 액수는 한국 국방비의 10분 1에 지나지 않지만 북한의 군사비 부담은 한국의 10배가 넘는다(한국의 GDP 대비 국방비 비율은 약 2.4%). 높은 군사비 부담이 북한 경제를 압박하고 국제적인 고립을 초래해왔지만 핵 개발과 미사일 발사를 계속해온 것은 미국에 대한 적대 의식과 이에 기인한 체제 붕괴 우려 때문이다.

핵과 체제 안전 문제는 분리할 수 없으며, 이것은 궁극적으로 북미 간에 해결해야 할 문제였다. 2004년 5월 22일 고이즈미 준이치로 일본 총리와의 제2차 북일 정상회담에서 김정일은 핵은 생존권의 문제이며 생존권이 보장된다면 핵을 보유할 필요가 없다고 지적한 바 있다. 북한을 악의 축이라고 불렀던 미국의 부시 정권에 대한 불신감이 강했던 김정일은 미국의 위협에 대항할 힘이 없었기 때문에 이라크는 희생양이 되었다고 핵 개발을 정당화했다.

약관 28세의 나이에 북한의 최고 지도자가 된 김정은도 집권 후 핵과 미사일 개발에 박차를 가했다. 김정일 집권 시절 2006년 10월과 2009년 5월 두 번 핵실험을 했던 데 비해 김정은 집권 이후에는 2013년 2월, 2016년 1월과 9월, 그리고 2017년 9월 등 네 번에 걸쳐 핵실험을 했다. 2017년 7월 북한이 미국 본토를 위협하는 대륙간탄도미사일ICBM급의 화성-14형 미사일을 두 번 시험 발사하자, 2017년 8월 8일 일본 각의를 통과한 2017년판 방위 백서는 북한이 핵무기의 '소형화·탄두화의 실현'에 이르렀을 가능성이 있다고 지적하면서 북한의 핵과 탄도미사일 개발과 운용 능력 향상을 '새로운 단계의 위협'이라고 규정했다.

2017년 9월 3일 북한이 6차 핵실험을 하자 아베 총리는 북한의 위협과 소자고령화少子高齡化를 '국난'으로 규정하고 9월 28일 중의원을 해산했다. 10월 22일 실시된 선거에서 자민당과 공명당 연립 정권은 전체 의석 465석 가운데 312석을 획득하면서 압승했다. 11월 29일 북한이 화성-15형을 발사한 뒤 '국가 핵 무력의 완성'을 선언하자 아베 총리는 '대화와 압력', '행동 대 행동'이라는 종래의 기본 방침을 버리고 북한에 대해 최대한의 압력을 가해야 한다는 강경한 주장을 하면서 대화의 문을 닫았다.

9월 20일 17분에 달하는 아베 총리의 제72차 유엔총회 일반 토론 연설은 오로지 북한에 대한 비판과 비난에 할애되었다. 아베 총리는 북한 핵 문제가 처음으로 국제 문제로 부상됐던 1990년대 초반으로 거슬러 올라가 북한의 핵 개발을 단념시키기 위해 얼마나 많은 노력을 하고 인센티브를 제공해왔는지 구체적으로 언급하면서 격렬하게 북한을 비난했다. 특히, 아베 총리는 "핵과 미사일 개발에 필요한 물자, 돈, 사람, 기술이 북한으로 가는 것을 저지"하고 누차에 걸친 유엔 안보리의 결의의 '엄격하고 전면적인 이행'을 확보하기 위해 국제사회가 '행동'할 것을 호소했다.

2018년 들어와 신년사를 통해 김정은 국무위원장이 평창 동계 올림픽 참가 의사를 표명했던 것을 계기로 남북 대화가 시작된 뒤에도 일본의 태도는 바뀌지 않았다. 1월 22일 국회 시정 방침 연설에서 아베 총리는 "북한의 핵·미사일 개발은 지금까지는 없었던 중대하고 긴박한 위협이며, 우리 나라를 둘러싼 안전 보장 환경은 전후 가장 엄중하다고 해도 과언이 아니며", "북한에게 완전하고 검증 가능하며 불가역적인 방법으로 핵·미사일 계획을 포기시키고, 계속해서 가장 중요한 과제인 납치 문제를 해결하기" 위해 "(북한의) 어떠한 도발에도 굴하지 않고 의연한 외교를 전개"하겠다고 강조했다.

다음 날인 23일 아베 총리는 평창 올림픽 개막식에 맞춰 한국 방문 의사를 밝혔지만, 올림픽 기간 중에도 대북 압력은 계속되어야 한다고 지적했다. 평창 올림픽 개막식에 맞춰 한국을 방문한 아베 총리는 2월 9일 문재인 대통령과 만나 북한의 '미소 외교'에 주의를 기울여야 하며 "대화를 위한 대화는 의미가 없다"고 말해 한국과는 일정한 거리를 뒀다. 4월 20일 열린 조선로동당 중앙위원회 제7기 제3차 전원회의에서 북한이 핵실험과 탄도 미사일 발사의 중지와 핵실험장의 일부 폐쇄를 공표한 것에 대해서도 아베 총리는 '전향적인 움직임'으로 환영의 뜻을 밝혔지만, 그것이 완전하고 검증 가능하고 불가역적인 폐기로 이어질지가 중요하다면서 유보적인 평가를 하는 데 그쳤다.

평창 올림픽과 예술단의 교환공연 등을 통해 남북 간에 조성된 화해 분위기에 대한 일본 국내의 반응은 다소 냉담했다. 그렇지만, 남북 정상회담이 점차 현실성을 띠기 시작하고 북한에 대한 '최고의 압박', '미일 혹은 한미일 연계'만을 강조하는 일본 정부에 대해 '저팬 패싱' 혹은 '모기장 밖' 외톨이라는 비판이 제기되면서 일본 정부의 대북 정책에는 변화의 조짐이 보이기 시작했다.

7. 전환기를 맞이한 한반도 정세와 일본

2018년 4월 27일 한반도 분단의 상징인 판문점에서 역사적인 남북 정상회담이 열렸다. 회담 결과를 담은 3개조 13개항의 '한반도의 평화와 번영, 통일을 위한 판문점 선언'에서 남북 정상은 한반도의 '완전한 비핵화'가 공동의 목표라는 점을 확인하고, 한국전쟁 정전협정 65년이 되는 2018년에 종전을 선언하고 정전협정을 평화협정으로 전환하며 항구적인 평화 체제 구축을 위해 남북미 3자 또는 남북미중의 4자 회담을 추진하기로 합의했다.

남북 정상회담 직후 발표한 담화에서 고노 다로河野太郎 외상은 문재인 대통령과 김정은 국무위원장이 "북한의 비핵화를 포함한 의제에 대해 처음으로 직접 논의하고, 또한 북한의 비핵화를 향한 김 위원장의 의사를 문서상으로 확인했던 것은 북한을 둘러싼 여러 현안의 포괄적인 해결을 향한 전향적인 움직임으로 환영"한다고 지적했다. 또한 고노 외상은 남북 및 북미 정상회담을 통해 북한이 유엔 안보리의 결의에 따라 모든 대량 살상 무기와 "모든 사정거리의 탄도미사일의 완전하고 검증 가능하고 불가역적인 방법에 의한 폐기를 위해 구체적인 행동을 취할 것을 강력히 기대"하며, 북일 평양 선언에 입각해 핵과 미사일, 납치 문제를 포괄적으로 해결하며, 불행한 과거를 청산하고 국교 정상화를 실현한다는 기본 방침에 변함이 없다고 덧붙였다.

아베 총리도 기자회견에서 '전향적인 움직임'이라는 소감과 함께 "북한의 향후 동향을 주시"하면서 한미일 및 국제사회와 긴밀하게 연계해갈 생각이라고 밝혔다. '대화를 위한 대화'는 의미가 없으며 어디까지나 강력한 압력과 제재를 통해 북한이 핵을 포기하도록 해야 한다고 강조해왔던 아베 총리의 종래의 발언과는 차이가 있었지만, 판문점 선언의 내용에 대한 논평은 없었다.

우여곡절 끝에 6월 12일 싱가포르에서 한국전쟁 이후 70년 가까이 적대 관계를 지속했던 북미 간의 사상 첫 정상회담이 열렸다. 회담 당일까지 계속된 실무 협의에도 불구하고 트럼프 대통령과 김정은 국무위원장이 서명한 공동성명에는 비핵화와 관련해 북한이 취할 명시적 조치는 포함되지 않았다. '완전하고 검증 가능하며 불가역적인 비핵화CVID'의 중요성을 강조했던 아베 총리로서는 만족스런 것은 아니었지만, 미일 양국의 입장은 '100% 일치'하며 '언제나 함께한다'고 입버릇처럼 강조했었던 만큼 지지 의사를 표명하지 않을 수 없었을 것이다. 아베 총리는 김정은 위원장의 비핵화 의지를 문서의 형태로 확인한 것은 "북한을 둘러싼 여러 현안의 포괄적인 해결을 위한 첫걸음"이며, 특히 김 위원장이 트럼프 대통령에게 명확하게 약속한 것의 의의意義는 크다고 평가했다.

남북 관계 발전이나 경제협력보다 북한의 비핵화에 더 관심이 많았던 일본은 남북 정상회담보다 북미 정상회담을 더 주시하고 있었지만, 남북 관계가 예상을 초월하는 형태로 진전을 보이자 대북 정책을 신중하게 재검토하기 시작했던 것으로 보인다.

4월 21일 중의원 예산위원회에서 공명당의 이사 신이치伊佐進一 의원이 북일 정상회담에 대한 견해를 묻자 아베 총리는 "일조(북일) 평양 선언에 입각해 납치, 핵, 미사일 같은 여러 현안을 해결하고 불행한 과거를 청산하며, 그리고 국교 정상화를 목표로 한다는 생각에는 변함이 없다"고 답변했다. 아베 총리가 평양 선언에 대해 공식적으로 언급한 것은 처음이었다. 또한 아베 총리는 북일 양국이 국교를 수립하면 평양 선언에 따라 경제협력을 할 것이며, 일본의 경제협력은 "북한이 밝은 미래를 향해 발전해가는" 데에도 기여할 것이라고 강조했다.

판문점 정상회담 전후 문재인 대통령과의 전화 회담에서도 아베 총리는 북일 관계 정상화에 대한 의지를 분명하게 밝혔다. 4월 20일 당 중앙위 전원회의에서 "당과 국가의 전반적 사업에서 경제사업을 우선시하고 경제발전에 나라의 인적, 물적, 기술적 잠재력을 총동원"하는 새로운 전략적 노선을 제시했던 북한으로서도 일본과의 경제협력은 큰 의미가 있으며, 일본으로서도 대북 외교의 지렛대 역할을 할 것이라는 기대감도 있었을 것이다. 트럼프 대통령이 김정은 위원장에게 완전한 비핵화가 실현돼야 경제제재가 해제될 것이며, 본격적인 경제 지원을 받고 싶다면 일본과 협의해 납치 문제를 해결하는 수밖에 없다고 조언했던 것도 같은 맥락이다.

북일 간의 최대 현안은 일본인 납치 문제지만, 이를 둘러싼 북일 간의 인식 차이는 크다. 북한은 납치 문제는 이미 해결되었다는 입장인 반면 일본 정부가 말하는 납치 문제의 해결은 모든 납치 피해자의 안전 확보와 귀국, 진상 규명, 납치 실행범의 인도를 의미한다. 현재 일본 정부가 인정하고 있는 납치 피해자 17명 가운데 2002년 10월 일본으로 귀국한 5명을 제외하고 '8명 사망, 4명 미입국'이라는 것이 북한 입장이다. 2014년 5월 스톡홀름에서 열린 북일 정부 간 협의에서 북한은 납치 피해자를 포함한 모든 일본인에 관한 포괄적이고 전면적인 조사를 약속했다. 북한이 특별조사위원회를 만들어 조사를 시작하는 시점에서 일본은 독자적인 대북 제제 일부를 해제하기로 했으며, 7월과 9월 베이징과 선양에서의 북일 정부 간 협의를 거쳐 10월에는 평양에서 북한 측 특별조사위원회와의 협의가 실현되었다.

일본 측은 종래의 기본 방침이었던 모든 납치 피해자의 안전 확보 및 즉시 귀국, 진상 규명과 납치 실행범의 인도와 함께 북한이 조사 결과를 신속하게 통보해주도록 요구했으며, 북한 측도 과거의 조사 결과에 구속받지 않고 새로운 각도에서 새로운 물증과 증인 등도 찾아보겠다고 약속했다. 그렇지만, 북한에 의한 2016년 1월의 핵실험과 2월의 탄도미사일 시험 발사 후 일본이 대북 제재 조치를 발표한 것에 반발해 북한은 포괄적인 조사의 전면 중단과 특별조사위원회의 해체를 일방적으로 선언하면서 북일 간의 공식적인 교섭은 중단되었다(政府拉致問題對策本部, 2017).

그렇지만, 납치 피해자 가족들과 지원 단체가 2018년 내 해결을 북일 양국 정부에 촉구하고 있으며, 6월 11일 10년 만에 열린 '일조국교정상화추진의원연맹' 총회는 북일 정상회담의 조기 실현 지원과 대화에 의한 납치 문제 등의 해결을 요구하는 결의를 채택하는 등 일본 국내 분위기는 과거 어느 때보다 좋다고 할 수 있다. 또한 일본 정부는 수면하에서 정보기관의 책임자인 기타무라 시게루北村滋 내각 정보관이 제3국에서 극비리에 북한 측과 접촉하고 있는 것으로 알려지고 있다.

아베 총리도 북한에 대한 '압력'이란 말을 사용하지 않기 시작했으며, 북일 정상회담 개최 가능성에 대해서도 매우 전향적이다. 2018년 5월 14일 참의원 예산위원회에서 아베 총리는 "반드시 아베 내각에서 납치 문제를 해결하겠다는 결의"를 밝혔으며, 9월 25일 유엔총회 연설에서는 "북한의 변화에 최대 관심"을 가지고 있다면서 납치 문제 해결을 위해 "북한과의 상호 불신의 틀에서 벗어나 새로운 시작을 내딛고" 김정은 위원장을 직접 만날 용의가 있다고 밝혔다.

9월 20일 치러진 자민당 총재 선거에서 아베 총리는 자민당 국회의원과 당원의 약 70%의 지지를 얻어 당선되었다. 당선 직후의 기자회견에서 아베 총리는 3년 임기 동안의 중요 과제로 헌법 개정과 함께 '전후 외교의 총결산'을 제시했다. 이에 관해 아베 총리는 10월 24일 국회 소신 표명 연설에서 구체적으로 ① 한반도의 완전한 비핵화와 북일 국교 정상화, ② 러시아와의 영토 문제 해결과 평화조약 체결을 통한 일러 신시대 개척, ③ 새로운 단계의 중일 관계 구축 등 세 가지를 꼽았다.

어느 것 하나 쉬운 것은 없다. 1956년 10월 일본과 소련(러시아)이 영토 문제의 해결을 평화조약 체결 시까지 미뤄둔 채 외교 관계를 정상화한 지 60년 이상 지났지만 북방 4개 섬의 귀속 문제는 여전히 미해결 상태다. 북방 4개 섬에서 양국이 관광, 온실 재배, 풍력 발전, 양식 등의 공동 경제활동을 2019년부터 시작하자는 합의가 실행에 옮겨질지도 지켜봐야 하겠지만,

그것이 영토 문제의 해결과 평화조약 체결로 이어질 가능성은 희박하다.

2006년 10월 아베 총리는 취임 후 해외 순방지로 중국을 방문해 '전략적 호혜 관계' 구축에 합의했지만, 2010년 센카쿠열도(중국 이름 댜오위다오) 주변에서 발생한 중국 어선과 일본 해상보안청 순시선 충돌 사건과 2012년 9월 일본 정부의 센카쿠열도 국유화 조치 이후 중일 관계는 악화 일로를 걸었다. 2018년 10월 25일 중일 평화 우호 조약 발효 40주년을 맞이해 일본 총리로서는 7년 만에 중국을 공식 방문한 아베 총리는 시진핑 국가주석과 리커창 총리와의 회담에서 '경쟁에서 협조로', '파트너로서 서로 위협이 되지 않는다', '자유롭고 공정한 무역 관계의 발전' 등을 강조했지만, 과거 역사 인식 문제나 영토 문제는 언제라도 양국 관계를 악화시킬 수 있는 잠재적인 뇌관이다.

이에 비해 북한과의 관계 정상화는 앞의 두 과제에 비해 상대적으로 실현 가능성이 높다고 말할 수 있다. 일본인 납치 피해가 발생한 지 40년이 되면서 피해자 가족들의 고령화에 따라 납치 문제의 해결을 더 이상 미룰 수 없는 상황이 돼버렸을 뿐만 아니라, 일본 국민들도 북일 정상회담 개최를 긍정적으로 평가하고 있기 때문이다. TV아사히 보도 스테이션의 월례 여론조사에 따르면, 남북 정상회담과 북미 정상회담이 열리기 전인 3월 조사에서 북일 정상회담을 '기대한다'는 52%, '기대하지 않는다'가 38%였는데, 5월과 6월 '기대한다'가 각각 61%와 69%로 증가한 반면 '기대하지 않는다'는 33%와 24%로 줄었다.

북미 정상회담 이후 북한의 비핵화에 대한 구체적인 조치가 없다는 비판이 제기되는 가운데 2018년 9월 평양에서 세 번째 남북 정상회담이 열렸다. 북한은 미국의 '상응하는 조치'에 따라 영변 핵 시설의 영구적인 폐기 같은 추가적 조치를 취할 용의가 있다고 표명했다. 10월 초 평양을 방문한 폼페이오 미 국무장관이 김정은 위원장과의 회담에서 두 번째 북미 정상회담의 조기 개최에 합의한 뒤인 10월 20일과 21일 TV아사히가 실시한 여론조사에서는 63%가 '기대한다'고 대답해 커다란 변화가 없었다('기대하지 않는다'는 29%로 5%포인트 늘었다).* NHK 방송문화연구소의 10월 정기 여론조사에서도 북일 정상회담을 '가능한 한 빨리 해야 한다'가 54.8%에 달해 '서둘러 할 필요는 없다'(18.6%)의 거의 세 배에 달했다.**

문제는 아베 총리가 스스로 높여온 납치 문제의 허들을 어떻게 낮출 것인가 하는 것과 김정은 위원장의 태도다. 지난 30년간의 북핵 문제의 궤적을 보면 북한에 대해 일본이 불신감을 가지는 것도 이상한 일은 아니지만, 전후 반세기 이상 지속되어온 북일 간의 상호 불신은 냉전의 유산이기도 하다. 냉전 시대의 잔재를 해소하고 동북아시아에서 새로운 질서를 형성하는 데 일본이 건설적인 역할을 할 수 있는 좋은 기회가 도래했다고 생각한다.

2018년 10월 24일 국회 연설에서 밝힌 대로 아베 총리가 '전후 일본 외교의 총결산'을 통해 아시아·태평양 지역의 평화와 번영에 기여하는 일본 외교의 새로운 지평을 열고자 한다면 그것은 일본과 가장 가까운 한반도를 빼놓고는 완성되지 못할 것이다. 1969년 11월 사토·닉슨 미일 정상회담에서 발표된 한국의 안전은 일본의 안전에 긴요essential하다는 이른바 '한국 조항'을 초월해 이제는 한반도 평화가 일본의 평화에 긴요하다는 인식의 전환이 필요하다.

김정은 위원장의 결단도 필요하다. 2018년 6월 15일 평양 방송은 논평을 통해 일본인 납치 문제는 '이미 해결되었다'고 언급했는데, 북미 정상회

---

*   https://www.tv-asahi.co.jp/hst/poll/(검색일: 2018년 10월 26일).
** http://www.nhk.or.jp/bunken/research/yoron/political/2018.html(검색일: 2018년 10월 26일).

담에서 트럼프 대통령이 납치 문제를 제기한 후 북한의 미디어가 '이미 해결되었다'는 종전 입장을 되풀이한 것은 처음이었다. 그러나 북한에 의한 일본인 납치 문제는 김정은 위원장 자신이 직접 관여한 일은 아니지만 김일성·김정일 시대에 이루어졌던 국가적 범죄다. 2014년 5월 스톡홀름 합의에 입각해 북한은 납치 피해자를 포함한 모든 일본인에 대한 포괄적이고 전면적인 재조사를, 필요하다면 일본 측과 공동으로 실시할 필요가 있다.

북한의 핵과 미사일은 일본의 안보를 위협하는 중대한 문제다. 김정은 위원장이 남북 및 북미 정상회담을 통해 비핵화 의지를 밝힌 대로 앞으로 좀 더 속도감 있게 실행에 옮겨간다면 일본 국내의 악화된 대북 여론의 개선에 도움이 될 것이며, 아베 총리로서도 그만큼 운신의 폭이 넓어질 것이다.

우려스런 점도 많다. 앞에서 살펴본 대로 아베 총리는 일본인 납치 문제에 관해서는 가장 강경한 입장을 취해왔을 뿐만 아니라 북한의 군사적 위협을 강조하면서 이를 일본의 방위력 강화와 자위대의 역할 확대를 모색하는 데 이용했다.* 2018년 12월 개정 예정의 '방위 계획의 대강'에서 북한의 핵과 미사일 위협에 대한 서술이 어떻게 바뀔지도 주목해야 할 부분이다. 자민당의 제언대로 북한의 미사일 기지를 타결할 수 있는 '적 기지 보복 능력' 보유가 '중기 방위력 정비 계획'에 담겨진다면 북한의 반발을 초래할 수 있다. 일본 사회의 보수화 속에서 북한의 위협은 일본 사회에 전반에 깊숙하게 침투되어 있고, 정치권도 여야를 불문하고 북한의 대북 제재와 압박 강화를 지지해왔기 때문에 북일 관계 정상화에 대한 관심은 상대적으로 낮았다.

그러나 지금 한반도와 동북아시아는 역사적 전환기에 서 있다. 일본에

---

* 2018년 들어와 북한이 핵실험과 미사일 발사 시험을 하지 않자 6월 22일 스가 요시히데(菅義偉) 관방장관은 북한의 탄도미사일 발사를 상정해 9개 현에서 실시하기로 예정되어 있던 주민 대피 훈련을 하지 않기로 했다고 공식 발표했다.

의한 식민지 통치와 해방, 냉전과 남북 분단의 산물이기도 한 북일 관계 정상화 없이 동북아시아에서의 냉전 잔재의 해소와 일본의 전후 외교 총결산은 있을 수 없다. 북일 양국이 오랜 불신의 벽을 허물고 납치와 핵·미사일 문제를 해결해 불행한 과거를 청산하고 국교 정상화를 이루기 위해서는 가능한 한 빨리 북일 정상회담이 개최되어야 한다. 한국 정부도 양국 관계 정상화를 바라고 있으며 측면에서 지원할 것이다. 한반도와 동북아시아의 평화와 안정을 위해 일본이 건설적인 역할을 할 수 있는 길을 열기 위해서는 아베 총리의 대국적인 결단이 필요 불가결하다.

참고문헌

신정화. 2003. 『일본의 대북정책 1945~1992년』. 도서출판 오름.

Suh, Dae-Sook. 1988. *KIM IL SUNG: The North Korean Leader*. New York: Columbia University
     Press.

姜常中. 2007. 『增補版 日朝關係の克服』. 東京: 集英社.

高崎宗司. 2004. 『檢證日朝交涉』. 東京: 平凡社.

金贊汀. 2004. 『朝鮮總連』. 東京: 新潮社.

石井一. 1991. 『近づいてきた遠い國: 金丸訪朝團の證言』. 東京: 日本生産性本部.

小此木政夫 編. 1994. 『ポスト冷戰の朝鮮半島』. 東京: 日本國際問題研究所.

_____. 1999. 『金正日時代の北朝鮮』. 東京: 日本國際問題研究所.

五百旗頭眞 編. 2010. 『戰後日本外交史 第3版』. 東京: 有斐閣.

日本 外務省. 2017.2.9. 『北朝鮮基礎データ』.

政府拉致問題對策本部. 2017. 『北朝鮮による日本人拉致問題ー1日も早い歸國實現に向け
     て!』. 東京: 內閣官房拉致問題對策本部事務局.

和田春樹. 2012. 『北朝鮮現代史』. 東京: 岩波書店.

북러 관계 변화와
한반도 평화

러시아의 대북한 외교를 중심으로

김성호

류큐대학교 국제법정학과 교수

북한은 소련으로부터 지원을 받아 세워진 국가였다. 따라서 건국 당시부터 북한과 소련은 친밀한 관계였다. 1945년 일본이 패전한 뒤 소련은 하바롭스크 근처에서 진을 치고 있던 중국 공산당 계열 동북항일연군의 조선인 대원 중에서 리더였던 김일성을 발탁해 북한의 지도자로 삼았다. 1950년 한국전쟁 개전 결정 시에도 김일성은 소련 지도자 이오시프 스탈린 Joseph Stalin과 상의를 해서 남으로의 침략 승인을 받고 소련으로부터 막대한 군사적 지원을 얻어 남침을 결행했다. 나아가 1961년에는 소련과 북한은 조소우호협력상호원조조약 (이하 동맹조약)을 맺는다. 이 조약은 유사시에 군사 개입을 할 수 있는 조항이 들어가 있는 군사동맹조약이다.

1956년 소련 공산당 제1서기 니키타 흐루쇼프 Nikita Khrushchyov가 스탈린을 비판함으로써 흐루쇼프와 마오쩌둥이 대립, 그 후 중소 간의 공산주의 이데올로기 해석의 차이가 불거지고 양국의 관계도 험악해진다(중소 대립). 1960년대에 중소 대립이 격해지자 북한은 자주 노선을 강조하면서 소련과 중국 사이에서 줄타기 외교를 전개했다. 그로 인해 소련은 중국을 의식하면서 북한에 군사적·경제적 원조를 했다.

그러나 소연방 말기, 즉 1990년에 한국과의 관계 개선을 도모해 국교를 체결한다. 그로 말미암아 소련과 북한의 관계는 험악해진다. 다음 해인 1991년에 소련은 붕괴하나 소련을 계승한 러시아 연방과 북한과의 관계도 악화되었다. 그 후 2000년에 러시아에서 블라드미르 푸틴 Vladimir Putin 정권이 성립한다. 이 시기부터 러시아와 북한은 관계 회복을 위해 움직임을 보이기 시작한다.

이 장에서는 러시아와 북한의 외교 관계를 중심으로 그 변천사를 따라가 보겠다. 현재의 북한과 러시아의 관계를 이해하기 위해서는 적어도 소연방 말기의 미하일 고르바초프Mikhail Gorbachev 정권 때의 북한과 소련과의 관계를 이해할 필요가 있다. 따라서 이 시기의 소련과 북한 관계가 어떻게 변모해왔는지부터 개략적으로 살펴보자.*

1. 고르바초프와 김일성

주요 관련 연표

1985년 3월	고르바초프 소련 공산당 서기장 취임
1986년 7월	블라디보스토크 연설
1986년 10월	고르바초프 김일성 회담(모스크바)
1988년 9월	크라스노야르스크 연설, 서울 올림픽
1990년 9월	한소 수교
1991년 4월	고르바초프 제주도 방문

1985년에 소련 공산당 서기장에 고르바초프가 취임한다. 고르바초프는 정체되어 있던 소련 경제를 살리기 위해 사회 개혁을 추진한다. 먼저 경직되어 있던 정치 시스템을 재건할 필요가 있었다. 그러기 위해 '페레스트로이카(재편)'라 불리는 정책을 실시해 민주적인 제도를 도입한다. 또한 체제의 경직화를 수정하기 위해 언론 자유화를 보장하는 '글라스노스트(공개)'라 불리는 정책도 실시했다. 그리고 외교 정책으로는 국익보다는 전 인류의 이익을 우선하는 '신사고新思考'를 외교의 기본 이념으로 삼았다.

---

* 고르바초프의 대한반도 정책에 대해 상세히 알려면 김성호(2004: 169~203) 참조.

고르바초프 정권기의 소련과 북한과의 관계는 냉각화하기 시작했다. 1988년에 소련이 서울 올림픽에 참가, 2년 후인 1990년 9월에 소련은 한국과 국교를 정상화한다. 그로 인해 북한은 소련의 행동에 반발하며 핵무기 개발을 본격화하게 된다. 이런 점에서 볼 때 지금의 북한의 핵 개발의 시작은 이 시점이었다고 할 수 있겠다.

그렇다면 왜 소련은 북한과의 관계를 재검토하고 한국과의 국교 정상화를 체결하기에 이르렀는가? 고르바초프가 이런 '신사고'를 동북아시아에 적용해나가는 과정에서 보이는 변화는, 두 번의 연설, 즉 1986년 블라디보스토크 연설과 1988년 크라스노야르스크 연설을 중심으로 이해하면 쉬울 것이다. 소련의 대외 정책의 변화는, 소련 서기장 연설의 미묘한 말투의 변화에서 그것을 추론할 수 있기 때문이다.

1) 블라디보스토크 연설(1986년 7월)

고르바초프가 서기장으로 취임한 지 1년이 채 되지 않은 1986년 1월에 개최된 소련 공산당 정치국 회의에서는, 일본·북한·몽골과의 외교 관계가 안건으로 상정되었다. 예두아르트 셰바르드나제Eduard Shevardnadze 외무장관은 일본 수상이 네 번 소련을 방문한 것에 비해 소련 최고 지도자가 일본을 아직 방문하지 않은 사실을 지적하면서 고르바초프의 일본 방문은 역사적인 의미를 지닐 것이라고 했다. 그리고 계속해서 북한에 관해서는 북한의 외교가 미국의 입장을 약화하는 데 있으며 그것을 노리는 활동을 펼치고 있다고 지적하면서, 이런 북한의 행동은 소련에게도 중요하다고 했다. 이 회의에서 논의된 것은 한국보다 북한과 소련 관계의 중요성이었다. 종래의 유럽 중심의 외교 정책에서 전환해 아시아 지역의 중요성에 대해 언급했다는 점에서는 고르바초프의 신사고 외교의 편린을 엿볼 수 있으나 이 시점에서 한국과의 관계 개선은 논의조차 되지 않았다.

그러나 1986년 5월, 소련 공산당 정치국 회의에서는, 한반도에서의 미국의 입장을 약화시키고 한반도 문제에서의 소련의 역할을 강화시키도록 한국에 대한 접근 방식을 바꿀 필요가 있다고 논의되었다. 이 당시의 한국을 "세계적인 군사 전략 균형의 한 요인이 되어가고 있다"고 자리매김하면서 한국이 일본과 미국으로부터 떨어져 독자적인 노선을 취한다면 모스크바가 이를 환영할 것이라고 시사하며 한국에 대한 선전 활동의 활성화, 한국 경제에 초점을 맞추어 한국과의 관계를 재검토할 것이 결정되었다 (Bazhanov, 1992: 95).

한국을 소련 측으로 끌어들이는 것이 대미, 대일 관계에서 중요하다는 발상 자체는 구사고의 잔재라고 할 수 있다. 그러나 그 이유가 어떠하든 한국에 대한 접근책이 이 단계에 소련 측에서 논의되고 있었다는 것은 흥미롭다. 특히 한국의 경제 발전으로 소련은 그 존재 자체에 주목을 하기 시작했다는 것을 알 수 있다.

이 회의로부터 2개월 후인 7월, 고르바초프는 극동 블라디보스토크에서 중요한 연설을 했다. 이 블라디보스토크 연설에서 고르바초프는 아프가니스탄에서의 철수 의향을 표명하고 소련의 아시아 정책에 대해서도 참신한 제안을 하면서 중국, 일본과의 관계 개선도 언급했다. 북한과의 관계에서는 "우호 관계를 강화하고 다면적 교류를 활발히 한다"는 말을 남기면서도 한국에 대해서는 거의 언급을 하지 않았다. 유일하게 언급한 것은 다음과 같은 문맥에서뿐이었다.

1970년대 후반부터 미국은 태평양에서의 군사력 확대를 위해 막대한 규

모의 조치를 강구해왔다. 미국의 압력하에 워싱턴·도쿄·서울이라는 군사
'삼각형'이 형성되어가고 있다. 그리고 핵무기를 보유하고 있는 모든 지역,
세 국가 중의 두 국가, 즉 중국과 소련은 그것을 먼저 사용하지 않는다는 약
속을 했지만 미국은 긴박한 지역의 하나인 한반도에 핵무기 운반 수단과 핵
탄두를, 그리고 일본 영토에 핵무기 운반 수단을 배치하고 있다(*Pravda*,
1986.7.29).

즉, 이때 미국이 배치하고 있다고 소련 측에서 보고 있던 핵무기에 대한
비판이라는 문맥에서 한국이 언급된 데에 지나지 않았다. 1986년 5월에 정
치국 문서에서 보이는 대한국 정책의 방침 전환에 대해서는 내부적인 안건
으로만 돌리고 공식적인 블라디보스토크 연설에서는 구체적으로 언급하지
않았다. 이것은 소련의 동맹국인 북한을 자극하는 일을 회피하기 위해서였
다고 할 수 있다.

2) 고르바초프와 김일성 회담(1986년 10월)

그리고 블라디보스토크 연설로부터 3개월 후인 10월, 김일성이 소련을
방문했다. 이때의 회담의 내용은 상세히 밝혀지지 않았으나 김일성 환영
만찬 석상에서의 고르바초프의 연설은 다음과 같았다.

……현재 극동과 아시아 태평양 지역에서 무슨 일이 일어나고 있는지
알았으면 한다. 이 지역에는 36만 명이 넘는 최대급의 미군 집단이 배치되
어 있다. 일본에는 32개, 남한에는 40개의 미군 기지가 있다. 그 밖의 다른
나라들도 끌어들여 워싱턴·도쿄·서울이라는 블록을 결정하려는 계획이

있다는 것도 덧붙여둘 필요가 있다. 모든 측면에서 판단컨대 이것은 동방의 NATO와 같은 것이 될 것이다. 바로 이 점에 소련과 조선민주주의인민공화국, 그 밖의 다수의 다른 국가들의 평화 사업에는 진정으로 현실적인 위협이 있다(*Pravda*, 1986.10.25).

공개적으로 표명한 연설에서 보면, 한국에 대한 인식은 블라디보스토크 연설 때와 큰 차이가 없는 것으로 보인다. 그러나 두 사람의 회담 중에 김일성과 고르바초프 사이에 불협화음이 있었던 것 같다.

고르바초프가 이 당시의 김일성과의 회담에 관해 회고한 내용에 따르면 고르바초프의 김일성에 대한 인상은 다음과 같은 것이다.

김일성은 한반도의 상황과 동아시아의 국제 관계를 언급하며 남한이 미제국주의자들의 식민지가 되어 있다는 점에 경종을 울리며 시대착오적인 레닌주의 용어를 써가며 설명하려고 했다. 김일성은 한반도를 교차승인하는 방향으로는 움직이지 않도록 나(고르바초프)를 설득하려고 했다. 내가 교차승인에 관해서 김일성에게 설명을 요구하자 그는 즉각 그것은 '한반도 분단의 고착을 노리는 미제국주의자들에 의해서 주도되고 있는 유명한 국제적 음모'라고 했다. 그리고 '조선 반도의 교차승인은 미국과 일본이 북을 승인하는 대가로 소련과 중국이 남을 승인하는 것을 의미하고 있다'고 말했다. 나는 '그것이 좋다고 생각한다. 그것이 사리에 합당하다. 어째서 당신은 그것을 받아들이지 않느냐'고 물으면서 그러한 생각을 옹호했다. 그리고 두 개의 한국이 국제연합의 승인을 받는 것이 좋다는 생각에 관해서 잘 검토하도록 김일성에게 충고하자 그는 매우 놀라워했다. 김일성은 서방 제국주의자들의 또 다른 음모라면서 그러한 행동은 한반도 분단을 항구화할 것이라고 반박했다. 나는 김일성이 치유할 수 없는 도그마티즘과 시대에 뒤떨어진 패러다임 속에 빠져 있다고 느꼈다. 그리고 그에게 자신의 당과 국가를 개혁하도록 충고했다. 김일성은 나에게 실망했고 나 또한 김일성에게 실망했다(Kim Hakjoon, 1997: 641).

고르바초프는 김일성의 생각을 탐색하고 김일성은 신임 서기장 고르바초프의 생각을 탐색했을 것이다. 두 사람 사이에 상호 불신이 싹 텄다는 것은 충분히 짐작할 수 있다. 블라디보스토크 연설에서 엿보이는 고르바초프의 신사고가 아직 한국에는 적합하지 않았다고 하더라도 당시의 김일성의 낡은 사고와 고르바초프의 생각은 상통하는 점이 없었다. 그러한 의미에서 이 회담에서부터 북한과 소련 간에는 균열이 깊어지고 있었다고 할 수 있다.

3) 서울 올림픽과 크라스노야르스크 연설(1988년 9월)

소련 외교의 또 하나의 현안은 서울 올림픽 참가 문제였다. 소련이 한국과는 국교 수교를 맺고 있지 않은 상태에서 정부 대표단을 동반한 선수단을 서울에 파견하는 것은 관계 개선의 의지를 표명하는 것이 되기 때문이다.

한국 측은 소련의 서울 올림픽 참가를 두고 외교 활동을 활발히 했다. 1988년 1월, 소련 올림픽 위원회는 서울 올림픽에 정식 참가를 표명했다. 게다가 3월에 소련 과학아카데미 동양학 연구소의 러시아인 학자들이 서울에 있는 한양대학교 중소연구소를(당시) 방문했다. 서울 올림픽이 개최되기 6개월 전에 방한한 것은 한소 교류의 시작을 알리는 의미로 보이기도 했으나 그들의 방문이 단순한 민간 교류가 아니라 소련 공산당의 결정에 따른 것이라는 점은 주목할 가치가 있다. 그리고 이때 노태우 대통령은 보좌관 박철언으로 하여금 그들과의 접촉을 시도하도록 했다.

이러한 움직임에 대해서 북한 측도 앉아서 보고만 있지는 않았다. 1988년 5월에는 북한의 외상 겸 부수상인 김영남이 모스크바를 방문했다. 김영남은 '신사고 정책에 숨어 있는 위험'에 대해 고르바초프를 설득했으나, 고르바초프는 '우리는 이것을(신사고) 그만둘 생각이 없다. 평양도 이 사실을 알고 출발하지 않으면 안 될 것'이라고 반론했다(Gorbachev, 1995: 469).

한편으로 한국 측의 소련에 대한 접근은 활발해졌다. 노태우 정권 성립 후 약 반년 후인 1988년 7월 7일, 노태우는 7·7 선언에서 소련과의 수교 의지를 명확하게 표명했다. 그리고 8월에는 노태우가 대통령보좌관인 박철언과 김종휘에게 소련과의 수교에 전념할 것을 지시, 이에 따라 9월에는 박철언과 김종휘가 소련을 방문해 고르바초프에게 친서를 전달함으로써 한국 측은 소련과의 관계 개선의 의지를 전했다. 또한 9월 초순에는 노보스티통신의 저널리스트들이 방한하는 등, 올림픽 개최 전에 한소 교류가 활발해지고 있었다.

서울 올림픽 개회식 전날인 1988년 9월 16일, 고르바초프는 극동의 크라스노야르스크에서 연설을 행했다. 이 연설에서 고르바초프는 '한반도 정세의 전반적인 건전화라는 문맥 속에서 남한과의 경제 관계를 조정할 가능성이 열릴 수도 있겠다'(Pravda, 1988.9.17)고 언급하면서 한국과의 경제적 수준의 교류 의지가 있다는 것을 처음으로 공공연히 드러냈다.

4) 소련의 대북한 정책의 혼란(1989~1990)

서울 올림픽 이후 한국 측의 소련에 대한 접근은 한층 더 활발해져갔다. 1989년 1월에는 현대그룹의 정주영 회장이 모스크바를 방문했다. 또한

1989년 2월에 한국은 헝가리와의 국교 체결도 성공했다. 그리고 4월에는 한소 양국이 서울과 모스크바에 무역 사무소를 개설, 6월에는 세계경제국제관계연구소IMEMO의 초대를 받아 한국 정치가로서 김영삼이 모스크바를 방문했다. 이때 김영삼은 의회 대표단의 교환, 대학 관계자와 학생들의 교환이라는 생각을 피력했을 뿐만 아니라 사할린 주재 고려인의 조국 방문에 대해서도 제안을 했다.

이처럼 한소 간의 교류는 한층 더 활발해지고 있는 가운데 1990년 2월, 소련 정권 내부에서는 대한반도 정책을 둘러싸고 대립이 표면화했다. 한국과의 관계는 한정적인 것으로 하자는 소련 외무성과 국교 정상화를 염두에 두어야 한다는 소련 공산당 국제부 간에 대립이 있었다. 당 국제부는 한국과의 국교 체결에 소극적인 외무성에 대한 비판 글을 고르바초프 앞으로 다음과 같이 썼다.

> 조선민주주의인민공화국의 현 체제가 막다른 길에 봉착했다는 것은 분명하다. ……우리는 평양의 정치적 인질이 될 필요는 없다. 김일성은 한반도에서의 냉전을 종식시킬 수 있는 절호의 기회를 살리려고 하지 않는다. 지금까지와 마찬가지로 강경 노선으로 가는 것에 승부수를 두고 있다. 조선민주주의인민공화국 지도부는 약소국의 입장에서 긴장 완화는 위험하다면서 대놓고 민중에게 '노태우 일당 타도'를 외치고 있다(Brutents, 1997: 444~445).

이 보고서에는 소련이 북한에 배려할 필요가 없다고 한 점이 주목된다. 이뿐만 아니라 보고서에는 북한의 핵 개발 프로그램에 관해서도 다음과 같이 언급되었다.

특히 우리의 원조를 악용해 조선민주주의인민공화국이 비밀리에 추진해온 핵 프로그램은 경계심을 부추기는 것이다. ……여전히 평양은 거듭해서 군사적 도발 행위를 하고 있으며 한반도를 전쟁이라는 벼랑 끝으로 몰고감으로써 조선민주주의인민공화국의 동맹국인 소련을 전쟁에 끌어들일 수 있는 위험성을 띠고 있다. 그리고 조선민주주의인민공화국의 핵무기 입수는 제2차 세계대전 후에 아시아 태평양에 형성된 안전 보장 시스템 전체에 대해서 돌이킬 수 없는 결과를 초래할 것이고 소련의 권위를 실추시킬 것이다. 이러한 사태로 발전하는 것을 막기 위해서 우리나라에서의 확고한 방침이 반드시 필요하다. 아시아에서 군사적 상황이 복잡해질 경우에 북한에게 우리의 전략적 동맹국으로서의 역할을 기대하는 것은 전혀 시기에 맞지 않는다. 우리는 거기서 누구를 지키기 위해 집결한다는 것인가? 김일성의 사회주의인가? 우리의 현재의 모든 정책을 기본으로 하자는 것인가 아니면 이 지역에서는 다른 태도를 견지하자는 것인가? 어느 것을 토대로 해 평화를 바라볼 수 있는가?

상기의 내용에서는 악화되고 있는 소련의 대북한 인식이 엿보인다. 그리고 북한의 핵 개발에 대해 이 단계에서 이미 소련 측이 인식하고 있었다는 것에 유념할 필요가 있다. 그리고 당 국제부의 보고서는 다음과 같이 결론을 지으면서 한국과의 국교 수립을 제언했다.

한반도 정세에 대한 소련 측 행동의 기본적인 추진력의 하나는 남한과 우리나라와의 관계 구축에 있다. 현재 당면한 과제는 완전한 형태로 남한과의 영사 관계를 맺을 날짜를 확실히 앞당기는 일이다. 사회주의 네 국가, 헝가리, 폴란드, 유고슬라비아, 체코슬로바키아는 남한을 승인했다. 이르든 늦든 우리도 이러한 태도를 취할 필요가 있을 것이다. 그러나 만약에 이 것이 너무 늦어지면 우리는 정치적으로나 경제적으로 이익을 향유하지 못한 채 어쩔 수 없이 움직이게 될 것이다.

1990년 2월 고르바초프는 소련에 대통령제를 도입해 소연방 대통령이 되었다. 그로 말미암아 크렘린 내부의 정책 결정에 변화가 생겼다. 한국과의 수교에 반대하는 외무성 장관도 구성 멤버로 있는 공산당 정치국 회의를 거치지 않고 대통령이 직접적으로 외교에 개입하는 것이 가능해졌다. 따라서 고르바초프는 밀사를 서울에 파견해 한소 수교를 향해 움직였다. 그해 6월에 미국의 샌프란시스코에서 고르바초프는 한국의 노태우 대통령을 만나 국교 수립을 향한 회합을 가졌다.

5) 북한의 반발과 한소 국교 체결(1990~1991)

샌프란시스코에서의 회담 종료 후, 1990년 9월 초에 한국과의 수교에 대해 설명하기 위해 평양에 도착한 셰바르드나제는 북한의 맹렬한 반발에 직면했다. 이때 김일성과의 회담은 이루어지지 않았고 대신에 김영남 외상과의 회담만이 이루어졌다. 이 자리에서의 김영남의 항의 내용은 다음의 세 가지로 집약된다(Kapto, 1996: 434~435).

첫 번째 북한 측의 항의 내용은 한국과 소련의 국교 회복은 중대한 약속 위반이라는 것이다. 김영남이 예로 든 것은 1986년 10월에 고르바초프와 김일성과의 회담에서 '어떠한 경우에도 북한과의 관계에서 원칙적인 입장의 변화는 없다'고 고르바초프가 언급한 것, 나아가 1988년 12월 셰바르드나제 외무장관이 방북 당시 회담에서도, 국가 간 관계를 수립할 일은 없다고 한 회담 내용을 지적했다. 그리고 당시의 공동 코뮈니케(성명서)에 '소련은 북한을 공식적으로 승인하고 남한과의 정치적 외교적 관계를 확립할 의도는 없다'고 하는 것도 언급되었다는 것을 끄집어내어, 소련의 약속 위반을 비판했다.

두 번째 항의 내용은, 소련의 한국과의 외교 관계 수립은 1961년에 체결한 동맹조약의 위반이라는 것이다. 동 조약 제3조에는 양국의 이익에 관련한 모든 중요한 국제 문제를 심의한다고 했는데, 소련 측은 1988년 9월 크라스노야르스크에서의 성명에서 어떤 사전 합의도 없이 한국에 대한 정치적 태도를 바꿨다는 것을 지적했다. 또한 샌프란시스코의 한소 정상회담에 대해서도 사전에 한마디 상의도 없었다고 하며 이러한 소련의 태도를 비판했다. 그리고 소련이 동맹조약을 무시하고 한국과 외교 관계를 수립함으로써 동맹조약을 파기할 경우에는 북한은 독자적인 힘으로 문제 해결의 길을 찾지 않으면 안 된다는 말도 했다. 그리고 한국에 미국의 핵무기가 있는 한, 그 무기에 대항할 수 있는 무기 개발에 전력을 기울일 필요가 있다고도 했다. 한반도에서 이러한 상황까지 이르도록 사태가 심각해지면 핵무기 개발 경쟁이라는 긴장 사태로 발전할 것이고 이렇게 되면 어쩔 수 없이 핵확산금지조약NPT에서 탈퇴할 수밖에 없는 운명에 처하게 될 것이라는 주장이 펼쳐졌다.

세 번째의 북한 측 지적은, 소련의 행동은 한국과 미국의 음모에 가담해 버리고 마는 꼴이 된다는 것이다. 미국은 정치적·경제적·군사적으로 북한을 약화시키고 고립시키면서 북한의 '문을 개방'해 사회주의체제의 전복을 꾀하려고 한다는 것이었다. 나아가 샌프란시스코 회담에서 노태우가 고르바초프에게 '북한의 문'을 여는 데 협력해달라는 요청을 했다는 사실도 지적하고, 동시에 소련과 미국이 공동으로 38선을 분단시킨 것에 대한 책임에 대해서도 언급했다.

교섭이 끝난 후, 셰바르드나제는 동행한 기자들에게 '우리는 필요하다고 생각하면 행동하겠다. 외교 관계 수립은 각 국가의 주권적 권리'라고 말함으로써 이 회담은 완전한 결렬로 끝이 났다.

그리고 9월 30일 뉴욕 유엔 본부에서 소련 외무장관과 한국의 외무부장관에 의해 국교 체결문에 서명이 이루어졌다.

10월이 되자, 소련은 신임 평양 주재 소련 대사로 알렉산드르 카프토 Aleksander Kapto를 임명했다. 이때 카프토는 김일성 앞으로 보내는 고르바초프의 친서를 휴대하고 있었다. 이 서한은 한소 국교 체결로 흔들리는 북소 관계를 회복하려는 고르바초프의 의도가 표명된 것이었다. 그러나 카프토가 김일성과 면담했을 때, 김일성은 '고르바초프'라는 이름조차 입에 올리지 않았고 이 서한에 대한 회신도 없었다.

북한의 반발은 소련으로서는 예상을 넘어선 것이었을 것이다. 나아가 소련과 북한의 관계는 1991년 4월, 고르바초프가 일본을 방문하고 귀국하는 길에 제주도에 들러 노태우와 회담을 함으로써 더욱 험악해졌다. 이 회담은 전년도 12월에 노태우가 모스크바를 방문한 것에 대한 답방의 의미를 지니고 있었지만 당시 소련 외무성에는 고르바초프가 북한을 방문하지 않고 한국만을 방문한 것에 대한 반대 의견이 있었다.

평양 주재 대사 카프토는 평양과 서울 양쪽을 다 방문할 것을 제안했었다. 이것은 한국만을 방문하는 것은 북한 측에 불 난 집에 부채질하는 격이라는 이유에서였다. 또한 소련 외무성에서도 카프토의 제안을 지지하는 의견이 대부분이었으나 카프토가 외무성에 조회를 해보니 '고르바초프는 도쿄만을 방문'할 거라는 답변을 들었다.

이렇게 해 소련은 북한과의 관계 악화를 각오하고 한국과의 관계 개선을 선택했다. 이로 말미암아 소련을 계승한 러시아 연방에서도 북한과의 관계는 냉각 상태가 한동안 계속된다.

2. 옐친과 김정일

주요 관련 연표

1991년 12월	고르바초프 소련 대통령 사임. 옐친 러시아 연방 대통령 취임
1992년 8월	한중 수교
1993년 11월	한러 기본 관계 조약 체결
1993년 1월	러시아가 북한에 1961년 조약 파기 통고
1993년 3월	북한이 NPT 탈퇴 표명
1994년 6월	카터 미국 전 대통령이 김일성과 회담
1994년 7월	김일성 서거
1995년 9월	러시아가 북한에 신조약 체결을 제안
1996년 1월	러시아 외무장관으로 프리마코프가 취임
1998년 2월	한국 대통령으로 김대중이 취임, 햇볕 정책
1999년 3월	북한과 러시아가 조러 신조약에 임시 조인

1) 러시아와 북한의 관계 악화(1991~1994)

소련 외무성이 '북한과의 관계를 깨는 것은 간단하지만 회복하는 것은 무서울 정도로 힘들다'고 지적한 말 그대로 소련을 계승한 러시아 연방은 북한과의 관계 회복에 애를 먹는다.

고르바초프를 무시하는 모양새로 독립국가공동체CIS를 창설해 소연방을 해체로 몰고 간 러시아 공화국(소연방 구성 공화국의 하나)의 보리스 옐친Boris Yeltsin은 그 후 소련을 계승하는 러시아 연방의 대통령이 되었다. 옐친은 공산주의로부터 이탈하기 위해 적극적으로 자본주의 경제 시스템의 도입을 시도했다. 그러나 급격한 자본주의화에 의해 러시아 경제는 혼란에 빠진다. 빈부 격차가 증대하고 시민의 생활은 혼란스러운 가운데 공산주의 부활을 바라는 여론도 높아졌다. 고르바초프를 비판함으로써 정권을 잡은 옐친의 입장에서 공산주의 부활을 저지하는 것은 중요한 현안이 되었다. 러시아의 탈공산주의를 추진하는 옐친이 북한보다 한국 쪽으로 기울어져간 것 역시 이러한 러시아 국내 사정도 무시할 수 없어서였다.

1992년 8월에는, 한국은 중국과 국교를 회복하고 나아가 11월에는 러시아와 한러 기본 관계 조약을 체결해 한러 양국 간의 무력행사 금지, 분쟁의 평화적 해결, 경제·무역·과학기술·문화 면에서의 협력 강화, 평화 촉진을 위한 협력, 국가원수들의 정기 협의 등을 결정했다. 이것으로 유사시의 군사 개입 조항이 들어간 북한과 소련의 동맹조약은 사문화되었다.

다음 해 1993년 초반, 러시아는 1961년에 맺은 동맹조약에 담긴 북한에 대한 군사적 보장 조치를 파기하겠다고 북한에 전했다. 이렇게 북한은 냉전 시대의 버팀목이 되어주던 소련(러시아) 및 중국으로부터 유사시의 군사 지원을 기대할 수 없게 되었다. 그래서 북한은 스스로 안전 보장에 대한 위기의식을 강화해 핵 개발에 박차를 가하게 된 것이다.

북한은 1993년 3월의 한미 합동 군사 연습 '팀스피리트'에 대해서 '준전시체제'를 선포하고 나아가 같은 달 핵확산금지조약에서의 탈퇴를 표명했다. 이때 러시아는 이러한 일련의 핵 위기에 직면한 가운데 구미 열강과 보조를 맞추어 북한을 비난했다. 또한 러시아는 북한의 원자력 발전소 건설에 관여해온 러시아 전문가들을 소환했다. 이에 대해서 북한은 '러시아가 미국과 결탁해 공화국을 질식시키려 하고 있다'고 반발했다(Torkunov, Denisov and Lee, 2008: 450~451). 러시아 대통령 특사가 1994년 1월에 북한을 방문했지만 그때 북한은 '핵 문제는 미국과 풀겠다'고 하며 러시아의 개입을 뿌리쳤다.

러시아는 한반도의 안전과 비핵화를 향한 국제회의를 제창했으나 미국의 동의를 얻지 못하고, 6월에는 핵 개발 문제를 둘러싸고 북한은 미국과 긴장 상태에 돌입한다. 이른바 '1차 한반도 핵 위기'이다. 이때 미국의 클린턴 정권은 북한의 핵 시설을 한정적으로 공폭할 계획도 갖고 있었는데 북한을 방문한 카터 전 미국 대통령이 김일성과 회담, 국제원자력기구IAEA의 사찰을 받아들이겠다는 의향을 이끌어냈다. 7월 김일성이 갑자기 병사하는 가운데, 10월 제네바에서 북미 간에 합의(북미 제네바 기본 합의)가 이루어져 일단 핵 위기는 종식되었다. 이 합의는 북한이 지금까지의 핵 개발의 동결과 교환 조건으로 경수로를 제공받고 단계적으로 북미 관계를 정상화해나간다는 것이었다.

그러나 이러한 일련의 핵 위기에 대한 러시아 외교는 러시아 국내에서의 논의를 불러일으켰다. 1994년 위기에서의 러시아의 발언권 저하에 대한 비판이었다. 그리고 러시아 외무성 내부에서도 한국에 치우친 한반도 정책을 수정하고 남북한 쌍방에 균형 잡힌 외교를 검토해야 한다는 목소리가 커졌다.

결국 1990년대 전반의 러시아의 한반도 정책은 북한과의 오랜 동맹 관계라는 외교적 재산을 제대로 활용하지 못했다고 할 수 있다. 러시아는 일본과도 영토 문제를 안고 있어 일본과의 평화조약 체결까지는 아직 먼 이야기였다. 게다가 국경을 접하고 있는 북한과의 관계까지도 냉각된 상태에서는 동북아시아에서의 러시아의 발언권이 한정될 우려가 있고 또한 그것은 그대로 대미 관계에서도 러시아의 입장을 약화시킬 가능성이 있었다.

또한 러시아의 극동 시베리아 개발에서 북한의 지리적인 위치도 중요했다. 북한을 통과하는 철도와 파이프라인은 극동 러시아와 한국을 연결하는 데도 필요 불가결한 것으로 러시아 경제 발전에도 커다란 의의를 지녔다.

2) 러시아의 궤도 수정(1995~1999)

1995년에 들어서 러시아는 실질적으로 사문화된 1961년에 북한과 체결한 동맹조약을 파기하고 그 대신에 신조약을 맺을 용의가 있다는 것을 북한에 전했다. 그리고 다음 해 1996년 1월에 예브게니 프리마코프Evgenii Primakov가 러시아 외무장관으로 취임함으로써 러시아는 반도 정책의 궤도 수정을 향해 움직이기 시작했다. 프리마코프는 유라시아 중시의 외교로 노선 전환을 도모했다.

러시아에서의 외교 정책을 둘러싼 논의에는 '대서양주의'(친구미 노선)을 취할 것인가, '유라시아주의'(구미와 대항해 구소련 제국과 아시아 제국과의 연계를 지향)를 취할 것인가 하는 두 가지 논점이 있다. '대서양주의'는 러시아를 유럽의 국가로 보고 외교의 축을 유럽에 두는 생각인 반면에 '유라시아주의'는 러시아를 유라시아의 중앙에 위치하는 국가로 인식해 아시아에도 그 중심을 두고 아시아와의 연계도 지향하는 외교 이념이다. 프리마코프는 중국과 인도 등 아시아 제국과 연계해 다극 체제를 지향하는 유라시아주의 방향으로 러시아 외교를 수정하기 시작했다. 이러한 외교 노선의 수정은 북한과의 관계에도 적용되었다.

그리고 러시아는 1996년에는 북한에 무역 경제, 과학기술 대표단을 파견해 경제협력 문제에 대해 논의하는 등, 이러한 궤도 수정의 움직임을 구체화했다. 그 당시 러시아는 기계 공업, 석유, 석탄, 전력 등의 8개 분야에서 대규모 원조를 할 의향을 표명했다.

　조약 파기의 통고로부터 1년이 지난 1996년, 정식으로 북러 동맹조약이 실효되었다. 그리고 다음 해 1997년에는 모스크바에서 북러 차관급 협의가 이루어져 신조약의 초안이 검토 작업에 들어갔다. 조약의 교섭에서 북한은 유사시의 군사 개입을 요청했으나 러시아는 여기에 신중한 태도를 보였다. 러시아가 한국과의 관계를 고려했기 때문이다. 러시아는 남북한과 균형을 유지하면서 조약 체결을 지향했다. 또한 옐친 대통령은 다음 해 1998년 2월, 김일성 서거 후에 정권을 이어받은 김정일에게 생일 축전을 보내며 북한을 배려하는 자세를 보였다.

　1999년 3월에는 신조약의 내용에 대해 양국이 임시 조인을 했다. 이렇게 북러 관계의 회복에 북한이 응한 것은 북한의 내외 정세의 변화가 그 배경에 있었다고 보인다. 즉, 1998년에 한국에는 김대중 정권이 성립되어 햇볕 정책을 취하기 시작한 것, 러시아가 북한에 대해 관용 정책을 취하면 북미 간의 긴장 관계의 타개로 이어질 가능성이 있다는 것, 또한 1990년대 초반에 소련으로부터 경제원조가 끊기자 북한 경제가 크게 혼란해지고 피폐해져간 것 등을 들 수 있다. 1990년대 한소 국교 이후 10년간 북한의 GDP는 반감했고 에너지 생산은 약 1/3로 줄었다고 한다. 거기에다가 북한은 기업의 대부분이 가동되고 있지 않는 등의 경제적 위기에 직면하자 식량 부족으로 인해 많은 사람들이 기아로 죽었다. 이러한 것들이 러시아와의 관계 개선을 북한이 받아들인 요인이 되었던 것으로 보인다.

　그리고 북한 국내에서도 러시아의 정책과 지도부에 대한 미디어의 논조가 좀 더 러시아에 호의적인 것으로 변화하기 시작했다. 핵과 미사일, 인권 침해로 미국으로부터 강한 압력을 받고 있던 김정일에게 모스크바와의 양호한 관계를 구축함으로써 이른바 '러시아 카드'를 손에 넣는 것은 유익했다.

3. 푸틴과 김정일

주요 관련 연표

1999년 12월	푸틴이 러시아 대통령 대행으로 취임
2000년 2월	한러 공동성명, 북러 신조약에 조인
2000년 5월	푸틴이 공식적으로 대통령 취임
2000년 6월	남북 정상회담(김대중, 김정일)
2000년 7월	푸틴의 북한 방문, 북러 공동선언, 푸틴이 G8에 참가(오키나와)
2001년 8월	김정일이 러시아 방문, 모스크바 선언
2001년 9월	미국에서 9·11 테러 사건, 아프가니스탄전 개시
2002년 8월	김정일 러시아 방문(블라디보스토크), 북러 정상회담
2003년 1월	북한이 NPT 탈퇴 표명
2003년 3월	미국이 이라크전 개시
2003년 8월	6자 회담 개시
2006년 10월	북한이 지하 핵실험
2007년 10월	남북 정상회담(노무현, 김정일)
2008년 5월	메드베데프 러시아 대통령 취임
2011년 8월	김정일 러시아 방문, 북러 정상회담(동시베리아 울란우데)
2011년 12월	김정일 서거

1) 신조약 체결(2000~2002)

러시아에서는 옐친의 병이 악화되자 푸틴이 1999년 12월 31일에 대통령 대행으로 취임했다. 푸틴은 2000년 2월에 한국을 방문, '한러 공동성명'

을 발표, 건설적인 상호 보완 관계의 심화를 선언했다.

푸틴은 북한과의 관계 강화에 한층 더 심혈을 기울이는 한편 동시에 한국과의 관계도 안정적으로 운영해가는 균형 외교를 펼친다. 같은 시기, 러시아 외무장관이 평양을 방문해 '북러우호선린협력조약'을 체결한다. 이 신조약에는 구동맹조약과는 달리 평화를 위협하는 상황이 생길 경우의 협의 메커니즘에 대해 기재는 되어 있었지만 유사시 지원 조약은 삭제되었다. 구조약에서는 어느 한쪽이 외부의 무력 침공으로 전쟁에 돌입할 경우에 다른 한쪽은 즉시 모든 수단을 동원해 군사적인 지원을 제공할 것이라는 '자동 군사 개입 조항'이 명기되어 있었다. 그에 비해 신조약에는 '쌍방이 한쪽에 대해 침략의 위험성 또는 평화와 안정이 위협당할 상황이 발생하면 또는 협의와 공동 행동이 필요한 경우, 주저 없이 상호 간 신속히 접촉한다'고만 기재되었다.

푸틴은 대통령 선거에서 승리해 2000년 5월에 정식으로 대통령에 취임했다. 소련 시대에 국가보안위원회KGB에 근무한 경험이 있는 푸틴이 지향한 것은 '강한 러시아'의 재건이었다. 소련 시대의 국가國歌를 러시아 연방의 국가로 가사만 변경해 재지정한 것은 푸틴이 대국 소련 시대의 강력한 국가의 부활을 지향하고 있다는 상징적인 일이었다.

평양에서는 6월에 처음으로 남북 정상회담이 개최되어 제 분야에서의 남북 대화 추진도 합의했다. 그리고 7월에 푸틴은 북한을 방문했다. 그 직후에 오키나와에서 G8 정상회담에 참가할 예정이었다. 직전에 평양을 방문을 했다는 것은 G8 정상회담에서 러시아의 존재감을 드러내려는 의도도 있었던 것으로 보인다. 푸틴은 러시아의 정치 목표는 '긴장과 대립의 완화, 남북한 관계의 정상화에 기여'하는 것이라고 언급하고 러시아가 한반도 문제에서 중개 역할을 하는 것에 적극적인 자세를 보였다. 러시아가 남북한 양국과 균형 잡힌 선린 관계를 취하는 것은 한반도 문제의 조정에 긍정적으로 작용할 것이라는 생각에서였다.

이런 푸틴의 방북은 한층 더 특별한 의미를 가지고 있다. 그것은 소련 시대로 거슬러 가봐도 소련과 러시아의 서기장이나 대통령이 평양을 방문한 것은 처음 있는 일이었기 때문이다. 이 회담에서 두 정상은 '북러 공동선언'을 발표했다. 특히 미국이 진행시키는 전역 미사일 방위TMD에 대한 반대가 강조된 것이 주목할 부분이다. 유럽과 아시아에 국경선이 있는 유라시아 국가 러시아에게는 유럽에서의 안전 보장도 동시에 중요한 현안이었다. 그 시기에 미국이 NATO 가맹국에 미사일 방위MD 시스템 배치를 추진하고 있다는 것은 러시아 군사력을 무력화할 가능성이 있었다. 또한 동북아시아에서는 북한의 미사일 발사에 대응해 MD 시스템을 배치하려는 미국의 움직임이 있었다. 러시아는 이것을 견제할 필요가 생긴 것이다. 북한의 국익과 러시아의 국익은 이 부분에서 일치했다. 그리고 이때 경제 분야에서는 북러 경제 관계의 확대, 시베리아 철도와 북한과 한국을 이어주는 신철도 계획, 시베리아와 한반도를 잇는 천연가스 파이프라인의 건설 계획 등이 논의되었다.

북한 방문 후 푸틴은 오키나와를 방문해 G8 정상회담에 참가했다. 직전에 평양을 방문한 푸틴은 참가 각국의 정상으로부터 관심을 끌었다. 또한 푸틴은 회담 기간 중에 오키나와의 중학교를 방문해 중학생들과 유도 연습을 하는 등의 퍼포먼스를 보였다. 유도 사범이기도 하고 유도에 관련한 책을 내기도 한 푸틴이었는데 이러한 지도자의 개성은 정책에 반영되기도 한다. 적어도 그가 소련, 러시아 역대 지도자 중에서 가장 아시아에 관심을 표한 지도자였다는 것은 사실이다.

다음 해 2001년 이번에는 김정일이 러시아를 방문해 양국 정상이 '모스크바 선언'에 서명을 했다. 이때 러시아는 북한의 미사일 개발에 대해서 '북한의 미사일 계획은 평화적인 성격을 띠고 있으며 북한의 주권을 존중하는 국가라면 위협을 느끼지 않는다'라고 하면서 이해를 표했다. 또한 미국이 MD 배치의 걸림돌이 되는 탄도탄요격미사일ABM 제한 조약의 개폐改廢를 요구하고 있다는 것을 비판했다. '모스크바 선언'에는 대략 다음과 같은 8개 항목이 기재되었다.

① 세계에 존재하는 분쟁 문제들은 대결이 아니라 평화적으로, 정치적 협상의 방법으로 해결되어야 한다.
② 탄도탄요격미사일 제한 조약은 전략적 안정의 초석으로 새로운 전략 공격 병기 축감의 기초가 된다.
③ 두 나라의 번영과 평등한 호혜적 친선 관계를 확대 발전시켜나간다.
④ 정치·경제·과학기술·군사·문화 등의 여러 분야에 협조, 발전시킨다.
⑤ 전력 부분에서 공동 기업 재건 계획을 우선적으로 실현한다.
⑥ 러시아와 북한의 철도 연결 사업은 본격적인 단계에 들어선다.
⑦ 러시아는 남북한 대화 계속을 지지한다.
⑧ 북한은 주한 미군의 조기 철수를 요구하며 러시아도 이것을 이해한다.
러시아는 북한과 미국, 일본과의 회담에 성과가 있기를 바란다.

그리고 이 회담이 끝난 후, 러시아 대통령부부장관은 김정일 총서기가 2003년까지 미사일 발사 동결을 계속 유지할 의사가 있다는 것을 확인했다고 발표했다. 그러나 러시아가 무엇보다도 바라던 '조건부 미사일 개발 단념'까지는 약속을 못 받았다.

다음 해 2002년 6월 미국이 탄도탄요격미사일 제한 조약에서 정식으로 탈퇴했고 또한 같은 시기에 남북 간에 연평해전이 발발했으며, 2개월 후인 8월에는 러시아 극동의 블라디보스토크에서 다시 북러 정상회담이 개최되었다. 이때 푸틴은 김정일에게서 남북 대화를 계속할 의지를 확인하고 김정일은 연평해전에 러시아가 남북 양측에 외무장관을 파견한 것에 대해 '긍정적으로 받아들인다'고 러시아의 중개를 평가했다. 동시에 먼저 북러 관계에서 합의한 시베리아 철도와 남북 종단철도의 연결 사업 촉진이 재확인되었다.

푸틴의 대통령 취임 이래 3번의 정상회담을 통해 러시아와 북한의 관계는 크게 개선되었다고 할 수 있다. 그것은 북한의 움직임을 통해서도 나타났다. 2002년 북한의 공식 기관이 전한 김정일 총서기의 동정 보도 중에 대외 활동 관련 보도 51건 중 러시아 관련이 31건이나 되는 것으로 봐서(중국 관련은 5건) 북한이 러시아를 중시하는 태도가 확실히 나타나기 시작했다는 것을 알 수 있다.

2) 한반도 2차 핵 위기(2003~2005)

그런데 2003년 두 번째 핵 위기가 발생했다. 같은 해 1월, 북한은 재차 NPT 탈퇴를 선언했다. 북한에 대한 미국의 '압살 책동'과 그에 수반하는 IAEA의 부당한 행위에 대한 '당연한 자위 조치'라는 것이 그 이유였다. 또한 북한은 미국이 자국에 대한 적대시 압살 정책을 포기하고 핵 위협을 중지한다면 핵무기를 제조하지 않겠다고 하며 미국과의 교섭 여지를 남겼다.

이에 대해서 러시아는 이 문제가 유엔 안보리에서 협의되는 것에 대해 부정적인 입장을 취했다. 안보리 소집이 북한을 역으로 자극할 가능성이 있다는 것이 그 이유였다.

2000년부터 2002년까지 세 번의 정상회담을 갖고 정치 조약에 서명을 하고 두 번의 정치 선언을 했음에도 불구하고 한반도에서 다시 핵 위기가 발생한 것은 러시아의 입장에서는 생각도 못한 일이었다. 김정일이 정상적인 사람이고 현대적인 사고를 할 수 있는 정치인이라는 긍정적인 평가를 한 러시아는 북한이 다시 이런 핵 게임을 시작했다는 것에 당황했다. 또한 러시아와의 관계가 양호해지고 나서도 북한이 핵확산금지조약의 탈퇴와 핵 개발 재개를 향해 움직이기 시작한 것은, 북한에게는 러시아보다 미국과의 관계가 중요하다는 것을 반증하는 것이었다. 그러나 9·11 테러 사건 이후, 미국의 조지 부시George Bush 정권은 북한을 '부랑자 국가rogue state'라고 하며 대결 자세를 낮추지 않았다. 그리고 이 시기에 같은 '부랑자 국가'로 불린 이라크에 대해 미국은 군사 개입도 검토했다. 북한의 행동은 미국의 이러한 움직임을 의식한 것으로 보인다. 이것은 러시아의 입장에서 보면 한반도에서의 영향력의 한계를 드러낸 일이 되었다.

그러나 이러한 위기에서도 러시아는 냉정한 반응을 보였다. 러시아 외무장관은 러시아는 한반도의 비핵화를 지지한다고 언명, '공격적인 발언, 북한을 무시하는 시도는 한반도의 긴장을 더욱 고조시킨다'고 관계 각국에 자제를 요구했다. 이때 러시아 대통령 특사가 평양을 방문해 김정일과 6시간에 걸쳐 회담을 가졌다. 여기서 특사 알렉산데르 로슈코프Aleksander Loshkov는 문제 해결을 위해 '포괄적인 조치initiative'를 제안했다. 그것은 '북한의 비핵화 선언', '핵확산금지조약의 엄격한 이행', '1994년의 합의를 포함해 관계국이 각자의 의무를 이행', '관계국에 의한 건설적 대화의 실시', '북한의 안전 보장', '인도적·경제적 원조의 재개' 등을 포괄적으로 하자는 제안이었다. 그러나 북한은 '이 위기는 북미 간에 심의하지 않으면 안 된다'고 하며 '이러한 일련의 행동은 미국으로부터 받은 국가의 주권, 독립, 생명에 대한 막대하고 사활이 걸린 위협이 그 동기가 되고 있다'고 설명했다.

2003년 8월에는 이 문제를 해결하기 위해 6개국 간의 협의(러시아, 중국, 미국, 일본, 한국, 북한)가 개최되었다. 북한은 자국의 제안(북미 불가침조약의 체결, 북미 관계의 정상화, 국제사회의 북한 경제 지원)이 받아들여지지 않은 것에 대해 불만을 표했다. 미국은 먼저 북한이 핵을 포기하면 그 후에 교섭을 하겠다는 입장이었다.

또한 이 시기에 미국은 이라크에서 전쟁을 개시한 직후이기도 했다. 이라크가 대량 파괴 무기를 보유하고 있다는 이유를 들어 미국이 이라크를 침공하게 되었는데 이로 인해 후세인 정권이 붕괴되었지만 이라크에는 대량 파괴 무기는 없었다. 이러한 전례가 먼저 핵무기를 포기하라는 것이 북한의 입장에서는 받아들이기 어려운 요인이 되었던 것으로 보인다. 이 6개국 회담(6자 회담)에서 평양은 '우리는 핵 보유의 길을 강화하지 않으면 안 되고 그 외에는 선택의 여지가 없음을 확신했다. ……북경에서의 교섭(6자 회담)은 우리의 기대에 반해 무장 해제를 시키기 위한 알맹이 없는 논의에 그쳤다. 우리는 득보다 손이 큰 교섭에 더 이상 흥미를 못 느끼며 기대도 않는다'고 말했다.

그런데 2004년 6월의 제3차 6자 회담에서는, 북한은 미국이 북한을 적대시하는 정책을 포기하는 조건으로 핵 관련 계획을 그만두겠다고 표명했다. 그러나 그 후 9월에는 한국이 핵 관련 실험을 했다는 것이 보도되었다. 더욱이 미국 부시 대통령이 재선된 후 2005년 1월, 콘돌리자 라이스 Condoleezza Rice 미 국무장관이 북한을 '폭정의 거점 outpost of tyranny'이라고 비판하자 이에 대해 북한은 외무성 성명을 통해 제2기 부시 정권이 적대 정책을 바꾸지 않았다고 지적하며 6자 회담의 무기한 중단, 핵무기의 보유·제조를 선언했다.

그러나 미국이 비밀히 접촉해 9월 제4차 6자 회담 공동성명에서, 북한은 핵무기 폐기를 약속했다. 그러나 미국이 마카오에 있는 방코델타아시아 은행BDA의 북한 관련 구좌 동결 조치를 실시하자, 북한은 이를 '미국에 의한 금융 제재'로 받아들이고 다음에 있을 6자 회담의 참가를 거부했다.

3) 북한의 핵실험과 러시아(2006~2011)

2006년 7월에 북한은 7발의 미사일을 발사했다. 유엔 안보리는 비난 결의를 하고 유엔 가맹국에 북한의 미사일 관련 물자, 기술의 이전 방지를 요구했다. 한반도에 긴장이 고조되고 있는 가운데, 10월 9일 북한은 지하 핵실험장에서 실험을 한다. 푸틴은 당시 이 실험을 '무조건 비난한다'고 언급했으나 같은 달 25일에는 러시아 TV에 출연해 국민의 질의에 응답하는 형식으로 '북한을 너무 궁지로 몰고 가서는 안 된다'고 하며 관련 각국의 관대한 대응을 요구했다. 러시아는 유엔 안보리에서의 제재 논의가 미국 주도로 이루어지는 것에 대해 경계심을 보였지만 결국 유엔에서 처음으로 북한에 대한 제재 결의가 채택되었다.

제5차 6자 회담이 2007년 2월에 재개되었다. 합의 문서에는 북한이 영변의 핵 관련 시설의 정지와 사찰을 받아들이는 대신에 에너지 지원과 미국의 금융 제재 해제, 북미 국교 정상화와 북일 국교 정상화 교섭에 들어갈 것이 기재되었다. 이어 3월에는 제6차 6자 회담이 개최되었다. 미국은 방코델타아시아 은행에서 동결된 북한 관련 자금을 반환하는 것에 합의했다고 언급했으나 북한은 송금이 확인되지 않는다고 주장해 6자 회담은 휴회休會 상태에 들어갔다. 한편 남북 정상회담(노무현, 김정일)이 10일에 개최되어 남북은 한국전쟁의 종전 선언과 평화협정을 위해 노력하자는 것에 합의했다.

러시아에서는 2008년에 푸틴에서 드미트리 메드베데프Dmitry Medvedev 대통령으로 바뀐다. 푸틴 정권에서 부수상을 역임한 메드베데프가 대통령으로 그리고 푸틴이 수상이 되는 체제의 변화는 실질적으로 푸틴 노선의 계승이라고 할 수 있다. 러시아의 한반도 정책도 지금까지의 푸틴 정권 때와 실질적으로 바뀌지 않는 이른바 한국과 북한의 양국에서 균형을 취하는 외교는 유지되며 북한에 대한 관용 정책도 그대로 계속되었다.

같은 해 2008년에는 한국에서도 정권이 교체되어 한나라당의 이명박이 대통령으로 취임했다. 노무현 정권의 햇볕 정책에서의 전환을 지향하는 이명박 정권 아래 2009년 북한은 인공위성용이라고 하며 탄도미사일을 발사했다. 동북아시아의 국제 관계가 긴장을 더해가는 가운데, 러시아 외무 장관인 세르게이 라브로프Sergei Lavrov가 북한을 방문해 6자 회담에 복귀할 것을 채근했으나 불발로 그쳤다. 라브로프 장관은 회견에서 '북한에 대한 제재는 비건설적이다'고 주장하며 '각자의 의무를 잊어서는 안 된다. 많은 국가가 북한에 에너지 공급을 실행하고 있지 않는다'고 말하며 6자 회담에서 합의한 에너지 지원을 완료하지 않은 한국과 일본을 은근히 비판했다.

그리고 러시아는 2010년 한국 천안함 침몰 사건 때도 일방적으로 북한을 비난하는 일을 자제하고 독자적인 조사단을 파견했다. 이러한 북한에 대한 배려가 2011년 김정일의 세 번째 러시아 방문으로 이어졌다. 시베리아에서 메드베데프 대통령과 회담을 가지게 된다. 이때 김정일은 6자 회담에 전제 조건을 내걸지 말고 복귀할 것을 언급했을 뿐만 아니라 미사일과 핵실험을 동결할 용의가 있다고 발언했다. 또한 경제협력에서는 러시아에서 북한을 경유해 한국까지 이어지는 천연가스 파이프라인 구상을 실현시킬 것 등에 일치했다. 김정일로부터 6자 회담 복귀라는 말을 끄집어낸 러시아는 어느 정도의 존재감을 보였다고도 하겠다. 그러나 그해 말에 김정일이 서거했다.

4. 푸틴과 김정은(2012~)

2012년 2월, 당시 아직 수상이었던 푸틴은 다음 달의 러시아 대통령 선거를 의식해 외교 논문을 발표했다. 논문은 「러시아와 변화하는 세계」라는 제목으로 머리글에 '우리는 고립을 원하지 않는다'고 논하고 '독립된 외교 정책을 유지하며 세계 안전 보장에 관여해나갈 것'이라고 러시아 외교의 기본자세를 드러냈다. 북한 문제에 관해서는 '핵 보유는 용인할 수 없다'고 하면서 한편으로는 빠른 시일 내에 6자 회담의 재개를 호소했다. 또한 '새 지도자 김정은의 고집을 떠보려는 시도는 경솔한 대항 조치를 초래할 가능성이 있다'며 관계국에 신중한 대응을 요청하는 내용이었다(*Moskovskie Novosti*, 2012.2.27).

5월 푸틴은 3선 대통령이 되었다. 이슬람 급진파에 의한 체첸 독립운동이라는 문제를 안고 있는 사정으로 대테러 전쟁을 내건 미국과 협조 노선을 취한 1기 때와는 달리 3기 때의 푸틴 정권은 대미 협조 노선에서 전환했다. NATO의 동방 확대, 미국에 의한 MD 배치의 확대, 체첸 독립파에 대한 미국 CIA의 지원 공작은 푸틴의 대미 불신감을 증폭시켰다(Stone and Putin, 2017: 179). 푸틴은 12월에는, 극동의 블라디보스토크에서 APEC 회의를 개최하는 등, 한층 더 아시아 태평양 중시의 정책을 펼쳐 2013년에는 극동 개발을 주요 전략으로 우선시하고 거액의 예산을 투입하기로 결정했다.

한편 북한의 김정은은 숙부인 장성택을 숙청(2013)하는 등 권력 기반 확립을 다지는 과정에 있었다. 그로 인해 북러 관계는 크게 진전을 보이지 않았으나 그래도 북한은 러시아에게는 일정한 배려를 했다. 2014년에 러시아가 우크라이나의 크리미아를 합병한 것 때문에 유엔에서 러시아에 대한 비난 결의가 있었을 때도 북한은 여기에 반대표를 던졌다. 5월에 러시아는 러시아에 대한 북한의 대외 채무의 90%를 탕감해주었다. 11월에는 북한의 최룡해 조선로동당 서기가 러시아를 방문했다.

이렇게 북한과 신정권 러시아의 관계는 움직이기 시작했다. 그리고 러시아는 2015년 5월에 예정되어 있던 주요 국가 행사 '대독 전승 70주년 기념 식전'에 김정은을 초대했다. 새 지도자와의 회담을 기대한 푸틴이었지만 김정은을 대신해 김영남 최고인민회의 상임위원회 위원장이 참석해 김정은의 친서를 러시아 측에 전달했다.

2016년 1월에 북한은 핵실험(북한은 수폭 실험이라고 주장함)을 실시했다. 2월에는 미사일 발사 실험(북한은 인공위성 발사 실험이라고 발표함)을 했다. 그리고 9월에 다시 핵실험을 했다. 이때도 러시아는 북한에 대해 관용 정책을 취했다. 푸틴은 11월에 러시아 외교 정책 개념을 개정했다.* 여기서도 러시아는 한반도의 긴장 완화, 남북한의 정치적인 대화, 남북한의 화해와 협조를 위

---

* Ukaz Prezidenta Rossiiskoi Federatsii ob utverzhdenii Kontseptsii vneshnei politiki Rossiiskoi Federatsii, No.640(Moskow, Kreml', November 30, 2016). http://kremlin.ru/acts/bank/41451(검색일: 2018년 10월 25일)

해 노력하겠다고 하며 6자 회담을 통해서 한반도 비핵화에 전력을 다하겠다고 했다. 또한 동북아시아의 안전 보장과 평화 유지를 위한 메커니즘을 형성해 이 지역의 경제적인 상호 활동을 확대할 방책을 취하겠다고 했다.

2017년 1월에 도널드 트럼프가 미국 대통령에 취임했다. 북한의 미사일 발사 실험과 이에 대한 미국의 비난으로 북미 간에 긴장이 고조되었으나 러시아는 여전히 이성적인 태도를 보였다. 4월 러시아의 라브로프 외무장관은 미국과 그 동맹국이 '북한의 위협'이라는 꼬투리를 잡아 군사력 확충을 진전시킨다고 하면서 미국이 한국에 배치를 요구하고 있는 고고도 미사일 방어THAAD 시스템을 강력히 비판했다. 또한 같은 달 러일 정상회담에서도 푸틴은 미국을 염두에 두고 '이 지역의 모든 관계국에게 호전적인 발언을 자제하고 냉정하고 건설적인 대화로 나아갈 것을 호소한다'고 했다. 푸틴은 9월 신흥 5개국BRICs 정상회담에서도 '안전이 약속되었다는 확신을 느끼기 못하는 한 북한은 풀을 뜯어 먹더라도 무기 개발을 멈추지 않을 것'이라고 하고, 또한 우크라이나 문제로 러시아에 제재를 가하고 있는 미국이 북한에 대한 제재에 러시아가 협력할 것을 요구하고 있는 상황을 '어리석다'고 하며 미국을 비난했다. 더욱이 같은 달 블라디보스토크에서 열린 국제회의에서 푸틴은 한일 정상과 회담을 통해 미사일을 발사하는 등 도발적인 북한에 대해 '외교적·정치적 수법 외에는 해결이 안 된다'고 하며 군사적 강경 수단의 자제를 요청했다. 북한은 '조국의 안전을 확신 못 하는 한, 어떤 압력에도 핵을 포기하지 않겠다'고 주장했다.

이렇게 동북아시아의 불안정한 상황은 2018년 2월의 평창 올림픽에 북한 대표단이 참가하면서 전환점을 맞이했다. 4월 남북 정상회담(문재인, 김정은) 후 북한의 외상이 모스크바를 방문하고 라브로프 외무장관은 비핵화를 단계적으로 진전시켜나가자는 북한의 자세에 찬동했다.

이어서 5월 트럼프는 예정된 북미 정상회담을 일단 취소했다. 그때 푸틴은 '한반도의 긴장 완화와 비핵화를 향한 중대한 한 걸음이 되리라 기대했는데 유감'이라고 답하고 '김정은은 사전에 지킬 약속을 실행하고 핵실험장까지 폭파했는데 그 후 미국이 취소하겠다'고 했다면서 북한을 옹호하는 자세를 보여주었을 뿐만 아니라 북미 대화의 실현을 위해 노력할 의지를 보였다.

결국 북미 정상회담은 다음 달인 6월에 실시되어 북한의 비핵화를 향한 일련의 조치가 논의되었다. 이 북미 정상회담은 북한에게도 큰 의의를 가지는 것으로 보인다. 소련의 고르바초프 정권 때, 당시 김일성은 미국과의 직접 교섭을 실현시키기 위해 소련과 중국의 중개로 외교를 펼쳐왔지만 실현하지 못했다. 그러나 미국과의 직접 교섭을 실현한 김정은에게는 역대 정권이 성취하지 못한 일을 실현했다는 사실이 그의 국내 정치 기반 강화로도 이어졌다고 볼 수 있다.

그러나 북한의 비핵화를 둘러싼 북미 협의는 난항에 부딪혔다. 미국은 북한에 핵 시설 등의 리스트 제출을 요구하고 북한은 먼저 한국전쟁의 종전 선언을 해야 한다고 주장해 협의는 평행선을 긋기 시작했다. 이 상황을 두고 푸틴은 9월 블라디보스토크에서 개최된 동방경제포럼에서 '북한이 비핵화를 향해 일정한 조치를 취하고 있는 데도 불구하고 아무것도 하지 않고 있다고 해서는 안 된다'고 하며 미국의 양보를 요구했다. 또한 푸틴은 북미 정상회담 자체에 대해서도 언급했는데, '트럼프 대통령이 핵심적인 접근으로 움직이기 시작했다'며 높이 평가하고 '북한은 자국의 안전 보장을 바라고 있다'고 지적했다. 그리고 북한은 국제사회의 보증을 필요로 하며 이를 위해 러시아도 포함된 6자 회담을 언급하며 관여할 생각을 드러냈다.

이렇게 러시아는 2000년 이후 북한에 대해서는 인내심을 갖고 포용 정책을 해왔다고 할 수 있겠다. 그리고 특히 3기에 들어온 푸틴 정권은 아시아 태평양 지역을 중시하는 '신동방 정책'을 좀 더 확고히 해 북한에 대한 관대한 정책을 취해왔다. 2018년 3월 대통령 선거에서 승리한 푸틴의 임기는 2024년(2008년 헌법 개정으로 대통령 임기는 6년으로 연장)까지이다. 이러한 북한에 대한 러시아의 관용 정책은 당분간 계속되리라 예상된다.

5. 러시아의 대북한 정책의 특징과 한반도

1) 역사적 요인

지금까지 보아온 바와 같이 북한이 핵을 개발하게 된 데에는 북한의 외교 활동이 자초한 것이기는 하지만 소련 측에도 그 원인이 있었다고 할 수 있다. 원자력 발전소의 건설에 기술 원조를 하고 핵 관련 기술 협력을 제공한 소련은 자신들의 경제적 문제 때문에 한국과의 관계를 우선시했다. 군사적 동맹국을 잃은 북한은 핵 개발을 통한 자위책을 강구했다. 이런 점에서 러시아는 북한의 핵 개발 문제를 해결하는 데 도의적인 책임이 있다고 할 수 있을 것이다.

1980년대 전반, 한국은 교차승인 정책을 외교의 주요 과제로 삼았다. 교차승인이라는 것은 중국과 소련이 한국을 그리고 미국과 일본이 북한을 상호 승인한다는 안이었다. 서울 올림픽을 계기로 한국은 북방(중국, 소련을 시작으로 공산주의 제국)을 상대로 국교 체결을 위한 외교, 이른바 '북방 외교'를 적극적으로 펼쳤으나 결국 교차승인은 한쪽으로 치우친 모양새로 종료하고 말았다. 한국을 소련과 중국이 승인하기는 했으나 북한과는 미국도 일본도 국교를 체결하지 못했던 것이다.

이렇게 동북아시아에서의 국제 관계는 결국에 북한이 스스로 자국의 안전 보장이 위협받고 있다는 인식을 유발시켰다. 푸틴이 '북한은 자국의 안전을 보장받고 싶어 한다'고 말한 언사는 이러한 역사적인 문맥을 밟아 발언한 것이라고도 볼 수 있겠다. 따라서 이러한 역사적 경위를 제대로 이해하는 푸틴 정권은 북한과의 관계를 회복하기 위해 비난받아 마땅한 북한의 외교 행동에 대해서도 이해를 표하는 태도로 일관해온 것이다.

나아가 러시아는 북한과의 관계 회복에 약 10년간(1990년대)이나 시간이 걸렸다는 것을 역사로부터 배웠다. 러시아가 북한에 대한 영향력을 잃어버렸던 그 기간을 다른 대국이 메웠으며 러시아는 제외되었다는 것이 역사의 교훈이 되었다.

2) 안전 보장, 국제 관계

러시아의 대북한 외교는 자국의 안전 보장과 국제 관계가 연동해 그 정책에 반영된다. 최근의 러시아 외교는 소련 시대보다 아시아의 중요성을 의식하고 있다. 국경을 접하고 있는 중국, 한반도, 일본은 러시아에게 중요한 지역이다. 그리고 북한의 핵 개발은 결국 언젠가는 한국과 일본의 핵 무장론과도 이어질 것이라고 러시아는 보고 있다. MD 시스템 배치 등이 한국과 일본에서도 더 추진되어간다면 그것은 러시아의 핵무기에 대한 견제로 이어지고 군사적인 이득이 안 된다고 생각한다. 그렇기 때문에 러시아는 한반도 지역에 핵 무장화가 진전되고 동시에 MD 시스템 배치로 나가는 것에 명확한 반대의 자세를 취하고 있다. 푸틴은 '러시아에는 두 개의 위협이 존재한다. 하나는 러시아 국경 근처에 탄도탄 요격 미사일이 배치된 것이다. 또 다른 하나는 이 탄도미사일 발사대가 몇 시간이면 공격용 미사일 발사 장치로 전환된다는 것이다. 둘 다 상당히 현실적인 위협'이라고 지적하며 ABM 망이 자국의 국경 주위에 깔려 있는 것에 강한 우려를 가지고 있다(Stone and Putin, 2017: 44).

나아가 러시아는 대미 관계를 유리하게 이끄는 외교 카드로서도 북한에 접근하고 있다. 한반도의 안정화에 러시아가 중국과 더불어 주도적인 역할을 하게 된다면 미국에 대한 발언권이 강화될 것이라는 의도도 엿보인다.

3) 경제적 요인

러시아 외무성은 최근 동아시아와 아시아 태평양 지역이 세계경제와 국제정치에 큰 역할을 하고 있다는 것, 또한 이 지역이 에너지 문제와도 관련해 러시아 경제 발전에 열쇠를 갖고 있다는 것을 충분히 인식하고 있다(Torkunov and Mal'gina eds., 2014: 267~271).

그러므로 한반도 정세의 안정화는 러시아의 경제적 이익과 깊은 관련이 있는 문제라고 본다. 러시아가 한국과의 관계를 유지해가면서 북한에 접근해 한반도의 안정화를 바라는 것은 경제적으로는 러시아 극동이나 시베리아 지역의 자원 개발과도 직결된 문제이기 때문이다. 석유 등의 에너지 자원은 러시아에게도 곤궁해진 경제 상황에서 탈피하는 중요한 수단이며 특히 시베리아의 자원 개발과 그 수출을 위해서는 한반도의 평화롭고 안정적인 상황이 전제가 된다. 러시아 동북부에서부터 한반도를 이어주는 석유와 가스 운송을 위한 파이프라인 시설이 러시아에 막대한 경제적 이익을 가져올 가능성을 갖고 있다. 시베리아 횡단철도가 남북 종단철도와 연결된다면 이것은 유럽과 하나의 선으로 연결되는 것을 의미하며 물류의 흐름을 크게 바꿀 가능성이 있다. 따라서 러시아는 북한의 핵 문제가 평화적으로 해결되어 남북 관계가 건전한 상태로 이행되기를 바라고 있다.

또한 러시아와 일본의 관계도 러시아의 대한반도 정책에 연동된다. 소련 시대 고르바초프가 북한과의 관계 악화를 각오하고 한국과의 관계 개선에 박차를 가한 것은 소련의 국내 경제 재건을 위해서 한국으로부터의 경제원조가 필요했다는 것이 그 이유의 하나이다. 소련은 당시 일본으로부터 경제원조를 끌어들이려는 생각이었으나 일본이 영유권을 주장하고 있는 북방 영토의 일괄 반환에 집착했기 때문에 일본과의 관계 개선이 이루어지지 못했다. 그로 말미암아 소련은 한국과의 관계 개선에 긍정적으로 임했다. 결국 러시아 연방 시대가 되어서도 러시아와 일본은 국교는 맺고 있지만 제2차 세계대전의 청산을 의미하는 평화조약까지는 도달하지 못하고 있다. 때문에 일본은 러시아에의 대규모 경제 지원은 보류한 채로 두고 있는데, 영토 문제를 두고 러시아와 일본이 합의로 이어질 가능성이 현 단계에서는 보이지 않는다. 이로써 러시아에게 한반도의 존재 가치는 더욱 커지게 되는 것이다.

4) 북한의 대러시아 외교와 역사의 교훈

그렇다면 한편 북한이 러시아에 접근하는 이유는 무엇일까? 이 점에 대해서 러시아의 전문가는 '북한은 러시아를 자국의 주요한 동반자인 중국을 대신할 수 있을 것이라고 보고 있다'고 하며 '김정은은 중국에의 의존을 바라고 있지 않으며 그러기 위해서는 그것을 대신할 것이 필요하고 바로 거기에서 러시아 카드를 쓸 것'이라고 분석하고 있다. 또한 '중국에는 고삐를 조여서' 북한을 순종하게 하고 싶어 하는 의도가 있으며, 많은 점에서 바로

그 이유로 북한은 중국으로부터 자립하려고 하며 러시아와의 관계를 강화하고자 한다'고 본다.[*]

이러한 상황은 과거 냉전 시대에 북한이 중국과 소련 사이를 저울질하며 외교를 펼쳐왔던 때와 비슷하다. 이러한 북한의 외교 행동은 대국 사이에 끼여 있는 소국의 특성이라고도 할 수 있다. 따라서 현 시점에서 중요한 것은 고립된 소국이 갖고 있는 자국의 안전 보장이 위협받고 있다는 인식을 관계 각국이 어떻게 제거할 수 있을 것인가에 유념해야 한다는 것이다. 그런 의미에서 북한과의 관계가 한번 끊어졌다가 다시 회복한 러시아의 일련의 대북한 외교에는 많은 '역사적 교훈'이 담겨 있다고 하겠다.

---

[*] Russia Beyond, February.10, 2016. https://jp.rbth.com/politics/2016/02/10/566465(검색일: 2018년 10월 25일).

참고문헌

강성학·김경순·김성호·남기정·문명식·우평균. 2004. 『시베리아와 연해주의 정치경제학』. 리북.

Bazhanov, Eugene. 1992. "Soviet Policy towards South Korea under Gorbachev." Il Yung Chung (ed.). *Korea and Russia: Towards the 21st Century*. Seoul: The Sejong Institute.

Brutents, Karen Nersesovich. 1997. *Tridtsat' let na Staroi Proshchadi*. Moskow.

Gorbachev, Mikhail. 1995. *Zhizn' i reform, kniga 2*. Moskow.

Kapto, Aleksandr. 1996. *Na Perekrestkakh Zizni: Poriticheskie Memuary*. Moskow.

Kim Hakjoon. 1997. "The Process Leading to the Establishment of Diplomatic Relations between South Korea and the Soviet Union." *Asian Survey*, Vol.37, No.7.

Petrov, Vasilii A. and Aleksandr D. Stasov. 2004. *Severnaia Koreia: Polkovodets u vlasti*. Moskow.

Stone, Oliver and Vladimir Putin. 2017. *The Putin Interviews*. NY.

Torkunov, A.V. and A.V.Mal'gina (eds). 2014. *Sovremennye Mezhdnarodye Otnosheniia*. Moskow.

Torkunov, A.V.·V.I.Denisov and Vl.Lee. 2008. *Koreiskii Poluostrov: metamorfozy poslevoennoi istorii*. Moskow.

Moskovskie Novosti, February 27, 2012.

Pravda, July 29, 1986; October 25, 1986; September 17, 1988.

Russia Beyond, February.10, 2016. https://jp.rbth.com/politics/2016/02/10/566465(검색일: 2018년 10월 25일).

Ukaz Prezidenta Rossiiskoi Federatsii ob utverzhdenii Kontseptsii vneshnei politiki Rossiiskoi Federatsii, No.640(Moskow, Kreml', November 30, 2016). http://kremlin.ru/acts/bank/41451(검색일: 2018년 10월 25일).

3부

———

한반도 통일에 대한 인식과
통일 외교

미국의 대한반도 정책과
한미 관계

박원곤

한동대학교 국제지역학과 교수

미국의 대한반도 정책은 여러 가지 변수의 영향을 받지만, 지금까지도 안보 고려가 큰 비중을 차지하고 있다. 6·25전쟁 이후 체결된 상호방위조약으로 한미가 동맹 관계를 체결함으로써 한미 관계는 안보 공동체로서의 성격이 강화되었다. 냉전 기간과 지금까지도 여전히 안보 위협에 노출된 한국의 입장에서는 한미 동맹을 통한 한반도의 안정과 안보 확보가 중요하다. 미국의 안보 이해는 한반도의 특수성과 결합해 미국의 대외 정책에 영향을 주어왔다. 한반도의 특수성은 한반도의 지정학적 위치로 인해 안보 측면에서 긴장이 가장 먼저 고조되고 가장 늦게 해빙되는 현상을 의미한다. 미국의 대한반도 정책이 때로는 안보 외의 다른 이해를 중시하는 정책을 채택하는 경우도 있었지만, 대부분의 경우 결국 안보 이해가 우선시되는 결과로 귀결되곤 했다.

미국의 대한반도 정책 측면에서 안보 이해와 충돌하는 중요 의제는 한국의 민주화이다. '자유민주주의'를 선도하는 미국의 입장에서 안보 이해와 더불어 민주주의 확산도 외교 정책에 투영되어 추진된다. 특히 한국과 같은 동맹국의 정치체제가 권위주의를 유지할 경우 미 의회와 미국 내 여론에서 문제가 제기되고, 행정부 차원에서도 정책 우선순위 결정에 고민이 따른다. 미국은 1987년 한국의 민주화가 완성되기 전까지 한국의 민주화와 안보 이해 사이에서 갈등하는 모습을 지속적으로 표출했다. 더불어 미국의 대한반도 정책은 세계 정치의 변화에도 영향을 받는다. 특히 미국의 한국 민주화 정책이 최종적으로 결실을 맺게 된 것은 세계 차원의 탈냉전이 시작되는 시점과 병행된다.

따라서 미국의 대한반도 정책과 한미 관계는 한반도의 특수성을 인식하고 미 행정부의 정책 변화를 추적하며 한국의 대응과 반응을 확인하는 방법으로 채용할 때 포괄적인 이해가 가능하다. 이 장에서는 위와 같은 접근 방식을 활용하되, 통시적으로 미국의 대한반도 정책과 한미 관계를 따라가기보다는 핵심 의제와 사례를 중심으로 설명하고자 한다. 시기는 한미 관계의 두 가지 핵심 의제인 민주화와 한미 동맹 조정이 맞물리던 1980년대 말까지로 한정한다. 이후의 한미 관계도 여러 가지 조정과 갈등이 있지만, 냉전 시기만큼의 부침은 경험하지 않았다는 판단 때문이다.

1. 한미 관계의 시작

한미 관계의 공식적인 시작은 1882년 5월 22일 '제물포조약'을 통해서이다. 조약 체결 전인 1866년 미국 상선 제너럴 셔먼호가 대동강에 도달해 조선과의 교역을 시도했으나 조선의 격렬한 반대로 배가 침몰하자 미국은 원정군을 파견했지만 전사자 3명과 부상자 10명을 내고 퇴각했다. 이른바 '신미양요'이다. 이후 고종이 친정親政을 시작하면서 대원군에 비해 융통성 있는 정책을 채택했고, 조선을 둘러싼 급변하는 정세에 대처하기 위해 미국과의 조약을 체결했다. 그러나 미국을 활용해 조선의 독립을 지키고자한 시도는 제국주의가 만연한 당시 국제정치 상황에서 1905년 미국이 일본과 '가쓰라 태프트 밀약'을 맺고 필리핀과 대한제국에 대한 지배를 상호 인정함으로써 난관에 봉착했다. 결국 1910년 한반도는 일본의 식민지가 되었다(구영록, 1983).

식민지 기간 미국의 대한반도 이해는 기독교 선교를 위한 목적으로 제한되다가 태평양전쟁이 발발하면서 한반도에 대한 관심이 증가되었다. 특히 전쟁 막바지 전후 국제 질서를 논의하는 과정에서 한반도 의제가 부각되었다. 당시 미국의 프랭클린 D. 루스벨트Franklin D. Roosevelt 대통령은 두 차례에 걸친 세계 전쟁의 참화를 되풀이하지 않도록 국제사회가 평화를 지킬 수 있는 방안을 고심했다. 이전의 우드로 윌슨Woodrow Wilson 미국 대통령이 제1차 세계대전 이후 제시했으나 실패한 국제연맹 사례를 거울삼아 루스벨트 대통령은 강대국 정치를 반영한 다자 안보 협력 체제로서 유엔 창설을 추진했다. 유엔의 핵심에 5대 강대국을 선정해 안전보장이사회 상임이사국으로서 '거부권'을 행사할 수 있도록 하는 한편 전쟁을 방지하고 평화를 구축하기 위해 집단 안전 보장 체제를 도입했다. 미국은 한반도 문제도 유사하게 강대국 간의 합의를 통한 해결을 시도했다. 한반도의 독립에 원칙적으로 동의하지만, 일정 기간 강대국에 의한 '신탁통치'가 필요하다고 판단했다. 한반도가 중국, 소련 등과 국경을 인접한 지정학적 특성으로 인해 공통된 해결 방안을 강대국 간에 합의하기 어렵다는 인식하에 신탁통치가 모색되었다. 또한 신탁통치를 통해 미국은 한 국가가 한반도에 절대적 영향력을 행사치 못하도록 하는 동시에 미국 단독으로 한반도 독립과 관련된 모든 책임을 지는 것도 피하고자 했다. 그러나 미국의 시도는 태평양전쟁 이후 노골화되기 시작한 소련의 한반도 내 영향력 행사 시도로 인해 성공하지 못하고 분단으로 이어졌다(Eckert et al., 1990; Ku Daeyeol, 1998).

38선 분단이 이루어지는 과정은 극적이다. 미국은 태평양전쟁의 조속한 종결을 위해 소련의 참전을 원했으나 늦어지자 원자폭탄 공격을 통해 일본의 무조건 항복을 받아냈다. 그러나 소련은 전후 처리 과정에서 일본과 동북아 영향력 유지를 위해 늦게 대일본 선전포고를 하고 군대를 한반도로 이동시켰다. 그 과정에서 미국은 소련이 한반도 전역에 군대를 투사하는 것을 막기 위해 38선을 기준으로 북쪽으로는 소련, 남쪽으로는 미군 진주를 제의했고, 소련이 수락함으로써 38선이 획정되었다. 소련은 지리적 이점으로 군대를 신속히 투사할 수 있었지만 전후 처리 과정에서 특히 일본에 대한 소련의 이익을 반영하기 위해 미국과 합의했다.

이후에도 나타나는 현상이지만, 한미 관계가 형성되기 시작한 이 기간의 미국의 대한반도 정책은 세계 정치의 영향을 받았다. 미국 스스로가 제2차 세계대전을 기점으로 강대국으로 부상하면서 국제 질서를 형성하는 데 주도적 역할을 수행했다. 한반도에 대한 미국의 이해는 국제 질서의 큰 틀 안에서 구성되었고, 특히 중국, 소련과 같이 전후 미국의 핵심 경쟁 상대가 되는 국가와 연계된 한국의 지정학적 의미가 중요하게 고려되었다. 당시 형성된 미국의 대한반도 정책과 한미 관계는 한반도의 특수성과 연계되면서 지금까지 독특한 형태로 지속되고 있다. 한반도의 특수성은 국제 질서의 변화가 반영되는 정도와 현상이 다른 지역과는 차별화되는 것을 의미한다. 강대국에 둘러싸여 영향력의 경연장이 되는 한반도의 지정학적 위치로 인해 한반도는 가장 먼저 긴장이 고조되고 가장 늦게 해빙되는 양상을 반복해 보여왔다. 이러한 한반도의 특수성은 미국의 대한반도 정책에 영향을 주고받으면서 한미 관계를 추동해왔다.

2. 6·25 전쟁과 한미상호방위조약

한미 관계의 극적인 변화가 시작된 결정적 계기는 6·25 전쟁이다. 북한이 소련과 중국의 지원을 받아 남침을 감행함으로써 전쟁이 발발했다. 유엔은 북한의 침략을 세계 평화에 대한 도전으로 간주하고 안보리 결의안을 통해 참전을 결정했다. 미국 주도의 유엔군이 구성되고, 미군만 3000명 이상이 사망하는 희생 끝에 북한의 침략이 격퇴되고 종전이 선언되었다. 전쟁을 계기로 한미는 1953년 한미상호방위조약을 체결하고 '동맹'이라는 새로운 관계로 진입한다. 그러나 한미 동맹을 맺는 과정은 순탄치 않았다. 미국은 당시만 하더라도 유럽을 제외한 타 지역에서 동맹을 맺는 것을 삼갔다. 여전히 미국에게는 유럽이 사활적 이해를 반영하고 있는 중요 지역이므로 미국의 자산을 타 지역으로 분산하기를 원치 않았다. 또한 동맹을 체결할 경우 미국은 전략적 유연성을 보장받지 못하고 원치 않은 분쟁에 연루될 가능성도 우려했다. 특히 미국은 한국과 동맹을 맺을 경우 사실상 안보를 책임져야 하는 부담을 안고 싶지 않았다. 따라서 당시 트루먼 미 행정부는 한국과의 상호방위조약을 통한 동맹 구축에 부정적인 입장이었다. 그러나 한국의 이승만 대통령은 1905년 미국과 일본의 '가쓰라 태프트 밀약'을 상기하면서 미국과의 동맹 관계 구축을 통해 안보를 보장받기 원했다. 이에 따라 이승만 대통령은 종전 협상이 한창인 1953년 6월 당시 한국에 있던 '반공 포로'를 미국과 상의 없이 일방적으로 석방함으로써 종전 협상 무력화에 나섰다. 당시 미국은 유엔군 사령관이었던 미군 대장 마크 클락 Mark W. Clark이 이승만 대통령의 반공 포로 석방에 대해 "미국은 친구 대신에 새로운 적을 얻었다"로 언급할 정도로 격앙된 분위기였다. 그러나 이승만 대통령의 종전에 반대하는 완강한 입장이 철회되지 않는 한 미국은 더 이상 지속하고 싶지 않은 전쟁을 중단시킬 방법이 없다고 판단해 결국 한국이 원하는 상호방위조약을 통해 동맹을 체결했다. 이승만 대통령의 미국과의 상호방위조약 체결은 약소국이 강대국을 상대로 이룬 외교적 성취의 사례로 기록된다. 국력의 불균형에도 불구하고 한국이 미국을 압박해 당시로서는 가장 진전된 형태의 방위조약을 체결하고 미국의 아시아 지역 개입을 제도화했다(Steven Hugh Lee, 2001; Macdonald, 1992; Jin-woo Kim, 2001). 동맹이 구축됨으로써 한미는 새로운 관계로 진입했다. 주한 미군 주둔이 시작되었고 한반도 방어의 일차적 책임도 미국에게 부과되었다. 미국은 한국을 소련과 중국의 공산주의 세력 팽창에 맞서는 최전선으로 삼고 지원했다.

3. 한국의 민주화와 미국의 정책

한미상호방위조약 체결로 안보·군사 차원에서 한미 관계는 정립되었지만, 이후 미국의 대한반도 정책은 한국의 민주화라는 새로운 도전 요소에 직면하게 된다. 자유민주주의를 신봉하는 미국의 입장에서는 냉전이라는 안보적 위협으로 동맹 정책 운용에 어려움을 겪는다. 미국은 자유민주주의와 시장경제라는 핵심 가치를 추구하지만, 소련·중국 등 사회주의국가와의 경쟁이 첨예하게 진행된 냉전 기간에 비록 동맹국과 우호국이 우익독재로 빠지더라도 쉽게 관계를 끊을 수 없는 딜레마를 겪었다. 안보적 이해와 민주적 가치 추구라는 두 가지 이해가 충돌한 것이다.

미국은 한국과의 관계에서 이해 충돌을 수차례 경험했다. 시작은 이승만 독재에 맞선 4·19 학생운동 때이다. 1954년 이승만의 자유당은 초대 대통령에 한해 중임 제한을 없애는 2차 헌법 개정을 국회에 상정했다. 재적 위원 203명 중 1/3인 136명이 찬성해야 통과되지만 한 명 모자란 135명이 찬성하자 203명의 2/3는 135.33명이므로 반올림할 경우 135명이 맞는다는 억지 논리로 통과시켰다. 정족수를 상정할 때는 숫자보다 많게 계산해 136명이 되는 것이 맞다. 민의를 어긴 이승만 정부의 무리수는 결국 1960년 3월 대통령 선거 직후 국민적 저항에 부딪혔다. 야당 후보로 출마한 조병옥 박사가 대선 직전 사망하자, 자유당의 이기붕 후보와 야당인 민주당의 장면 후보가 맞붙은 부통령 선거가 초미의 관심사로 떠올랐다. 자유당은 선거함 바꿔치기, 가짜 투표용지 투함 등 부정선거를 감행해 결국 압도적인 표차로

이기붕 후보가 부통령에 당선되었다. 교육 수준이 향상되고 도시화가 진행되면서 시민의 정치의식이 고조되던 상황에서 자유당의 부정선거는 1960년 4월 마산에서 시위 중인 고교생이 사망하자 대학생을 중심으로 전국 규모의 시위를 촉발했다. 경찰이 발포해 희생자가 속출하는 상황에서 미국은 이승만 하야에 결정적 역할을 했다. 이미 수차례 한국의 민주주의 퇴보에 대해 우려를 공개·비공개로 표명해오던 미국은 4월 학생 혁명 시 주한 미 대사가 이승만 대통령을 직접 면담한 자리에서 공개적으로 정권의 폭정을 비판하고 민주화를 요구했다. 대규모 시위로 이미 국가 통제력을 잃고, 특히 군이 계엄령 선포와 발포 명령을 거부하기 시작한 상황에서 미국의 이승만 정권에 대한 공개적인 비판은 결국 정권의 몰락으로 이어졌다.

미국의 선택은 쉽지 않았다. 기본적으로 미국은 4가지 이유에서 이승만 정권을 지지해왔다. 첫째, 미국은 이승만 대통령의 오랜 경륜과 정치력으로 한국을 효과적으로 통치할 수 있다고 판단했다. 둘째, 한반도의 안정이 중요한 이해인 미국의 입장에서 이승만의 통치력을 대체할 만한 인물을 찾기 어려웠다. 셋째, 미국이 한국 내정에 개입할 경우 발생할 수 있는 불확실성에 대해 우려했다. 상호방위조약 체결 과정을 통해 경험한 이승만의 완고함을 감안할 때 한국 정부가 미국과의 전면적 갈등도 불사하는 형태로 미국 개입에 대응한다면 전반적인 한반도의 안정을 해칠 수 있다는 판단이었다. 마지막으로 미 의회를 중심으로 오랜 기간 독립운동을 하고, 철저한 반공을 실천하는 이승만에 대한 적극적 지지가 있었다. 그러나 동시에 자유민주주의에 반하는 이승만의 정치적 행태에 대해 미국 언론과 학계를 중심으로 비판 여론도 적지 않았다.

위와 같은 기본 인식과 정책 방향을 유지하던 미국이었지만, 1960년 3·15 부정선거가 발생하자 이승만 정권을 적극적으로 비판했다. 이러한 미국의 정책 변화는 미국의 대한 정책에서 핵심적인 고려 요인인 안보에 대한 부담 경감이 일조했다. 미국은 제2의 6·25 전쟁이 한반도에서 발발해 다시금 연루되는 것을 극도로 꺼렸다. 그러나 미국은 1956년 작성된 미국 내부 문서를 통해 공산 세력의 남침 가능성이 낮다고 보았고, 1959년에는 북한이 다시금 남침하더라도 국군이 격퇴할 수 있다고 판단했다. 또한 미국은 이승만 정권의 경제 정책에 대해 불만이 컸다. 미국 아이젠하워 정부 2기가 시작되는 시기를 즈음해 근대화 이론의 선구자인 로스토를 중심으로 경제 발전이 공산주의와의 경쟁에서 승리하는 핵심 요소라는 주장이 강화되었다. 이를 위해 미국의 우방 및 동맹국의 집권 세력은 개혁을 통해 미국에 대한 의존도를 줄이고 경제 발전에 전념할 것을 주문했다. 그러나 이승만 정권은 산업화를 통한 경제 발전을 원하는 미국의 기대에 부합하지 못하면서 억압 통치를 강화했다. 이런 상황에서 4·19 학생 혁명이 일어나자 미 국무부는 "한국 내 상황에 우려를 금치 못하고, 특히 한국 내 시위는 최근 선거와 민주주의에 반하는 정부의 억압 정책이 빚어낸 결과"라면서 이승만 정부를 비판하는 공식 입장을 공개했다. 또한 1960년 4월 19일 주한 미 대사는 "시위대가 요구하는 정당한 문제제기를 수용하라"고 사실상 이승만의 하야를 요구했다. 이승만 퇴진에 대해 미국은 주한 미 대사가 "반은 학생의 시위, 반은 주한 미 대사관의 노력에 의해 성취"한 것으로 밝힐 만큼 적극적인 역할을 했다(Eckert et al., 1990).

4·19 혁명 때 미국의 역할은 한반도 안보 상황의 전반적인 안정, 이승만 개인에 대한 불만, 경제개발에 적합한 한국의 새로운 지도부 등장의 필요성 등이 중요한 고려 요인이었지만, 미국의 가치인 자유민주주의에 반하는 이승만에 대한 반감도 핵심적 요소로 기능했다. 이후 한국의 민주화 과정에서 미국은 한반도의 안보 이해와 자유민주주의 가치 사이에서 정책을

고민하는 모습이 지속적으로 표출된다.

　한국의 민주화와 미국의 정책의 두 번째 사례는 1979년 전두환 신군부의 12·12 쿠데타와 광주 민주화 운동 과정에서 찾아볼 수 있다. 미국의 한반도에 대한 안보 이해와 민주화와 인권이라는 도덕적 고려가 충돌하는 현상이 다시 한 번 표출된다. 1977년부터 1980년까지 집권한 미국의 카터 대통령은 이전 행정부와는 달리 도덕 가치와 민주주의를 강조하면서 인권 외교를 주창했다. 카터는 자유민주주의에 역행하고 인권을 탄압하는 우방국을 공산주의라는 냉전의 안보 이해 때문에 지지하고 지원했던 이전의 정책에서 벗어나고자 했다. 카터 행정부는 우방 국가의 권위주의 체제를 지원할 경우 해당 국가와 미국과의 관계를 결국 훼손하게 될 것이며, 공산권과의 경쟁에서도 "미국과 미국의 가치를 비열한 독재자들과 관련짓게 만들어서 공산주의자들의 사기를 올리는" 결과를 가져올 것으로 인식했다. 또한 인권 향상으로 한국의 정국이 안정될 경우 내적 혼란으로 인한 북한의 오판 가능성이 감소하고 미국의 연루 위험도 줄어들 수 있다고 판단했다. 이러한 인식을 바탕으로 카터 행정부는 1973년 유신을 선포하고 억압 통치를 하던 박정희 정부를 상대로 인권 향상을 요구했다(박원곤, 2007). 카터 행정부가 주로 사용한 방법은 대통령 서신, 고위급 인사를 통한 의사 전달 등이다. 특히 스나이더 당시 주한 미 대사를 보내 박정희 대통령과 정권의 핵심 인물들에게 압력을 가했다. 인권과 관련한 대외 정책 수행은 공개적 '이름 거론과 망신 name and shame' 혹은 상대국 집권층의 체면을 세워주면서도 실제적인 결과를 도출하는 조용한 외교의 두 가지 방안이 있다. 카터 행정부는 후자를 활용한 비공개 압박의 '조용한 외교'를 통해 1977년 12월 김대중을 제외한 대다수의 명동 사건 관련자가 석방되는 결실을 얻었다. 명동 사건은 1976년 3월 1일 명동성당 기념 미사에서 윤보선, 함석헌, 문익환, 김승훈 등 재야인사들이 민주주의, 경제 입국 구상 재검토, 민족 통일 등을 주장하는 '3·1 민주 구국 선언'을 발표해 긴급조치 9호 위반으로 구속된 사건이다.

그러나 카터 행정부의 인권 정책은 1979년 전두환 신군부의 12·12 쿠데타로 인해 심각한 도전에 직면한다. 카터 대통령과 밴스 국무장관 등은 12·12를 신군부가 쿠데타를 위해 전방 부대를 동원해 연합사의 작전통제권을 위반한 사건이자 한국의 민주화에 역행하는 심각한 문제라는 부정적인 인식을 갖고 있었다. 그러나 한국 신군부를 제재하는 등 강력히 대처하지 못했다. 가장 큰 이유는 1979년 11월 발생한 '이란 인질' 사건 때문이었다. 미국이 지원했던 이란의 팔레비 왕조가 호메이니가 이끄는 이슬람 세력에 의해 전복되는 과정에서 테헤란의 미국 대사관 직원들이 인질로 잡혔다. 이 사건으로 인해 미국은 큰 충격에 빠졌고 카터 행정부의 동맹국 및 우방국 정책에 지대한 영향을 주었다. 또한 연이어 12월에 발생한 소련의 아프가니스탄 침공으로 1970년대를 관통하던 긴장 완화, 즉 데탕트가 끝나고 신냉전이 시작되었다. 이런 국제 환경의 변화로 카터 행정부는 이전의 인권 정책에서 벗어나 현실적 안보 고려를 우선시하는 정책으로 선회하기 시작했다. 한국의 12·12 쿠데타의 경우도 워싱턴의 부정적인 인식에도 불구하고 한국이 '제2의 이란'이 되어서는 안 된다는 인식이 팽배했다. 전두환의 신군부를 강력히 제재하고 대립각을 세울 경우 한국은 이란과 같이 정정이 극도로 불안정해질 수 있고, 이 상황에서 북한의 오판으로 한반도의 무력 충돌이 시작될 수도 있다고 판단했다. 이에 따라 카터 행정부는 미국의 대한 정책 방향을 12·12 이후 군부 내 분열로 또 다른 쿠데타가 일어날 가능성을 막는 한편 최규하 정부와의 협력을 통해 민주화 일정을 진행해나가는 동력을 지속하는 것으로 정리했다(박원곤, 2010).

그러나 미국의 대한반도 정책은 전두환의 신군부가 1980년 5월 광주

시민의 평화로운 민주화 요구 시위를 무력으로 진압하는 상황이 발생하면서 더 큰 도전에 직면했다. 5월 초 전두환의 신군부는 광주를 중심으로 확산되는 민주화 요구에 대해 군을 동원해 진압하고자 작전통제권을 갖고 있던 연합사에 군부대 이동 승인을 요청했다. 이에 대해 미 행정부는 아래와 같은 전문을 주한 미 대사관에 보냈다.

우리는(미국은) 법과 질서를 유지하기 위한 한국 정부의 비상 계획을 반대하지 않겠다는 것에 동의한다. 그러나 대사는 전두환과 최규하에게 법을 집행할 때 신중하고 절제하지 않을 경우 발생할 상황 악화의 위험성을 경고해야 한다(주: 괄호 저자 첨부).

기본적으로 워싱턴은 한국 상황이 심각해 법과 질서의 회복이 필요하다는 것에 동의했으나 학생 데모의 동기, 최규하 정부의 대응, 비상 계획 실시 등에 대해서 신중한 입장을 보였다. 필요 시 군을 동원한 법질서 회복에 반대하지는 않았지만, 군의 활용은 마지막 수단으로 신중하게 사용되어야 한다는 주장을 견지했다. 그러나 미국은 광주 민주화 운동의 원인이 된 군의 잔학한 진압과 비상계엄 확대, 정치인 체포 등의 민주화 역행 조치에 대해 한국 정부 또는 신군부에 책임을 묻고자 하는 시도가 미비했다. 이러한 미국의 정책 기조는 5·18 이후 카터 대통령의 5월 31일 CNN 인터뷰를 통해 대변된다.

우리는 한국군과 민간 지도자들에게 가능한 한 조속히 완전한 민주 정부를 수립하도록 촉구하고 있다. 그런 한편 우리가 주력하는 것은 한국의 안보다…… 우리는 우방과 친구, 교역 상대방과의 관계를 단절해 그들을 소련의 영향권에 넘길 수는 없다. 그리고 그들 정권이 우리의 인권 기준에 부합하지 않는다는 이유만으로 전복시킬 수도 없다.

카터의 발언은 전두환 군사정권의 등장을 용인하는 것이다. 미국은 광주 상황이 "비극"이고 전두환 신군부의 행보를 반민주적 조치로 보며 중장기 관점에서 한국의 안정을 위해서는 한국의 민주화가 필요하다는 시각도 보였지만, 안정이 필요하므로 진압은 불가피한 선택으로 판단했다. 이후 카터 행정부는 전두환 정권에게 향후 행동에 따라 한미 관계를 결정할 것이라는 입장을 표명하면서 정치 발전 재개, 자유선거를 보장하는 헌법 개정, 정치범 문제 해결 등의 구체적인 민주화 조치를 요구했다. 또한 워싱턴은 글라이스틴 대사를 시켜 김대중을 비롯한 주요 정치 지도자들의 구금과 재판에 대해 항의하면서 적십자사와 같은 기구가 정치범의 상황에 대해 객관적 평가를 하도록 한국에 압력을 가했다. 그러나 카터 대통령의 5월 31일 기자회견으로 전두환 정권이 사실상 용인된 상태에서 미국의 위와 같은 노력의 효과는 제한적일 수밖에 없었다. 종합적으로 평가할 때 카터 행정부의 광주 민주화 운동 당시 대응은 신군부와 적극 공모한 것은 아니지만, 마지못한 동의보다는 능동적인 태도를 취한 것으로 판단된다(박원곤, 2011).

카터 행정부의 정책은 국제 차원의 안보 상황의 변화에 영향을 받아 광주 민주화 운동을 직접적인 안보 이해로 체감한 결과이다. 앞에서 서술한 바와 같이 1979년 말 이후 카터 행정부는 소련의 아프가니스탄 침공을 계기로 1980년 초 카터 독트린을 발표하면서 냉전형의 안보 중시 정책으로 돌아서고 있었다. 대소 봉쇄를 위해서는 동맹국 및 우호국과의 군사 유대 강화가 시급한 현안이었으므로 한국의 우선적인 안정을 중시했다. 결국 카터 행정부라는 인권을 중시하고 외교 정책에서 도덕성을 추구하던 정부도 안보 이해가 첨예하게 대립되는 상황이 도래하자 냉전의 최전선인 한반도에서 다시금 안보와 안정 모색의 정책으로 회귀했다.

한국의 민주화와 미국의 정책의 마지막 사례는 한국의 민주화가 성취된 1987년 6·10 항쟁 시기이다. 1980년 통일주체국민회의를 통해 대통령으로 선출된 전두환은 7년의 임기를 마치는 마지막 해인 1987년까지도 국민적 염원인 대통령 직선제를 거부했다. 대신 12·12 쿠데타의 주역 중 하나인 노태우를 내세워 다시금 민의가 반영되지 않는 간선제 대통령 선거를 준비하고 있었다. 그러자 1987년 6월 항쟁으로 불리는 전두환 독재 타파와 직선제를 통한 민주화 요구 시위가 전국으로 확산되었다. 마침내 6월 29일 국민 저항에 굴복해 노태우는 직선제 대통령 선거를 포함한 8개 항의 민주화 조치를 수용했다. 이러한 결정은 민주화를 열망하는 국민의 자발적 참여로 이루어진 대규모 반정부 시위의 결과이다. 이외에도 다시금 전열을 가다듬고 군사 정권에 대항한 야당, 1986년 봄 마르코스 필리핀 대통령의 하야를 이끈 필리핀 대중의 민주화 운동 등도 6·10 항쟁과 직선제 개헌 성취에 영향을 주었다.

미국도 한국 민주화에 중요한 역할을 수행했다. 1980년 5·18 광주 민주화 운동 때의 대응과는 달리 미국은 1986년부터 한국의 민주화를 위한 적극적인 행보를 보였다. 이전의 '조용한 외교'에서 벗어나 1986년과 1987년 미 의회는 총 7차례 한국 민주화 관련 청문회를 개최해 전두환의 독재에 대해 공개적으로 문제를 제기했다. 특히 미 상원은 '한국 민주화를 위한 결의 Democracy in South Korea Act'를 통과시키면서 한국의 민주화 성취를 위해 필요시 전두환 정권에 경제제재를 가하는 방안도 고려했다. 1987년 들어 반정부 시위가 격화되자 미국의 전두환 정권에 대한 압력도 강화되었다. 1987년 2월 개스턴 시거Gaston Sigur 미 국무부 차관보는 공개 발언을 통해 한국민 대다수가 원하는 변화를 전두환 정권이 수용하지 않으면 미국은 더 이상 한국 정부를 지원하지 않을 것이라는 것을 밝혔다. 시위가 격화되자 시거 차관보를 한국에 급파해 전두환 정권이 시위대를 군사력을 동원해 진압할 경우 한미 관계에 치명적인dire 영향을 줄 것이라는 것을 명확히 했다. 6월 29일에는 레이건 대통령이 전두환에게 서한을 보내 군사력 사용을 삼가라고 다시 한 번 경고했다(Uk Heo and Roehrig, 2011; Robinson, 2007).

이전과는 달라진 미국의 태도는 다음과 같은 요인에 영향을 받은 것이다. 첫째, 냉전의 긴장이 극적으로 소멸되기 시작함으로써 미국의 대한반도 정책의 핵심 이해인 안보 요인의 비중이 줄어들어 미국의 한국 민주화를 위한 적극적 행보가 가능해졌다. 1985년 소련의 고르바초프가 '신사고'와 '개혁·개방'을 주창하면서 소련에 의해 부과되던 안보 위협이 크게 감소하기 시작했다. 1987년은 냉전의 종식이 조심스럽게 예측될 정도로 미소 경쟁이 줄어든 상태였다. 변화한 국제 정세로 미국은 한반도를 냉전의 최전선으로 안보 이해를 우선시해오던 정책에서 벗어나 융통성을 가질 수 있었다. 둘째, 앞서 서술한 필리핀 마르코스의 몰락도 영향 요인으로 기능했다. 1986년 미국은 필리핀 대중의 반反마르코스 시위에 호응해 정권 교체를 도왔다. 이러한 경험으로 레이건 행정부는 한국의 민주화를 위해서도 적극적인 태도를 보였다. 미국 국내 여론도 미 행정부가 필리핀에 이어 한국의 민주화를 위해서도 노력해야 한다는 입장을 표명했다. 셋째, 레이건 행정부는 이란 콘트라 사건으로 훼손된 도덕성 회복 차원에서 한국의 민주화를 지지했다. 1986년 미국 정부는 레바논의 친親이란 무장 단체에 납치된 미국인을 구하기 위해 적대국인 이란에 무기를 팔고 그 대금으로 니카라과의 콘트라 반군을 지원했다. 이란은 미국의 무기 수출 금지 대상국이었고, 니카라과 공산 반군에 대한 지원도 비밀리에 이행되는 등 미국 외교의 도덕성에 흠집이 난 사건이었다. 이후 미국은 외교 정책에서 현실적 이해만을 우선시하기보다는 미국 고유의 가치인 '자유민주주의'를 수호해야 하다는 여론이 팽배해졌고, 한국의 민주화는 이런 맥락에서 미국이 추구해야 할 정책으로 인식되었다. 마지막으로 1988년 서울 올림픽도 미국 정책에 영향을 주었다. 전 세계의 주목을 받는 올림픽 이전에 미국이 한국의 민주화를 위해 노력한 모습을 보여줄 필요가 있었다.

결론적으로 1960년 4·19 학생운동으로 시작해 1987년 6·10 항쟁까지 30년 가까운 기간 부침을 반복한 한국의 민주화 과정에서 미국은 적지 않은 역할을 수행했다. 한반도가 주변 강대국의 영향력이 집결되는 장소이고 북한의 지속적인 위협을 받고 있는 상황이었으므로 미국의 한국에 대한 우선적 이해는 안보이다. 안보를 굳건히 하기 위해 미국은 한국 군대에 우선적으로 투자했고, 그 결과 군이 지배적 권력이 되었다. 안보 이해와 연계해 미국은 한국 정국의 안정을 중시했다. 북한의 지속적인 위협에 노출된 상황에서 한국의 정정 불안이 심화될 경우 북한의 오판 가능성이 있기 때문이다. 쿠데타로 정권을 잡은 일부 한국 군부 세력도 미국의 이러한 우려를 최대한 활용해 반공을 내세우면서 억압적 수단을 동원해 한국 정정을 안정시켰다. 군부 세력의 경제 중시 정책도 미국의 이해와 결합되었다. 경제개발에 성공하지 못할 경우 공산주의 세력에 의한 침식이 강화될 가능성을 미국은 우려했다. 결국 한국의 민주화를 위한 미국의 결정적인 역할은 위에서 서술한 이해가 변화되는 상황에서 발휘되었다. 한국의 산업화 완성으로 경제적 안정이 성취되고 냉전의 종식이 도래하는 등 안보 이해의 비중이 감소하는 변화된 환경에서 미국은 한국민의 민주화에 대한 열정을 적극 지지함으로써 한국의 민주화 수립에 기여했다.

4. 한미 동맹과 주한 미군

　미국의 대한반도 정책과 한미 관계에 기반이 되어온 것은 한미 동맹이다. 이승만 시기에 체결된 한미상호방위조약과 6·25 전쟁 이후 지속해온 주한 미군 주둔으로 대변되는 한미 동맹은 한미 관계의 중추로 기능해왔다.

　6·25 전쟁 이후 동맹 차원에서 한미 관계에 영향을 준 중요 사례는 1970년대 닉슨 행정부에 의해 전개된 주한 미군의 철수이다. 1968년 대통령에 당선된 닉슨은 여러 가지 문제에 직면해 있었다. 가장 큰 문제는 베트남전으로서 전임 존슨 행정부가 1965년 손쉬운 승리를 예상하며 베트남전에 참전했지만, 대규모 병력 동원에도 불구하고 승기를 잡지 못했다. 오히려 1968년 1월 북베트남과 베트콩의 구정 공세로 열세에 처했다. 또한 막대한 군비를 지출한 결과 미국의 경상수지 적자가 누적되어 금 유출의 심각성이 더해졌다. 미국 여론도 베트남전에 대해 매우 비판적이 되어갔다. 소련과의 경쟁에서도 미국이 우위를 점하던 핵전력이 소련의 핵무기 지속적 개발로 1960년대 후반부터 상쇄되었다. 미국의 동맹국 및 우호국과의 관계도 순탄치 못했다. 1966년 프랑스는 독자 노선을 천명하면서 미국 주도의 북대서양조약기구NATO에서 탈퇴했고, 서독도 브란트 총리가 동방 정책을 선포하고 소련 및 동구권과의 관계 개선을 모색했다. 이러한 행보는 미국의 지도력에 대한 도전으로 여겨졌다.

　이런 상황에서 취임한 닉슨 대통령은 저명한 국제정치학자인 헨리 키신저Henry Kissinger를 국가안보보좌관에 임명하고 국면 전환을 위한 새로운 국제 질서 짜기에 나선다. 우선 베트남 전쟁을 미국의 패배를 인정하지 않은 형태로 조기에 종결하고 미군을 철수하고자 했다. 이를 위해 닉슨은 1969년 7월 25일 괌에서 "미국은 아시아 동맹국에게 동맹조약에 따른 지원을 계속할 것이고 핵우산도 제공하겠지만, 동맹국 안보의 1차적 책임은 해당 국가 자신에게 있다"는 닉슨 독트린을 발표했다. 독트린이 목표로 하는 일차 대상은 베트남이지만, 미국의 핵우산과 전진 배치된 미군에게 안보를 상당 부분 의존하는 한국도 주요 대상이 되었다.

이에 따라 한미 동맹을 상징하는 주한 미군 철수 논의가 시작되었다. 이에 앞서 닉슨 대통령은 1969년 8월 샌프란시스코에서 박정희 대통령을 만나 태평양 지역에서 미군의 철수나 개입 중단 의사가 없다면서 특히 북한의 도발 행위가 지속되는 한반도에서 미군을 철수할 생각이 "전혀 없다"고 밝혔다. 그러나 닉슨의 언급과는 달리 미 행정부는 주한 미군 철수를 위한 검토 작업을 진행하고 있었다. 1969년 11월 24일 닉슨은 키신저에게 "주한 미군 병력수를 절반으로 줄일 때가 되었다"며 "금년 말까지 시행 계획"을 보고하도록 지시했다. 1970년 3월 닉슨은 미군 2만 명을 한국에서 철수시키는 계획을 확정하고 윌리엄 J. 포터William J. Porter 주한 미 대사를 통해 한국 정부에 통보했다.

박정희 대통령은 1969년 8월 닉슨의 약속에도 불구하고 주한 미군 철수 가능성을 완전히 배제하지는 않았다. 다만 충격을 완화하고 주한 미군을 대체해 대비 태세를 유지하도록 한국군 전력 강화를 위한 시간 벌기에 들어갔다. 이에 따라 1970년 3월 닉슨 행정부의 주한 미군 감축 계획 통보와 함께 철수 시기와 조건에 대한 한국과의 협상을 박정희 정부는 완강히 거부했다. 그러나 결국 한미 양국은 협상을 통해 한국군 현대화 지원을 조건으로 1971년 6월까지 주한 미군 지상군 1개 사단 병력 2만 명 철수를 결정했다. 이 과정에서 한미의 상호 신뢰는 현격히 훼손되었다. 닉슨 행정부는 다소 보강되면 한국군의 단독 능력으로도 북한의 침공을 방어하기에 충분하다고 판단하면서 박정희가 미국의 지원을 더 받아내기 위해 북한 위협을 과장하고 있다고 보았다. 반면 한국은 닉슨이 약속을 이미 어겼으므로 향후 주한 미군의 추가 철수도 가능하고 궁극적으로 미국의 대한반도 안보 공약도 신뢰할 수 없다는 입장이었다. 1953년 한미상호방위조약이 체결된 이래 지속되어온 동맹이 양국 모두의 불신에 도전을 받는 상황이 연출되었다.

이후 닉슨이 1972년 2월 중국을 방문하면서 시작된 긴장 완화, 즉 데탕트는 동맹 차원에서 한국의 안보 불안감을 가중시켰다. 6·25 전쟁에서 서로 싸운 중국과 미국이 관계를 개선한다는 것은 당시 상황으로는 납득하기 어려웠다. 박정희는 이를 "세계의 모든 나라들이 국가이익을 위해서는 어제의 적국을 오늘의 우방으로 삼고, 피도 눈물도 없는 적자생존의 논리를 내세우고 있는 냉혹한 생존경쟁의 시대에서는 힘없는 민족은 세계 무대에서 영원히 낙오되고 만다"고 인식했다. 더욱이 미중 관계의 해빙은 주한 미군의 추가 철수로 이어질 수 있다는 우려가 한국 내에서 팽배했다. 같은 시기 북한이 중국으로부터 상당한 군사 지원을 약속받고 있었으므로 한반도의 힘의 균형은 북한에게 유리하게 전개되는 양상이 표출되어 한국의 안보 우려는 증폭되었다. 이에 따라 박정희 정부는 자주국방을 모색하면서 시간을 벌기 위해 우선 남북 관계 개선을 시도하고 비밀리에 핵무기를 개발하면서 국내적으로 1972년 10월 17일 유신을 선포해 통치 체제를 강화했다(마상윤·박원곤, 2010).

1974년 8월 닉슨 대통령이 워터게이트 사건으로 사임하면서 포드가 대통령직을 인수받아 한미 동맹의 약화는 일단 멈추었다. 포드 행정부도 닉슨의 데탕트를 지속하기를 위해 데탕트의 설계자인 키신저를 국무장관으로 중용했다. 그러나 포드가 대통령으로 취임한 1974년은 한반도 안보 상황이 악화되던 시기였다. 8월 15일 재일 조총련계 문세광이 영부인 육영수 여사를 저격했고, 11월 15일에는 제1 땅굴이 발견되었다. 이 과정에서 약

20개월 만에 처음으로 남북한 간의 교전이 발생하기도 했다. 그럼에도 포드 자신이 데탕트의 세계관을 갖고 있었으므로 1974년 11월 블라디보스토크에서 브레즈네프 소련 서기장을 만나 전략무기 감축 협상을 진전시키는 등 닉슨이 시작한 데탕트 정책을 지속했다. 주한 미군 재편 문제도 여전히 행정부 내부 차원에서 논의를 지속했다. 단기적으로 현 수준을 유지하지만, 한국에 대한 개입을 줄이고자 했으므로 결국에는 주한 미군 규모도 축소되어야 한다는 입장을 유지했다. 특히 미 국방부는 주한 미군의 임무 영역을 넓혀 한반도 외의 지역에도 투사하기를 원했고, 휴전선 인근에 배치된 주한 미군의 후방 배치 또는 철수도 추진했다.

그러나 1975년 들어서 상황이 바뀌기 시작했다. 1975년 초부터 공세를 강화한 월맹은 마침내 5월 사이공을 함락시켰고, 같은 해 4월 중국이 지원하는 크메르루주 군이 캄보디아를 공산화하는 등 이른바 "인도차이나반도 사태"가 발생했다. 베트남은 1969년 미군 철수가 시작되고, 1973년 미 의회가 인도차이나반도에서 미국의 군사행동 금지 법안을 통과시킨 후 2년 만에 마침내 공산화된 것이다. 베트남에서의 미국의 발 빼기는 많은 동맹국으로 하여금 미국의 안보 공약을 불신하게 만들었고, 동맹의 효용성 자체에 대해 다시 한 번 의구심을 갖게 했다. 이에 따라 포드 행정부의 대한 정책도 변화가 시작되었다. 특히 안보 차원에서 가장 민감한 의제 중 하나인 주한 미군 재편과 관련해 정책이 전환되었다. 키신저 국무장관은 국방장관에게 "인도차이나반도 사태 이후 북한의 의도가 명확해질 때까지 주한 미군 구조와 규모를 현재대로 유지하도록 지시"했다는 포드 대통령의 결정을 전달했다. 닉슨 행정부가 시작한 주한 미군 철수와 전진 배치된 주한 미군 이동 등의 재편 작업이 마침내 일단락되었다(박원곤, 2010).

이러한 정책 변화는 세계 차원에서 영향을 준 인도차이나반도 사태가 한반도 차원의 중요 변수인 북한과 결합된 결과이다. 인도차이나반도 사태 만으로 대한 정책 변화가 이루어질 가능성은 크지 않았다. 북한의 김일성 은 인도차이나반도 사태가 한참이던 1975년 4월에 1961년 이래 처음으로 베이징을 방문했다. 당시 캄보디아 수도 프놈펜은 공산 크메르루즈 군에 의해 막 함락되었고, 사이공은 베트콩에 의해 함락 직전에 있었다. 김일성 은 중국의 성대한 환영을 받는 자리에서 "미국이 지원하는 남한 정부는 곧 붕괴하고, 전 세계적으로 마르크스·레닌주의가 승리를 거둘 것"이라고 선 포했다(오버도프, 2003). 미국은 북한의 태도를 심각하게 보고 있었다. 내부 보 고서를 통해 북한이 "미국의 의지와 한국의 능력을 시험하기 위해 도발할 가능성"이 있다고 판단했다. 또한 남북 간의 화해 및 협력 가능성은 요원하 고, 북한이 한반도 긴장 완화에 역행하는 조치를 지속할 것이라는 것을 감 안한 안보 전략이 필요하다고 보았다. 결국 이러한 인식을 바탕으로 포드 행정부는 대한 안보 공약 준수를 연이어 공표했고, 주한 미군과 관련해 공 개적으로 변화가 없을 것이라는 것을 천명하면서 주한 미군의 변화는 북한 에게 잘못된 메시지를 줄 수 있다는 점을 분명히 했다. 또한, 한국군 현대 화 계획 성취를 위해 미국 정부가 최대한 지원하겠다는 의사도 밝혔다. 포 드 행정부는 닉슨 행정부에 의해 시작된 주한 미군 철수를 통한 한미 동맹 의 변화를 멈추는 정책으로 선회했다.

그러나 포드에 이어 들어선 카터 행정부하에서 한미 동맹과 한미 관계 는 다시금 심각한 어려움을 겪게 된다. 앞에서 서술한 바와 같이 카터 행정 부는 인권을 중시하는 도덕 외교를 주창함으로써 유신 독재의 박정희 정부 와 갈등했다. 더불어 카터 대통령도 닉슨 대통령과 같이 주한 미군 철수를 이미 대선전에서 공약했다. 주한 미군 철군 정책의 경우 카터 행정부가 공 개적으로 밝힌 정책 추진 배경은 한국의 능력 증강에 따른 것이다. 1977년

6월 하비브 차관은 상원 외교 청문회에서 ① 한국의 경제성장으로 인해 미지상군 없이도 방어 가능, ② 미소 관계와 미중 관계의 진전, ③ 주한 미 지상군의 철수 이후에도 한국의 안보에 대한 미국의 확고한 공약 등을 철군 배경으로 제시했다.

그러나 외형적으로 알려진 철군의 배경과는 달리 카터 행정부 주한 미군 철군 정책의 제일 동기는 베트남전의 여파로 인한 개입 축소에 기인한다. 카터 대통령은 미국이 세계 문제에 대해 적극적 역할을 수행해야 한다는 신념도 있었지만, 동시에 베트남전의 여파에 따른 '연루'의 가능성도 우려했다. 좀 더 명확한 철수 정책의 동기는 1977년 4월 행정부 내 주요 부서가 참여한 대한정책검토회PRC(Policy Review Committee)를 통해 확인할 수 있다. 모임 후 작성한 NSC 비망록은 주한 미군 철수의 주목적을 "미국의 연루에 의한 위험과 비용을 줄이기 위한 것"이라고 적고 있다.

박정희 정부는 다시금 카터의 미국 정부와 주한 미군 철군 협상을 시작했다. 핵심은 철군 정책 이행을 위한 보상 조치였다. 한국은 주한 미군 철수에 합의하는 대신 한국군 전력 강화를 위한 보상 조치를 요구했다. 그러나 당시 미국은 한국 정부의 미 의회를 상대로 한 로비인 코리아게이트가 불거지면서 보상 조치를 위한 재원을 승인해야 하는 미 의회가 한국에 적대적인 입장이었다. 1978년까지 미 의회가 코리아게이트 청문회를 개최하는 등 보상 조치를 위한 재원 마련이 어려워지자, 어쩔 수 없이 카터 행정부는 철군 일정을 연기했다. 철군 안 조정 방안은 1개 대대 약 800명의 병력과 지원 인력 2600명을 1978년 말까지 철수하고, 나머지 2600명은 다음 철군 때 철수하며, 2개 대대와 나머지 지원 인력은 1979년 이후 철수하도록 하는 것으로서 구체적인 철수 일자는 의회의 보상 조치 승인에 따라 결정하도록 했다.

그러나 1978년 5월 북한군의 새로운 사단의 존재가 알려지면서 철군 정책에 영향을 주었다. 미 국방정보부DIA(Defense Intelligence Agency)는 이전에 포착되지 않은 북한군 사단의 존재를 확인했다고 NSC에 보고했다. 이전과 다른 새로운 방법을 동원한 결과 적게는 3개에서 많게는 7개의 새로운 북한군 사단의 존재가 확인되었다는 것이다. 이러한 내용이 1979년 미 언론에 공개되면서 카터 행정부의 철군 정책에 대한 동맹국의 우려가 불거졌고, 철군 정책에 호의적이지 않았던 미 의회도 코리아게이트에서 벗어나면서 좀 더 적극적인 목소리를 내기 시작했다. 미 의회는 행정부에 북한군 사단에 대한 새로운 증거에 따라 철군 일정의 재조정을 강력히 요구했다. 미 의회는 철군에 약 20~25억 달러의 많은 비용이 들고, 철군한 전력을 다시 재무장해 NATO에 활용하는 데 시간이 걸리며, NATO 편성을 위해 요구되는 적절한 공군 전력도 확보할 수 없다는 등의 이유를 들어 철군에 반대했다. 이외에도 미중 관계 정상화, 중국·베트남 분쟁, 타이완과의 국교 단절 등의 일련의 사건으로 아시아 동맹국의 우려가 있으므로 심리적 차원에서도 주한 미군 철수 정책의 철회가 필요하다고 주장했다. 철군 정책은 한반도를 넘어서 일본, 아세안 국가, 호주 등을 망라해 미국의 의도를 보여주는 시금석이라는 것이다.

의회의 반발과 동맹국의 의구심 등으로 인해 카터 대통령의 철군 정책은 조정이 불가피한 상황에 직면했다. 그럼에도 카터 대통령은 미중 관계를 활용해 한반도 안정을 도모하고자 하는 외교적 노력도 펼쳤다. 카터 대통령은 덩샤오핑과의 회담에서 남북 당국자 간 대화를 위해 북한을 설득해 줄 것을 요청하는 것 외에도 중국이 한국과 직접 접촉에 나설 수 있는지 여부도 타진했다. 또한 카터 대통령은 상호주의 원칙에서 중국과 한국의 관계가 개선되면 미국도 북한과 무역 관계를 가질 수 있다는 입장을 밝혔다.

비록 덩샤오핑은 북한의 입장을 대변하면서 미국의 이러한 요청을 거부했으나 미국은 지속적으로 남북 대화의 가능성을 타진했다(박원곤, 2007).

그러나 결국 카터 대통령의 구상은 현실화되지 못하고 1979년 2월 9일 언론 관계자와의 질의응답 시간에 북한군 전력, 미중 관계, 남북한 관계 등에 대한 평가가 완료될 때까지 주한 미군 철수를 중지한다고 발표했다. 이후 카터 대통령은 박정희 대통령과 1979년 6월 말 정상회담을 통해 철군 정책 철회 의사를 밝혔고, 7월 20일 주한 미군 동결을 발표했다. 카터 행정부의 철군 정책 철회는 미국의 정책이 한반도의 특수성인 가장 먼저 안보 측면에서 긴장이 고조되고 가장 늦게 해빙되는 현상에 영향을 받은 또 다른 사례로 볼 수 있다. 대통령의 적극적인 추진 의사에도 불구하고 새로운 북한군 사단의 존재가 확인되는 안보 변수가 도출하자 미국 내 의회를 중심으로 안보 고려가 증대되고, 미국 동맹국의 우려도 증폭되는 상황으로 이어져 결국 정책을 철회하게 된다.

이상과 같이 미국의 대한반도 정책과 한미 관계는 다양한 요인이 서로 경합하면서 관계 설정을 유도해나가는 양상을 표출해왔다. 특히 한반도의 특수성과 안보 이해가 결합되면서 한미 관계의 핵심 요인으로 기능해왔다. 그러나 1980년대를 기점으로 한국의 민주화가 성취된 이래 한미 관계는 가치 측면에서의 갈등 요인은 제거되었다. 따라서 현 한미 관계는 이전보다 관리하기 유리한 상황에 놓여 있다.

그러나 여전히 한미 관계에 어려움을 줄 수 있는 요인도 다수 존재한다. 안보 측면에서 동맹의 비대칭성, 즉 미국이 동맹 차원에서 한국 방위의 주도적 역할을 감당하는 현실도 끊임없이 한미 간에 책임과 비용 분담 문제를 야기하고 있다. 북한이 사실상de facto 핵보유국이 되었지만 한국은 핵 억지력을 미국의 확장 억제와 핵우산에 의존하고 있는 것도 동맹의 비대칭성 극복의 한계 요인이다. 경제 측면에서 한국과 미국 사이의 무역 불균형도 양국 관계의 갈등 요인으로 상존한다. 이외에도 미국과 중국의 역내 및 세계 차원의 경쟁은 한국의 한미 관계 차원과 동맹 차원에서 어려운 선택을 강요받는 양상으로 전개될 수 있다. 따라서 한미 관계는 우선적으로 미국의 대한반도 정책에 대한 심도 있는 이해를 바탕으로 한국의 국익 우선순위를 신중히 선별한 후 미국과의 지속적인 대화와 협상을 통해 관리해나가야 할 것이다. 특히 한국은 트럼피즘으로 명명되는 자국 중심주의가 만연해지는 세계 정치의 변화 속에서 한미 관계와 동맹 유지를 위한 노력을 경주하되 불확실성에도 충분히 대비해야 할 것이다.

참고문헌

구영록. 1983. 『한국과 미국: 과거, 현재, 미래』. 박영사.

마상윤·박원곤. 2010. 「데탕트기의 불편한 동맹」. 『갈등하는 동맹: 한미관계 60년』. 서울: 역사비평사.

박원곤. 2007. 「카터행정부의 도덕주의 외교와 한국정책」. ≪미국학≫, 30집, 23~52쪽.

_____. 2010. 「미국의 대한정책 1974~1975년: 포드 행정부의 동맹정책 전환」. ≪세계 정치≫, 31집 2호, 69~90쪽.

_____. 2010. 「1979년 12.12 쿠데타와 카터 미 행정부의 대응: 도덕외교의 타협」. ≪국제정 치논총≫, 50집 4호, 81~102쪽.

_____. 2011. 「5·18 광주 민주화 항쟁과 미국의 대응」. ≪한국정치학회회보≫, 45집 5호, 125~145쪽.

오버도프. 2003. 『두개의 한국』. 길산.

Eckert, Carter J., Ki-baik Lee, Young Ick Lew, Michael Robinson and Edward W. Wagner. 1990. *Korea Old and New: A History*. Korea Institute and Harvard University.

_____. 1990. *Korea Old and New: A History*. Korea Institute and Harvard University.

Jin-woo Kim. 2001. *Master of Manipulation: Syngman Rhee and the Seoul-Washington Alliance, 1953-1960*. Seoul: Yonsei University Press.

Ku Daeyeol. 1998. "Korean International Relations in the Colonial Period and the Question of Independence." *Korea Journal*, Vol. 38.

Macdonald, Donald Stone. 1992. *U.S-Korean Relations from Liberation to Self-Reliance: The Twenty-Year Record*. Oxford: Westview Press.

Robinson, Michael E. 2007. *Korea's Twentieth-Century Odyssey*. HI: University of Hawaii.

Steven Hugh Lee. 2001. *The Korean War*. UK: Pearson Education Limited.

Uk Heo and Terrence Roehrig. 2011. *South Korea Since 1980*. Cambridge University Press.

중국의 대한반도 정책과 한중 관계

이상만

경남대학교 극동문제연구소 교수

1. 머리말

　한반도와 중국 대륙은 순망치한의 관계를 맺어왔고, 한반도의 분단 상태 지속으로 인한 분쟁과 갈등은 중국이 추구하려는 핵심 국가이익과도 부합하지 않는다. 중국의 주변 정책은 '삼린(睦隣, 安隣, 富隣)'론과 '의리義利론 그리고 예도禮道론'에 의한 주변국과의 운명 공동체를 강조해왔다. 특히 한반도는 중국에게 대국 관계, 주변국 관계, 개도국 관계라는 3중 구도 속에서 국가 대전략 실천의 매우 중요한 위치를 차지하고 있다. 그래서 최근 수십 년간 중국은 한반도에서 한국과는 경제적 이익의 균형을 찾아왔고, 북한과는 안보 전략적 이익을 중시하면서 남북한 등거리 대외 전략을 구사해왔다.

　먼저 한중 관계를 생각해보면, 한중 관계는 1992년 8월 수교 이후 26년간 경제 통상 및 인적 교류에서 비약적인 발전을 이루었고, 한중 간의 압축적 성장 과정은 그 자체가 한중 관계의 중요성을 상징하는 것일 뿐만 아니라 한국과 중국 모두 한중 관계 발전에 대한 강한 의지와 동기를 가지고 있다는 것을 의미한다. 반면에 압축적 성장이 야기한 한중 관계의 구조 속에 내재된 문제도 간헐적으로 등장했다. 동북 공정의 역사 인식 문제와 사드 배치와 같은 정치적 문제는 한중 간의 간극을 좁히지 못하는 문제들이었다. 그러나 경제협력과 인적 교류가 한중 관계의 압축적 성장을 주도하면서 한중 관계의 표피를 장식했다면 상대적으로 정치 안보 관계는 그러한 표피에 가려져 실질적인 '내실화'가 이루어지지 못하고 갈등을 잉태하고 있었다. 즉, 한중 관계는 경제협력이라는 이익 구조에서 기능적 성장이 주도하면서 상대적으로 내적 신뢰를 만들어가는 관계의 축적이 충분히 이루어지지 못했던 것이다.

　다음으로 북중 관계를 살펴보면 북중 간에는 지난 수십 년간 두 사회주의국가 사이에 생각의 차이, 접근법의 차이, 방법론의 차이, 국민에 대한 차이, 국제사회에 대한 인식의 차이 등을 중심으로 점차 간극이 벌어지기도 했지만 그 간극을 기능적으로 메우기도 했다. 북중 관계 역시 순망치한의 관계이지만 선대의 유훈에 따라 북한은 중국을 크게 믿을 수 없는 우방으로 인식하고 있다. 중국은 언제라도 중국의 국익에 북한 정권이 부담이 된다면 북한을 버릴 수도 있다고 생각한다. 이러한 인식은 북한 정권 탄생과 사회주의 건설 시기 그리고 한중 수교 과정에서 중국이 보여준 이중적 태도에 기인한다. 이로 인해 북한은 중국에 대해 독자적인 생존의 길을 모색하게 되었다.

물론 중국과 북한은 사회주의적 정치 시스템을 운용하는 유사성이 있고, 이들 두 국가 간에는 상당한 동류의식과 연대 의식이 깊이 자리를 잡고 있는 것도 사실이다. 하지만 중요한 것은 북한은 중국이나 소련과 거리를 두면서도 종속되거나 지배당하지 않고 독자적인 생존 방식을 채택했다는 점이다. 즉, 이들 강대국들의 지원이 없이는 군사적으로나 경제적으로나 독자 생존 능력을 갖추지 못했기 때문에 항상 생존의 기로에서 벼랑 끝 전술을 구사했고, 게다가 소련 해체로 인한 냉전 종식과 중국의 개혁 개방 정책 추진으로 1990년대 이후 북한은 외부의 지원 없이 생존의 기로에서 벼랑 끝 전술을 구사할 수밖에 없었고, 대외 지원과 자주성을 동시에 확보하려는 목표를 실현하기 위해 채택한 핵 개발과 실험, 미사일 발사 등 전략은 주변 국가들의 전략적 인내심을 시험하는 위험한 도발이 되었다. 이와 같은 북한의 극단적인 생존 방식은 국제사회의 적극적이고 폭넓은 지지를 받지도 못했으며, 급기야 핵실험과 핵 개발 그리고 미사일 발사 등으로 이어지는 북한의 생존 전략은 주변 국가들의 인내심을 시험하는 위험한 도발이 되곤 했다.

하지만 한반도 문제의 직접적인 당사자인 남북한은 오히려 주변 강국들의 이해관계에 정치 경제적으로 종속되는 상태에 놓이게 되었다. 이러한 종속적인 관계가 자주적이고 독립적으로 변화한다면 한반도의 통일은 물론이고 미래의 인류 가치를 창출하는 데 일익을 담당할 수 있는 지역이 한반도이다. 북한은 한국, 중국, 러시아 등 세계에서 가장 역동적인 지경학적 경제 활동이 진행되는 지역에 위치해 있기 때문에 국제 협력이 진행된다면 빠른 속도로 체제 전환에 성공할 수 있는 가능성을 지니고 있다. 한반도 문제를 지정학적으로 접근하면 갈등이나 충돌로 갈 수밖에 없으나 지경학적으로 접근하면 협력이 가능하다. 중국 역시 지속적인 경제 발전을 위해 한반도의 평화와 안정이 절대 필요하다. 한반도에 분단 상태가 지속되면 그만큼 한반도 주변의 강대국들이 한반도의 분단 상황을 구실로 자국에 유리한 전략을 세울 빌미를 주게 된다. 그렇게 되면 전통적인 지정학적 의의가 강조되고 갈등과 충돌이 끊이지 않을 것이며 그 영향을 가장 직접적으로 받는 나라가 바로 한반도와 중국이 될 수도 있다.

2. 중국의 신형국제관과 한반도 인식
정치와 경제의 상호작용

중국의 한반도 문제에 대한 관점은 중국의 변방 지역 특히 동북 3성 지역의 안정과 관계가 있다. 중국의 분열과 통합은 중국 중심의 세계 질서를 형성하려는 국가 의지와 밀접한 관계가 있다. 여기서 '중국적 세계 질서'의 두 가지 의미를 생각해보아야 한다. 그 두 가지 의미 중 하나는 '역사상 실제로 중국 중심으로 편성되고 유지되었던 전통 시대 동아시아의 현실적 세계 질서'를 가리키고, 다른 하나는 '역사상 실제와 상관없이 동아시아 세계 질서가 중국 중심으로 편성되고 유지된다'고 인식하거나 그렇게 되기를 희망하는 중국인의 '관념적 세계 질서'를 의미한다(김한규, 2000: 282). 중국 중심의 세계 질서의 안정은 주변국의 안정을 가져왔고, 중국의 혼란은 주변국의 불안정을 야기하곤 했다.

동아시아에서 중국의 부상은 변화하는 세계 체제의 권력관계 변화를 반영하기도 하며, 또 권력관계를 변화시키는 힘이 될 수도 있다. 역사적으로 동아시아는 '제국 형식의 세계 질서'와 '근대 주권국가 형식의 국제 질서'라는 두 가지 국제 질서를 경험했다. 즉, '조공 체계에 의한 중화 세계 질서'와 '정치적 평등을 구현한 민족국가 체제'의 두 형태다. 21세기 중국이 그리려는 새로운 세계 질서(천하 세계)는 서구 주도의 현 국제 질서를 그대로 수용하지 않을 것이다. 바꾸어 말하면, 중국이 '조공 체계'와 '화이사상'을 근간으로 한 전통적 중화 세계 질서를 주변국에 요구하려고 하겠지만 이러한 국가 행위는 전 세계적인 저항을 초래할 수 있기 때문에 국제사회에 이미 규범이 존재하는 현대 국제 질서를 수용하면서 여기에 중국 특색을 정교하게 가미한 '중국 특색의 현대 국제 질서'를 수립하려는 것이다. 즉, 중국이 지향하는 미래 국제 질서는 전통적 중화 세계 질서처럼 중화 민족의 부흥을 통해 중국을 중심으로 한 '제국과 속국(종번)'의 관계를 형성하려는 것이다. 그러면 중국이 꿈꾸는 21세기 '신형 국제 질서'는 무엇일까? 그 특징을 다음과 같이 재구성해보는 것도 의미가 있을 것이다.

첫째, 차이가 존재하는 등급 질서를 견지하고 있다. 각 국가가 주권국가로서 정치적인 평등은 유지하지만 강대국과 약소국의 영향력 차이는 분명히 존재하기 때문에 실질적으로는 '등급 질서'의 형태를 띨 수밖에 없다는 인식이다. 중국은 수교국과의 관계를 친소親疏 등급에 따라 5단계로 분류하고 있다. 이러한 구분에 따르면 북한은 전통적 우호 협력 관계이고 한국은 전략적 협력 동반자 관계이며, 미국은 건설적 협력 동반자 관계, 일본은 전략적 호혜 관계로 규정하고 있다.*

둘째, 중국에 의한 동아시아 질서 구조 개편을 목표로 한다. 중국은 글로벌 차원의 질서가 미국 등 초강대국의 단일 패권에 의해 좌우되어서는 안 되고, 몇몇 강대국이 이끌어가는 다극 질서가 되어야 하며, 이런 가운데 동아시아 지역에서는 중국이 주도적인 지위를 차지해야 한다는 인식이다.

셋째, 중국과 주변국 간에는 서열이 존재하는 형제 관계의 구축을 도모하고 있다. 중국과 주변국 모두 형식적으로는 주권국가라는 법률적 평등 관계에 놓여 있지만 실질적인 국력의 차이가 존재하기 때문에 중국과 주변국은 동등한 수평적 관계가 아닌 '서열이 존재하는 형제 관계'가 되어야 한다는 것이다.

넷째, 유교 문화에 기반한 중국 특색의 보편적 가치를 제시하고 있다. 중국이 세계에 제시하는 보편적 가치는 자유와 민주, 인권 등 서구적 가치와 유교 문화에 기반한 공평과 조화, 포용, 공생, 의리관 등을 결합한 유가적인 중국적 특색의 가치를 구현하려는 것이다.

다섯째, 세계를 향해 중국은 차별화된 외교 방식을 구사하고 있다. 중국의 외교 방식은 미국이 즐겨 쓰는 동맹과 군사력 대신 경제적인 수단 및 담론 주도권과 같은 샤프 파워sharp power**자원을 활용할 뿐만 아니라 경제

---

* 중국이 주변국 관계에서 나누는 등급은 ① 단순 외교 관계(單純建交), ② 선린 우호 관계(睦鄰友好), ③ 동반자 관계(夥伴), ④ 전통적 협력 우호 관계(傳統友好合作) 및 ⑤ 혈맹 관계(血盟)로 분류하고 있다. 이 가운데 동반자 관계는 협력 동반자(合作夥伴), 건설적 협력 동반자(建設性合作夥伴), 전면적 협력 동반자(全面合作夥伴), 전략적 동반자(戰略夥伴), 전략적 협력 동반자(戰略合作夥伴), 전면적 전략적 협력 동반자(全面戰略合作夥伴) 관계로 분류한다.

** 군사력·경제력(하드 파워)이나 문화의 힘(소프트 파워)과는 구별되는 파워로, 회유와 협박은 물론 교묘

적 혜택 제공 여부로 타국을 압박하는 것이다.

중국이 추구하는 신형 국제 질서에 따른 주변국에 영향력을 행사하기 위해 시혜적 왕도 정치를 펴기도 하고, 중국의 국가이익에 반하고 비협조적인 국가들에겐 경제적 압박을 가하기도 한다. 따라서 글로벌 강대국으로서의 중국의 미래 구상은 함께 경쟁하는 다른 강대국들의 상호 견제, 그리고 수많은 중견국 혹은 약소국과의 상호작용 과정을 통해 결정되기 때문에 중국이 좀 더 덜 패권적이고 더 호의적인 대국으로 부상한다면 중국에 대한 부정적 이미지를 극복할 수 있을 것이다. 하지만 중국이 주변국의 동조를 얻기 위해선 이웃 나라의 민심을 얻어 주도권을 행사하는 '시혜적 왕도 정치', 즉 주변국의 무임승차를 용인하고 지역 공공재를 공급할 수 있는 어느 정도의 희생을 필요로 한다.

3. 한중·북중 관계의 지속과 변용

1) 한중 관계의 변화: 경제적 정치 관계

(1) 한중 수교의 배경과 현실적 의미

냉전 당시 한국에게 중국은 한국전쟁에서 북한 측을 지원한 적성국이었다. 이런 과거사 문제로 인해 중국과 한국은 상호 보완적인 경제적 필요성과 지리적 접근성으로 인해 활발한 민간 교역을 하면서도, 공식적인 외

한 여론 조작 등을 통해 영향력을 행사하는 것을 뜻한다. 소프트 파워가 상대를 설득해 자발적으로 따르도록 하는 것인 반면 샤프 파워는 막대한 음성 자금이나 경제적 영향력, 유인, 매수, 강압 등 탈법적 수법까지 동원해 상대로 하여금 강제로 따르도록 하는 내재적 영향력이라 할 수 있다.

교 라인이 부재했기 때문에 한중 양국의 교역을 증대시키는 데 사실상 문제점이 많았다. 중국과 공식 관계를 맺기 이전의 한국은 합법적으로 중국의 한국 사람과 중국에 진출한 기업들의 이익을 보호할 수 없었다. 중국은 소련과 비교해 북한과 정치적으로 더 가까웠기 때문에, 한중 간의 무역량 증대에도 불구하고 정치 관계의 발전은 항상 더뎠다. 중국은 북한과 미국 간, 북한과 일본 간의 중재, 북한·한국·미국 3자 간의 관계에서 한반도를 관찰하고 있었다.

중국은 1949년 신중국 정부를 수립한 후 모든 친미 국가를 적성국으로 간주하는 외교 정책을 펼쳤고, 중국이 한국전쟁에 참전함으로써 한국과 중국은 거의 30년 동안 단절의 벽을 쌓고 전혀 교류가 없었다. 그러다 1970년대 초 미중 화해 무드로 한반도 주변 정세에 변화가 발생하자 한국은 1973년 6·23 선언을 통해 비적대적인 국가에 문호를 개방하겠다고 선언하고 이념과 체제에 관계없이 모든 공산국가들과의 관계 개선을 추진했다. 중국이 1978년 제 11기 제3차 전국인민대표자대회*에서 개혁 실용주의를 채택하고 대외 개방 정책을 추진함으로써 한중 관계의 우호 가능성이 싹트기 시작했다.

1970년대에 삼각무역 등 제3자를 통해 한국과 중국이 간접적으로 교류를 해오던 중에 1983년 5월 중국 민항기가 공중 피랍돼 한국의 춘천에 불시착하는 사건이 발생했다. 이 사건을 계기로 양국 정부 관계자들이 접촉하게 됐는데 이는 한중 간 최초의 공식 대면이 됐다. 이후 양국은 체육, 관광, 이산가족, 친척 방문 등 비정치적인 영역에서 교류를 시작했다. 1986년

---

* 전인대(약칭)는 최고의 법적인 지위와 의사 결정의 권한을 갖고 있는 중국의 최고 권력기관(입법기관)으로 임기는 5년이며, 중국의 향후 발전 전략을 수립하고 결정한다.

서울에서 열린 아시아 경기 대회에 중국이 대규모 선수단을 파견함으로써 두 나라 관계에 중요한 전환점이 이루어졌으며, 1988년 서울 올림픽과 1990년 베이징 아시아 경기 대회에서도 서로의 선수단 교류가 있었다.

1980년대 중국 민항기 사건 이후, 한중 간의 민간 계약은 더욱 활발해졌다. 양국은 1980년대 말이 되면 자유롭게 상호 방문을 허락해 학술, 언론, 특히 이산가족 교류가 가능해졌다. 200만 명에 가까운 한민족들, 특히 중국 지린성 옌벤 조선족 자치주의 한민족들(조선족)은 대한민국과 활발히 교류하고 있었다. 중국의 정치적 소동이 중국·한국 관계에 어떤 영향을 끼쳤는지 판단하기는 어렵다. 1989년 톈안먼 사건 이후, 북한은 예상대로 중국 공산당의 억압적인 조치를 도왔다. 이와 반대로 한국은 더욱 침묵했으나 1989년 톈안먼 사건을 부추긴 것도 그렇다고 비난한 것도 아니었다. 양국의 교역은 더욱 증가하고 있었다. 1989년 12월 냉전 종식이 선언되고, 1989년 5월에 소련의 고르바초프가 중국을 방문해 중소 관계가 정상화된 것은 한중 수교의 중요한 계기라고 할 수 있다. 그리고 아울러 노태우 정부의 한소 수교의 성공이 중국에게도 영향을 미쳐 한중 수교를 앞당겼다고 할 수 있다.

1990년에 들어와서 양국은 영사 기능의 일부를 수행하는 무역 대표부 설치에 합의해 새로운 교류의 이정표를 마련했으며, 1992년 8월 24일 베이징에서 한중 수교 공동성명에 서명함으로써 두 나라 관계의 새 장을 열었다. 이후 한국과 중국은 활발히 경제·문화·사회 교류를 이어왔으며 2000년대 들어와서 중국은 한국의 제2위 수출 대상국, 최대 투자 대상국으로 부상했다. 한중 간 국교 수립 이후 한중 교류는 여러 분야에서 비약적으로 발전했다. 하지만 한미 동맹 관계로 인해 한국과 중국의 관계는 미국과 중국의 관계에 영향을 받을 수밖에 없으며, 이 때문에 한중 관계는 불안정한 전략적 동반자 관계라고 평가되고 있다.

(2) 한중 간 경제적 교류 관계의 변화

개혁·개방 이후 1980년대 후반까지 한국과 중국 간의 교역은 20억 달러 미만이었다. 1991년 중국의 경기회복으로 교역액은 44억 달러에까지 이르렀고, 양국 무역 대표 사무소 설치와 무역협정 체결 등으로 경제 교류가 본격화되면서 급격한 증가 현상을 보였다. 양국은 1992년 국교가 수립된 이후 매년 교역량을 크게 늘려왔다. 교역 품목의 구조는 전형적인 산업 간 분업 형태를 보인다. 즉, 한국의 대중국 수출은 중화학공업 제품이 중심이 되어 있어 철강·금속 제품, 기계류 및 운반용 기계, 섬유, 화공 제품 순으로 이루어져 있고, 수입은 농수산물, 섬유류, 광산물 등의 품목이 대종을 이룬다.

한중 수교 체결 첫해인 1992년 한국의 대중국 수출액은 26억 5000만 달러, 수입액은 37억 2000만 달러에 불과했다. 하지만 북한 문제 등 정치적으로 민감한 관계에 있는 가운데서도 한중 간의 교역 규모는 2017년 한국의 대중국 수출은 1244억 달러, 수입액은 약 869억 달러로 증가했다. 1992년에 비해 각각 47배, 23배로 증가했다. 2016년 7월 주한 미군의 사드THAAD (고고도 미사일 방어 체계) 배치 발표로 인해 한중 관계가 급격히 얼어붙긴 했지만 여전히 중국은 한국의 주요 수출국으로 꼽혔다. 2017년 한국은 중국과의 무역에서 약 375억 달러(전체 무역 흑자의 약 42%)의 흑자를 냈고, 중국은 한국의 전체 수출액 가운데 25.1%, 전체 수입액 중 21.4%를 차지해 수출·수입 1위 상대국으로 성장했다. 현재 한국의 대중국 수출 규모는 미국의 2배 이상이다.

한중 관계가 '경제적 정치 관계'로 맺어진 25년간의 한중 교역 상황은 다음과 같다.

첫째, 한국의 대중국 수출 측면의 변화를 보면 1992년 26억 5000만 달러에서 2016년 1244억 달러로 47배 증가했다. 1998년 아시아 외환 위기 당시 한국의 대중 수출은 첫 감소 기록(-12%)을 보였고, 2001년 12월 중국의 WTO 가입 이후 2002년부터 대중 수출이 급증해 2003년 대중 수출 증가율이 47.8%로 최고치를 기록했으며, 2008년 글로벌 금융 위기 이후 2009년 5.1% 감소했다가 2010년부터 점차 회복해 2013년 대중 수출액 1459억 달러로 최고치를 기록해 한중 경제 관계가 황금기에 진입한 바 있다.

둘째, 한국의 대중국 수입 측면의 변화를 보면 1992년 37억 3000만 달러에서 2016년 862억 달러로 23배 증가했고, 1998년 아시아 외환 위기로 인해 대중 수입이 처음 감소(-36.8%)한 이래 2008년 글로벌 금융 위기의 영향으로 2009년 29.5% 감소한 후 2010년부터 점차 회복해 2015년 대중 수입액은 903억 달러로 최고치를 기록했다.

셋째, 한국의 대중국 교역 측면의 변화를 보면 1992년 63억 8000만 달러에서 2016년 2144억 달러로 34배 증가했다. 1998년 아시아 외환 위기 당시 양국 교역액은 182억 달러로 최저치를 기록했고, 2001년 말 중국의 WTO 가입 이후 양국 교역액 급성장세를 보이다가(2002~2005년: 연평균 20% 이상 고성장세) 2010년 이후 안정세를 유지한 후 2014년 교역액 2354억 달러로 최고치를 기록했다

넷째, 한국의 대중국 무역수지 측면의 변화를 보면 1992년 10억 7000만 달러 적자에서 2016년 374억 5000만 달러의 흑자를 달성했고, 수교 이후 누적 무역수지 흑자액은 5309억 달러에 이르렀다. 대중 무역수지는 수교 이전에는 한국의 적자 구조였으나 수교 이후 1993년부터 흑자로 전환되어 2013년 628억 달러로 최고치를 기록한 후 무역수지가 점차 감소하고 있다. 대중 무역수지 적자는 중국의 교역 구조 업그레이드(소비재에서 중간재, 자본재 중심으로

업그레이드), 중국의 '홍색 공급망red supply chain'*에 따른 수입 대체, 중국 소재 한국 투자 진출 기업의 동남아 공장 이전 등에 따른 주력 품목 수출시장 변화 등 복합적인 원인으로 인한 대중 수출 부진에 따른 것으로 판단된다.

다섯째, 한국의 대중국 수출 의존도 측면의 변화를 보면 1992년 3.5% 불과하던 수출 의존도는 2016년 25.1%로 급증했다. 2000년 이후 수출 의존도가 급격히 상승했으며, 2013년 26.1%로 최고치 기록 후 감소세를 보이다가 2008년 아시아 외환 위기 이후 선진국 경기 부진 속에 중국 경제가 상대적으로 호조를 보이면서 2009년 23.9% → 2010년 25.1% → 2011년 24.2% → 2012년 24.5% → 2013년 26.1%로 대중 수출 의존도는 조금씩 상승했다. 우리의 대중국 수출 의존도는 타이완에 이어 세계에서 두 번째로 높다. 2016년 대중국 수출 의존도는 타이완(26.1%), 한국(25.1%), 일본(17.7%), 미국(8.0%) 순으로 나타나고 있다.

여섯째, 한국의 대중국 수입 의존도 측면의 변화를 보면 1992년 4.6%에 불과하던 수입 의존도는 2016년 21.4%로 급증했고, 한국의 대중국 수입 의존도는 일본에 이어 2위를 차지하고 있다. 2016년 대중국 수입 의존도는 일본(25.8%), 한국(21.4%), 미국(21.2%), 타이완(19.4%) 순으로 나타나고 있다.

일곱째, 한국의 대중국 투자 측면의 변화를 보면 금액 기준으로 25년간 414배 증가했다. 1992년 1억 3800만 달러에서 2016년 누계 실행 기준 570억 달러이다. 1992년 12월 174건으로 1억 3700만 달러였던 대중 직접 투자 금액(실행 기준 누계)이 2016년 기준 2만 6000여 건으로 152배(건수 기준), 투자액 570억 달러로 414배(금액) 증가했다. 중국은 2007년까지 우리나라의 최

---

* 2000년대 초반부터 중국이 집중적으로 추진해온 정책으로 자국의 산업 고도화를 위해 과거 수입에 의존하던 원부자재와 중간재를 자체 생산·조달하겠다는 전략이다.

대 투자국이었으나, 2008년 이후 미국이 최대 투자국이며 중국은 2위이다. 2001년 말 중국의 WTO 가입 이후 한국의 대중국 투자는 가속화되다가 2007년 정점을 찍은 후 감소세를 보였고, 2012년 이후 다시 증가세를 보였다. 한국의 대중 투자를 제조업과 서비스업 비중에서 살펴보면, 2017년 투자 실행액 누계 기준에서 제조업 비중은 76.8%, 서비스업 비중은 19.9%로 제조업이 대부분을 차지하고 있다.

여덟째, 중국의 대한국 투자 측면의 변화를 보면 2016년 말 중국의 대한국 투자액은 20억 5000만 달러로 한국에 대한 전체 외국 투자의 9.6%를 차지했고, 2016년 말 기준 중국의 대한 투자 누적액은 100억 달러를 돌파(102억 달러)해 전체 누적 외국인 투자 금액의 3.6%를 차지했다. 중국의 대한국 투자는 2014년 이후 문화 콘텐츠, 부동산, 금융 등 분야가 다양화됐으며, 투자 방식도 지분 인수 등 전략적 M&A 방식 증가, 주로 엔터테인먼트 등 문화 콘텐츠, IT, 관광·레저 분야에 대한 투자가 확대되는 상황이고, 특히 중국의 안방 보험은 9억 8000만 달러를 투자(2015년 중국의 대한국 투자 49.1% 차지)하기도 했다.

아홉째, 인적 교류 역시 비약적으로 급증했는데 1992년 13만 명에 불과하던 인적 교류는 2002년 226만 명, 2007년 585만 명, 2010년 595만 명으로 증가하더니 2016년에는 806만 명까지 증가했다. 이 중에 중국 유학생의 규모도 커졌는데 2016년 기준 한국 내 중국 유학생은 6만 136명, 중국 내 한국 유학생은 6만 6672명에 달하며, 한국에 체류 중인 중국인의 수는 약 101만 명이고, 베이징 재중 한국인회가 추정한 중국 체류 한국인은 약 80만 명이다.

한중 수교 이후 지난 25년간 수출, 투자, 무역수지 등 각 분야에서 다양한 성과가 있었으나 양적 성장에 치우친 면이 있기 때문에 앞으로는 중국

정부가 육성하는 서비스 산업, 환경 산업, 내수 소비 촉진 등에 대응하는 대중국 비즈니스 모델로 업그레이드가 필요하다. 지난 25년간 중국은 세계의 공장 역할을 했고 이를 발판으로 한국은 중국에 가공무역을 하면서 양국 간 상호 보완적인 황금기를 지나왔지만 미래 25년은 변화 예측이 불가능한 시기로 진입할 것이며, 중국의 경제·산업 구조 변화 방향에 맞춰 한국 기업 및 정부의 능동적인 대응이 필요한 시기가 되었다.

최근 중국은 중국 제조 2025, 인터넷 플러스 등 4차 산업혁명과 연계된 신흥 산업 육성에 나서고 있어 중국의 산업 구조가 빠르게 고도화될 것이며, 많은 부분에서 기존의 상호 보완보다는 상호 경쟁이 커질 것이다. 또한 중국 내 '홍색 공급망'에 따라 한국 기업의 중간재 수출은 더욱 감소할 가능성도 배재할 수 없기 때문에 중국의 글로벌 가치 사슬 재편에 맞춰 한국 기업들이 가치 사슬 상단으로 이동해 고부가가치 기술과 서비스를 개발한다면 여전히 한중 간의 '경쟁 속 협력'은 가능할 것이다.*

2) 북중 관계의 지속과 변용: 정치적 경제 관계

(1) 북중의 역사적 특수 관계: 8월 종파 사건, 문화대혁명의 영향

북중 관계는 두 나라 정부가 수립되기 이전부터 시작됐으며, 북중 관계의 특수성은 장차 한반도에서 전개되는 전략적 접근에 매우 중요한 인식을 제공한다. 북중 관계는 특수 관계에서 일반 관계로 진화하고 있는데 특수 관계란 과거 중국과 북한이 처한 정치 경제적 상황하에서 맺어진 혈맹 또

---

* 일본 기업들은 2008년 중국의 급격한 임금 상승, 투자 우대 정책 폐지에 따라 저부가가치 산업은 동남아로 이전하고, 중급 부가가치 산업은 중국으로 재편하고, 고급 부가가치 산업은 일본 내 R&D를 통해 전 세계 부가가치 사슬 재편에 참여하고 있는 실정이다.

는 형제국의 관계를 말하고, 일반 관계란 국가이익을 추구하는 정상 국가 간에 맺어진 국가 관계를 의미한다. 반면 최근에는 이러한 북중 관계의 특수성을 언급하기보다는 '정상적 국가 관계'로 양국의 관계를 표현하는 일이 잦아졌다. 현재 북중 관계는 정치적 측면에서는 국가 간 관계로, 군사적 측면에서는 혈맹에서 우호 협력 관계로, 경제적 측면에서는 비대칭적 상호 의존 관계로 변모했다(이태환, 2007: 243~297).

북중 관계의 특수성은 지정학적인 환경과 더불어 독특한 북한 내 정치 상황 및 역사적 배경을 고려해서 바라보아야 한다. 북중 관계는 과거 냉전 시기 미소 데탕트와 탈냉전기의 도래, 한중 수교 등 국제정치와 대외 관계의 변화에도 민감한 반응을 보이면서 발전해왔기 때문에 더욱 더 그렇다. 그래서 북중 관계는 표면적인 우호 관계와는 달리 사실상 다양하고 복잡한 긴장과 갈등 속에서 하나의 모습이 아닌 겉과 속이 다른 두 개의 모습이 표출되었다. 북한과 중국 지도부는 한국전쟁 이후 '혈맹'이라는 외피의 이면에 서로 강한 불신감을 느끼고 있었기 때문에 단순히 표면적이고 일회적인 사건만 가지고 북중 관계를 판단하면 안 된다. 냉전 시기 북중 관계의 역사를 보면 한국전쟁을 계기로 북중 혈맹 관계는 많은 변화와 우여곡절을 거치면서 새로운 관계 정립을 해가고 있었다.

첫째, 북중 간의 특수 관계는 각기 내부적 국가 상황에 따라 변화되었다. 북중 관계는 각자의 내부적 상황이 궁극적으로 양국 관계에 깊은 영향을 미친 대표적 사례는 북한의 8월 종파 사건, 중국의 문화대혁명, 소련의 스탈린 비판 등이다(박창희, 2007: 27~55; 李成日, 2012: 71~76; 王俊生, 2016: 54~59). '8월 종파 사건'은 연안파와 소련파에 의한 김일성 개인숭배를 비판한 반대 세력을 숙청하려는 과정에서 중국과 소련의 간섭으로 심한 타격을 입은 김일성이 결국은 반종파 투쟁을 강행해 연안파와 소련파를 숙청하고 김일성을 중심으로 하는 지배 집단이 공고한 지배력을 형성하는 계기가 되었다. 김일성은 8월 종파 사건을 수습하는 과정에서 중국과 소련이 북한 내부에 영향력을 행사하자 중국과 소련에 대한 김일성의 불신과 불만이 고조되어 김일성은 본격적으로 '주체'를 강조하게 되었다. 이를 계기로 김일성은 중국의 영향력으로부터 벗어나려는 의지를 강하게 표출했고, 한국전쟁 이후 북한 지역에서 북한의 군사력 증강을 지원하고 전후 복구 사업에 공헌했던 중국 인민 지원군의 철수를 요구함으로써 마오쩌둥은 1958년 중국 인민 지원군의 완전 철수를 단행할 수밖에 없었고, 이러한 중국군의 철수는 당시 북한이 안보 요인 못지않게 국가의 자율성을 중요하게 여기는 계기가 되었다.

둘째, 북중 관계에서 내부의 정치 상황이 북한 정권에 미친 또 하나의 사건은 중국의 문화대혁명이다. 1960년대 문화대혁명 당시 중국의 홍위병들은 개인숭배를 이유로 김일성을 비판하고 북한을 수정주의라고 공격했다. 중국의 문화대혁명으로 야기된 북중 갈등은 서로를 향해 비난과 비방을 퍼부으면서 무력 충돌 직전까지 갔으나 1969년 북한의 최용건이 중국을 방문하고, 1971년 중국의 저우언라이가 평양을 방문해 고위층 간의 교류에 의한 관계 개선이 회복되었다. 이처럼 북중 관계는 내부의 정치적 변동이 양국 관계에 심각한 영향을 미쳤지만 북한은 그런 상황을 극복하는 과정에서 중국의 영향권에서 벗어나 나름대로 '자주'의 길을 찾아가는 동력을 만들었다.

셋째, 북한과 중국이 공유하는 또 하나의 독특하고 특수한 역사적 배경은 일본 제국주의에 대한 공동 항일 투쟁부터 시작해 국공내전에 이르기까지 북한과 중국의 연대와 공동 투쟁은 오늘날 북한과 중국의 국제주의적 연대를 이해하는 데 매우 중요한 사건이다. 중국의 국공내전 시기 김일성으로 대표되는 북한 지도부는 장개석의 국민당에 의해 궁지에 몰린 중국 공산당을 지원함으로써 동북 지역에서 중공군이 승리하는 데 매우 중요한 역할을 담당했다. 만일 동북 지역에서 북한 지도부가 중국 공산당을 지원하지 않았더라면 중공군은 국민당에 포위되어 패배할 가능성이 매우 컸을 것이고, 전략적 요충지였던 동북 지역을 상실함으로써 중국 공산혁명의 대세에 부정적으로 작용해 마오쩌둥은 중국 대륙을 통일하지 못했을 것이다. 그래서 국공내전은 북중 양국이 오늘날까지도 혈맹으로 대표되는 불가분의 관계를 유지하는 데 중요한 시원으로 작용하고 있고, 중국은 북한에 갚아야 할 커다란 빚을 지게 된 것이다. 그래서 마오쩌둥은 한국전쟁 당시 중국 인민 지원군을 파견함으로써 양국 관계가 혈맹으로 한층 더 공고화되는 계기가 되었다.

이와 같이 역사상 북중 관계는 아주 특수한 관계로 중국은 북한을 특별히 중시하고 관리했다. 중국은 북한을 오랫동안 지정학적인 전략 가치와 동일한 사회주의 이데올로기를 통해 특수한 유대, 즉 형제적 혈맹의 '가정 관계'를 지속해왔다. 특히 '항미원조전쟁'에서도 중국은 전통적 특수 관계 하에서 북한을 지원하기도 했다. 하지만 최근 몇 년 사이 중국은 북한이 이러한 특수한 대우와 신뢰 관계를 저버리고 자신들과 상의도 하지 않은 채 독자적으로 자국의 이익에 따라 모든 일들을 처리했다고 불만을 토로하고 있다. 이러한 상황으로 인해 중국은 북한에 대한 영향력이 감소하고 북중 관계는 역사적 특수 관계에서 정상 국가 관계로 변화하고 있다. 최근 북중 관계는 한마디로 '독립적인 정상 국가 관계'라 할 수 있기 때문에 중국은 북한에 대해 그리 커다란 영향력을 발휘할 수 없다.

중국은 북한과는 1970년대까지 줄곧 밀접한 관계와 지원을 해왔지만 1978년 이후 개혁·개방으로 한국에 대한 인식 변화로 북한과도 일정 거리를 유지하는 선으로 후퇴했다. 한중 수교가 이루어진 1992년까지도 북한과의 돈독한 관계는 지속되었다. 1989년 김일성 주석이 중국을 방문하고 장

쩌민 총서기가 1990년 3월 평양을 방문해 한국과의 경제적 교류로 소원해
진 관계를 재차 긴밀한 관계로 바꾸려고 했다. 그러나 1992년 한국과 중국
이 정식 수교하면서 급속도로 관계가 소원해져 1993년 3월 예정되어 있던
김정일의 중국 방문이 취소되었다. 1992년 12월 중국이 북한에게 경화 결
제를 요구함으로써 더욱 그 관계가 냉각되었지만, 북한 핵 문제와 경제난
이 가중되어 북한이 중국에 협조를 구하는 과정에서 관계 개선을 꾀했다.
그렇게 해서 1993년 7월 북한의 '승전 40주년' 행사에 중국 대표단이 방북
했고 중국의 경제인들도 활발한 활동을 벌여, 중국이 북한의 최대 교역국
으로 올라서게 되는 등 여전히 북한에 대한 중국의 영향력은 크다.

(2) 냉전 후 북중 간 정상 관계 추진: 국가이익에 기초

중국은 과거 북한과의 혈맹 관계를 전통적 우호 관계, 심지어 일반 국가
간의 정상적 관계로 인식하기 시작했다. 북중 관계가 혈맹에서 일반적인
국가 대 국가 관계로 변화한 데에는 두 가지 요인이 있는데, 하나는 1992년
한중 국교 수립으로 북중 우호 관계는 회복할 수 없는 결정적인 타격을 입
었고, 다른 하나는 2006년 7월 북한의 미사일 발사 실험과 같은 해 10월 북
한의 핵실험을 시작으로 해서 중국 내부에서 양국의 동맹 관계는 말할 것
도 없고 일반적인 우호 관계마저도 사라졌다고 평가하고 있다(조영남. 2009:
19~20). 지금까지의 북중 관계를 구분해보면 혈맹 관계(순망치한)론, 전통적
선린 우호 관계(중국의 공식적 표현)론, 전략적 협력 관계론, 정상적 국가 관계
(최근 중국 정부가 강조)론 등을 들 수 있는데, 혈맹 관계론은 북중 간의 특수한
유대와 지정학적 중요성이 탈냉전 시기에도 절대 변하지 않는다는 사고이
고, 전통적 선린 우호 관계론은 탈냉전 시기 중국이 1990년대 중반부터 북
중 관계를 지칭할 때 새롭게 사용한 개념이라 할 수 있다. '전통적'이란 표

현은 북한에 대한 특수한 표현이라기보다는 과거 사회주의 우방국에 적용되는 개념으로 알바니아, 베트남 등에도 사용하고 있다. 전략적 협력 관계론은 북중은 서로 신뢰하지 않지만 동북아에서 유지되고 있는 냉전적 구도 속에서 결국 전략적으로 협력한다는 주장이다. 정상 국가론은 국가이익에 따라 관계를 형성한다는 것이다. 이 논의는 후진타오 시기에 제기되었으나, 시진핑 시기에 들어 이러한 논의가 한층 더 강조되었다(김흥규, 2009).

국제사회에 나타난 탈냉전기의 도래도 북중 관계에 심대한 영향을 주었다. 중국의 개혁 개방은 이미 1970년대 후반 결정되었으나 사실 탈냉전 시대의 도래로 인해 국제사회와 접촉을 하면서 고도의 경제성장을 달성할 수 있었다. 냉전 종식으로 인해 중국은 국제사회를 상대로 다양한 동반자 관계를 맺을 수 있었다. 물론 이러한 변화는 폐쇄적 공산주의 체제를 유지하면서 일당 독재와 부자 세습 체제를 유지하는 북한과의 관계에도 커다란 변화를 가져올 수밖에 없었다. 북중 간의 역사적 연원에서 보면 그간의 북중 간 전통적 유대 관계를 유지하는 중요한 매개체는 양국 지도자의 인적 유대와 이데올로기적 연대였으나 탈냉전기의 도래는 이데올로기적 매개체를 급속히 약화시키는 결정적 계기가 되었고, 1990년 한소 수교에 이은 1992년 한중 수교가 북한에게 주는 충격은 상상을 초월하는 것이었다.

이러한 긴장과 갈등 속에서도 북중 관계는 지난 60년 동안 위기의 순간마다 굳건한 동지적 유대를 이어오고 있는 것이 사실이다. 북중 관계의 복잡성과 특수성은 단순히 어느 한 시점에서의 사건에 연유하는 것이 아니라 베일에 가려져 있는 양국 관계의 독특한 관계 발전사 속에서 이해해야 한다. "과거 중국의 대북 자세는 양보와 인내였으며 마오쩌둥은 '북한은 내 자식'이라는 생각으로 북한이 원하는 것을 제공하려 했던 태도는 중앙 왕조가 주변 종속국을 대하는 자세와 같은 발상"이었다. '특수한' 북중 관계는 김일성과 마오쩌둥이 만든 것이라며 이들 사이에 외교는 없고 내교內交만 있었으며, 이러한 북중 관계는 덩샤오핑 시대에 사라졌다. 결과적으로 북중 관계가 한국전쟁에서 공통의 이익을 갖고 미국과 대립했을 때는 (관계가) 좋았겠지만, 중국이 구소련과 대립하고 미중 관계를 호전시키려 하자 문제가 생겼다. 한중 국교 관계 수립 시기를 지나 이제 특수성은 없어지고 있고, 최근 북중 관계가 변했다는 것은 객관적 사실이지만 중국이 과거의 사고방식을 갖고 대처하고 있는 것이다.*

중국은 현재 및 미래 한반도 상황의 불확실성을 통제하는 균형자의 역할을 통해 북한에 대한 전략적 입지를 강화하고 문제의 궁극적 해결보다는 상황의 안정적 관리에 방점을 찍었다. 북한의 계속되는 도발로 중국의 운신 폭이 좁아지는 악순환을 피하고, 북중 양자 관계에서 북한과의 관계가 최소 예측 가능한 범주에서 통제 가능하도록 북한을 정상 국가화하는 것이 중국에겐 더욱 중요한 문제이다. 중국은 이제 북한과의 관계를 전통적인 우호 관계가 아니라 정상적 국가 관계로 재정립하고 있다. 중국에서 논의되는 북중 관계에 대한 일반적 결론은 한반도에 대한 중국의 근본적이고 장기적인 국익과 연결해볼 때 한반도와 동북아의 평화와 안정, 지속적인 경제 발전이다. 이것은 중국에게 이익이 될 뿐만 아니라 남북한 모두에게도 이익이 될 것이다. 중국은 한반도에서 어떠한 사태가 발생하더라도 그 전개가 평화롭게 진행되는 한 그 결과를 수용할 것이고, 중국이 원하는 것은 한반도에서 평화와 안정을 유지함으로써 중국의 경제 발전과 현대화 그리고 신형대국관계의 순조로운 연착륙에 집중하는 것이지 북한 정권의 유지만은 아니다. 북중 관계는 정상적 국가 교류와 당의 교류 기초 위에서 시

---

* 　沈志華 : 中朝關係驚天內幕, http://wenku.baidu.com(검색일: 2016년 12월 1일).

작되었다. 즉, 중국의 국가이익에서 출발해 북한의 이익을 돌아보고 지지할 때는 지지하고, 반대할 때는 반대하면서 공정성을 유지하면서 북한을 핍박하지도 방치하지도 않는 것이 중국의 기본 입장이다.[*]

북중 관계 중 원래 존재했던 이데올로기적 요소가 명백히 약화되면서, 현재 북중 관계는 정상적 국가 간의 발전 방향으로 이어지고 있다. 중국은 주변 국가들의 안정화를 통해 중국의 국가이익을 극대화하고자 한다. 북한은 정치와 외교상 중국의 이해와 지지를 얻어야 하고, 북한은 중국의 국가안전을 보장하는 안정된 후방으로 역할을 담당하기 때문에 중국은 경제적으로 북한에 도움을 주어야 하는 위치에 있는 것이다. 북한은 북한의 총체적 전략 이익에서, 북중 관계와 외교 전략에서 중국을 계속 중시하고 있다. 미래에 오직, 북중 양국이 새로운 관계상 정확한 위치를 수립한다면, 북중 관계는 새로운 시대에서 더욱 큰 발전 공간을 찾을 수 있을 것이다. 북중 간의 긴장과 갈등은 21세기에도 진행 중이다.

4. 중국의 대한반도 정책과 정경 분리 원칙 고수

1) 한국의 북방 정책, 중국의 남순 강화와 선린외교

한중 양국은 1910년 이후 80여 년의 비정상적인 단절, 그리고 한국전쟁 이후 40여 년의 적대의 시기를 청산하고 마침내 1992년 8월 24일 역사적인 수교를 이루었다.[**] 이처럼 지연되어왔던 한중 수교가 1992년에 들어서 급

---

[*]   王洪光, 朝鮮若崩潰中國救不了.http://news.wenweipo.com(검색일: 2016년 12월 1일).

박하게 전개된 것은 국제사회의 지각 변동과 한중 간의 여러 가지 요인들이 복합적으로 작동되면서 이루어진 결과이다. 한국 입장에서 한중 수교는 노태우 정부의 북방 외교의 완성을 의미하는 것이었고, 반면에 중국의 입장에서는 1989년 6·4 천안문 사건과 1990년대 사회주의권의 몰락이라는 대내외의 체제 도전과 위기를 돌파하기 위한 주변 외교의 성과였다.[*]

이러한 한중 양국의 상이한 수교 동기는 냉전의 종식이라는 세계 체제의 중대한 변화의 작용이 있었고, 세계 체제의 변화는 한반도 정세에도 중요한 영향을 주었다. 이러한 영향의 결과 1990대 초 남북한 관계에 새로운 변화의 계기가 마련되어 남북기본합의서 채택(1991)과 남북한 유엔 동시 가입(1991.9)을 가능케 했다. 남북한 관계 개선과 남북한 유엔 동시 가입은 한국과의 수교를 주저해왔던 중국에게는 중요한 장애 요소를 해소하는 전환점이 되었다. 즉, 1992년의 한중 수교는 소련 및 동유럽 사회주의 세계 체제의 해체에 따른 탈냉전 시대의 도래라는 국제 환경의 변화에서 노태우 정부의 적극적인 북방 외교와 천안문 사건 이후 외교적 고립에서 탈피하고자 전개한 중국의 '선린외교' 정책이 합작한 결과라 할 수 있다.

1989년 11월 베를린 장벽이 붕괴되고, 동유럽 사회주의가 몰락하고 소연방이 해체되면서 지구적 차원의 냉전이 종식되었다. 이러한 세계적인 세력 구조의 근본적 변화는 1988년 북방 정책을 추진하던 노태우 정부에게는 중요한 전략적 기회를 제공했다. 즉, 냉전의 종식이라는 체제 변화로 인해 상대적으로 약소국인 한국이 냉전 시기에는 가질 수 없었던 외교 정책상의

[**] 한국 정부가 1973년 6·23 선언을 통해 중국과의 수교 의사를 공식적으로 제의한 이후 정식으로 한중 간 국교 관계가 수립되기까지는 19년이라는 긴 시간이 소요되었다.

[*] 실제로 중국은 1992년을 전후한 시점에 주변 국가들을 중심으로 20여 개 국가와 관계 정상화를 하는 전례 없는 적극적인 수교 외교를 전개했다.

자율성을 확보할 수 있게 되었고. 그 결과 한국 정부가 소련 등 사회주의국가와 관계 개선 추진도 가능해졌다. 노태우 정부는 동유럽의 일대 변혁으로 인해 1990년 초 동유럽 사회주의국가들과 연이어 수교를 이루어내면서 '모스크바와 베이징을 돌아 평양으로 가자'는 북방 정책은 활력을 얻게 되었다.* 노태우 정부의 북방 정책의 최종 목표는 중국과의 수교를 통해 임기 내에 북방 정책을 마무리짓고자 중국과의 국교 정상화에 집중했다.

동유럽 사회주의권의 몰락과 냉전 종식은 노태우 정부가 북방 정책을 추진하는 과정에서 절호의 찬스였던 반면에 중국은 반대로 체제 도전이자 위기로 인식되었다. 냉전의 종식과 더불어 천안문 사태와 소련 및 동구권의 붕괴에 이르는 일련의 사태를 겪으면서 중국 지도층은 안보 위협 인식에 새로운 질적인 변화를 보였다. 즉, 이제 중국의 주된 위협은 군사적 차원의 직접적인 안보 위협보다는 정치적·경제적·문화적 측면에서의 체제 안정에 대한 위협이라고 인식하게 되었다. 중국의 입장에서 이러한 위협은 개방 정책을 통해 서방 국가들과의 경제적 상호 의존성이 과거에 비해 현저히 증대되면서 부각되기 시작한 새로운 차원의 도전이자 위협이었다.

냉전 시기 양극체제와 미중소의 전략적 삼각관계의 영향으로 중국의 외교 정책은 강대국 외교에 초점을 맞추고 있었고, 중국은 지역 정책이 없는 지역 대국으로 자리매김하고 있었다. 이 시기 중국의 개혁 개방 정책은 평화로운 주변 국제 환경을 필요로 할 뿐 아니라 역동적인 경제성장을 지속하고 있는 동아시아 국가들과의 경제협력 또한 중요한 요소가 되었고 실제로 동아시아는 중국의 경제 발전에 큰 비중을 차지하고 있었다. 중국의

---

* 노태우 정부는 1989년 2월 1일 헝가리와의 수교를 시작으로 11월에 폴란드, 12월 유고슬라비아, 그리고 1990년 3월에는 체코, 불가리아, 몽고, 루마니아와 연이어 외교 관계를 수립했고, 10월 1일에는 소련과의 수교도 달성했다.

주요 무역 상대국은 일본, 홍콩, 미국, 타이완, 독일, 한국 순이고 주요 투자국도 홍콩, 타이완, 일본, 미국 순이다.

중국의 선린외교는 추진 초기에는 국내 경제 건설을 위한 주변 지역 정세의 안정과 경제협력 대상의 다변화라는 두 가지 목표를 지니고 있었다. 특히 개혁 초기의 미국 등 서방 국가에 치우친 개방 전략이 천안문 사태와 그에 이은 미국의 경제제재로 심각한 타격을 입게 되었을 뿐만 아니라, 미국이 경제적 상호 의존 관계를 통해 중국 체제의 변화를 추진하려 한다는 이른바 '평화 연변'*에 따른 체제 위기감까지 고조되면서 중국 입장에서 선린외교는 새로운 외교적 대안으로 적극적으로 추진되었다. 즉, 중국은 미국의 의도에 대한 불신이 증폭되면서 상대적으로 체제와 가치관의 충돌이 심하지 않은 주변 개도국을 새로운 경제 및 외교 협력 대상으로 적극적으로 고려할 수밖에 없었다.

이러한 맥락에서 중국은 당시 '북한 요인'이 개재된 한국과의 관계에서는 역시 자연스럽게 경제협력이 핵심 내용으로 부각되었으며, 당시 유일한 사회주의 동맹국인 북한과의 관계는 이른바 주변 환경의 안정을 확보한다는 '순망치한'의 논리에 따라 정치적 우호 관계의 유지가 무엇보다 중요했다. 중국은 이미 1980년대 중반 이후 한국과 무역을 비롯한 다양한 간접 교류가 이루어지고 있었지만 본격적인 수교 협상에 착수하기 직전까지도 일관되게 북정남경北政南經의 정경 분리 입장을 고수했고, 중국의 입장에서 1992년의 한중 수교는 중국의 주변 지역 정책인 이른바 '선린외교'의 일환

---

* 중국의 지도부가 사회주의국가들의 잇단 붕괴를 우려하면서 나온 말로서 사회주의 체제를 평화적 수단으로 자본주의·민주주의 체제로 변화시키는 것, 또는 서방 국가들이 평화적 방법으로 사회주의국가를 와해시키는 전략을 뜻하는 것으로 전쟁 등 무력 수단이 아닌 내부 교란 등 비폭력적 수단과 방법으로 변화를 유도하는 것을 의미한다.

이었을 뿐이다.*

　1989년 6·4 천안문 사건은 역설적으로 중국이 한국과의 수교 결심을 앞당기게 만든 예기치 못한 변수가 되었다. 천안문 사건에서 인민해방군을 동원해 시위 군중을 강제 진압하고 그 과정에서 사상자가 발생했다. 천안문 사건 자체가 중국 개혁 개방 정책의 부정적 여파인 것처럼 중국의 강제 진압 역시 개혁 개방의 결과 전 세계에 실시간으로 알려졌고 미국 주도하에 국제사회는 중국에 대한 경제제재를 단행하게 되었다. 이로 인해 중국의 개혁 개방은 큰 타격을 받게 되었고 중국 국내에서는 보수 세력들을 중심으로 덩샤오핑의 개혁 개방 정책에 대한 회의론도 커져갔다. 덩샤오핑은 이러한 체제 위기를 오히려 '남순 강화'**를 통해 개혁 개방 정책 강행을 천명했다. 그러면서 기존의 미국 등 서방에 경사된 경협을 다변화시키고자 했다. 즉, 중국은 미국의 의도에 대한 불신이 증폭되면서 주변 신흥 개도국을 새로운 대안적 경제 및 외교 협력 대상으로 적극적으로 고려하게 되었다. 한국과의 수교 진행 과정을 촉진시킨 중요한 계기가 되었던 중국의 APEC 가입 역시 이러한 서방의 제재를 돌파하고 다양한 경제협력 대상을 찾는 과정에서 적극적으로 추진되었다. 1992년의 한중 수교는 중국이 대미

---

* 당시 중국은 한중 수교를 전후한 시점인 1990년부터 1993년 사이에 싱가포르(1990), 부르나이(1991), 카자흐스탄(1992) 등 주변 국가들을 중심으로 무려 28개 국가와 관계 정상화를 달성하는 외교 공세를 펼쳤다. 이뿐만 아니라 동남아 10개 국가 모두와도 그동안의 반목과 갈등을 해소하고 실질적으로 정상적인 관계를 회복했다.

** 1992년 1월 말부터 2월 초까지 덩샤오핑이 천안문 사태 후 중국 지도부의 보수적 분위기를 타파하기 위해 상하이, 선전, 주하이 등 남방 경제특구를 순시하면서 더욱 더 개혁과 개방을 확대할 것을 주장한 담화(谈话)를 의미하며, 이 담화는 1989~1991년 기간 중 정부가 실시한 긴축 정책으로 경제가 경색되자 다시 한 번 경제 개혁과 개방으로 경제 활성화를 이루고자 하는 내용으로 인해 보수적인 베이징의 지지를 받지 못했으나 지방으로부터의 호응에 의해 같은 해 10월 개최된 제14차 공산당 대표대회 보고서에 거의 전문이 수록되었고, 오늘날 중국 굴기의 추동력이 된 중국식 사회주의 시장경제론을 천명하게 되는 이론적 기초가 되었다.

외교의 한계와 곤경을 극복하기 위해 전개한 외교 및 경제협력 대상의 다변화 노력, 특히 주변국에 대한 적극적인 선린외교의 추진이 당시 한국의 북방 외교와 조우하면서 현실화된 것이다.

결과적으로 보면 한중 관계는 1980년대 후반 경제를 매개로 실질적인 협력이 전개되었는데 중국이 한국과의 관계에 관심을 갖게 된 가장 중요한 동인은 경제였다. 한중 수교는 1990년대 경제적 동기에 기반을 둔 중국의 태도 변화가 수교 협상으로까지 빠른 진전을 이끌어냈다. 그런데 당시 한국 정부는 여전히 중국과의 수교를 북방 정책의 완성이라는 정치적 함의에 무게중심을 둔 채 중국과의 수교 교섭에 착수했다. 이로 인해 한국 정부는 수교 협상과 수교 직후에도 중국과의 관계 발전에서 '북한 문제'에서의 중국 역할에 대한 기대를 키워옴으로써 양국의 전략적 동상이몽은 사실상 출발에서부터 잉태되어왔다고 할 수 있다.

2) 대북 정책의 변용: 전략적 부담론과 전략적 자산론

북중 관계가 일정 부분 양국의 정치 이념과 국민들의 사회 문화적 심리 상태로부터 영향을 받아온 점을 부인할 수는 없지만, 냉전 종식 후 북중 양국 관계는 상당히 소원해졌다. 냉전 직후 중국은 경제 건설 중심의 개혁 개방 정책을 실천하고 있었지만 북한은 점점 폐쇄적인 사회주의의 길을 걷고 있었다. 북중 양국은 상이한 국가 발전 전략을 추구했고 그 결과 정치·경제체제의 차이가 확대되었으며, 이로 인해 북한은 중국에 대해 소외감을 표출했다. 특히 한중 수교 이후 한중 간의 인적 교류 확대와 경제 무역 관계의 급속한 진전 등은 북한의 중국에 대한 소외감을 가중시켰다. 북한은 중국의 개혁 개방 정책을 '수정주의'라고 힐난했고, 중국은 주체사상에 의한 '유일 영도 체제'를 사회주의 이데올로기로 수용하지 못함으로써 북중 간의 인문 교류조차 정상적으로 진행되지 못했다. 게다가 민족 자주를 강조하며 핵 개발에 매진한 북한과 동북아의 평화와 안정을 유지하려는 중국의 국가이익은 합치되기 어려웠다.

중국에서는 북한의 가치를 어떻게 평가할 것인지를 둘러싸고 여전히 많은 논쟁이 있다. 첫째, 무조건적인 북한 지지론자들은 "북한의 핵무기 개발은 모두 미국의 위협 때문이므로 북한의 핵무기 개발에 대한 권리와 핵무기로 미국에 대항하는 것을 중국은 무조적 지지해야 한다"는 주장을 펴고 있다. 둘째, 현실주의적 현상 유지론자들은 "중국과 국제사회가 북한의 핵 보유를 근본적으로 막을 수 없는 것이 현실이므로, 핵을 보유한 북한이 중국에 적군이 되는 것이 유리할지, 아군이 되는 것이 유리할지를 생각해 봐야 한다"고 주장한다. 셋째, 대북 제재론자들은 소극적이든 적극적이든 국제 규범을 위반하는 북한에 대해 어느 정도 압박을 가하는 것은 북한 정권을 관리하기 위해 필요한 조치라고 여기고 있다. 넷째, 북한 포기론자들은 북한을 중국과 국제사회에 전혀 도움을 주지 못하는 불량 국가로 간주하기도 한다. 종합해보면 어떠한 형태로든지 여전히 중국에서는 북한에 대한 다양한 전략적 가치를 평가하는 경향이 여전히 존재하고 있다. 이와 같이 북한에 대한 인식 분화는 중국의 정책에도 나타나며, 중국의 대외 정책 중에서 한반도 특히 북한 문제만큼 내부적으로 논쟁이 많고 분화가 큰 사안도 없다.

중국의 입장에서 북한이 전략적 부담인지 자산인지에 대한 논의는 여전히 진행 중이다. 전략적 부담을 주장하는 논자들은 중국이 신형 대국으로 가는 길목에서 늘 북한 정권은 중국에 대해 전략적 문제였다고 인식한다. 반대로 북한의 전략적 가치를 주장하는 학자들은 북한이 한반도에서 강대국 간의 경쟁 관계에서 완충 지대 역할을 하고 있으므로 북한 정권은 중국에게 전략적인 가치가 있다고 인식한다. 이와 관련해 후진타오 주석은 2010년 김정일과의 정상회담에서 ① 고위층 상호 방문 전통 지속, ② 협력 내용이 담긴 교류 영역 확대, ③ 경제 무역 협력을 통한 공동 발전 모색, ④ 적극 협력을 통한 공동 이익 추구 등을 내용으로 하는 북·중 관계 발전의 4원칙을 천명했다.* 이를 분석해보면 중국은 전략적 완충 지대로서의 북한의 역할이 감소했기 때문에 대북한 전략의 수정이 필요하고 북중 관계도 정상 국가 간 관계로 변화되어야 한다는 시각과 함께, 그럼에도 불구하고 북한의 중국에 대한 전략적 가치는 대체할 수 없기 때문에 중국은 북한을 포기할 수 없다는 시각도 동시에 포함하고 있다.

중국은 미국의 아시아 회귀 정책의 진정한 의도가 세계 통치의 주도권을 행사해 중국의 부상을 제어함으로써 확고한 글로벌 패권을 장악하려는 것이라고 생각한다. 또한 이를 위한 미국의 주요한 수단 중 하나가 북핵 문제를 빌미로 중국을 압박하는 것이라고 여긴다. 중국 정부의 일관된 한반도 정책은 한반도의 평화와 안정 유지, 한반도의 비핵화, 남북대화를 통한 문제 해결이다. 중국이 북한을 전략적으로 중요하게 평가하는 것은 바로 지정학적 가치 때문이다. 즉, 중국은 북한을 여전히 전략적 완충지strategic buffer zone로서 그 가치를 지니고 있다고 인식하고 있다. 하지만 여기서 우리가 주목해야 할 점은 중국이 북한을 동맹국이라서 지원해왔던 것이 아니라 자신의 국가이익 때문에 지원해왔다는 사실이다. 중국은 북한이 붕괴하면 자국의 안보를 위한 완충 지대가 없어지는 것을 우려해 북한을 지원해온 것이다.

---

* "胡錦濤在長春會見金正日," 2010年 08月 31日. http://news.sina.com.cn/o/2010-08-31/05481804
3512s.shtml (검색일: 2017년 9월 3일).

한편 북한에 대한 국제 제재 과정에서 중국이 보여준 행태에 따라 북중 관계를 바라보는 관점이 달라졌다. 중국은 수많은 주변국을 이웃하고 있는데 그것은 전통적인 지정학적 시각에서 보면 전략적 부담 요인이라 할 수 있다. 이제 중국은 이 지정학적 열세를 지경학적 우세로 바꿔야 할 시점에 왔다. 북한과의 협력이 그 선도적 역할을 할 수 있는 것이다.

중국이 국제사회의 기준을 수용하고 좀 더 국제화되면 될수록 북한에게 중국은 이중적인 존재로 변해갈 것이다. 외교적으로 고립되고 경제적으로 정체된 북한에게 중국은 거의 유일한 후원자이자 동맹국이라는 것은 분명하다. 그러나 중국의 후원이 국제 질서의 변화에 따라 얼마든지 변할 수 있다는 사실을 북한 지도부도 잘 알고 있다. 즉, 중국은 당장 도움을 받을 수 있는 국가이지만 언제든지 위험한 이웃이 될 수 있을 만큼 충분히 거대하고 강력한 국가이기도 하다. 따라서 북한은 한동안 중국의 지원하에 중국을 의지하면서 많은 정책을 추진할 것이지만 마음속의 의심은 쉽사리 거두지는 않을 것이며 이로 인해 중국의 대북 영향력은 언제나 한계가 있을 수밖에 없다. 그럼에도 불구하고 비록 북중 관계가 완벽하지는 않지만 북중 관계의 지속 가능한 발전은 중미 패권 경쟁 속에서 중국에게 지정학적 전략 자산으로 작용해 동북아 지역에서 긴장을 완화하고, 미국에 의한 중국 봉쇄를 돌파하며, 중국의 성장을 담보하는 긍정적 계기가 될 것이다(趙立新, 2015: 19).

중국은 그동안 북한과의 관계 악화가 자국의 대한반도 영향력 하락과 한반도의 안정을 유지하는 데 불리하다고 판단했다. 북한의 지정학적 가치를 포기하지 않고 있는 중국의 입장에선 한국 주도의 일방적 통일보다 한반도의 현상 유지가 더 유리하기 때문이다. 중국은 한미일의 결속 강화 및 대중 압박의 구실이 될 수 있는 북한의 도발을 사전에 차단하기 위해 북중 간 채널을 복원하고 관계를 개선하고 있다. 게다가 북한의 도발로 인한 한반도의 긴장 고조는 중국의 안정적 경제성장을 저해하기 때문에 한반도의 안정 관리 차원에서 긴밀한 북중 채널이 필요하다. 또한 북핵 문제를 둘러싼 미국의 압박에 대응하거나 미국과의 이견 조정 등 한반도에 대한 영향력 관리 차원에서도 북중 채널의 확보는 필수적이다.

북한은 김정은 체제의 안착과 경제 강국 건설에 매진하는 데 중국의 경제적·외교적 지원이 절실한 입장이다. 사실 그동안 북한은 병진 노선하에서 민생 건설을 위해 중국의 협조 대신 러시아에 대한 접근 및 북일 합의 등을 통해 외교적 돌파구와 경제적 활로를 모색하고자 했으나 별다른 효과를 거두지 못했다. 이러한 상황에서 외교적 고립과 대외 경제 의존도가 낮은 북한의 입장에서 핵실험을 통한 존재감의 과시와 경제적 대가의 획득이라는 기존 타개책을 포기하지 않았다. 북한은 현재 90% 가까운 경제 의존도를 보이고 있는 중국의 협력을 유인한 후 미국과의 대화·협상을 벌이는 방안을 선택하고 있다. 특히, 북한의 시장 도입과 이를 위한 경제 개방과 개혁에 중국의 개혁 개방 경험과 지원은 긴요하기 때문에 그런 점에서 북한 역시 중국과의 관계 개선이 절실할 수밖에 없다.

2016년 북한 경제는 국제사회의 초강도 대북 제재의 영향권 아래서 점진적인 변화를 해왔다. 중국을 비롯한 국제사회가 대북 경제제재를 통해 얻고자 했던 기대 효과는 무역 및 금융거래의 제한 → 수출 감소 → 수입 능력 감소 → 외화 유입 감소 → 생필품과 중간재 수입 감소 → 후생 악화 → 북한의 대내외 경제 위축과 민심의 동요 → 김정은 정권의 압박 → 핵과 미사일 실험 발사 등 군사 도발 억제로 이어지는 선순환이었다(임을출, 2016: 32). 그러나 결과는 반대로 나타나고 있다. 2016년 8월까지 북한의 대중 수출은 2015년 동월 대비 30.3% 늘어난 18억 5100만 달러이다. 또한 국제 정세나 중국 정부의 정책에 영향을 받지 않는 북중 간 성·현급의 교역 규모도 계속 증가하고 있다.

김정은 제1비서는 2015년 7차 노동당대회에서 핵·경제 병진 정책을 내놓았고, 2013년 4월 초 박봉주 내각이 들어선 이후 대외 투자 유치와 대내 경제 제도 개혁에 열을 올리고 있다. 남북 관계가 경색된 상황에서도 북한의 대중국 대외무역은 (2008년 38억 1600만 달러에서 2012년 59억 3000만 달러) 2013년 65억 4500만 달러, 2014년 63억 6400만 달러, 2015년 54억 3000만 달러, 2016년 58억 2600만 달러이고, 2017년 상반기 북중 교역액은 25억 100만 달러로 중국이 북핵과 관련해 유엔 대북 제재에 동참했지만 사실상 대북 제재 수위가 낮아지면서 2016년도 북중 교역이 꾸준한 회복세를 보이고 있다(박승혁, 2017). 중국은 석탄 수입 금지를 통해 대북 수입을 24.3% 축소했지만 섬유 제품, 수산물 등 비非제재 품목의 수출 확대로 전체 수출 실적은 전년 대비 18.0% 증가했다. 이명박 정부 이후 남북 관계가 막힌 상황에서도 북한의 대외무역은 거의 1.8배 증가했다. 북한은 남북한 교류가 교착 상태에 빠지자 중국과 교류를 확장시켰다. 박근혜 정부 역시 남북 교류를 전면 중단하고 김정은 정권의 핵·경제 병진 정책 포기를 촉구하자 북한은 중국으로 출로를 찾아 나섰다.

향후 중국의 대북 정책의 향방은 어떻게 진행될까? 예상 가능한 방안을 다음과 같이 정리할 수 있다. 첫째, 철저히 북한을 포기하는 방법, 둘째, 북중 간 특수 관계를 유지하는 방법, 셋째, 현실적 상황에 따라 북중 관계가 계속해서 조정되는 방법 등이다. 첫 번째 방법은 북한이 현 상태에서 더욱 국제적 문제를 야기할 경우 중국에 전략적 부담이 가중되고 결정적으로 중국의 중대한 국익이 훼손된다고 판단할 때 중국은 북한을 포기할 수도 있다. 두 번째 방법은 북중 관계의 역사적 연원을 볼 때 비록 북한이 지역적 수준에서든지 글로벌 수준에서든지 내심 못마땅한 존재이지만 그래도 전략적 가치가 있다고 판단해서 특수한 북중 관계를 지속시키는 것이다. 세번째 방법은 현실적으로 가장 선호할 수 있는 방법으로 북한을 국제사회의 일원으로 참가시키면서 중국의 우방으로 존속시키는 것이다.

북중 간의 역사적 특수 관계는 점차 국가이익을 중심으로 한 정상 국가 간 관계로 변해가고 있다. 냉전 시기에 형성됐던 북중의 특수 관계는 냉전의 종식과 함께 변해왔으며, 중국은 국제사회에서 신형대국관계를 형성하면서 더 이상 미국, 한국, 러시아와 적대적 관계에 있는 것도 아니다. 한중 관계는 수교 이래 25년이 지나면서 '전략적 협력 동반자 관계'로 발전했으며, 외교 관계에서 북한과 한국 모두 중국과 우호 관계를 유지하고 있다. 하지만 북중 특수 관계가 정상 국가 간 관계로 변화해가는 과정은 점진적으로 진행될 것이다.

특히 북한이 위기를 조성함으로써 승리를 얻겠다는 시도는 아주 잘못된 판단이다. 북중 관계의 역사를 고려했을 때 북한의 계산된 모험주의와 중국으로부터 필요한 지원은 획득하되 중국을 신뢰하지는 않는 전략은 한동안 지속될 가능성이 크다. 북한이 현실적인 필요에 의해서 중국에 접근하는 것은 사실이나 중국에 대한 북한 지도부의 신뢰는 언제나 제한적이었고 미래에도 그럴 것이다. 한편 중국의 대북 정책이 어느 순간에 전격적으로 전환될 가능성은 그리 크지 않지만 국제정치에서 영원한 우방도 영원한 적도 없다는 현실 속에서 중국이 북한으로 인해 치러야 하는 전략적 부담이 지속적으로 증가한다면 중국 역시 장기적으로 새로운 관계를 모색할 수 있을 것이다. 중국은 북한의 핵실험에 대해서는 징벌적 의미가 있는 제재로 대응해 불만을 명확히 표시하지만, 북한 체제가 불안해질 우려가 있거나 한미일 삼각 협력으로 인한 우려가 커지면 북한을 지원하는 양방향의 대북 전략으로 상황을 관리하고 있다. 따라서 핵실험 등 북한의 간헐적인 도발에도 공식적 또는 비공식적 북중 간 경제 교류는 지속되고 확대되어왔다.

한편 미중 간의 전략 경쟁이 지속되는 한 중국은 한반도에서 북한의 지정학적 가치를 등한시하지는 못할 것이다. 중국은 북한의 붕괴보다는 한반도의 현상 구조를 유지하면서 상황을 조금씩 안정적으로 개선시켜가는 방식(현상 유지 플러스)를 선호할 것이다. 중국은 여전히 이러한 현상 유지 플러스 상황을 조성하기 위해서는 남북 간 관계 개선을 통한 한반도의 안정화와 비핵화 및 개혁 개방이 필요하다고 인식하고 있다. 중국은 중국이 원하는 방향으로 북한을 유인하기 위해서 경제적 '매수 방식'을 사용했다. 즉, 돈을 주고 한반도의 안정을 사는 방식이었다. 문제는 이러한 중국의 대북 매수 방식은 북한 정권을 안정시키는 데는 다소 효과가 있었을지 모르나 북한을 유인하는 데는 한계가 있다. 북한은 중국의 지원만 받고, 긴장 고조를 통한 지정학적 게임을 즐기는가 하면 미국과의 관계를 항상 최우선순위로 설정했기 때문에 결국 중국은 경제적·외교적 비용만 지불하고 상황의 주도권을 항상 북한에게 빼앗기게 되었다.

그러나 북중 관계는 이러한 역사적 사건을 겪으며 양국 간에 벌어지는 다양한 난제들을 해결하면서 유대 관계를 유지해왔다. 따라서 북중 관계의 향후 방향성도 '북한이 계속해서 중국의 국익을 침해하는 무모한 행동을 할 것인가', '미중 관계가 어떻게 설정될 것인가', '한중 간의 정치 안보적 신뢰가 얼마나 축적될 수 있는가'에 따라서도 중국의 선택은 달라질 수 있다. 중국의 대한반도 정책은 현 시점에서 구체적으로 정해진 것은 없으나 시진핑 집권 2기에 접어들어 미중 관계의 변화, 한국의 대외 정책, 북한의 태도, 한중 관계 등 여러 변수들과 연계되어 새로운 정책 방향이 모색될 것이다. 하지만 역시 이 과정에서의 핵심 변수는 북중 간 이해관계에 이미 상당한 차이가 존재하며 무엇보다도 중국은 북한이 국가 핵심 목표로 추구하고 있는 핵 보유를 결코 인정할 수 없는 근본적 문제를 어떻게 해결할 것인지가 될 것이다.

5. 중국의 대한반도 정책 전망과 대응
경협을 통한 영향력 확대

동북아의 안정과 평화 그리고 번영을 위해서는 북한의 시장화와 남북중 경협은 절대적으로 필요하다. 현재 남북 경협이 막혀 있으나, 앞으로 북중 경협은 북한의 지정학적·지경학적 가치를 고려한 중국의 대북 정책 때문에 더욱 확대될 가능성이 있다. 중국의 일대일로 이니셔티브는 북한을 제외하고는 완성되기 어렵기 때문에 그래서 남북 경협이 막히면 막힐수록 북한은 북중 경협에 의존할 수밖에 없고, 그 과정에서 남한은 외면당하고 북중 경협에서 북한은 중국에 '구조적으로 종속화'될 가능성도 크다.[*] 북한은 핵·경제 병진 노선에 따라 2013년 11월 21일 외자 유치, 경제 부흥, 대외 경제 무역의 다원화와 다양화를 실현하기 위해 북한 최고인민회의는 북한의 각 도에 공업 개발구, 농업 개발구, 관광 개발구, 수출 가공구 등 13개 개발구를 건설했고, 2014년 7월 23일에 6개 개발구를 신설했다. 이로 인해 북한은 북중 국경 지대와 연해 지역에 걸쳐 '점'으로부터 '선'으로 대외 개방 의지를 표명했다.[**]

---

[*]　동북 지방의 일부 학자들이 주축이 되어 작성한 「한반도 정세 완화 및 동북 경제 발전 기회」라는 보고서를 통해 남북한의 국가주권을 무시하고 중국이 북한을 영국이 홍콩을 경영한 방식으로 100년 정도 조차해 자유무역 특구를 운영해야 한다고 주장하는 내용을 2018년 10월 24일 차하얼 학회에서 발표했다.

북한은 북한 경제의 시장화와 국제화를 준비하고 있지만 만일 북핵 문제로 인해 실질적인 추진이 어려울 경우 중국과 한국의 경제협력만이 유일한 희망일 것이다. 과거 김정일이 김일성 생일 100주년이 되던 2012년에 '강성 대국의 대문'을 열겠다고 다짐했지만 뜻을 이루지 못했다. 따라서 김정은은 부친이 열지 못한 강성 대국의 대문을 열기 위해 2019년까지 핵과 미사일을 실전에 배치한 후 다음 행보로 경제 건설에 매진할 가능성이 크다. 즉, 중국이 걸었던 길을 따라 김정은 정권도 안전 보장 문제가 해결되면 바로 개혁 개방의 길로 나올 수 있는 가능성은 상존한다. 이러한 시각에서 보면 중국의 대한반도 정책의 흐름을 다음과 같이 예측해볼 수 있을 것이다.

첫째, 북한을 정상 국가화시켜 사회주의 체제를 존속시키면서 한반도의 지정학적 가치를 재평가할 것이다. 미중 간의 전략 경쟁이 지속되는 한 중국은 한반도에서 남북한의 지정학적 가치를 등한시하지는 못할 것이므로 중국은 북한의 붕괴보다는 한반도의 현상 구조를 유지하면서 한국과 관계 개선에 적극성을 보이면서 상황을 조금씩 안정적으로 개선시켜가는 방식(현상 유지 플러스)을 선호할 것이다. 중국은 여전히 이러한 현상 유지 플러스 상황을 조성하기 위해서는 남북 간 관계 개선을 통한 한반도의 평화 정착을 도모하고 비핵화 및 북한의 개혁 개방이 필요하며, 이러한 상황을 조성하고 실천하는 것이 중국의 국가이익을 위한 최선의 방안이며, 또한 북한을 더 이상 자극하지 않고 주변 상황을 안정화시키는 것이 필요하다는 인식을 가지고 있다. 북한은 중국에 의존하기보다는 자국의 지정학적 존재감을 부각시키면서 중국과 미국을 대화의 장으로 유도하는 전략을 구사하

** 사실상 북한의 19개 개방 지역은 토지 사용 연한 50년, 소득세 10%, 소득세 이윤 3년 면제 2년 반감 등 우대 정책을 실시했으나 경제개발 면적이 최대 8.1km², 최소 1.5km²로 평균 3.4km²이고, 외자 유치액도 최고 2.4억 달러에서 최저 0.7억 달러, 평균 1.2억 달러에 불과해서 그리 영향력은 없다.

는 노력을 계속할 것이다.

둘째, 중국은 동북 지방의 안정을 위해서 장기적으로 북한을 동북아 경제권의 일원으로 포용할 것이다. 중국의 일대일로 연선에 위치한 압록강·두만강 유역의 경제협력(중몽러 경제 회랑)은 북한을 포함한 한반도 주변 국가들이 경제적 공동체를 건설하는 데 기회를 주기 때문에 동북아의 안보 딜레마를 해소할 수 있는 좋은 기회가 될 것이다.* 이는 중국의 해양 진출을 위한 지린성과 두만강 지역을 연결한 '차항출해借港出海' 전략과 랴오닝성과 압록강 지역의 '통강달해通江達海' 전략과도 일치하는 것이다. 현재는 북한 요인으로 인해 일대일로와 한반도 신경제 지도 구상과의 연결은 답보 상태에 있는바 한반도는 해양 세력과 대륙 세력이 교차하는 전략적 요충지로서 지정학적 가치가 대단히 큰 지역이지만, 분단 상태의 남북한 관계는 동북아 지역에서의 중국의 일대일로 정책과 한국의 신북방 정책을 원활하게 추진할 수 없는 정치적 장애 요인이다.

셋째, 중국은 자신들의 국가이익 차원에서 북한을 관리할 것이다. 북한이 친미 정권으로 경사되는 것이 최악의 상황이라고 인식하고 있다. 북한이 현 상태에서 국제적 문제를 야기해 중국에 전략적 부담이 가중되고 결정적으로 중국의 중대한 국익이 훼손된다고 판단될 경우, 중국은 북한을 포기하고 레짐 체인지에 동의할 수도 있을 것이다. 북중 관계의 역사적 연원을 볼 때 비록 북한이 지역적 수준에서든지 글로벌 수준에서든지 내심 못마땅한 존재이지만 그래도 전략적 가치가 있다고 판단해서 특수한 북중

---

* 중국은 2018년 9월 동방경제포럼에서 시진핑 국가주석이 '동북아 경제권'을 주창한 후 랴오닝성 정부는 「랴오닝 일대일로 종합 실험구 건설 총제 방안」 전문에서 공식적으로 중국의 일대일로 정책 중 동북아 경제 회랑에 한반도를 포함시켰다. 횡축은 북중 접경 지역을 따라 중국과 러시아를 연결하고, 종축은 중국과 한국을 연결하는 것으로 기획해 한·중·일 + X자 모델을 추진하겠다는 계획을 발표했다.

관계를 지속시켜왔다. 하지만 중국은 현실적 상황에 따라 북중 관계를 계속 조정하면서 북한을 중국의 전략적 우방으로 존속시키는 것이다.

넷째, 한중 관계는 상이한 외교 안보관을 인정하고, 상호 필요에 의해 전략적 관계를 지속 또는 변용해가는 것이다. 수교 초기 철저한 정경 분리 원칙에 따라 한중 관계는 경제성장을 목표로 구축됐던 한중 상호 협력 관계에서 안보 변수를 반영한 진정한 양국의 국가이익이 반영된 '전략적 협력 관계'로 발전할 수 있도록 한중 양국이 노력해야 한다. 즉, 역사적 동질감을 바탕으로 전략적 이해관계의 교집합 부분을 확대해가면서 양국 교류의 폭을 넓혀가야 할 것이다. 문제는 북한의 지정학적 그리고 지경학적 측면의 전략적 가치이다. 북한이 21세기 외로운 섬으로 존속하는 한 동북아의 평화와 남북한 간의 교류는 요원할 수밖에 없다. 중국의 일대일로 정책도 한국의 신북방 정책도 북한을 연계시키지 못하면 그 결과는 기대치 이하가 될 것이다.

하지만 민족은 그 어떠한 동맹보다도 우선한다. 한반도 문제의 직접적인 당사자인 남북한은 오히려 주변 강국들의 이해관계에 의해 정치 경제적 종속 상태에 놓이게 되었다. 이러한 종속적인 관계가 자주적이고 독립적인 관계로 변화한다면 한반도의 통일은 물론이고 미래의 인류 가치를 창출하는 데 일익을 담당할 수 있는 지역이 한반도 지역이다. 북한은 한국, 중국, 러시아 등 세계에서 가장 역동적인 자본 축적의 공간으로 활용되어 지경학적 경제활동이 활발하게 진행되는 지역이기 때문에 동북아 지역의 국제 협력이 진행된다면 북한이 빠른 속도로 시장경제로의 체제 전환에 성공하게 됨으로써 '동북아 경제권'이 탄생할 수 있을 것이다. 즉, 한반도 문제를 지정학적으로 접근하면 갈등이나 충돌로 갈 수밖에 없으나 지경학적으로 접근하면 남북중 간 협력이 가능하다. 중국 역시 지속적인 경제 발전을 위해 한반도의 평화와 안정이 절대 필요하기 때문에 한반도 문제가 평화적으로 해결되는 것을 원칙으로 하고 있다. 만일 한반도에 분단 상태가 지속되면 그만큼 주변 강대국들이 한반도 분단을 이용해 경쟁적으로 자국의 전략을 세울 빌미를 주게 된다. 그렇게 되면 전통적인 지정학적 의의가 강조되고 갈등과 충돌이 끊이지 않을 것이며, 그 영향을 가장 직접적으로 받는 나라가 바로 중국과 한반도가 될 수도 있다. 남북중 간의 역사적 동질감을 바탕으로 '구동존이求同存異'와 '여시구진與時俱進'에 따른 전략적 이해관계의 교집합 부분을 확대해가면서 교류의 폭을 넓혀가는 것이 바람직하다. 따라서 남북중은 생활 문화 운명 공동체로 연결된 문화적 동질성을 인정하고 상생의 길을 가야 할 것이다.

참고문헌

김한규. 2002. 「전통시대 중국 중심의 동아시아 세계질서」. ≪역사비평≫, 24권, 282~298쪽.

_____. 2009. 「중국동반자 외교 소고」, ≪한국정치학회보≫, 43집 2호, 1~20쪽.

박승혁. 2017. 「2017년 상반기 북중 및 북러 교역현황과 시사점」. 한국무역협회. ≪TRADE BRIEF≫.

박창희. 2007. 「지정학적 이익의 변화와 북중동맹관계: 기원, 발전, 그리고 전망」. ≪중소연구≫, 통권 113호, 27~55쪽.

이태환. 2007. 「북중관계」. 세종연구소 북한연구센터 엮음. 『북한의 대외관계』, 243~297쪽. 한울.

임을출. 2016. 「국제사회 제재와 사투 벌인 북한경제」. ≪월간 북한≫, 12호, 32쪽.

조영남. 2009. 「21세기 중국의 동맹정책」. 『EAI 국가안보패널 연구보고서』, 32권, 19~20쪽.

李成日. 2012. 「中韓建交后中國對朝鮮影響力變化之分析」. ≪한국시민윤리학회보≫, 25집 2호, 71~76쪽.

趙立新. 2015. 「構建東北亞和平安全機制需要什麼樣的中朝關係」. ≪世界知識≫, 12期.

王洪光, 朝鮮若崩潰中國救不了.http://news.wenweipo.com(검색일: 2018년 10월 6일).

沈志華: 中朝關係驚天內幕, http://wenku.baidu.com(검색일: 2018년 10월 6일).

王俊生. 2016. 「中朝'特殊關係'的邏輯: 復雜戰略平衡的産物」. ≪東北亞論壇≫, 1期, pp.54~59.

일본의 대한반도 정책과
한일 관계

이웅현
고려대학교 세계지역연구소 교수

1. 일본의 한국관(觀), 한국의 일본관(觀)

한국과 일본의 국교 정상화가 이루어진 것은 1965년이었다. 일본은 1951년 샌프란시스코 강화조약에 서명함으로써 한국의 독립을 인정한 셈이었지만, 국교 정상화를 이루기까지 무려 만 14년의 세월을 필요로 했다. 한국전쟁이 한창이던 1951년 미국은 아시아에서 전개되고 있는 냉전과 열전의 과정에서 극동의 대공산권(소련, 중국) 봉쇄 전략의 수행을 위해 동맹국 일본과 극동의 최전선인 한국의 관계 정상화를 필요로 했고 한국과 일본의 관계 개선을 위한 외교적 압력을 가했다. 한일 국교 정상화 교섭의 단초였다.

1951년 10월부터 시작된 양국 사이의 국교 정상화 교섭이 난항을 겪었던 이유는 양국 국민과 정책 결정자들이 서로에 대해서 가지고 있는 인식의 괴리 때문이었다. 이른바 '감정적 요소'가 존재했다. 한국인들의 눈에는 일본이 36년에 걸친 식민지 지배에 대해서 전혀 반성하는 기미를 보이지 않았고, 일본의 입장에서는 자신들도 생각하기 싫은 전전戰前 군국주의 일본 시대의 일, 즉 조선 강점기 정책에 대해 한국이 지나치게 집착한다고 생각했다.

1952년 1월 이승만 대통령이 한반도 주변 해역에 해양 주권을 설정(이승만 라인)하고 이를 침범하는 일본 어선을 나포하기 시작하자 일본은 한국의 역사적 '원한怨恨'이 양국의 관계 개선을 그르친다고 생각했고, 1953년 10월에는 국교 정상화를 위한 교섭 과정에 일본 측의 구보타 간이치로久保田貫一郎 대표가 일본의 식민 통치에는 "좋았던 면, 예를 들면 민둥산이 푸른 산으로 변하거나 철도가 깔리고, 항만이 만들어졌으며, 또한 논이 엄청나게 늘어난 것 등"도 있었다는 '망언'을 하자 한국 측은 회담장에서 철수했다(이오키베 마코토 외, 2002: 113~114).

후일의 '식민지 근대화론'을 연상케 하는 이 발언으로 한국은 일본의 '역사의식의 부재'와 '반성하지 않는 자세'를 목격했고, 이후 지금까지도 일본의 대한 정책의 근저에는 이러한 인식이 깔려 있다고 생각하고 있다. '반성하지 않는 자세'는 나아가 '모욕적인 무관심'과 궤를 같이하는 것이었고, 한국이라는 나라와 민족에 대한 일종의 폄하로 간주되었다.

통상적으로 일본인들은 한국을 이야기할 때 '일의대수一衣帶水'의 관계, 즉 한 줄기의 좁은 바닷물을 끼고 있는 밀접한 나라라고 친밀감을 표현하지만, 식민 지배의 경험을 가지고 있는 한국인들은 이것이 모종의 '야욕'을 내포한 표현이라고 생각하면서 일본을 "가깝고도 먼 나라"라고 부른다. 가깝게는 1945년 한국의 독립 이후, 멀리는 1905년 을사늑약 이후 형성된 이러한 양국 사이의 인식의 괴리는 과연 특수한 것일까?

사실 지구상에 존재하는 나라들 가운데 그 어느 나라도 역사적으로나 현실적으로 다른 나라와 대등한 관계를 이루고 있는 나라는 없다. 주권국가로서 대등한 관계이지만 역사적·정치적·경제적·사회적으로 대다수 국가들 사이의 관계는 '비대칭' 또는 '불평등'하다. 그렇다고 해서 자국이 '소국'이라는 열패감을 갖고 있는 나라도 없다. 긴 역사적 안목으로 보면 두 나라 사이의 관계는 어느 시기에는 '비대칭'일 수 있고, 또 다른 시기에는 그 비대칭이 역전될 수도 있다. 그럼에도 불구하고 일본의 패전과 한국의 독립 이후 대체로 일본은 한국과의 관계를 현재적·지리적 관점에서 보아왔고, 한국은 일본을 역사적·경험적 관점에서 보아옴으로써 이와 같은 인식의 괴리를 메우지 못했다. 물론 이러한 상호 간의 시각 차이는 여전히 존재하며, 일본에게 귀책사유가 있는 한일 사이의 현안 등도 미해결 상태로 남아 있지만, 국교 정상화 이후 반세기 이상이 훨씬 지난 현재는 뒤에서 서술하는 역사적 과정을 거치면서 앞선 자와 뒤따르는 자, 강한 나라와 약한 나라, 가해국과 피해국 등의 단순 도식은 상당 부분 그 설명 능력을 상실했다고 할 수 있다.

2. 일본의 대한반도 정책의 진화

일본 정부(외무성)는 매년 다른 나라들과의 관계와 대외 정책에 관한 기본 입장과 방침을 담은 『외교청서』*를 발행한다. 매년 발행되는 이 『외교청서』에서 일본 정부가 자국의 대한반도 정책의 기본 방침에 관해 언급한 부분을 기준으로 보면 일본의 대한반도 정책은 다음과 같은 몇 단계의 변화 과정을 거쳐왔다는 것을 알 수 있다.

1) 냉전과 현상 유지의 시대(1965~1988)

우선 1965년의 한일 국교 정상화부터 1988년 서울 올림픽 개최 시기까지의 기간이다. 일본의 대한반도 주요 관심사는 한반도의 남북한 대립, 즉 '대치' 상태이며, 이에 따른 한국의 정치·경제적 중요성이다. 이 시기는 유럽에서 냉전이 전개되던 시기였고, 아시아에서도 한반도의 분단을 위시한 냉전이 진행되고 있었다.

〈표 11-1〉에서 보는 바와 같이, 매년도 『외교청서』에는 한반도에 긴장이 유지되고 있는 것이 기술되었으며, 한반도의 정세가 일본의 안전과 직결

---

*   1957년(제1호)부터 1986년(제30호)까지 『우리 외교의 근황(我が外交の近況)』이란 제목으로 출간하다가 1987년(제31호)부터 2018년 현재(제61호)까지 『외교청서(外交青書)』로 개명 출간하고 있다. https://www.mofa.go.jp/mofaj/gaiko/bluebook/index.html

표 11-1 『외교청서』에 나타난 일본의 대한반도 정책의 기본 방침 (1957~1988)

『외교청서』 발행 연도	일본의 대한반도(한국) 정책의 언급 내용	비고
1957~1966	- 없음 (한일 국교 정상화 교섭 회담의 경위와 과정)	1965년 한일 국교 정상화
1967~1968	- 없음 (한일 양국 체결 조약의 실시 내용 등)	
1969	- 휴전선을 사이에 두고 양자는 대치하고 있다. - 일본은 한국의 경제 건설을 지원함으로써 이 지역의 평화와 안정에 기여 하고자 한다.	
1970	- 한국의 안전은 극동의 안전과 일본 자신의 안전에 긴요하다. - 한반도의 정세는 여전히 긴장을 내포하고 있다. - 일본은 한국의 경제 건설에 계속 협력해갈 방침이다.	
1971~1973	- 한반도의 정세는 일본의 안전과 매우 밀접한 관련이 있다. - 한반도의 긴장은 해소되지 않고 있다. - 일본은 한국의 발전과 국민 복지의 향상에 가능한 한 협력하는 것이 이 지 역의 평화와 안전에 기여한다는 기본적 입장에 서 있다.	
1974~1975	- 없음 (김대중 납치 사건에 관한 언급)	1973년 김대중 납치 사건
1976~1978	- 한반도 평화와 안정은 일본 및 동아시아의 평화와 발전에 깊은 관련을 지 니고 있다. - 한반도에는 불행히도 남북 대립과 긴장이 유지되고 있다. - 일본은 한국과의 우호 협력 관계의 유지 발전을 기본으로 한다.	
1979~1983	- 한반도의 평화와 안정의 유지는 일본을 포함한 동아시아의 평화와 안전에 중요하다. - 일본은 이 지역의 긴장이 완화되기를 강하게 희망하며, 이를 위한 국제 환 경 만들기에 공한하려고 노력하고 있다.	
1984~1987	- 한반도의 평화와 안정의 유지는 일본을 포함한 동아시아의 평화와 안전에 중요하다. - 일본은 한반도의 긴장이 완화되기를 강하게 희망한다. - 일본은 한국과의 우호 협력 관계를 계속해서 중시하고 있다.	
1988	- 없음 (간단한 현황 설명에 그침)	

주: 1957년 『外交靑書』 제1호부터 1988년 『外交靑書』 제32호까지를 토대로 필자가 작성.

11장 일본의 대한반도 정책과 한일 관계 353

되어 있기 때문에 일본은 한반도의 평화와 안정에 기여하기 위해서 한국의 경제 건설에 협력해야 했다. 1974년과 1975년 두 해에 걸쳐서 '김대중 납치 사건'이 한일 양국 사이에 첨예한 갈등의 소재로 떠올랐던 시기에는『외교청서』에 한반도와 한국에 대한 일본의 기본적 외교 방침에 관해서 아무런 언급이 없었다. 이 시기 양국의 냉각 관계를 반영한 것으로 보인다.

그러나 이 예외적 시기를 제외하고 1969년부터 1987년까지 약 한 세대의 일본 외교 담당자들의 주요 관심사는 한반도의 분단과 대치 상태였다. 1970년대 중반 이후에는 그 이전의 "경제 건설 지원", "한국의 발전과 국민의 복지 향상에 대한 협력"이라는 표현이 "한국과의 우호 협력 관계의 유지 발전"이라는 좀 더 대등한 관계를 암시하는 표현으로 바뀌었지만, 사실상 "한반도의 긴장이 완화되기를 강하게 희망한다"고 함으로써 한반도 분단 원인의 제공자로서의 책임을 은연중에 부인하고 있다. "한반도의 평화와 안정의 유지는 일본을 포함한 동아시아의 평화와 안전에 중요하다"는 표현은 어찌 보면 동아시아 안보 환경에서 한반도의 중요성을 강조한 말인 듯 보이지만, 일본은 정치적·경제적으로 안정된 국가이고, 한반도의 분단과 남북한의 대립 그리고 한국의 국내 정치적 불안정이 일본의 불안 요소가 된다는 의미이기도 하다.

1979년부터 1987년까지 일본은 "한반도의 평화와 안정의 유지는 일본을 포함한 동아시아의 평화와 안전에 중요하다"는 표현을 고수하고 있는데, 이것은 한반도의 평화와 안정을 일본이 희구한다는 것과 다르지 않다. 즉, "한반도의 평화와 안정의 유지"에 가장 높은 우선순위를 부여하고 있었다는 것이다. 이는 달리 표현하면 일본의 입장에서 "한반도의 현상 유지"가 바람직하다는 것이 되며, 남북한의 '한반도 통일' 정책 내지 희구와는 배치되는 것이다(伊豆見元, 1985: 180). 이러한 방침의 표현은 "일본은 한반도의 통일을 원하지 않는다"는 인식을 한국에 심어주었다.

2) 해빙과 파트너십의 신시대(1989~2001)

1988년 서울 올림픽을 개최함으로써 한국의 국제적 지위는 높아졌다. 이미 그보다 24년 전인 1964년 도쿄 올림픽을 개최한 일본 역시 올림픽 개최 이후의 한국에 대한 인식을 달리할 수밖에 없었다. 특히 서울 올림픽 개최 1년 전에 전개된 한국의 1987년 시민혁명과 그 성공은 일본 열도에 신선한 충격을 주었다.

다음의 〈표 11-2〉에서 보는 바와 같이, 1989년 『외교청서』에는 "한반도 남북한 대치라는 기본적인 상황에는 변화가 없지만, 서울 올림픽 성공을 계기로 한 한국의 국제적 지위 향상과 민주화를 배경으로 한국과 중국, 소련, 동유럽 국가들과의 관계 개선, 남북 대화의 재개라는 새로운 현상이 나타났다"는 문장이 나타났고, 이는 그러한 충격의 표현이었다. 이뿐만 아니라, 이 해의 『외교청서』에 "자유와 민주주의라는 기본적 가치관을 지닌 한국"이라는 표현이 처음으로 등장하면서 야릇한 존경심을 나타내기도 했다(Box-1. <칼럼> 참조).

1990년과 1991년은 1989년까지의 기대가 잠시 후퇴하는 시기였다. "한반도에서는 (여전히) 군사 휴전선을 사이에 두고 남북한 사이에서 정치적·군사적 대치가 계속되고 있다"는 표현이 두 해 계속 등장했다. 그러나 1991년 12월 소련의 붕괴는 "자유, 민주주의, 시장경제라는 기본적 가치를 공유하는 한국과의 우호적인 협력 관계의 강화"야말로 역시 "일본의 한반도 정책의 기본"이 될 수밖에 없다는 것을 확인시켜주었다.

1990년대 전반기에 시작된 '북한의 핵 개발 의혹'으로 냉전 해체와 소련

Box-1. 〈칼럼〉 한국, 월드컵 4강·직선제 쟁취로 日 탈아입구(脫亞入歐) 무색

"구습을 고집하고 문명의 수용을 거부하는 한국과 중국의 문명 개화를 기다려 함께 아시아를 흥하게 할 여유가 우리에게는 없다. 여기서 벗어나 서양의 문명국가들과 진퇴를 함께하고, (겉으로는 몰라도) 마음으로는 동아시아의 악우(惡友)를 사절하자." 1885년 후쿠자와 유키치의 '탈아론'은 이렇게 시작한다. (아시아를 무시하고) 유럽을 문명의 척도로 삼아 배우자는 '탈아입구(脫亞入歐)'론이다. 이 원조 보수의 논리는 일본 축구인들의 의식까지 지배했다.

이미 1970년대부터 유럽과 남미의 선진 축구를 배우는 데 주력하던 일본은 1990년대 J리그의 출범과 함께 노골적인 서구 편향 기치를 내걸었다. 멕시코 월드컵 득점왕 리네커(영국), '하얀 펠레' 지코(브라질)를 비롯한 유럽과 남미의 '선진' 축구 스타들을 J리그 선수로 대거 영입하면서 '축구의 세계화'를 지향했다. 월드컵 본선 무대에 연속 출사표를 던지는 한국 축구를 우회하려는 것처럼 보였다.

축구에 관한 한 한국은 일본의 천적이자 악우였다. 일본에 선진 축구 열풍이 불던 1970년대에도 한국은 아시아의 각종 대회를 석권하면서 '토종' 축구 스타일을 견지했다. 비서구적이고 비과학적이지만 나름대로는 역동적인 한국 축구 때문에 일본은 1980년대 이후에도 월드컵 본선 진출의 꿈을 번번이 접어야 했다.

특히 1981년을 제외하고 1972년부터 1984년까지 매년, 그리고 1991년까지 간헐적으로 개최된 한일 축구 정기전에서는 15전 10승 3패 2무로 한국이 압도적 우위를 지켰고, J리그 출범과 함께 정기전도 열리지 않게 됐다. 축구의 '탈아입구'였다. 1993년 10월 25일 카타르 도하에서 열린 미국 월드컵 아시아 최종 예선에서 브라질 유학파 미우라가 결승골로 한국을 침몰시키자 한국은 이날을 '제2의 국치일'로 명명했고, 일본의 탈아입구 전략은 성공하는 듯 보였다. 그러나 불과 사흘 뒤 이라크가 일본의 발목을 잡으면서 일본 축구계는 '아시아 극복'의 중요성을 되씹어야 했다. 축구의 탈아입구를 '혁명적으로' 실현한 것은 오히려 2002년 월드컵 4강 한국이었다.

'혁명적인' 변화는 한국 축구뿐 아니라 한국 정치의 전유물이다. 1987년까지 군부 통치 아래 신음하던 한국은 대통령 직선제와 민주주의를 쟁취하면서 축구의 역동성뿐 아니라 정치 변화의 다이내미즘까지 과시하고 나섰다. 일본의 젊은이들이 안정적인 서구적 정치 스타일과 후기 산업사회의 평화를 만끽하는 동안 한국의 청년들은 민주주의를 위해 거리에서 피를 흘리고 최루탄 가스를 마셔야 했다. 이렇게 피의 대가로 얻은 민주 정치의 역동성은 일본 정치의 무미건조함과 크게 대비됐다. 일본의 '주어진' 민주주의는 더 이상 한국인의 선망의 대상이 아니었다. 일당 장기 집권 체제에서 정치에 무관심해진 일본인들은 지도자를 자기 손으로 뽑을 수 있는 정치체제를 '혁명적'으로 쟁취한 한국을 경이의 눈으로 바라보기 시작했다.

1970년대의 축구와 1980년대의 정치. 많은 사람에게 카타르시스를 느끼게 하고 승패를 결정지어야 하는 이 두 분야에서 '다이내믹 코리아'는 (자만심을 섞어 말하면) 일본에 이제 탈(脫)의 대상이 아니라 극(克)의 대상이 돼 있는지도 모른다.

주: 이웅현(2010: 50~52).

표 11-2 『외교청서』에 나타난 일본의 대한반도 정책의 기본 방침(1989~2001)

『외교청서』 발행 연도	일본의 대한반도(한국) 정책의 언급 내용	비고
1989	- 한반도 남북한 대치라는 기본적인 상황에는 변화 없지만, 서울 올림픽 성공을 계기로 한 한국의 국제적 지위 향상과 민주화를 배경으로 한국과 중국, 소련, 동유럽 국가들과의 관계 개선, 남북 대화의 재개라는 새로운 움직임이 나타났다. - 한반도의 평화와 안정은 일본의 안전에 극히 중요하다 - 한국의 번영과 안정이 중요하며, 또 남북 대화가 진전되어 관계 국가들 사이의 균형 잡힌 교류와 관계 개선이 진전되는 것이 바람직하다. - 자유와 민주주의라는 기본적 가치관을 지닌 한국과의 우호 협력 관계의 증진은 우리나라의 대한반도 정책의 대전제이며, 한일 관계는 현재 극히 양호하다.	1988년 서울 올림픽 개최
1990	- 한반도에서는 군사 휴전선을 사이에 두고 남북한 사이에 엄중한 정치적·군사적 대치가 계속되는 기본적 틀에는 여전히 변화가 보이지 않는다.	1989년 유럽의 냉전 해체
1991	- 한반도에서는 여전히 군사 휴전선을 사이에 두고 남북한 사이에서 정치적·군사적 대치가 계속되고 있다. - 세계적인 동서 화해의 흐름이 이 지역에도 착실히 도달하고 있으며, 한반도 분단의 배경인 동서 대립의 구조적 변화가 생기고 있다.	
1992	- 동서 냉전의 종언이라는 국제 정세의 변화 속에서 지금까지 남북이 첨예하게 대립해온 한반도에서도 남북한의 유엔 동시 가입, 남북한 총리 회담 개최 및 남북기본합의서 채택 등 긴장 완화를 위한 전향적인 움직임이 있었다. - 일본은 이러한 움직임을 환영할 뿐만 아니라 더 촉진되도록 북한에 촉구하는 등 환경 만들기에 노력하고 있다. - 그러나 북한의 핵무기 개발 의혹은 아직 불식되고 있지 않고 있다. - 일본의 한반도 정책의 기본은 자유, 민주주의, 시장경제라는 기본적 가치를 공유하는 한국과의 우호적인 협력 관계의 강화에 있다.	1991년 소련 붕괴
1993~1994	- 비확산 체제 강화를 위한 국제적인 노력이 계속되는 가운데, 이러한 노력에 도전하는 움직임도 있다. 북한의 핵무기 개발 의혹이 그러한 움직임의 하나이다.	북한 핵 개발 의혹 부상
1995	- 한반도에서는 1994년 북한의 핵무기 개발 문제를 둘러싼 긴장이 높아지고, 오랫동안 북한의 최고 지도자 지위에 있던 김일성 주석이 사망했다. - 일본은 계속 한국과의 우호 협력 관계 증진에 노력하고 있다.	1994년 김일성 사망

1996	- 한반도에서는 군사 경계선을 사이에 둔 병력 대치의 상황에 기본적인 변화는 보이지 않는다.
1997	- 한반도에 대해서 일본은 한국과의 우호 협력 관계를 기본으로 하며, 이 지역의 평화와 안정을 위해서 노력하고 있다.
1998	- 없음 (기본적 사실의 나열)
1999	- 없음 (1998년 10월 김대중 대통령의 일본 방문과 21세기를 향한 파트너십의 구축)
2000	- 1998년 10월 김대중 대통령의 일본 방문으로 한일 양국은 과거에 한 획을 긋고, 명실 공히 '가깝고 가까운 나라'로서 미래 지향적 관계를 구축해 왔다. - 1999년 3월에는 오부치 총리가 한국을 방문, 한일 관계가 새로운 시대로 들어섰다는 인상을 주었다. - 김대중 대통령하에서 한국은 일본 문화의 개방을 추진했다.
2001	- 21세기 아시아 태평양 지역의 구상에는 이웃 나라 한국과의 협력 관계의 구축, 발전이 불가결하다. - 일본과 한국의 협력 관계는 동아시아의 평화와 번영에 중요하다. 1998년 김대중 대통령의 방일과 오부치 총리와의 회담을 통해 과거에 한 획을 긋고, 한일 관계는 일층 강화되어 미래 지향적이 되었다. 명실 공히 '가깝고도 가까운 나라'로서의 관계를 구축하려는 노력이 행해지고 있다. - 이웃 나라 한국과의 협력 관계는 동아시아의 평화와 번영에 중요하며, 특히 대북한 정책을 추진함에 있어 불가결하다.

주: 1989년 『外交靑書』 제33호부터 2001년 『外交靑書』 제44호까지를 토대로 필자가 작성.

붕괴가 가져온 유포리아euphoria와 당혹감은 오래가지 않았지만, 1997년의 대선에서 집권한 한국의 진보 세력은 대북 정책은 물론 대일 정책에서도 주도적으로 새로운 관계를 만들어 나아갔다. 1998년 김대중 대통령의 일본 방문 그리고 이듬해 오부치 일본 총리의 답방을 통해서 일본은 한국을 '가깝고도 먼 나라'가 아니라 '가깝고도 가까운 나라'라고 강조하기 시작했다. 핵 개발을 통해서 '강성 대국'을 만들겠다는 북한에 공동으로 대처하기 위해서, "동아시아의 평화와 번영"을 위해서도 "이웃 나라 한국가의 협력 관계"가 불가결하다고 생각했던 것이다.

3) 경쟁과 협력의 시대(2002~2017)

2002년 한일 월드컵 공동 개최 이후 2014년까지『외교청서』는 매년 한국에 대해서 "민주주의, 자유, 시장경제 등 기본적인 가치를 공유"하는 '이웃 나라'라는 문장을 빼놓지 않았다. 이뿐만 아니라 김대중·오부치의 한일 파트너십의 새로운 시대 선언, 월드컵 공동 개최, 상호 문화 개방과 한류 붐의 전개 등 전대미문의 한일 신시대를 맞이하면서 일본에 대한 한국의 중요성의 증가는『외교청서』내 한국에 대한 문장 숫자의 증가와 비례하는 것처럼 보였다. 특히 2005년부터 2010년까지 6년 동안 한 해도 거르지 않고 ① "일본에 인접한 한반도는 북동아시아 지역에 위치하는, 일본에게 가장 중요한 지역의 하나이다", ② "한국은 지리적으로 가장 가까울 뿐만 아니라, 자유와 민주주의, 기본적 인권 등의 가치를 공유하고, 함께 미국과 동맹 관계에 있으며, 정치·경제·문화 등 모든 면에서 극히 밀접한 관계에 있는 중요한 이웃나라이다", ③ "양국의 일층 강고한 우호 협력 관계 발전은 양국뿐만 아니라 북동아시아의 평화와 번영에 극히 중요하다"는 문장이 빠지지 않았다. 북한의 핵 위협이 점증하면서 한국·미국·일본의 삼각 동맹 체제의 중요성을 강조하고 싶었을 것이다.

특이한 것은 2011년 이후 현재까지 즉 한국에서 보수 세력이 집권해오던 시기에, 적어도『외교청서』의 내용만 가지고 판단했을 때 일본의 대 한반도 정책과 한국과 관련한 표현이 냉랭해졌다는 점이다. 즉, 2011년부터 2014년까지는 그나마 한국은 "민주주의 등 기본적 가치를 공유하는 일본에게 가장 중요한 나라"였지만, 이후 "가장 중요한 나라"에서 "전략적 이익을 공유하는 가장 중요한 나라"로 바뀌었고, "양호한 한일 관계는 아시아 태평양 지역의 평화와 안정에 불가결하다"는 냉전 시대의 양국 관계를 의미하

표 11-3 『외교청서』에 나타난 일본의 대한반도 정책의 기본 방침(2002~2017)

『외교청서』 발행 연도	일본의 대한반도(한국) 정책의 언급 내용	비고
2002~2003	- 한국과 일본은 민주주의, 자유주의, 시장경제 등 기본적 가치를 공유하며, 한국은 정치·경제적으로 극히 중요한 이웃 나라이다. - 1998년 김대중 대통령의 방일 및 1999년 오부치 총리의 방한을 통해서 양국 간 과거의 문제에 한 획을 그으며 21세기를 향한 새로운 한일 파트너십의 구축에 합의했다.	2002년 한일 월드컵 공동 개최
2004	- 한반도는 일본에게 가장 중요한 지역의 하나이다. - 한국은 지리적으로 가장 가까울 뿐만 아니라, 민주주의, 시장경제 등의 기본적 가치를 공유하고, 서로 정치·경제적으로 극히 중요한 이웃 나라이다. - 양국의 일층 강고한 우호 협력 관계 발전은 양국뿐만 아니라 북동아시아의 평화와 번영에 극히 중요하다.	2004년 일본 내 한류 붐 시작
2005~2010	- 일본에 인접한 한반도는 북동아시아 지역에 위치하는, 일본에게 가장 중요한 지역의 하나이다. - 한국은 지리적으로 가장 가까울 뿐만 아니라, 자유와 민주주의, 기본적 인권 등의 가치를 공유하고, 함께 미국과 동맹 관계에 있으며, 정치·경제·문화 등 모든 면에서 극히 밀접한 관계에 있는 중요한 이웃 나라이다. - 양국의 일층 강고한 우호 협력 관계 발전은 양국뿐만 아니라 북동아시아의 평화와 번영에 극히 중요하다.	
2011~2014	- 한국은 민주주의 등 기본적 가치를 공유하는 일본에게 가장 중요한 이웃 나라이다.	
2015	- 한국은 일본에게 가장 중요한 이웃 나라이며, 양호한 한일 관계는 아시아 태평양 지역의 평화와 안정에 불가결하다.	
2017~2018	- 한국은 전략적 이익을 공유하는 가장 중요한 이웃 나라이다. - 양호한 한일 관계는 아시아 태평양 지역의 평화와 안정에 불가결하다.	

주: 2002년 『外交青書』 제45호부터 2017년 『外交青書』 제60호까지를 토대로 필자가 작성함.

는 표현으로 후퇴했다. '독도 문제'와 '위안부 문제' 등의 현안이 본격적으로 부상한 21세기의 20세기적 대응 방식이라 아니할 수 없다.

1965년 이전부터 일본의 대한반도 인식에서 찾아볼 수 있었던 몇 가지의 특징들이 반세기가 훨씬 지난 현재에 이르기까지 남아 있다. 즉, 첫째로 기본적으로는 한미 동맹과 미일 동맹이라는 미국을 축으로 한 간접적 유사 para 동맹 상태가 형성되어 있는 것으로 인해 미국이라는 변수가 여전히 한일 관계를 좌우하는 중요한 변수라는 점, 둘째로 전전戰前의 역사적 경험에 관한 일본인들의 의도적인 둔감성(일본인들 가운데도 전전의 일본을 혐오하거나 애써 무관심한 사람들이 있을 것이다), 그리고 셋째로 일본인들 스스로 쟁취한 것은 아니지만 자유주의 시장경제와 민주주의 정치체제의 형성에서 선행했다는 우월감 등이다.

경쟁과 협력의 시대로 진입하면서 그리고 한국에서의 보수·진보 세력의 정권 교체가 활발해지면서 동아시아에서의 미국의 역할과 지위에 관한 인식도 변화하기 시작했고, 1965년 한일 국교 정상화 당시의 기본 조약만으로는 포괄·해결하기 어려운 역사적 현안들이 등장하면서 일본의 의도적 둔감성도 한계를 맞이하고 있으며, 비교적 짧은 시간 내에 경제성장과 민주주의를 모두 성취했다는 자부심으로 무장하게 된 한국은 일본의 국제적 위상에 도전장을 내밀게 되었다. 향후 일본의 한반도 인식과 정책의 기본적인 방향에도 변화가 불가피하게 되었다.

3. 한일 관계의 변화

1) 경제적 격차의 축소와 추월

일본의 대한반도 정책 기조에 "한국과 일본이 민주주의, 자유주의, 시장경제 등 기본적 가치를 공유"하는 나라라는 인식이 나타난 것은 2002년의 『외교청서』부터인데, 묘하게도 이것은 21세기에 접어들면서 한국의 1인당 GDP가 2만 달러를 넘어서게 된 시기와 일치한다. 물론 1998년 출범한 한국의 국민의 정부(김대중 정부)가 1948년 정부 수립 이후 한국 역사상 최초로 수평적인 정권 교체를 달성함으로써 진정한 민주주의를 시작하게 된 시기와도 궤를 같이한다.

그렇다면 다음의 〈Box-2〉의 '새로운 중세'의 주장과 앞 절의 내용처럼 한국과 일본 사이의 경제적인 격차는 탈냉전 직후의 시기와 마찬가지로 현재도 엄존하는 것일까? 아니면 국가에 흥망성쇠가 있는 것처럼 한국과 일본 사이의 경제적 격차도 영원하지 않은 것일까? 경제성장과 발표의 지표는 여러 가지가 있겠지만, 가장 전통적이고 기초적인 지표인 1인당 국내총생산GDP을 비교의 기준으로 삼는 경우가 많다.

경제협력개발기구OECD의 홈페이지를 통해서 확인할 수 있는 한국과 일본 두 나라의 1인당 GDP 성장의 추이를 비교해보면 그 격차가 좁아지고 있는 것을 알 수 있다. 즉, 1970년 당시 약 5배 정도로 높던 일본의 1인당 GDP는 2017년 현재 약 2200달러의 차이로 좁혀졌다. 그보다 더 주목할 것은 GDP의 추이로 본 경제성장의 면에서 한국은 일본에 약 20년 뒤떨어져 있었다는 점이다.

즉, 1970년 현재 일본의 1인당 GDP(1만 4761달러)와 1990년 현재 한국의 1인당 GDP(1만 1642달러)가 비슷한 수준이며(실제로 한국의 1인당 GDP가 1만 4000달러대에 진입한 것은 1993), 일본은 1980년에 GDP 2만 달러대에 진입했지만, 한국은 그보다 20년 뒤인 2000년에야 2만 달러대에 이름을 올렸다. 그리고 일본이 1990년대 초 3만 달러대에 진입한 반면, 한국은 2010년에 가서야 1인당 GDP 3만 달러의 국가가 되었다.

일본이 1964년 도쿄 올림픽을 개최하면서 성공적인 경제 강국이 되었

Box-2. 탈(脫)냉전기 '새로운 중세'의 한국과 일본

일본의 한 연구자는 냉전의 종결과 함께 승리한 자유주의적 민주제와 시장경제라는 이데올로기를 기준으로 세계 시스템을 세 개의 권역으로 분류한 바 있다. 세 개의 권역이란 정치적·경제적으로 발전한 선진 자유주의 국가들의 제1권역(신중세권), 정치적 민주화와 경제개발의 도상에 있는 국가들의 제2권역(근대권) 그리고 정치적 민주화와 경제 발전의 면에서 낙후된 국가들의 제3권역(혼돈권)을 말한다. 각국의 정치체제의 자유도(정치적 권리, 시민적 자유의 종합지표)를 자유주의적 민주제의 성숙도와 안정도로 보고, 다른 한편으로는 구매력 평가로 측정된 1인당 국내총생산과 국민의 평균수명을 시장경제의 성숙도와 안정도의 지표로 보면서 이 세 가지 지표, 즉 평균수명, 1인당 GDP, 체제의 정치적 자유도를 기준으로 권역을 분류한 것이다.

그에 따르면 일본은 평균수명 60세 이상인 동시에 1인당 GDP 가 1만 달러 이상(1995년 기준)이며 체제의 (정치적) 자유도가 높은 국가군, 즉 제1권역에 속하고, 체제의 자유도도 높고 평균수명은 60세 이상이지만 1인당 GDP가 1만 달러 미만에 해당하는 한국은 제2권역의 윗자리를 차지하며, 평균수명은 60세 이상이지만 1인당 GDP가 1만 달러 미만이고 체제의 자유도는 낮은 북한은 제2권역의 아랫자리를 차지하는 것으로 보고 있다(다나카 아키히코 지음, 이웅현 옮김, 『새로운 중세: 21세기의 세계시스템』, 지정, 2000년, 212~214쪽).

나름대로 객관적 지표를 활용한 분류 방식이지만, 20세기 말 당시 일본과 한국의 정치 경제적 격차가 엄존하고 있다는 것을 은연중에 나타내고 있다.

평균수명		체제 자유도 저(低)		◀ 근 대 권 ▶		신중세권		1인당 GDP
평균수명 60세 이상						미국 스위스 룩셈부르크 독일 일본 . . 스페인 바하마 아일랜드	22,130 21,780 20,800 19,770 19,390 . . 12,670 12,000 11,430	1인당 GDP 1만 달러 이상
		아랍에미리트 브루나이 바레인 사우디아라비아	17,000 14,000 11,536 10,850	싱가포르 쿠웨이트	14,734 13,120			
		. . 중국 알제리 우즈베키스탄 인도네시아 타지크스탄 쿠바 북한 카타르 베트남 몰디브	. . 2,946 2,870 2,790 2,730 2,180 2,000 1,750 1,400 1,250 1,200	베네수엘라 말레이시아 멕시코 러시아 벨로루시 . . 온두라스	8,120 7,400 7,170 6,930 6,850 . . 1,820	키프로스 포르투갈 바베이도스 트리니다드토바고 한국 . . 상투메 프린시페	9,844 9,450 8,667 8,380 8,320 . . 600	1인당 GDP 1만 달러 미만
평균수명 60세 미만	▲ 혼돈권 ▼	스와질란드 카메룬 라오스 코트디부아르 예멘 . . 에티오피아	2,506 2,400 1,760 1,510 1,374 . . 370	가봉 콩고 짐바브웨 파키스탄 세네갈 . . 말리	3,498 2,800 2,160 1,970 1,680 . . 480	나미비아 베닌 말라위	2,381 1,500 800	
		체제 자유도 저(低)		체제 자유도 중(中)		체제 자유도 고(高)		

표 11-4 한국과 일본의 1인당 GDP 성장 비교

(단위: 달러)

연도	1970	1975	1980	1985	1990	1995	2000	2005	2010	2015	2017
일본	14,761	17,142	20,283	24,041	29,923	31,746	33,164	34,915	35,007	37,097	38,210
한국	2496	3660	5088	7434	11642	16579	20,773	25,537	30,376	34,205	35,981

자료: OECD 홈페이지(https://stats.oecd.org/Index.aspx?DatasetCode=SNA_TABLE1).

다는 것을 알린 것처럼, 약 20년(정확히는 24년) 뒤인 1988년 한국은 서울 올림
픽을 개최하면서 안정적인 경제적 성장기에 접어들었다는 것(1인당 GDP 1만
103달러)을 과시한 것이 과연 우연의 일치에 지나지 않은 것일까?(서울 올림픽
개최 20년 뒤인 2008년 중국은 베이징 올림픽을 개최했고, 그해 중국의 주요 도시들의 1인당 GDP
는 1만 달러를 넘어서기 시작했다) 아무튼 이러한 20년의 격차는 2017년 현재 2200
달러의 격차로 줄어들었다.

정치와 경제의 두 부문에서 한국과 일본의 격차는 지난 반세기 동안 꾸
준히 줄어들었고, 마침내 대등한 수준에 이르렀다고 할 수 있다. 한국 사회
의 역동성으로 보면 이 두 부문에서 한국이 일본을 추월할 가능성도 부인
할 수 없는 단계에 이른 것이다.

2) 사회·문화적 변화의 유사성

사회·문화적 측면에서도 한국과 일본의 발전 과정 역시 근대화의 선발
국가 일본을 추격하는 후발 국가 한국의 모습이 감지된다. 다음의 표들(<표
11-5, 11-6, 11-7>)은 일본의 ≪마이니치신문≫사가 1995년 출간한 『전후 50년
(戰後 50年)』을 토대로 중요 사건과 사항들을 필자가 임의로 추출해 정리한
전후 일본의 사회·문화적인 변화 과정의 연표인데, 이를 독립 이후 한국 사

표 11-5 전후 일본의 주요 사건 연표

연도	사건
1956	UN 가입
1957	교원 근무 평정제(1958년 실시) 논의-교조 반대 투쟁/UN 비상임이사국
1964	해외 관광여행 자유화 / OECD 가입
1967	수출, 수입 모두 100억 달러 돌파
1970	일본 생산 최초의 인공위성 발사
1974	사토 에이사쿠, 노벨평화상
1976	자동차 대미 수출 100만 대 돌파
1977	기상위성 '해바라기' 송출
1980	자동차 생산 1000만 대 돌파(세계1위) / 대미 수출 181만 대
1985	『집단따돌림백서』 최초 간행 / '이지메'로 인한 사건, 자살 빈발

회와 문화의 발전 과정과 견주어보면 대략 한 세대, 즉 20~30년의 시간적 간격을 두고 일본의 진화 과정을 따라가고 있다는 것을 알 수 있다.

일본은 1956년에 국제연합에 가입함으로써 전범 국가의 이미지를 불식하기 시작했고, 한국과 북한은 1991년 염원의 동시 가입을 달성함으로써 전쟁의 가능성이 상존하는 분단국가의 이미지를 탈피하기 시작했다. 일본은 1964년 도쿄 올림픽을 개최하면서 해외여행 자유화를 선포하고 동시에 경제협력개발기구에도 가입했지만, 한국은 이보다 20여 년이 늦은 1980년대에 자유로운 해외여행을 할 수 있게 되었고, 경제협력개발기구에의 가입은 이보다 10년이 지난 1990년대 초에 이루었다.

일본이 미국에 대한 자동차 수출 100만 대를 돌파한 것이 1976년이었는데, 한국은 1989년 자동차 해외 수출 100만 대를 달성할 수 있었다. 흥미로운 것은 일본에서 중고등학교의 집단 따돌림 현상이 사회적인 이슈로 떠오른 것이 1980년대였고, 그에 관한 조사 보고가 행해진 것이 1985년이었는데, 한국에서는 2000년대 후반에 와서야 이 문제가 사회적인 이슈로 대

표 11-6 전후 일본의 주요 문화 현상 연표

연도	문화
1951	베니스 영화제 그랑프리 구로사와 아키라 〈라쇼몽〉
1957	남극에 쇼와(昭和) 기지 설치
1960	TV 컬러 방송 개시
1990	해외여행자 연1000만 돌파

두했으며, 심지어 사회적인 발전의 지표와는 아무런 관계가 없는 듯 보이는 노벨평화상 수상 역시 27년 늦었다는 점이다.

문화와 과학 기술 분야에서의 발전의 격차를 몇 가지 사항만을 가지고 비교할 수는 없지만, 일반적으로 잘 알려져 있고 또 이해하기 쉬운 몇 가지를 준거로 비교하는 것도 무의미하다고는 할 수 없을 것이다. 일본의 영화 산업은 군국주의 시대부터 '상당한 수준'이라는 평가를 받아왔기 때문에 1951년에 일본 영화가 국제 영화제에서 그랑프리를 받은 것이 의외라고는 할 수 없다(다만 당시 미군정으로부터 막 독립한 일본인들은 이를 처음에는 놀라움으로 받아들였고 나중에는 자부심으로 간직했다). 한국 영화가 국제 영화제에서 처음으로 '그랑프리'를 수상한 것은 2012년이었다.

일본이 남극에 과학 기지를 설치한 것은 1957년이었지만, 한국은 30여 년 지난 1986년에 남극에 과학 기지를 설치했다. 일본에서 텔레비전 컬러 방송이 시작된 것은 1960년이지만, 한국은 이보다 꼭 20년 늦은 1980년에 컬러 방송을 시작했다. 물론 이 두 경우 모두 시험 방송이었고 본격적으로 컬러 방송이 시작된 것은 일본과 한국의 경우 모두 그보다 몇 년이 지난 후였다.

스포츠 분야의 발전은 국가 경제력과 비례하는 면이 없지 않은 만큼 이 분야에서도 일본과 한국의 발전 격차는 경제 발전의 차이와 매우 흡사하다. 일본의 탁구가 세계 선수권에서 두각을 나타낸 것이 1954년의 일이었

표 11-7 전후 일본의 주요 체육 성과 연표

연도	체육
1954	세계 탁구 선수권 남녀 단체, 남자 단식 우승
1964	도쿄 올림픽
1970	미우라 데루오 에베레스트 등정 / 우에무라 나오키 맥킨리 등정
1977	히구치 히사코, 전미 여자 프로 골프 선수권 우승
1989	이토 미도리, 세계 피겨 선수권 우승
1993	J리그 개막
2002	한일 월드컵 개최

는데, 한국의 경우 여자 탁구가 세계 무대에 혜성처럼 등장한 것은 1973년 사라예보 세계 선수권 대회에서였다. LPGA에서 일본 선수 최초의 우승자가 나타난 것은 1977년, 한국 선수 최초의 우승자가 나타난 것은 1986년이었다. 일본이 여자 세계 피겨 선수권을 처음으로 제패한 것은 1989년이었고, 한국 선수 최초의 세계 선수권 제패는 2008년의 일이었다.

3) 간극의 축소, 경쟁 그리고 협력

한국과 일본은 각 분야에서 대체로 한 세대의 시간적 차이를 두고 발전을 경주해왔지만, 어떤 분야에서는 한국이 앞서 있거나 경쟁을 유지하는 것도 있었다. 적어도 2002년 한일 월드컵의 공동 개최를 계기로 체육과 문화 분야 전반에 걸쳐서 두 나라는 협력과 경쟁의 단계로 진입했다고 할 수 있다. 그 이전의 일본과 한국은 앞서 달리는 나라와 추격하는 나라의 관계였다고 할 수 있지만, 이는 경제와 과학 등 근대화의 선발 주자와 후발 주자의 구별이 분명한 분야에 해당하는 것이었다. 문화 특히 대중문화 발전의 측면에서 두 나라는 2002년 이전부터 역사적인 연원과 제한적인 교류를

그림 11-1 『전후 50년』의 표지

통해 서로 자극하고 자극을 받는 관계를 이루고 있었다.

〈표 11-5〉, 〈표 11-6〉, 〈표 11-7〉의 작성에 토대가 된 1995년 발행된 ≪마이니치신문≫사의 『전후 50년』은 일본의 전후 50년 사회 문화적 발전을 압축적으로 보여주는 네 개의 아이콘으로 그 표지를 장식했다(<그림 11-1> 참조).

네 개의 아이콘이란 왼쪽 위의 미소라 히바리(엔카 가수), 오른쪽 위의 야마구치 모모에(제1세대 아이돌), 그 아래의 '우주 소년 아톰', 그리고 왼쪽 아래의 역도산이다. 일본 대중문화의 역사를 상징하는 이 네 개의 아이콘 가운데 미소라 히바리와 역도산 이 두 인물은 '한국계'였다(야마구치 모모에도 한때 '한국계'라는 소문에 시달렸다). 전후 일본의 대중문화의 한 축은 일본 제국주의의 희생자인 한국인 후예들이 짊어졌다. 일본의 현대 문화는 한국과 유리해서 설명할 수 없는 것이다. 거꾸로 지난 반세기 한국 사회의 변화와 발전의 과정에 한국의 모방 혹은 의식적인 수입을 통해서 일본의 그림자가 한구석을 차지하고 있는 것도 부인할 수 없을 것이다. 한국과 일본 두 나라의 관계를 교류와 경쟁 그리고 협력이라는 세 단어로 압축, 표현하는 것이 지나친 단순화일까?

2015년 한국과 일본의 연구자들이 공동 연구를 통해 발표한 한 연구서는, 자신들의 연구를 종합해 한일 관계에 관한 나름의 시각을 정리하면서 다음과 같은 문장으로 표현한 적이 있다.

포스트 냉전기 한일 관계의 구조 변용의 현저한 특징으로서 다음의 네 가지를 지적할 수 있다. 첫째, 한일 관계의 '수평화'이다. 한국의 지속적인 경제 발전에 따라 한일의 경제적 격차가 급속히 줄어들면서 국제정치에서 한국의 존재감도 증대하게 되었고, 한일 관계는 수평적인 것으로 변용했다. 둘째, 한일 관계의 '균질화'이다. 한국의 지속적인 경제 발전 나아가 그에 따라 촉진된 정치적 민주화는 시장경제와 민주주의라는 가치관을 공유하는 한일 관계를 성립시키게 되었다. 셋째, 한일 관계의 '다양화, 다층화'이다. 냉전기 정치·경제 영역에 한정되어 있던 한일 관계가 사회·문화 영역 등 다양한 영역을 포함하는 관계로 넓어지면서, 그때까지 중앙정부 간 혹은 재계 간으로 한정되어 있던 관계가 시민끼리의 교류가 비약적으로 높아짐으로써 널리 시민사회 전반을 포함하는 관계로 변용해가게 되었다. 넷째, 한일 관계의 '쌍방향화'이다. 한국에서 일본의 존재감의 상대적인 저하, 일본에서 한국의 존재감의 상대적인 상승에 수반해 가치·정보의 흐름에 관해서 일본에서 한국으로 향하는 양뿐만 아니라 한국에서 일본으로 향하는 양도 비약적으로 증대해 양자의 균형이 점차 이루어지게 되었다(木宮正史·李元德, 2015: 2~3).

　　일본인 연구자의 입장에서 기술된 이 문장에는 여전히 모든 면에서 앞선 나라로서의 일본(인)의 우월감, 한국의 추격을 받아 거의 대등한 관계에 육박하게 되었다는 초조감, 관계 역전의 가능성에 대한 긴장감 등이 녹아 있다. 한일 관계 변화의 세부적인 사항과 내용에 관해서는 언급하고 있지 않지만 그래도 거칠게나마 한일 관계의 변화를 압축적으로 잘 표현하고 있다고 할 수 있다. 이것이 한일 관계 연구의 현황이자 실제적인 한일 관계의 현주소가 아닐까?

참고문헌

다나카 아키히코(田中明彦). 2000. 『새로운 중세: 21세기의 세계시스템』. 이웅현 옮김. 지정.

이오키베 마코토(五百旗頭眞) 외. 2002. 『일본 외교 어제와 오늘』. 조양욱 옮김. 다락원.

이웅현. 2010. 「한국은 일본을 얼마나 따라 잡았나: 2002 월드컵, 협력과 경쟁의 추억, 축구와 정치는 한국이 한수 위?」. ≪주간동아≫, 719호, 50~52쪽.

伊豆見元. 1985. 「近くて遠い隣人」. 渡邊昭夫 編. 『戰後日本の對外政策』. 有斐閣選書.

木宮正史·李元德. 2015. 『日韓關係史 1965~2015』(I 政治). 東京大學出版會.

日本外務省. 『我が外交の近況』, 1957年(第1號)~1986年(第30號).

日本外務省. 『外交靑書』, 1987年(第31號)~2018年(第61號).

每日新聞社. 1995. 『每日ムック戰後50年』.

러시아의 대한반도 정책과
한러 관계

고상두
연세대학교 일반대학원 지역학협동과정 교수

1. 머리말

러시아는 오랫동안 동북아에 큰 관심을 쏟지 못했고, 유럽과 중앙아시아가 러시아의 주요 관심 지역이었다. 러시아가 대외 정책에서 최고의 가치를 두었던 것은 국가 발전을 위한 안정적 외부 환경의 조성인데, 동북아 지역은 비교적 평화로운 반면, 독립국가연합CIS 지역에서는 정치적 불안이 빈발했고, 유럽 지역은 나토의 동구 확대로 러시아의 안보가 위협에 처했다. 이러한 차별적 주변 환경 때문에 러시아는 동북아 지역보다 구소련 지역과 유럽 지역에 좀 더 많은 관심과 노력을 경주해야 하는 실정이었다.

하지만 최근 러시아가 동북아 지역 협력에 많은 관심을 보이고 있다. 서방의 제재, 유럽의 경제 위기, 극동 지역의 개발 필요성 등의 요인이 러시아로 하여금 동북아 국가와의 협력을 목표로 하는 신동방 정책을 채택하도록 했다. 러시아는 다자주의를 통한 동북아 협력을 선호한다. 양자주의가 지배적인 동북아에서 다자주의는 러시아에게 진입의 기회를 높여주기 때문이다. 동북아 국가들의 입장에서도 다자 안보 체제의 실현을 위해서는 러시아의 참여가 필요하다고 생각하기 때문에 동북아 다자 안보 구상은 러시아의 입지를 확대하는 계기가 될 수 있다. 따라서 러시아는 유럽의 안보 모델을 동북아 지역에 적용할 것을 주장하며 "동북아 다자 안보 회의" 또는 "한반도 문제 해결을 위한 다자 회의" 등의 개최 필요성을 지속적으로 주장하고 있다(Tkachenko, 2000).

한러 협력 잠재력은 매우 높은 편이다. 고르바초프 시대 소련은 한국과 수교해 남북한에 대한 교차승인의 물꼬를 열었고, 남북한 유엔 동시 가입을 가능하게 했다. 소련의 붕괴 후 신생 러시아는 북한의 핵 개발에 적극 반대했다. 러시아는 민주주의와 시장경제의 원칙을 도입함으로써 한국과 공동의 기본 가치를 가지고 있다. 러시아와 북한이 2000년과 2001년에 정상 방문을 한 후 현재까지 매우 소원한 반면에, 러시아와 남한은 지난 10년 동안 거의 매년 정상회담을 했다.

북핵 문제에서도 러시아는 핵 개발을 적극 반대하고 있다. 2013년 2월 북한이 핵실험을 강행하자 러시아 정부는 유감을 표명하면서 북핵 문제를 유엔 안보리에 회부했다. 러시아는 북한이 핵 개발을 포기하고, 유엔 안보리 결의안을 지키며, 6자 회담으로 복귀할 것을 주장했다. 물론 러시아 정부는 북한의 핵실험을 규탄하지만 강력한 대북 제재에는 반대한다. 북한의 붕괴를 우려하고 북핵 문제가 동북아 군비경쟁의 명분으로 활용되는 것을 경계하기 때문이다.

하지만 러시아는 남북한 어느 한편에 기울지 않는 '합리적 중립'을 취하고 있다. 과거 한쪽 편을 들었다가 한반도에서 영향력을 크게 상실했던 경험을 가지고 있기 때문이다. 우리는 러시아의 이러한 등거리 노선을 인정하는 한편, 러시아를 우리의 외교적 우군으로 만들기 위해 노력해야 할 것이다. 이를 위해서 한국과 러시아의 협력 관계를 강화할 필요가 있다.

2. 러시아의 강대국 외교 정책과 한반도

러시아는 강대국 외교를 추구한다. 러시아의 영토는 거의 미국과 중국을 합친 크기이다. 광대한 영토에 자연자원이 풍부하며, 특히 세계경제 발전에 필수적인 석유와 가스의 글로벌 공급자 역할을 하고 있다. 러시아는 유엔 안보리 상임이사국이며, 약 4500개의 핵탄두를 실전 배치하고 있다. 이러한 이유 때문에 크렘린은 러시아가 강대국 외교를 취할 자격이 충분하다고 생각한다.

하지만 서방 국가들은 국제 무대에서 러시아를 무시한다. 미국과 유럽의 군사동맹인 나토는 동유럽 확대를 거듭해 러시아 국경까지 밀고 들어갔다. 유럽의 전쟁사를 보면 러시아는 영토와 인구 면에서 가장 큰 나라지만 늘 서유럽 국가로부터 침략을 당했다. 특히 나폴레옹과 히틀러의 침략은 러시아인들에게 전쟁 트라우마를 남겼다. 스탈린은 "약한 자는 공격을 당한다. 러시아는 항상 약했고, 이제 강해져야 한다"고 말했다. 이 말은 푸틴 대통령이 연설에서 즐겨 인용하는 말이다. 러시아는 운명적으로 강대국이 되어야 한다는 인식이 러시아인들에게 깊이 각인되어 있다.

일반적으로 강대국의 몰락은 항상 군사적 과잉 확장이 경제적 악화로 이어지면서 발생했다. 소련은 과도한 패권 유지 비용으로 붕괴했고, 러시아는 아직도 그 후유증을 겪고 있다. 그러므로 오늘날 러시아는 강대국의 지위를 지속하기 위해, 비용 분담을 할 수 있는 조력 국가를 확보하려고 노력하고 있다.

유럽 지역에서 러시아는 과거의 동맹국들을 모두 잃었다. 그들이 서방과의 동맹 대열에 줄을 서면서, 조력국을 상실했고, 전략적 고립으로부터 탈피하기 위해 우크라이나에서 서방과 충돌했다. 그래서 2014년 봄에 러시아는 크림반도를 합병했고 돈바스 지역의 분리주의 반군을 지원하고 있으며, 이에 대응해 서방은 러시아에 제재 조치를 취하고 있다(고상두, 2015).

2015년 러시아는 시리아 내전에 개입했다. 이라크, 리비아 등 중동 지역의 조력국들을 차례로 상실한 러시아는 유일한 해외 해군 기지를 유지하고 있는 시리아에서 반군의 위협을 받고 있는 친러 정권을 돕고 있다. 중앙아시아에서 러시아는 카자흐스탄, 키르기스스탄 등 구소련 공화국을 경제적으로 결속해 유라시아경제연합EEU을 형성했다.

동북아에서 러시아는 중국을 조력 국가로 활용하고자 한다. 그래서 아시아 지역에서 중국의 안보 이익을 적극 지원하고 있으며, 양국은 미국과의 전쟁을 가상해 매년 연합 군사훈련을 실시하고 있다. 그리고 러시아는 미국의 견제를 받고 있는 북한을 추가적으로 끌어들이고 싶어 한다. 이러한 맥락에서 러시아가 추구하는 동북아 외교의 목표는 우선적으로는 중국, 북한과 협력해 미국의 패권적 질서를 세력 균형적 질서로 바꾸고, 궁극적으로는 이 지역에 다자적 안보 질서를 형성하려는 데 있다.

3. 러시아의 동북아 및 한반도 정책

1) 러시아의 신동방 정책과 극동 개발 협력

(1) 신동방 정책의 의미와 배경

푸틴 대통령은 극동 개발을 위해 신동방 정책을 주창했다. 그가 신동방 정책을 추진하게 된 배경에는 러시아가 지속적으로 내걸고 있는 국가 발전 목표인 경제 현대화가 있다. 경제 현대화란 석유 가스 산업에 의존하고 있는 러시아의 단순 경제구조를 극복하고, 유럽 지역과 시베리아 지역의 균형 있는 발전을 추구하겠다는 발전 계획이다. 그러므로 낙후된 극동을 아태 지역과의 협력 기지로 삼아 동방 협력을 촉진한다는 것이다(장덕준, 2014).

구소련 붕괴 이후 러시아의 유럽 지역은 서방과의 협력으로 크게 발전했지만, 극동 지역의 동방 협력은 지지부진했다. 사실 극동 지역과 동북아 지역은 상호 경제적 보완 관계에 있다. 시베리아 극동 지역은 풍부한 자원과 에너지를 갖추고 있어서, 부존자원이 부족하지만 역동적인 경제성장을

그림 12-1 러시아 극동 지역의 범위

하는 인접 국가들에게 자연자원을 제공하고, 그 대신 자본과 기술을 도입할 수 있는 좋은 입지적 조건을 갖추고 있다.

러시아 극동 지역이란 〈그림 12-1〉에서 보여주는 바와 같이 러시아 영토에서 가장 동쪽에 위치해 오른쪽으로는 태평양을 접하고, 왼쪽으로는 시베리아 연방구, 중국, 북한 등을 접하고 있는 지역이다. 이곳에 있는 1개 공화국, 6개의 주, 2개의 자치구에는 통틀어 600만 명을 조금 넘는 인구가 살고 있다. 하지만, 광활한 영토 덕분에 러시아 총생산의 약 20%가 이 지역에서 산출되고 있다. 이러한 맥락에서 메드베데프 총리는 "러시아의 힘은 시베리아에서 나온다"고 말했다.

특히 에너지가 국가 경제의 큰 몫을 차지하는 러시아에서 유럽 지역의 매장 자원은 점차 고갈되어가고, 새로운 자원 개발을 위해 미개척지인 시베리아 극동 지역으로 동진해야 할 필요성이 갈수록 커지고 있고, 더구나 극동 지역에서 생산된 에너지를 수출하기 위해서는 동북아 판매 시장을 개척해야 한다. 이를 위해 러시아 정부는 극동을 군사 중심에서 경제 중심으로 변화시키는 노력을 하고 있다. 블라디보스토크는 태평양 함대가 있는 군항으로서 구소련 시대에는 민간인의 출입이 금지되었고, 폐쇄적인 요새 문화가 냉전 종식 이후에도 잔존해 지역 발전을 저해해왔다. 러시아가 아태 국가라는 것을 입증하는 지정학적 의미를 살리기 위해서는 극동의 기능이 군사적 방어에서 경제적 교역으로 전환되어야 한다.

신동방 정책 추진의 또 다른 배경 요인은 지정학적 중요성이다. 중국이 부상하고, 미국이 동아시아로 귀환하고 있다. 이라크와 아프가니스탄이 안정화되면서 미국은 중국을 견제하기 위해 동북아 지역에서 군사 증강을 꾀하고 있다. 이러한 상황에서 러시아는 극동 지역에서의 군사적 열세를 보완하기 위한 다자적 지역 안보 협력체를 형성할 필요성을 느끼고 있다.

극동 개발을 위한 신동방 정책의 전략 개념은 네트워크와 클러스트를 통한 지역 간 연계이다. 네트워크 전략이란 에너지, 교통, 통신망 등을 통해 극동과 아태 지역 간의 연결을 꾀하는 것이고, 클러스트 전략이란 극동 지역에 국제회의, 학술, 교육, 과학기술 연구를 위한 각종 센터를 조성해 아태 지역의 협력 허브가 된다는 것이다. 이러한 목적에서 블라디보스토크에 소재한 극동대학을 연방 대학급으로 승격시켰다.

러시아 정부는 신동방 정책이란 이름하에 많은 중요한 사업들을 실행했다. 첫째, 푸틴 대통령은 2012년 APEC 회의 주최국으로서 정상회담을 블라디보스토크에서 개최했다. 블라디보스토크 APEC 회의는 러시아 신동방 정책 추진의 신호탄으로서, 러시아 정부는 회의 준비를 위해 연해주에 150억 달러(극동 전체 200억 달러)를 투자했다. 이 금액은 블라디보스토크 연간 예산의

60배에 해당한다. 그리하여 막대한 금액이 주요 간선도로, 공항 신청사, 루스키다리, 루스키섬의 극동연방대학 캠퍼스 조성 등에 사용되었다.

둘째, 극동 개발부를 연방 정부에 신설해, 극동 개발을 위한 투자 환경 개선 등의 업무를 중앙에서 직접 기획해 추진했다. 이를 위해 극동 개발부 장관은 모스크바와 블라디보스토크 두 곳에 사무실을 두고 집무했으며, 블라디보스토크의 경우에는 극동연방대학 본부에 집무실을 마련했다.

셋째, 2015년 이후 매년 동방경제포럼을 개최하고 있다. 이 포럼은 푸틴이 직접 참석하는 러시아 3대 포럼 중의 하나이며, 아태 지역에서는 한중일 정상이 거의 정례적으로 참석하는 회의가 되었다. 일본의 아베 총리는 2015년부터 매년 참석했고, 한국은 2016년부터 박근혜·문재인 대통령이 참석했으며, 중국의 시진핑 주석은 2018년에 처음으로 참석했다.

넷째, 극동 지역에 자유항과 12개의 선도 개발 구역을 지정해 아태 지역 국가들의 자유로운 교역과 투자를 촉진하고 있다. 다음의 〈표 12-1〉에 나타난 바와 같이 선도 개발 구역은 극동 지역에서 유대인 자치주를 제외한 모든 지역에 분포해, 외국인 투자자들에게 각종 혜택과 지원을 하고 있다. 중점 육성 분야를 보면 극동 지역에서 강한 광업, 농수산, 관광, 조선 부문에 역점을 두고 있다는 것을 알 수 있다. 자유항의 경우에는 2016년에 블라디보스토크가 처음으로 지정된 후 현재 5개 항구로 확대되었다.

(2) 극동 경제권의 발전과 한계 요인

신동방 정책은 역동적인 지역 경제 발전을 가져왔다. 그래서 2016년 극동 지역의 경제성장률이 5%로 전국 평균을 상회했다. 주요 개발 분야를 살펴보면, 첫째로 카지노 산업을 육성해 관광과 연계하고 있다. 블라디보스토크를 러시아의 라스베이거스로 만든다는 목표하에 마카오 자본을 유치

표 12-1 러시아 극동 지역 선도 개발 구역

행정구역	선도 개발 구역	중점 육성 분야
연해주	나제진스크	물류, 제조
	미하일롭스크	농축산
	발쇼이카멘	조선
하바롭스크주	하바롭스크	물류
	콤소몰스크	항공 우주
아무르주	프리아무르스카야	제조, 물류
	벨고로스크	농식품
추코트카 자치주	베링곱스키	광업
사하 공화국	칸갈라스	제조, 광업
캄차카주	캄차카	관광, 제조
사할린주	유즈나야	농축산
	고르니보즈두흐	관광

자료: POSEI 이슈 리포트(2016.9.1).

해 2016년 최초 개장 이후 총 8개의 카지노 복합 리조트가 세워지고 있다. 이러한 개발 사업은 극동 주변의 한중일 지역에 대규모 카지노 산업이 없다는 이점을 활용하고 있다. 둘째, 건설 산업이 붐을 일으키고 있다. 극동의 인프라 건설에 부족한 인력을 채우기 위해 다수의 중국과 북한의 근로자들이 파견되어 일하고 있다. 셋째, 새로운 자원 개발이 적극 추진되고 있다. 시베리아의 힘이라고 명명되어 시베리아를 관통하는 주력 가스관이 2019년 말에 개통되며, 연간 38Bcm의 가스를 공급할 수 있는 능력을 가지게 된다. 이 가스관은 60조 원의 건설 비용이 소요되는 거대 프로젝트이다. 다음의 〈그림 12-2〉의 지도를 보면 시베리아의 힘은 이르쿠츠크에서 블라디보스토크까지 러시아 국경 지역을 따라 건설되는 대규모 가스관으로서 중국과 한반도에 가스를 제공할 수 있는 공급 인프라이다.

넷째, 극동 지역에 항공 우주산업을 유치해 아무르주에 보스토치니 우주

그림 12-2 가스관 '시베리아의 힘'의 루트

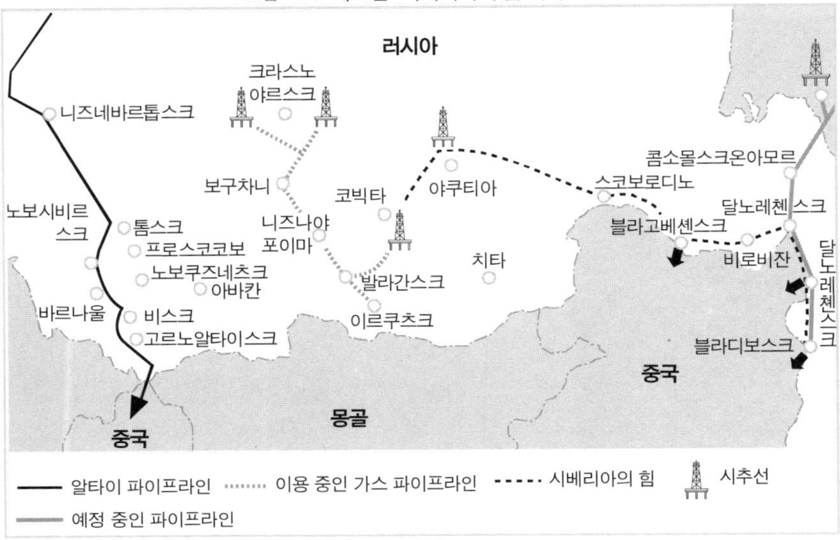

러시아

크라스노
야르스크

니즈네바르톱스크

콤소몰스크온아모르

스코보로디노

보구차니

코빅타

야쿠티아

달노레첸스크

노보시비르
스크

니즈나야
포이마

블라고베셴스크

비로비잔

톰스크

프로스코코보

노보쿠즈네츠크

아바칸

치타

밸라간스크

바르나울

비스크

고르노알타이스크

이르쿠츠크

블라디보스크

달
노
레
첸
스
크

중국

중국

몽골

─── 알타이 파이프라인　⋯⋯⋯ 이용 중인 가스 파이프라인　----- 시베리아의 힘　🛢 시추선
═══ 예정 중인 파이프라인

자료: 러시아 가스 프롬.

기지가 2018년에 완공되었다. 다음의 〈그림 12-3〉에서 알 수 있는 바와 같
이 구소련의 바이코누르 우주기지가 카자흐스탄의 영토에 소재한 탓에 러
시아로서는 지속적으로 임대계약을 하는 번거로움이 있어서 새로운 우주
기지의 건설이 불가피했던 것이다. 그리하여 극동의 우주기지 건설에 4000
억 루블(7조 원)의 예산이 투입되었으며, 인근에 3만 5000명을 수용할 신도
시도 건설했다.

　하지만 극동 경제의 발전은 구조적인 한계를 안고 있다. 인구가 지속적
으로 감소하고 있으며, 그 결과 만성적인 노동력 부족 현상을 보이고 있다.
극동 지역의 인구는 1980년대에 800만 명이라는 최고 수준에 도달한 이후
현재 계속 감소하고 있다. 또한 풍부한 자원이 있다는 이유로 중앙정부가
극동을 자원 공급지로만 인식하고 있다. 인프라 건설의 경우 자원 개발에

그림 12-3 극동 지역의 러시아 신규 우주기지

자료: 연합뉴스(2016.4.28).

필요한 도로, 철도, 파이프라인 건설에 우선순위를 두고 통신, 정보망 등 경제 현대화에 필요한 사업을 도외시하는 경향이 있다. 이러한 중앙정부 주도의 개발 정책은 지방의 개발이익과 충돌하며, 아태 국가와의 국제적인 협력에 큰 도움이 되지 못하고 있다. 그럼에도 불구하고 극동 지역은 축적된 자본의 결핍으로 중앙정부의 보조금에 대한 의존도가 높아서 중앙정부의 개발 계획을 따를 수밖에 없는 실정이다.

이러한 구조적인 장애 요인 이외에 상황적인 장애 요인도 있다. 무엇보다도 우크라이나 사태로 인한 서방의 대러 경제제재가 극동 개발을 막고 있다. 극동 지역의 개발은 러시아 중앙정부의 재정 지원으로 이루어지는 사업인데, 경제제재로 인해 외부의 장기 자본이 들어올 수 없기 때문이다. 또한 러시아는 석유 가격에 따른 경기 변화에 매우 민감하다. 그래서 저유가 시기에는 국가의 재정 수입이 감소하기 때문에, 장기적인 경협을 하는 데에 리스크가 따른다.

러시아의 만성적인 부정부패도 한러 경협을 막는 걸림돌로 작용하고 있다. 러시아 정부는 블라디보스토크에서 APEC 회의를 개최하기 위해 200억 달러를 인프라 건설에 투자했으나, 이 중에서 30~50억 달러가 횡령된 것으로 밝혀지고, 그 결과 다수의 정치인과 관료가 부패 혐의로 구속 수사를 받았다. 사실 러시아의 부패는 정경 유착의 제도화에서 초래되고 있다. 푸틴 정부는 국가자본주의를 통해 강한 러시아를 재건할 수 있다고 믿는다. 따라서 핵심 산업에 대한 직접 통제를 하는 차원에서 총리와 장관들이 가스, 석유, 항공, 은행 등의 국영기업 회장을 겸직하는 것이 보편화되어 있다. 그래서 국가 기간산업이 아닌 유통, 건설, 부동산, 자동차, 정보 통신 등 소비경제 부문만이 비교적 정치적 개입이 작고, 시장 경쟁의 원칙이 적용되고 있다.

2) 동북아 평화 공동체 구축 노력

(1) 러시아의 동북아 공동체 구상과 배경

러시아는 동북아 다자 협력 체제를 구축하기 위해 오래전부터 지속적인 노력을 하고 있다. 소련 시절부터 동북아 지역에 다자 안보 협력체를 만들 것을 주장했으며, 아태 지역의 안보 문제 해결을 위한 다자주의적 접근을 최초로 제기한 국가이다. 1969년 6월 브레즈네프 공산당 서기장은 중국의 봉쇄와 미국 견제를 목적으로 "아시아 집단 안전 보장 기구"의 창설을 제안했다. 하지만 이 제안은 중국과 미국을 배제했기 때문에 역내 국가로부터 미온적인 반응을 얻었다.

1986년 7월 고르바초프 서기장은 시베리아 극동 지역의 개발을 촉진하는 동시에 아시아에서의 외교적 고립에서 벗어나기 위해 중국과 미국을 포함해 아시아판 헬싱키 회담이라고 할 수 있는 "전아시아포럼"을 제안했고,

1988년 9월에는 크라스노야르스크 선언을 통해 "전아시아안보회의"로 수정한 제안을 했으며, 1990년 12월에는 "아시아안보협력회의"로 발전시켰다(홍완석, 2011).

오늘날 러시아는 1960년대 이후 아태 지역의 다자 안보 협력체 결성을 주장해온 구소련 외교 정책의 연장선상에서 동북아 다자 안보를 가장 적극적으로 주장하고 있다. 소련의 구상이 관련국과의 충분한 협의 없는 선언에 불과했다면, 러시아 정부의 제안은 관련국과 현안에 관한 사전 조율을 거쳐 제시한다는 점에서 차이를 보인다. 예를 들어 1994년 1차 북핵 위기 때 유엔 안보리에서 동북아 6개국과 UN, IAEA가 참여하는 8자 회담을 제안했고, 2003년 2차 북핵 위기 때는 6자 회담을 성사시킨 것이 매우 가시적인 성과로 기록된다.

러시아가 동북아 다자주의를 주창하는 배경에는 지정학적 이익이 있다. 러시아가 추구하는 이익은 세 가지로 구분할 수 있는데, 첫째는 극동 지역의 영토적 보장이다. 러시아는 유라시아 대륙의 중앙에 위치해 유럽 및 아시아 지역과 동서 양쪽에서 접하고 있다. 특히 유라시아 대륙의 안정적 관리를 위해 동북아 지역에서의 안보 협력이 절실히 필요한데, 그 이유는 무엇보다도 러시아 극동 지역이 안보적으로 매우 취약하기 때문이다. 극동 방면의 군사력은 현저히 약화되었으며, 북한이 유일한 완충 국가이다. 그리고 극동 지역은 수도 모스크바로부터 멀리 떨어져 있고, 인구밀도가 낮으며, 중국인의 불법 이주와 일본의 북방 도서 반환 요구 등과 같은 갈등 현안이 있다.

두 번째로 언급할 수 있는 지정학적 이익은 러시아가 동북아에서 영향력 증대를 꾀할 수 있다는 것이다. 러시아는 자신의 영향력이 제한적인 동북아 지역에서 다자 외교적 관여를 통해 역할을 강화할 수 있는 기회를 끊임없이 모색하고 있다. 특히 러시아는 서방의 제재로 유럽 지역에서 수세에 몰리고 있으며, 푸틴 대통령의 신동방 정책은 러시아가 아태 지역에서 모색하고 있는 새로운 방향각이다. 아시아 태평양 지역에서 강화된 협력 관계를 모색하고 있는 러시아에게 다자 협력체 구상은 한국과 정책적으로 협력할 수 있는 접점이 되고 있다.

셋째는 시베리아 극동 지역의 개발이다. 러시아는 동북아 평화 공동체가 구축되어 남북러 간의 삼각 협력이 가능하게 되면, 철도, 가스관, 송전선 연결 등 그동안 한러 양국 정상 간의 합의에만 그쳤던 거대한 유라시아 대륙 연결망 사업이 줄줄이 성사될 수 있기 때문에 평화 배당금의 최대 수혜국이 될 수 있다.

(2) 동북아 공동체 구축을 위한 접근법

러시아는 북핵 문제의 중요한 당사자이다. 러시아는 영변의 원자로를 제공해 북한 핵 개발의 단초를 제공한 원죄가 있다. 핵확산금지조약에 따라 북한에게 제공한 원자력 기술이 평화적 목적으로 사용되도록 해야 하는 도덕적 의무도 짊어지고 있는 것이다. 또한 러시아는 북한의 핵실험을 규탄하는 유엔 안보리 결의안에 적극 동참했고, 안보리 상임이사국으로서 안보리의 권위를 지키는 정치적 책임도 지고 있다.

이러한 북핵 문제의 해결을 위해 러시아는 다자주의를 강조하며 6자 회담의 재개를 주장한다. 러시아는 과거 6자 회담이 2007년 2·13 합의에 도달하는 등의 성과를 거둘 수 있었던 것은 미국과 북한이 대립하는 가운데 러시아, 중국, 한국, 일본 등이 공동의 이행 전략에 합의하고 양국을 설득했기 때문이라고 본다. 추후 일본이 납치자 문제 때문에 미국 편으로 선회했지만, 오늘날 한국에 신정부가 들어섰고, 일본이 북한 비핵화 의지를 갖고 동참한다면, 또다시 러중한일 4개국이 북미 간의 조정자 역할을 할 수 있을 것이라고 본다.

2018년 6월 초 싱가포르에서 개최된 북미 정상회담 직전 라브로프 러시아 외무장관은 평양을 전격 방문해 김정은 위원장과 면담했고, "한반도 비핵화는 모든 관련 당사국의 이익을 고려해 추진되어야 한다"고 하면서 6자 회담이 북핵 문제 해결의 가장 적절한 틀이라고 말했다.

특히 러시아는 6자 회담이 북한에게 체제 보장을 해줄 수 있는 좋은 메커니즘이라고 주장한다. 사실 북한은 미국의 체제 보장 약속을 못 미더워한다. 북한은 1994년 클린턴 행정부와 체결한 제네바 합의를 새로이 등장한 부시 행정부가 인정하지 않았다고 비판해왔다. 미국의 일방주의에 대한 불만은 러시아도 갖고 있다. 러시아는 1972년 미소 간에 체결되어 30년간 유지된 탄도탄요격미사일ABM 제한 협정을 부시 대통령이 폐기한 것과 이란 핵 합의를 트럼프 대통령이 파기한 것을 비판하고 있다. 특히 이란의 핵 합의에 대한 파기는 미국이 대북 합의도 파기할 수 있다는 우려를 불러일으킨다.

더구나 북한이 이행해야 할 비핵화 조치는 불가역적인 반면에 미국이 제공하는 체제 보장은 가역적인 성격을 갖고 있다. 군사훈련과 경제제재는 재개될 수 있으며, 평화협정과 외교 관계 정상화는 언제든 취소될 수 있다. 그러므로 러시아는 미국 이외의 다른 강대국이 북한의 체제를 함께 보장해주어야 한다고 보며, 6자 회담이 북미 간의 비핵화 합의를 모니터링할 수 있다고 생각한다.

하지만 러시아의 구상에 따르면 6자 회담은 북한 비핵화의 출발점에 불과하다. 왜냐하면 러시아는 다자주의에서 출발해 지역주의를 완성하려고 하기 때문이다. 러시아는 북한의 핵 개발이 동북아 지역의 군사적 대결에서 비롯된 것이라고 보고, 북한 핵무기는 체제 유지를 위한 방어용 무기라고 생각한다. 그러므로 동북아 지역에 항구적인 지역 평화 공동체를 형성하는 것이 북한 비핵화의 근본적인 해결책이라고 본다. 즉, 한반도 비핵화 문제의 완전한 해결은 지역 안보 협력체의 구축에 있다고 본다.

이러한 맥락에서 러시아는 2007년 2·13 합의에 따라 6자 회담 내에 설치된 5개의 실무 그룹 중에서 "동북아 평화 안보 실무 그룹"의 의장국을 맡았다. 그리고 남북 및 북미 관계가 경색되고 6자 회담이 공전하기 시작한 2009년 2월 모스크바에서 미국과 북한의 대표와 함께 제3차 실무 그룹 회의를 개최했다. 이것은 동북아 다자 안보 협력체 창설에 대한 러시아의 강한 의지를 보여주는 것이며, 6자 회담의 틀을 동북아 안보 협력 체제로 전환하려는 그들의 계획을 보여주는 것이다(송은희, 2008).

또한 최근 러시아는 한반도 비핵화 해법으로 제시한 로드맵의 마지막 3단계에서 지역 평화 공동체의 형성을 제시했다. 2017년 7월 모스크바에서 열린 러중 정상회담에서 푸틴 대통령과 시진핑 주석은 한반도 문제를 해결하기 위해 북한은 핵과 미사일 실험을 중단하고 한미 양국은 군사훈련을 중단할 것을 요구했다. 이러한 공동선언을 바탕으로 그해 11월 러시아 정부는 한반도 비핵화를 위한 3단계 로드맵을 제시했는데, 1단계에서는 핵실험과 군사훈련을 동시에 중단하고, 2단계에서는 비핵화와 평화협정을 위한 북미 간 직접 대화를 하며, 3단계에서는 동북아 지역 안보 구축과 외교 관계 정상화를 위한 다자 대화를 하자는 것이다.

러시아의 3단계 로드맵을 발전시켜 중국은 쌍중단·쌍궤병행이라는 2단계 해법을 들고 나왔는데, 이 둘은 내용상으로는 동일하며, 다만 러시아의 1단계가 중국의 쌍중단, 2·3단계가 쌍궤병행에 해당한다. 이러한 점에서 보면 러시아와 중국은 한반도 문제 해결에서 동일한 시각과 접근법을 가지고 있으며, 적어도 단계적 해결이라는 아이디어 차원에서는 러시아가 주도하고 있다는 것을 알 수 있다. 러시아의 3단계 로드맵을 알리기 위해, 모굴로프 외교차관이 한국을 방문했고, 비슷한 시기에 러시아 하원의원단이 북한을 방문했다. 의회 차원의 방북은 지난 25년 만에 처음 있는 일이다.

미국은 북한 비핵화 문제의 단계적 해결을 반대하지만, 현실은 러시아의 주장대로 진행되고 있다. 2017년 말 이후 북한은 핵과 미사일 실험을 중단했고, 한국과 미국은 정례 군사훈련을 축소 중단하고 있다. 따라서 현재 한반도 비핵화 과정은 러시아의 로드맵이 제시한 1단계를 지나 2단계의 대화 국면에서 북미 간 직접 협상이 진행되고 있는 중이며, 3단계 동북아 안보 협력체가 형성된다면, 러시아가 오랫동안 추구해온 다자주의가 마침내 결실을 거두게 되는 것이다.

4. 한러 관계의 주요 현황

1) 외교 안보적 협력

지난 30년 동안 한러 관계는 5가지의 발전 단계를 거쳐왔는데, 양국 수교를 위한 국교 정상화 추진기(1988~1991), 우호적 협력 관계 확립(1992~1994), 건설적 상호 보완적 동반자 시기(1994~2004), 상호 신뢰하는 포괄적 동반자 시기(2004~2008)를 거쳐서 전략적 협력 동반자 관계(2008~현재)로 진화를 거듭했다. 현재의 전략적 협력 동반자 관계는 2008년 9월 이명박·메드베데프 간의 모스크바 정상회담에서 합의되었으며, 이후 양국은 동반자 관계의 내실화를 위한 다양한 양자 협력을 적극적으로 추진했다.

특히 2013년 11월 푸틴 대통령의 방한으로 양국 간에 외교 안보 협력을 확대할 수 있는 계기를 마련했으나, 2014년 러시아의 크림 병합과 서방의 대러 제재가 한러 관계에도 부정적 영향을 미치면서 호기를 살리지 못했으며, 또한 북한의 핵 개발 문제를 둘러싸고 러시아의 '한반도 정세 안정 우선시 정책'과 한국의 '한미 동맹 관계 우선' 등 양측의 전략적 입장 차이로 인해 좀 더 긴밀한 동반자 관계로 진전하는 데에는 한계를 드러내었다. 이에 따라 2014년 이래 고위급 외교·안보 인사 교류가 위축되었으며, 2016년 9월 박근혜 대통령이 블라디보스토크 동방경제포럼에 참석해 푸틴 대통령과 정상회담을 하는 등 협력 증진을 위한 노력을 했지만 큰 성과를 얻지 못했다.

이처럼 한러 협력 관계가 전략적 협력 동반자 관계에서 10년이 지나도록 크게 진전하지 못하고 정체하고 있는 상태에서 새로이 출범한 문재인 정부는 양국 관계를 실질적으로 발전시킬 수 있는 방안을 모색하고 있다. 신정부 출범 이후 러시아에 파견한 대통령 특사가 양국 수교 이후 처음으로 러시아 대통령을 예방하는 등 한국이 러시아에 의해 환대받는 모습이 나타나고 있다.

그동안의 한러 양국은 주로 경제, 통상, 에너지 등의 분야를 중심으로 협력 관계를 형성했지만, 한반도의 긴장 완화와 평화 증진을 위해 외교 및 안보 분야에서도 협력하는 기반을 마련했다. 한러 간의 군사 협력은 1991년 9월 30일 수교를 전후로 양국에 무관부가 개설되면서 시작되었으며, 이후 본격적인 군사 협력이 전개되었다. 특히 양국은 정상회담 개최 시마다 군사 분야의 협력을 약속했다.

군사 협력의 유형을 보면 첫째, 인사 교류 차원에서 군 고위급 인사들이 상호 교환 방문해 정례적으로 교류 회의를 개최했다. 그리하여 국방장관, 합참의장, 육해공군 참모총장 등 한국 군 고위 인사가 40여 회 러시아를 방문했으며, 러시아 측에서는 국방장관, 총참모장, 육해공군 사령관, 극동군 관구 사령관 등이 20여 회 한국을 방문했다. 물론 러시아 측의 국내 사정과 국제 상황 발생에 따라 교환 방문이 연기되는 경우가 종종 있었다.

양국의 국방장관 회담은 1994년 4월 모스크바에서 처음 개최된 이래 서울과 모스크바에서 번갈아 1~3년 간격으로 지속적으로 개최되고 있다. 특히 1999년 9월 서울에서 개최된 4차 회의에서는 북한 미사일 발사 실험을 계기로 양국 국방 당국이 긴밀히 협력하기로 했으며, 국방장관과 합참 의장의 상호 방문을 정례화하기로 합의했다. 군사 교육 교류 분야에서 한국군은 1994년부터 러시아 총참모대학원, 육해공군 지휘참모대 및 민간 학위 과정 등에 매년 5명 수준의 장교 위탁 교육을 실시하고 있으며, 러시아군의 한국 군 위탁 교육은 현재까지 없는 실정이다.

그 이외에 양국은 군사 각 분야에서 다양한 협력을 하고 있다. 1993년 이후 양국 해군 함정의 상호 방문이 이루어지고 있으며, 한국 해군은 러시아의 태평양 함대 사령부와의 해상 훈련에 참가했다. 그리고 양국 해군은 2003년부터 블라디보스토크 근해와 한반도 인근 해역에서 공동 수색 구조 훈련을 실시했으며, 2016년에는 해상수색구조협정(2016.9)을 체결했다. 공군의 경우에는 러시아 항공기(SU-35/37)가 1996년 이후 수차례 서울 에어쇼에 참가하고 있다. 양국 공군은 우발적 충돌 방지 차원에서 비행 정보 교환을 위한 긴급 통신 체계를 구축 운영하고 있다.

한러 간의 군사 협력에서 가장 큰 비중을 차지하는 부문은 방산 협력이다. 방산 협력은 수교 직후부터 거론되기 시작해 5년 만인 1994년에 성사되었다. 다음의 〈표 12-2〉에서 나타난 것과 같이, 불곰사업이라는 이름으로 러시아 방산 물자 및 군사 기술 도입이 추진되었는데, 1차 불곰사업에서는 약 2억 달러 규모의 완성 무기를 도입했고, 비용은 전액 러시아에 제공

표 12-2 한러 간의 방산 협력

사업명	시기	금액	내용
1차 불곰사업	1994~1999	2.14억 달러	- T-80U 전차, BMP-3 장갑차, METIS-M 대전차 유도탄, IGLA 대공 미사일 도입 - 무기 도입 금액은 전액 경협 차관으로 상계 - 1997년 11월 한러 군사기술협력협정 체결
2차 불곰사업	2002~2006	5.34억 달러	- IL-103 연습기, 공기 부양정, KA-32A 헬기, METIS-M 대전차 유도탄, T-80U 전차, BMP-3 장갑차 도입 - 경협 차관 상계 2.5억 달러, 현금 지불 2.8억 달러

했던 경협 차관으로 상계했다. 약 3년 후에 재개된 2차 불곰사업에서는 약 5억 달러 규모의 무기를 도입했으며, 구매 대금의 절반은 경협 차관 잔액으로 상계했고, 나머지 절반은 현금으로 지불했다. 이후 양국 정부는 3차 불곰사업을 위해 논의했으나 현재까지 결실을 맺지 못하고 있다.

사실 1, 2차 사업이 완성 무기를 도입했던 반면에, 3차 사업에서는 무기를 공동 개발하는 방안을 논의했는데, 러시아 측이 핵심 군사 기술의 이전에 소극적인 태도를 보임으로써 2007년 12월 상호 MOU를 체결했지만, 최종 타결에 이르지 못하고 협의만 계속하고 있는 실정이다.

2) 경제적 협력

러시아의 경제구조를 보면 석유 가스 등과 같은 원자재가 수출에서 차지하는 비중이 절반을 넘고, 상대적으로 제조업은 그 기반이 아주 취약한 실정이다. 게다가 러시아는 2013년 말 시작된 우크라이나 사태 이후 서방의 경제제재, 루블화의 약세, 석유가의 하락 등으로 2014년에 0.7%의 경제 성장률을 기록한 이후 계속 마이너스 성장을 하다가, 국제 유가가 회복세를 보인 2017년 이후 성장률이 플러스로 전환했고, 점차 소비와 투자가 완

표 12-3 한러 무역 추이

(단위: 억 달러)

	2011	2012	2013	2014	2015	2016	2017
대러 수출	103.1	111.0	111.5	101.3	46.9	47.7	69.1
대러 수입	108.5	113.5	115.0	156.7	113.1	86.3	120.5
총액	211.6	224.5	226.5	258.1	160.0	134.0	189.6

자료: 주러시아 한국 대사관 경제과(2018.4.17).

만하게 개선되고 있다. 이처럼 러시아 경제는 에너지 가격에 취약한 구조를 갖고 있으며, 이러한 특징이 한러 경제협력에 그대로 반영되고 있다.

한국과 러시아는 1990년 수교 이래 교역과 투자를 지속적으로 늘려왔으며, 현재 중점적으로 협력하고 있는 부문은 에너지, 자원, 농수산, 보건의료 등이다. 〈표 12-3〉에서 나타난 것처럼 양국의 교역 추이를 보면 2014년 수출입을 합친 교역 총액이 258억 달러로 사상 최고치를 기록했으나, 이후 급감해 2016년에는 134억 달러로 거의 반 토막이 되었으며, 2017년에 다시 회복세를 보여 192억 달러에 도달했다.

무역수지 현황을 보면 양국 간에는 항상 균형적인 교역을 하고 있으나, 교역이 침체하는 시기에는 한국에게 불리한 무역 적자 현상이 나타난다. 이것은 한국의 대러 수출이 교역 침체기에 더 큰 타격을 입는다는 것이며, 러시아의 구매력 약화가 주요 원인인 것으로 보인다.

한러 양국은 대내외적으로 어려운 여건하에서도 경제협력 관계를 안정적으로 관리하고 발전시키기 위해 다양한 협력 메커니즘을 가동하고 있다. 특히 양국 부총리를 수석대표로 하는 경제공동위원회를 정기적으로 개최하고 있으며, 산업, 에너지, 원자력, 농업 등 각 분야별 협의체를 통한 협력을 하고 있다.

농업 분야의 경우 현대와 서울사료 등 12개 한국 기업이 연해주 등 러시아 극동 지역에 진출해 약 2만 1000헥타르의 경지를 임대해 콩과 옥수수 등을 재배하고 있으며, 2016년에는 5만 5000톤의 농산물을 수확했다. 이들 기업의 영농 투자 여건을 개선하기 위해 2012년에는 양국 정부가 농업 협력 MOU를 체결하고 2013년부터 한러 농업협력위원회를 정기적으로 개최하고 있다.

수산 분야에서 한국과 러시아는 일찍부터 협력하고 있는데, 1991년 양국 간 어업협정을 체결해 러시아 수역 내에서 우리 어선들이 조업을 할 수 있는 어획량을 결정한 쿼터를 배정받고 있다. 협정에 따라 매년 개최되는 한러 어업위원회는 우리 어선이 잡을 수 있는 어종별 쿼터와 그에 따른 입어료를 협상에 의해 결정하고 있다. 다음의 〈표 12-4〉에서 나타난 바와 같이, 쿼터 어종 중에서 명태가 압도적으로 많은데, 2017년의 경우 2만 500톤이다. 그다음으로는 꽁치 7500톤, 대구 4000톤, 오징어 3500톤 등의 순이다. 우리 측은 어획 쿼터량을 늘려줄 것을 러시아에게 요구하고 있지만, 러시아 측은 러시아의 수산업에 대한 투자를 늘리는 것과 연계하는 입장을 보이고 있다. 따라서 어획 쿼터 확대를 위해서는 한국의 기업이 러시아 극동 지역의 수산식품 가공을 위한 투자 진출을 하는 것이 필요해 보인다.

보건 의료는 최근 들어 한러 양국의 협력이 크게 증대하고 있는 부문이다. 지난 10년 동안 한국을 방문하는 러시아 의료 관광객이 급증하고 있다.

표 12-4 2017년 한국 어선의 러시아 수역 내 어종별 조업 쿼터

(단위: 톤)

명태	꽁치	대구	오징어	가오리	청어	복어
20,500	7,500	4,000	3,500	400	300	50

자료: 주러시아 한국 대사관(2017.6.26).

표 12-5 방한 러시아 의료 관광객

(단위: 명)

2009	2010	2011	2012	2013	2014	2015	2016
1,758	5,098	9,651	16,438	24,026	31,829	20,856	25,533

자료: 주러시아 한국 대사관(2017.6.26).

〈표 12-5〉에서 알 수 있는 바와 같이 2009년에 1758명에 불과하던 방문객 수가 2016년에는 무려 2만 5533명으로 크게 늘었다. 이러한 추세에 힘입어 우리의 의료 기관이 극동 러시아 진출에 큰 관심을 갖게 되었고, 2016년 제2차 동방경제포럼을 계기로 양국 간에 MOU를 체결함으로써 한국 의료 기관의 극동 진출을 위한 기반이 마련되었다.

5. 한국의 대러 전략

1) 동북아 지역 평화 공동체 형성을 위한 공동 노력

그동안 한국이 많은 다자 대화 메커니즘을 추진했지만, 이것을 국제 레짐 그리고 더 나아가 국제기구 혹은 지역 공동체로 격상시키는 제도화 수순을 밟는 데는 미흡함을 보였다. 이러한 노력이 성공하기 위해서는 무엇보다도 다자적 협력을 위한 동반자가 필요한데, 동북아 지역의 다자화에서 러시아가 우리의 적극적인 동반자가 될 수 있을 것이다. 6자 회담이 비핵화 합의를 도출하려는 안보 대화에 불과했다면, 동북아 평화 공동체는 구속력을 갖춘 지역 레짐으로서 미국과 북한의 비핵화 합의를 실행에 옮기는 역할을 할 수 있다는 점에서 6자 회담보다 훨씬 실천력이 강한 다자 협력체가 될 수 있을 것이다. 이러한 지속 가능한 해결책을 구현하기 위해 한국은 다자 협력에 가장 관심이 많고, 6자 회담의 동북아 평화 안보 체제 실무 그룹 의장을 맡고 있는 러시아와 적극 협력할 필요가 있으며, 이것은 한러 간에 약속한 전략적 동반자 관계가 실질적으로 가동되는 계기가 될 것이다.

외교 전략에는 경쟁 외교와 창조 외교의 두 가지 유형이 있다. 경쟁 외교가 이미 형성된 게임 규칙하에 자국의 이익을 극대화하기 위한 노력이라면, 창조 외교는 게임의 규칙을 만드는 일이다. 즉, 창조 외교란 새로운 이익의 창출을 가능케 해주는 규범 형성의 외교이다. 그동안 한국은 국제 레짐이나 국제기구를 주도적으로 만드는 창조적 외교에 소홀했고, 주어진 게임 규칙을 충실히 따르며 상대적 이익을 위한 외교 경쟁에 힘을 쏟았다. 물론 외교사에 남는 역사적인 다자 회의는 대부분 강대국에 의해 주도되었다. 하지만 헬싱키 프로세스, 교토협약, 반둥회의 등과 같이 중견국도 국제 규범을 창출하는 데에 선도적인 역할을 한 사례가 있다.

특히 동북아 평화 공동체 형성의 대표적인 모델인 헬싱키 프로세스는 중진국에 의한 성과였다. 데탕트로 인해 미국과 소련이 화해 협력을 하게 되고 상호 핵전쟁의 가능성은 낮아졌지만, 양 진영에 속한 크고 작은 국가들은 초강대국들의 약화된 안보 공약을 우려하게 되었고, 이에 서방 진영의 프랑스, 영국, 독일과 동구 진영의 폴란드, 루마니아의 주도하에 범유럽적 안보 협력이 추진되었다.

2) 북한 비핵화를 위한 중재자로서 활용

러시아는 북한의 붕괴를 원하지 않는 국가이다. 그렇기 때문에 러시아는 북한의 핵 개발을 반대하지만, 북한을 지나치게 압박하는 것에 반대하고 있다. 이러한 러시아 정부의 이중적 태도는 러시아 언론과 전문가의 북한 핵 개발에 대한 양분된 태도에서도 드러난다. 자유주의적 성향의 언론과 전문가들은 북한 핵이 동북아와 세계 평화에 위협이 된다는 사실에 동의하며, 중국, 러시아, 미국 세 나라가 협력해 문제를 해결해야 한다고 주장한다.

반면에 정부 기관지와 친북한 전문가들은 북한이 안보적 우려 때문에 핵 개발을 하고 있다고 주장한다. 탈냉전 이후 북한에게는 더 이상 냉전 시대와 같은 군사동맹국도 없고, 남한과 재래식 무기로 경쟁한다면 비용 측면에서 결코 감당할 수 없기 때문에, 저렴하고 효율적인 핵무기를 개발하는 비대칭 전략을 선택했다고 말한다. 남한이 1970년대에 카터가 미군 철수 공약을 발표하자, 핵 개발을 시도한 것도 같은 맥락이라고 주장한다. 러시아 정부와 언론 그리고 전문가들의 양분된 견해는 일반 국민들에게도 영향을 미치고 있다. 한반도 핵 분쟁 시 러시아의 대처 자세에 관한 러시아 국민들의 의견을 보면 전체 국민의 90%가 불개입 혹은 중재자의 역할에 국한해야 한다는 입장을 보이고 있다(고상두, 2013).

러시아는 주요 국제 현안에서 중재자 역할을 자임해, 자국의 국제적인 위상과 이미지를 제고하려고 한다. 특히 이러한 노력은 크림 합병 이후 서방이 러시아에게 가하고 있는 경제제재를 조기 해제하는 데에 도움이 될 것이다. 이러한 분위기를 활용해 한국은 러시아가 북한의 핵과 미사일 문제를 진전시키는 데에 필요한 중재자 역할을 맡도록 촉구할 필요가 있다. 러시아는 6자 회담의 "동북아 평화 안보 체제 실무 그룹" 의장을 맡고 있어서, 6자 회담의 재개에 적극적인 입장이다. 북한의 비핵화 문제를 해결하는 데에 러시아의 적극적인 역할을 요청하고, 구체적인 후속 작업 과정에서 양국의 정부 당국이 긴밀히 협의할 필요가 있다.

3) 극동 지역에서의 협력을 위한 고려 사항

러시아와 과학기술 분야에서 협력을 강화해야 한다. 러시아는 자원이 풍부하기 때문에 자원 수출에 의존하고 있지만, 자원이 헐값으로 수출된다는 인식을 늘 가지고 있다. 따라서 과학기술 협력을 병행함으로써 자원 민족주의를 약화시킬 필요가 있다. 특히 러시아 정부가 과학기술 협력의 허브로 키우고 있는 극동연방대학을 중심으로 양국 공동의 산학연 클러스터를 조성할 필요가 있다.

극동 지역은 남북러중이 만나고 몽골과 일본이 인접하고 있어서, 다국적 협력 사업이 가능한 곳이다. 따라서 평화와 환경 등과 연계한 개발 프로젝트를 마련하면, 국제개발은행이나 유엔의 지원을 받기 쉬울 것이다. 또한 다수의 국가가 참여하는 개발 사업은 추진 동력을 얻기 쉬우며, 특히 북한의 참여를 이끌어낼 수 있는 장점이 있다.

지난 25년 동안 개최된 한러 정상회담에서 이미 체결했으나 실행하지 못한 많은 합의 사항들을 재검토해 실천에 옮기도록 해야 한다. 일반적으로 경제협력은 정치와 안보 협력을 유발한다. 경제협력 중에서도 국가 간 신뢰 구축의 효과가 큰 것은 거대 협력 사업의 추진이다. 유럽 국가들은 제 2차 세계대전 후 석탄 철강 공동체의 형성을 통해 상호 화해하고 신뢰를 회복했다. 유럽과 러시아는 1970년대 가스관 연결 사업을 통해 긴장 완화를 이루었다. 러시아가 한국과의 협력에서 가장 큰 관심을 보이는 분야는 경제 부문이다. 우리 정부가 러시아와 가스관 건설 사업, 철도 연결 사업을 적극적으로 추진할수록, 러시아로서는 북한이 걸림돌로 작용한다는 인식을 가지게 되고, 삼각 협력을 위한 정치 외교적 환경 조성에 노력하게 될 것이다.

참고문헌

고상두. 2013. 「러시아 외교정책의 국내적 결정요인: 제3차 북핵 실험을 중심으로」. ≪국방
　　연구≫, 56권 3호, 55~79쪽.

_____. 2015. 「러시아의 우크라이나 개입요인에 관한 내용분석」. ≪국방연구≫, 58권 4호,
　　1~31쪽.

송은희. 2008. 「동북아 평화안보체제 워킹그룹 구성을 통해 본 동북아 다자안보체제 가능
　　성 논의」. ≪서석 사회과학논총≫, 1권 2호, 155~179쪽.

장덕준. 2014. 「러시아의 신동방정책과 동북아」. ≪슬라브학보≫, 29권 1호, 229~266쪽.

홍완석. 2011. 「동북아 다자안보: 러시아의 정책과 한러 협력」. ≪슬라브 연구≫, 27권 2호,
　　31~62쪽.

Tkachenko, Vadim P. 2000. "A Russian View on Korean Security after the North-South Korea
　　Summit." *The Korean Journal of Defense Analysis*, Vol. 12, No. 2.

지은이

박재규 경남대학교 총장

김근식 경남대학교 정치외교학과 교수

김동엽 경남대학교 극동문제연구소 교수

조재욱 경남대학교 정치외교학과 교수

문용일 경남대학교 극동문제연구소 교수

정재흥 세종연구소 연구위원

조진구 경남대학교 극동문제연구소 교수

김성호 류큐대학교 국제법정학과 교수

박원곤 한동대학교 국제지역학과 교수

이상만 경남대학교 극동문제연구소 교수

이웅현 고려대학교 세계지역연구소 교수

고상두 연세대학교 일반대학원 지역학협동과정 교수

한울아카데미 2147

새로운 동북아 질서와 한반도의 미래

ⓒ 박재규 외, 2019

지은이 | 박재규·김근식·김동엽·조재욱·문용일·정재흥·조진구·김성호·
      박원곤·이상만·이웅현·고상두
펴낸이 | 김종수
펴낸곳 | 한울엠플러스(주)
책임편집 | 최진희

초판 1쇄 인쇄 | 2019년 2월 5일
초판 1쇄 발행 | 2019년 2월 18일

주소 | 10881 경기도 파주시 광인사길 153 한울시소빌딩 3층
전화 | 031-955-0655
팩스 | 031-955-0656
홈페이지 | www.hanulmplus.kr
등록 | 제406-2015-000143호

Printed in Korea.
ISBN 978-89-460-7147-6 93340 (양장)
     978-89-460-6627-4 93340 (학생판)

* 책값은 겉표지에 표시되어 있습니다.
* 이 책은 강의를 위한 학생용 교재를 따로 준비했습니다.
  강의 교재로 사용하실 때는 본사로 연락해주시기 바랍니다.